"十三五"国家重点出版物出版规划项目

新中国法治发展70年观察丛书

丛书主编　李步云　郭道晖

新中国刑法70年

刘仁文——主编

中国法制出版社
CHINA LEGAL PUBLISHING HOUSE

主编简介

刘仁文，中国社会科学院法学研究所研究员、刑法研究室主任、博士生导师，中国社会科学院重点学科刑法学负责人，国务院特殊津贴专家，兼任中国法学会理事、中国犯罪学学会副会长等。著有《立体刑法学》《刑法的结构与视野》《死刑的温度》等二十余部，在《法学研究》《中国法学》等发表论文一百余篇，主持国家社科基金重点项目等十余项。

新中国法治发展70年观察丛书

总　序

新中国成立70年以来，在经济、政治、文化、社会、生态等多个方面取得了举世瞩目的成就，在法律制度建设方面也取得了从无到有的进展，在法学研究方面更加关注我国国情和本土问题。这些法律制度为我国的发展提供了坚实的保障，也为我国在新时代推进制度建设和法学研究提供了丰富的经验。在法治建设方面所取得的成就离不开学术界与实务界法律人的共同努力。

党的十八届四中全会作出全面推进依法治国的决定，十九大报告中更提出“全面推进依法治国总目标是建设中国特色社会主义法治体系、建设社会主义法治国家”。推进“法治中国”建设是中国共产党领导中国人民在新时代作出的重要决策，也是马克思主义法学理论中国化的又一重要理论和实践发展。新中国成立70年以来的进程中包含着法治建设的进程，虽然中间有过短暂的挫折，但是总体上还是在向确立依法治国基本方略并进一步推进法治国家建设的方向发展。

我们认为，我国走上依法治国道路的起点是1978年召开的党的十一届三中全会，这次会议公报指出，法律要具有稳定性、连续性和极大的权威，做到“有法可依，有法必依，执法必严，违法必究”，要保证法律面前人人平等。尽管公报没有明确出现“法治”的提法，但这一系列法治原则体现了依法治国、建设法治国家的思想。写于1979年的《论以法治国》(李步云、王德祥、陈春龙)一文，被认为是最早明确提出并系统论述“依法治国”的文章。当时用的是“以法”，但和后来的“依法”有相近的内涵。这篇论文指出中国必须建设法治国家，并从历史背景、理论依据、观念变革、制度保障等方面对实行“以法治国”作了全面而系统的论证。最终，这篇文章以《要实行社会主义法治》为题于1979年12月2日在《光明日报》摘要刊载。20世纪90年代初，作为《法学研究》的主编（李步云）和《中国法学》的主编（郭道晖），我们商量在编审稿件时，凡是涉及谈论以法治或法制作为治国方略的，一律采用水字旁的“治”（即“治理”之“治”，“治”是水字旁，“水可载舟亦可覆舟”，取人民是法治主体之意）。从1994年下半年开始，中央政治局决定每年举办两次法制讲座。当时，中国社会科学院为1995年1月和1996年2月的两次讲座成立了课题组，李步云教授是这两次课题组的成员，司法部决定由中国社会科学院法学所所长王家福代表课题组在中南海作讲解。其中，1996年2月的讲座主题是“关于实行依法治国，建设社会主义法制国家的理论和实践问题”。为了这一主题李步云教授经过半个多月的准备，写成了“依法治国，建设社会主义法治国家”这一讲稿。一个月后，第八届全国人民代表大会第四次会议的一系列重要文件都将“依法治国，建设社会主义法治国家”作为法治建设的总方针和奋斗目标确定下来。经过我们和法学界反复论证，1997年，党的十五大明确将“依法治国”确立为治国方略。1999年，“依法治国”被写入《中华人民共和国宪法》。这也是我们法学界为新中国的建设贡献的一点智慧。

回顾新中国70年法治建设的发展历程，系统展示取得的巨大成就，认真总结背后的宝贵经验，对于我们以后更好地建设法治中国、进一步完善中国特色社会主义国家制度和法律制度，具有重大的理论意义和实践价值。这一想法得到了中国法制出版社的高度认同，应中国法制出版社的邀请，我们筹划组织了《新中国法治发展70年观察丛书》，旨在通过这套书，展示新中国成立70年来法治建设和法学研究的丰硕成果。

这一想法也得到了学界同仁的积极响应。他们中既有李其瑞、蒋传光、穆兴天、贾洛川、李显冬、刘仁文、杨立新、刘作翔等（以分册设置为序）学界名家，也有宋海彬、邱昭继等优秀青年学者。在此特向为本丛书作出贡献的所有专家学者表示衷心的感谢。他们在自己的研究领域做出了受到学界认同的成果，我们相信他们的观察和研究是踏实勤恳的，他们围绕“新中国法治发展70年观察”这个话题所研究的成果是值得参考的。在学者们的共同努力下，我们分别从马克思主义法治理论中国化、新中国法治建设、新中国民族法制建设、新中国监狱制度建设、新中国自然资源法治创新、新中国刑法、新中国民法等几个方面设立了分册，进行专项总结和研究。我们的设想也得到了国家新闻出版署的支持，《新中国法治发展70年观察丛书》被列入了《“十三五”国家重点图书、音像、电子出版物出版规划》。

作为九十岁左右的法律人，我们见证了新中国的诞生和发展，看到了这个国家、这个民族所取得的非凡成就，我们期望以《新中国法治发展70年观察丛书》记录我国走向法治的必然过程，也期待通过这套书展示我国在法学和法治建设方面取得的成就，这也是作为法学学者的我们献给新中国70周年华诞的一份礼物。

李步云　郭道晖

2019年10月

前言 *PREFACE*

今年是新中国成立 70 周年，中国法制出版社经过精心策划，拟出版《新中国法治发展 70 年观察丛书》（已入选“十三五”国家重点出版物出版规划项目），承蒙该丛书的两位总主编李步云先生和郭道晖先生信任，让我来负责其中的《新中国刑法 70 年》一书。

本书由三部分组成。第一部分为理论编，主要是对新中国成立 70 年来的刑法学做一个总体的概览式研究。由于刑法的理论研究高度依赖刑法制度的存在和发展，[①] 因而本编虽曰理论编，但实际上还是以新中国刑法典的孕育、诞生和发展历程为主线而展开。这里要说明一下的是关于时间段的划分。新中国成立 70 年来的法学研究，可能不同的领域有不同的时间节点，如刑法学界过去习惯以 79 刑法、97 刑法的颁行时间为界，这个固然有一定道埋，但不同的法有不同的颁行和修订时间（如 54 宪法、82 宪法），有的可能彼此颁行和修订的时间还相差比较远，如果站在整个国家法制体系来看，可能还可以找出更好的时间节点来。考虑到本书这次是作为《新中国法治发展 70 年观察丛书》之一本，所以最后这部分决定采取 1949–1978、1978–1992、1992–2012、

---

① 正如我国有学者所指出：刑事立法与刑法理论呈二元互动的关系，中国近现代刑法学发端于沈家本在 20 世纪初主持进行的变法修律运动，正是刑事立法的需要推动了中国近现代刑法学的生成与发展。（参见姚建龙：《近代刑法典的沿革与 < 中华刑法论 >》，载王觐：《中华刑法论》，中国方正出版社 2005 年版，勘校前言。）俄罗斯学者也有类似的观察：“19 世纪俄国的司法改革和刑法典的起草工作，有力地推动了俄罗斯刑法理论的发展。”（参见何秉松、科米萨罗夫等：《中国与俄罗斯犯罪构成理论比较研究》，法律出版社 2008 年版，第 443 页。）

2012–2019 这样的四个时间段划分法，其中 1978 年为改革开放之年，1992 年党的十四大确立了社会主义市场经济体制，“社会主义市场经济体制的确立，不仅是经济运行机制和管理模式的变化，也是社会观念形态、运行机制与后治理模式的变化。中国法学在这样的变化中，得到更为尖锐更为深刻的观念追问与更为自觉更为厚重的理论升华，凭此将在 1992 年之后开辟出一片更新的天地。”[①]2012 年党的十八大召开，以习近平总书记为核心的新的中央领导集体形成。当然，这个时间段的划分只是就本部分而言，并不妨碍后面的各个专题作者根据各自专题对相关时间节点予以适当调整，我在统稿时也只要其能自圆其说就尽量尊重各位作者的意见。

第二部分为制度编，选取了刑事政策、单位犯罪、贪污贿赂犯罪、毒品犯罪、涉黑犯罪、民营经济刑法保护、刑法立法模式等七个专题，分别约请有研究基础的专家学者作为相关专题的撰稿人。在选取这些专题时，既有观照现实的考虑，也有课题组研究基础的考虑。值得一提的是，本书书名为《新中国刑法 70 年》，而不是《新中国刑法学 70 年》，因此本书这部分内容侧重制度研究（当然制度研究和理论研究并不能截然分开）。对于刑法理论研究感兴趣的同仁，可以结合几年前我主编过的一本《刑法学的新发展》来参照阅读。那本书是中国社会科学院法学研究所组织编写的“法学学科新发展系列丛书”之一，2014 年由中国社会科学出版社出版，分专题对刑法理论和相关学说进行了比较系统的梳理。

第三部分是附则两篇，其中一篇是王文华教授关于新中国刑法教科书 70 年的梳理，另一篇是我本人于去年为纪念中国社科院法学所成立 60 周年而编辑的刑法学科文集所写的导论。将这两篇文稿放在新中国成立 70 周年这样一个语境里，相信对于刑法学者而言还是有其价值和意义的。

历史是一面镜子，虽然在人类历史的长河中，70 年的时间并不长，甚至只是弹指一挥间，但对于一个政权、一个执政党而言，仍然可以从中总结出许多的经验教训。我们的法治建设之所以能不断取得进步，正是我们的国家、

---

① 参见陈甦主编：《当代中国法学研究》，中国社会科学出版社 2009 年版，第 79 页。

我们的党勇于和善于总结经验教训的结果。法治乃国家和社会长治久安的基本方略，良法善治更是一个动态的过程，这决定了包括刑法学研究在内的中国法学发展没有终点，我们将永远在路上。

本书的写作分工如下：

刘仁文（中国社会科学院法学研究所研究员、刑法研究室主任、博士生导师）：第一、二、三、四章，第十三章；

卢建平：（北京师范大学法学院院长、教授、博士生导师）：第五章

黎 宏：（清华大学法学院教授、博士生导师）：第六章

魏昌东：（上海社会科学院法学研究所研究员、刑法研究室主任、博士生导师）：第七章

陈巧燕：（福建省委党校法学教研部副教授）：第八章

邱格屏：（华东政法大学刑事司法学院教授、博士生导师），杨新绿：（江西财经大学法学院讲师、法学博士）：第九章

赵炜佳：（北京师范大学刑事法律科学研究院博士研究生）：第十章

姜 瀛：（大连海事大学法学院副教授、法学博士）：第十一章

王文华：（北京外国语大学法学院教授、博士生导师）：第十二章

衷心感谢各位作者的辛勤付出，特别要感谢刑法学界几位知名教授的大力支持。在统稿过程中，我还分别请张远煌教授就赵炜佳博士生的第十章、卢建平教授就姜瀛博士的第十一章进行了审阅，在此也表示感谢。另外，还要感谢孙禹博士后和陈兴、谢雯两位编辑为本书出版所做的大量工作。

由于时间紧、任务急，本书肯定有不少缺憾，恳请各方专家和同仁批评指正。

刘仁文

2019 年 7 月于北京

目录 *Contents*

上编 理论编

第四章　新时代的刑法学与理论自觉

中编　制 度 编

第五章　刑事政策变迁70年

第六章　单位犯罪研究70年

第十一章　刑法立法模式70年

下编　附 则 编

第十二章　刑法教科书70年

第十三章　社会变迁中的刑法发展

上编

理　论　编

第一章

历经坎坷的初创和探索（1949年～1978年）

第一节 刑法起草与新中国刑法学的起步

刑法研究可以脱离法条，但如果一个国家连刑法都没有，则其刑法研究肯定不会太景气。正如有学者考察指出：刑事立法与刑法理论呈二元互动的关系，中国近现代刑法学发端于沈家本在20世纪初主持进行的变法修律运动，正是刑事立法的需要推动了中国近现代刑法学的生成与发展，反过来，刑法学的发展也推动了刑事立法的完善。[①]1949年新中国成立后，明令废除了民国时期的《六法全书》，使依附于它的刑法学知识也遭废黜。破中有立——新中国成立初期国家先后制定了一些应急性的单行刑事法规，如1951年发布的《惩治反革命条例》和《妨害国家货币治罪暂行条例》，1952年发布的《惩治贪污条例》。

与此同时，起草系统的刑法的准备工作也一直在进行。从1950年到1954年，当时的中央人民政府法制委员会写出了两部刑法立法草案，一部是《刑法大纲草案》，共157条；另一部是《刑法指导原则草案（初稿）》，共76条。参加这两部草案起草的不少是法律专家，如陈瑾昆、蔡枢衡、李光灿、李浩培、李祖荫等，从某种程度上来讲，这两部草案"也可以说是他们的学术作品"，

① 姚建龙：《近代刑法典的沿革与〈中华刑法论〉》，载王觐《中华刑法论》，中国方正出版社2005年版，勘校前言。俄罗斯学者也指出："19世纪俄国的司法改革和刑法典的起草工作，有力地推动了俄罗斯刑法理论的发展。"参见何秉松、[俄]科米萨罗夫等《中国与俄罗斯犯罪构成理论比较研究》，法律出版社2008年版，第443页。

"是他们集体智慧的结晶"，"从今天看来也不乏耀眼的闪光点"。[①]但遗憾的是，由于当时正在进行抗美援朝、土地改革、镇压反革命以及"三反""五反"等运动，国家的注意力并没有完全集中在立法工作上，所以上述两部稿子也就只停留在法制委员会内作为两份书面材料被保存下来，它们始终没有被提上立法程序，更没有公开向社会征求过意见，因而这段刑法典起草工作我们只能叫它"练笔"，两部稿子也只能算作立法资料。[②]

1954年9月召开的第一届全国人民代表大会第一次会议通过了新中国第一部宪法和《人民法院组织法》《人民检察院组织法》等五个组织法，标志着我国法制建设进入了一个新的阶段，这对刑法典的起草工作是一个很大的推动。那时，刑法典起草工作由全国人大常委会办公厅法律室负责。法律室从1954年10月开始起草，到1956年11月，已草拟出第13稿。1956年的形势很好，社会主义三大改造取得了基本胜利，党的八大开得非常鼓舞人心。党的八大决议明确指出："由于社会主义革命已经基本完成，国家的主要任务已经由解放生产力变为保护和发展生产力，我们必须进一步加强人民民主法制……逐步地系统地制定完备的法律。"在这种形势下，刑法典起草工作加紧进行，到1957年6月，已经写出第22稿。这个稿子经过中共中央法律委员会、中央书记处审查修改，又经过全国人大法案委员会审议，并在第一届全国人民代表大会第四次会议上发给全体代表征求意见。这次会议还作出决议：授权人大常委会根据人大代表和其他方面所提的意见，将第22稿进行修改后，作为草案公布试行。[③]

决议作出了，征求意见的程序也进行了，但是刑法草案并没有公布。其中的原因，正如有学者所分析指出："'反右派'运动以后，'左'的思想倾向急剧抬头，反映到法律工作方面，否定法律，轻视法制，认为法律可有可无，法律会束缚手脚……足足有三四年时间，刑法典起草工作停止了下来。"[④]

---

① 高铭暄、赵秉志：《中国刑法立法之演进》，法律出版社2007年版，第39—40页。
② 同上。
③ 高铭暄：《中华人民共和国刑法的孕育和诞生》，法律出版社1981年版，第2页。
④ 高铭暄、赵秉志：《中国刑法立法之演进》，法律出版社2007年版，第40—41页。

1962 年 3 月，毛泽东就法律工作指出：“不仅刑法要，民法也需要，现在是无法无天。没有法律不行，刑法、民法一定要搞。”这个指示对刑法起草是一个很大的鼓舞。从该年 5 月开始，全国人大常委会法律室在有关部门的协同下，对第 22 稿进行全面修改。经过多次的修改和征求意见，其中也包括中央政法小组的几次开会审查修改，到 1963 年 10 月，拟出第 33 稿。这个稿子经过中共中央政治局常委和毛泽东审查，也想过要公布，但很快“四清”运动就起来了，接着“文化大革命”又席卷而来，在这种形势下，刑法典第 33 稿终被束之高阁，“在文件箱里睡了十五个年头”①。

粉碎“四人帮”后，于 1978 年 2 月召开的五届全国人大一次会议对法制工作来说是个转折点。时任全国人大常委会委员长叶剑英在《关于修改宪法的报告》中指出：“我们还要依据新宪法，修改和制定各种法律、法令和各方面的工作条例、规章制度。”此后，谈民主、谈法制的气氛逐渐浓厚起来。特别是邓小平在 1978 年 10 月的一次谈话中指出：“非常需要搞社会主义法制，没有法，就乱搞一气。过去和现在，都是这么一种情况：领导人说了就叫法；不赞成领导人说的话，就是违法、犯法。这种情况不能继续。”他还说：“过去‘文化大革命’前，曾经搞过刑法草案，经过多次修改，准备公布。‘四清’一来，事情就放下了。”现在“很需要搞个机构，集中些人，着手研究这方面的问题，起草有关法律”。这次谈话后不久，中央政法小组就召开了法制建设座谈会，提出“组织各方面通力协作”来搞法制建设。从 10 月中旬开始，组成刑法草案的修订班子，对第 33 稿进行修改，先后搞了两个稿子。②在此过程中，中国共产党召开了具有历史意义的十一届三中全会，会议精神对刑法典起草工作起到了极大的推动作用，为 1979 年刑法典的正式出台奠定了坚实基础。

从刑法观的角度来看，对于刑法的基本看法可以包括两个层次：第一层次是国家治理需不需要一部刑法，第二层次是当国家治理需要一部刑法时，

① 高铭暄：《中华人民共和国刑法的孕育和诞生》，法律出版社 1981 年版，第 3 页。

② 高铭暄、赵秉志：《中国刑法立法之演进》，法律出版社 2007 年版，第 41—42 页。

应当需要一部什么样的刑法。第二层次的刑法观是以第一层次的刑法观为前提的，在国家立法政策层面，需不需要刑法这一问题没解决时，第二层次的刑法观几乎没有现实意义。从以上描述的刑法起草过程以及其中的刑法观念和立法政策可以看出，尽管刑法典草案前后搞出了33稿，但妨碍刑法典及时出台的，并不是刑法典的具体条文在总体上令人不满意，而是对要不要刑法典的政策选择始终举棋不定：其一，领导人对刑法典的重要性和必要性的态度不定，时而重视并大力推进，时而轻视并废置不议。其二，在国家的政策选择上，刑法典的制定始终被置于次要地位，只要社会形势一发生变化，当时党和国家的主要任务一发生转变，刑法典的制定就处于被冷落搁置的境地。其三，刑法只是单纯地被当作执政的法制工具，当认为刑法这个工具顺手好用时，刑法典的起草就呼吁一下、加紧一阵；当认为刑法这个工具碍手碍脚甚至妨碍国家更大政策的实施时，刑法典的起草就停止和荒废下来。这样一种刑法观，不仅直接影响了刑事立法实践和司法实践，也严重影响了刑法学的研究。在这一时期刑法理论的主要内容、讨论重心及其沿革流变中，都能看到这种刑法观的影子。因为30年来一直在要不要刑法这个问题上反复，在提供一部什么样的刑法层面上的努力也就无济于事，即使弄出33稿刑法典草案也只能长期等待。

第二节 该时期刑法学研究的主要内容

尽管刑法典的起草过程充满坎坷，时断时续，但是刑法学研究还是在不同程度地持续进行着。这一时期是新中国刑法学研究的起步时期，其研究的主要内容，也具有鲜明的初创特点，主要表现为以理论引进为主，欠缺理论体系性，以及紧随着社会形势的起伏而波动。

一、全面介绍、学习苏联刑法理论

一方面，全面批判、彻底否定剥削阶级的旧法观点；另一方面，又大力介绍和宣传马克思主义法律学说，全面介绍引进苏联刑法理论。为此，翻译出版了一批苏联的刑法教科书和专著[①]，这其中尤其应当一提的是，苏联刑法学家特拉伊宁的专著《犯罪构成的一般学说》于1958年被翻译过来并由中国人民大学出版社出版，该书关于犯罪构成的基本理论对中国刑法学界产生了深远的影响，中国现行关于犯罪构成四要件的理论通说就来源于此。

二、对部分现实问题进行了研究

如刑法溯及力问题，这是当时刑事司法实践面临的一个问题。旧法被彻

---

① 高铭暄、赵秉志主编:《新中国刑法学五十年》（上），中国方正出版社2000年版，第5页。

底否定之后，新中国陆续颁布了一些单行刑事法律，其中有些明确规定了溯及力问题，但大部分没有明确规定，没有明确规定的是否适用于它颁布以前的行为？对此，有三种观点：一是认为新法具有溯及力；二是认为加重刑罚的刑事法律在任何情况下都不应适用于它颁布以前的行为；三是认为应当按照原则性和灵活性相结合的办法来解决我国刑法的溯及力问题，即原则上遵守从旧兼从轻的原则，但不排除例外。①

三、结合刑法典的起草对相关问题作研究

刑法典起草时断时续，在恢复起草时，刑法学的某些问题客观上需要研究，如死缓制度，死缓制度是在1951年第一次镇压反革命运动的高潮中产生的，当其在社会主义改造运动中发挥了积极作用之后，刑事立法中是否还应当继续保留，刑法学界对此存在争议。“今天看来，这场争论无疑为死缓制度的存在及完善奠定了坚实的理论基础，也在一定程度上推动了刑法学研究的发展。”②

四、对犯罪与两类矛盾问题进行了热烈研讨

1957年，毛泽东发表《关于正确处理人民内部矛盾的问题》一文，刑法学界一些人在学习过程中，把两类矛盾学说引入刑法领域，认为犯罪现象中存在两类不同性质的矛盾，司法工作在定罪量刑时，要严格区分两类不同性质的矛盾，由此引起对该问题的长期争论。③争论主要有三种观点：第一种观点认为一切犯罪都是敌我矛盾性质的，一切犯罪分子都是专政对象；第二种观点认为，犯罪并非都属于敌我矛盾性质，其中绝大部分属于敌我矛

① 高铭暄、赵秉志主编：《新中国刑法学五十年》（上），中国方正出版社2000年版，第5—6页。
② 高铭暄、赵秉志主编《新中国刑法学五十年》（上），中国方正出版社2000年版，第7页。
③ 高铭暄主编：《新中国刑法学研究综述（1949—1985）》，河南人民出版社1986年版，第24页。

盾性质，少数属于人民内部矛盾性质；第三种观点认为，敌对分子实施的犯罪属于敌我矛盾性质，人民中间某些人实施的犯罪属于人民内部矛盾性质。大多数人持第二种观点，但对划分两类不同性质矛盾犯罪的标准又有争论，如政治态度说、犯罪性质说、民愤大小说、阶级成分说等。[①]“这场关于犯罪与两类矛盾问题的讨论带有浓厚的政治色彩，但其对中国刑法理论的研究具有深远的影响。”[②]

① 高铭暄主编:《新中国刑法学研究综述（1949—1985）》，河南人民出版社 1986 年版，第 29 页以下。

② 高铭暄、赵秉志主编:《新中国刑法学五十年》（上），中国方正出版社 2000 年版，第 9 页。

第三节 该时期刑法学研究的主要特点

一、带有比较浓厚的政治色彩

前述关于犯罪与两类矛盾问题的讨论是一个明显的例子。另外，关于反革命罪有无未遂的问题也是。更为遗憾的是，反革命罪有无未遂的争论本来是一个纯法律的学术问题，但在特定的历史环境下，竟上升为一个敏感的政治问题：在1952年的司法改革运动中，主张反革命罪有未遂的观点开始被斥责为旧中国的六法观点，这一趋势在1957年下半年开始的“反右”斗争中达到登峰造极的地步，凡是主张反革命罪有未遂的人均被打成“右倾分子”。这种“用简单的政治分析替代深入的法律分析”的做法，给我们留下了惨痛而深刻的教训。[①]

二、有比较明显的历史虚无主义和教条主义倾向

新中国成立后，对于晚清以来至民国时期按照大陆法系模式逐步累积起来的刑法学知识，从形式到内容都被彻底否定。无论是刑事古典学派，还是刑事实证学派，由于均隶属于“剥削阶级”而无一幸免地受到清算。[②]与此同时，

---

① 高铭暄、赵秉志主编:《新中国刑法学五十年》(上)，中国方正出版社2000年版，第7—9页。

② 车浩:《未竟的循环——“犯罪论体系”在近现代中国的历史展开》，载《政法论坛》2006年第3期。

对苏俄刑法学进行了全面的移植。以犯罪构成理论为例，我国在1957年出版的唯一有影响的刑法教科书，即由中央政法干校刑法教研室编写、法律出版社出版的《中华人民共和国刑法总则讲义》，就基本上是以苏俄刑法学中的犯罪构成为摹本。①

三、刑法学研究从起步不久即走向萧条

从1949年10月到1957年上半年，被我国刑法学界称为新中国刑法学的起步阶段，这期间出版的论著“虽然还很不成熟”，却“是新中国刑法学史上极其重要的一个时期，它为刑法学以后的发展奠定了基础”。② 而从1957年下半年开始，随着“反右”斗争的展开，刑法学研究开始冷落③，到1966年“文化大革命”开始，刑法学研究进入停滞、倒退时期，这种状况一直持续到“文化大革命”结束。“连绵不断的政治运动和社会动乱，刑法学研究从其中前十年（1957年—1966年）的逐步萧条、成果很少，到后十年（1966年—1976年）的偃旗息鼓、完全停止。”④“反右”斗争后，法律虚无主义盛行，一些刑法上的重要理论，如刑法基本原则、犯罪构成等，人们不敢问津。各校编写的教材，也大都是适应政治运动需要的产物，过分强调政治性，专业内容反而大大压缩。⑤ 在这种形势下，不仅“罪刑法定”这样一些贴有西方刑法学标签的刑法原理被打成“右派”的反动言论，连从苏联引进的犯罪构成理论也被打入冷宫，成为政治上的禁忌。正如有学者所指出的那样，“犯罪构成”一词不能再提了，犯罪构成各个要件不能再分析了，不准讲犯罪必须是主客观的统一等。⑥ 这一描述是真

---

① 陈兴良:《刑法知识论》，中国人民大学出版社2007年版，代序。

② 高铭暄、赵秉志主编:《新中国刑法学五十年》（上），中国方正出版社2000年版，第4—5页。

③ 不过，法律出版社1957年9月出版的李光灿著《论共犯》一书，算是一个例外，该书被认为在该领域提高了当时的刑法学理论研究水平。

④ 高铭暄、赵秉志主编:《新中国刑法学五十年》（上），中国方正出版社2000年版，第8页。

⑤ 同上。

⑥ 杨春洗等:《刑法总论》，北京大学出版社1981年版，第108页。

实的，有书为证，如中国人民大学法律系刑法教研室在1958年出版的《中华人民共和国刑法是无产阶级专政的工具》一书中，关于怎样认定犯罪的论述，只字不提犯罪构成。[①] 这种情形一直持续到1976年，如该年12月北京大学法律系刑法教研室编写的《刑事政策讲义》（讨论稿），该书虽名为刑事政策讲义，实际上是刑法讲义，该书在正确认定犯罪这一题目下，不仅同样讳言“犯罪构成”一词，还强调在认定犯罪的时候要查明被告人的出身、成分和一贯的政治表现等，要以阶级斗争为纲，坚持党的基本路线，用阶级斗争的观点和阶级分析的方法分析问题，处理问题。[②]

① 中国人民大学法律系刑法教研室编：《中华人民共和国刑法是无产阶级专政的工具》，中国人民大学出版社1958年版，第20页以下。

② 北京大学法律系刑法教研室编：《刑事政策讲义》（讨论稿），1976年12月内部印行，第118页以下。

第二章

法制时代开创时期的刑法学研究（1978 年 ~ 1992 年）

第一节 1979年《刑法》的发布与刑法学研究的复苏

一、1979年《刑法》的发布

1979年2月下旬，全国人大常委会法制委员会宣告成立，在彭真委员长的主持下，从3月中旬开始，对立法工作抓紧进行。刑法典草案以33稿为基础，结合新情况、新经验和新问题，征求了中央有关部门的意见，先后拟出了两个稿子。[①] 第二个稿子于5月29日获得中央政治局原则通过，接着又在法制委员会全体会议和第五届全国人大常委会第八次会议上进行了审议，审议中又作了一些修改和补充，最后于7月1日在五届全国人大二次会议上获得一致通过，并规定自1980年1月1日起实施。[②] 这是中华人民共和国成立近30年来第一次有了自己的刑法典，其过程和意义令人感慨。正如有学者所指出的："回顾新中国刑法的孕育诞生历程，不禁使人感慨万千：其道路的确是曲折的、艰辛的。一部出台时不过192个条文的刑法典（条文数在当代世界各国刑法典中可以说是最少的），从全国人大常委会法律室起草算起，先后竟然孕育了25年之久。其实不然，具体工作时间只用了5年多，有19年是

① 高铭暄、赵秉志编：《新中国刑法立法文献资料总览》（上册），中国人民公安大学出版社1998年版，第435页以下。

② 高铭暄：《中华人民共和国刑法的孕育和诞生》，法律出版社1981年版，第4页。

处于停顿状态。第22稿拟出后停顿了4年多，第33稿拟出后居然停顿了15年！这生动地说明了‘以阶级斗争为纲’的思想，法律虚无主义，一个接一个的政治运动，对中国法制建设的冲击有多么大！新中国成立近30年时，中国才有了第一部粗放型的刑法典，这不能不说是法制的严重滞后。有法才能治国，无法就要祸国，这是中国人民付出了无数血的代价之后才总结出来的一条经验教训。”①

二、刑法学研究的复苏

刑法典的颁布直接推动了刑法学研究，据有关学者统计，刑法典颁布前，主要是“文化大革命”之前的17年，发表的刑法论文仅有176篇，而刑法发布后至1985年年底的6年多时间里，发表的论文有近2300篇，约相当于过去的13倍。②虽然对此我们还可以从“人治”向“法治”转变的社会大背景中寻找原因，但刑法文本的出现以及刑法的实施所引发的大量疑难问题，无疑为刑法学研究提供了丰富的素材和巨大的内驱力。对此，有刑法学者热情地描述道：“经过了将近20年的寂静之后，随着我国第一部刑法的颁布，刑法学在各部门法学中一马当先，首先跨越了历史的断裂层，顾不得抹去长久的冬眠而残存在心灵中的噩梦，以一双不太适应的眼睛迎接理性的光芒，很快在法苑中站稳了脚跟，恢复了刑法昔日的自信，并睨视着其他尚在草创之中的部门法学，俨然以老大自居。”③

由于历史的惯性，1979年发布的刑法典仍然带有较强的政治色彩，如总则第1条规定：“中华人民共和国刑法，以马克思列宁主义毛泽东思想为指针，以宪法为根据，依照惩办与宽大相结合的政策，结合我国各族人民实行无产阶级领导的、工农联盟为基础的人民民主专政即无产阶级专政和进行社会主

① 高铭暄、赵秉志：《中国刑法立法之演进》，法律出版社2007年版，第43页。

② 高铭暄主编：《新中国刑法学研究综述（1949—1985）》，河南人民出版社1986年版，第8—9页。

③ 陈兴良：《刑法哲学》，中国政法大学出版社1992年版，前言。

义革命、社会主义建设的具体经验及实际情况制定。”该条的内容本来主要是刑法制定的根据，但在前面的章的标题中却被称为“刑法的指导思想”，“由此可见立法者强调的是意识形态对刑法的指导意义”。① 又如，分则第一章中的“反革命罪”，之所以用这么一个政治色彩浓厚的名称，是因为“在法律上明确规定什么是反革命罪，以便划清反革命罪与非反革命罪的界限，这是我国人民民主法制的一个传统做法”。② 与此相呼应，刑法学者也将1979年《刑法》解读为“一部闪耀着毛泽东思想光辉的刑法”③，将马克思列宁主义、毛泽东思想对我国刑法具有指导意义的基本原理概括为社会主义时期阶级斗争和无产阶级专政的理论、严格区分和正确处理两类不同性质的矛盾的思想等。④

但是，随着整个国家的改革开放和重心转入经济建设，刑法研究中这种“大词”开始慢慢褪去，取而代之的是一个个现实问题：一方面，对刑法典的注释和对刑法施行后司法实践中反映出来的大量问题进行解答成为刑法学界的迫切任务；另一方面，犯罪领域的新情况和新特点促使立法机关和司法机关做出反应，而对这种反应的理论准备和理论论证乃至理论评析又成为学界不可回避的问题，如经济犯罪的日趋严重使得全国人大常委会于1982年通过了《关于严惩严重破坏经济的罪犯的决定》，以及《关于惩治走私罪的补充规定》（1988年）、《关于惩治生产、销售伪劣商品犯罪的决定》（1993年）等一系列打击经济犯罪的单行刑法；社会治安的恶化使得全国人大常委会于1981年通过了《关于死刑案件核准问题的决定》⑤，1983年又通过了《关于严惩严

① 陈兴良：《刑法知识论》，中国人民大学出版社2007年版，出版说明第2页。1997年刑法修订时，该条被改为：“为了惩罚犯罪，保护人民，根据宪法，结合我国同犯罪作斗争的具体经验及实际情况，制定本法。”

② 高铭暄：《中华人民共和国刑法的孕育和诞生》，法律出版社1981年版，第136页。

③ 高铭暄：《一部闪耀着毛泽东思想光辉的刑法》，载《法学研究》1979年第3期。

④ 高铭暄主编：《新中国刑法学研究综述（1949—1985）》，河南人民出版社1986年版，第19页以下。

⑤ 该决定规定：在1981年至1983年内对杀人、抢劫等犯罪分子判处死刑的，不必报最高人民法院核准，当时本来只是一种非常时期的权宜之计，但后来形势的发展超出了原来的预计。1983年，全国人大常委会通过了《关于修改〈中华人民共和国人民法院组织法〉的决定》，规定最高人民法院在必要的时候，可以授权高级人民法院行使部分死刑的核准权。至此，死刑核准权的下放正式成为一项制度。直到2007年1月1日，最高人民法院才最终收回所有死刑案件的核准权。

重危害社会治安的犯罪分子的决定》；腐败犯罪的加剧使得全国人大常委会于1988年通过了《关于惩治贪污贿赂罪的补充规定》；等等。据统计，自1981年至1997年新刑法通过前，全国人大常委会先后通过了25部单行刑法，此外，还在107个非刑事法律中设置了附属刑法规范。经过这些不断补充，刑法中的罪名由1979年刑法典中的130个增加到263个。①

① 高铭暄、赵秉志：《中国刑法立法之演进》，法律出版社2007年版，第44—45页。

第二节 刑法学知识的更新与注释刑法学的兴起

一、刑法学知识的广泛吸纳与急速更新

毋庸讳言，20世纪70年代末80年代初的刑法学复苏，是建立在50年代引进苏联刑法学知识的基础上的。1982年出版的高等学校法学试用教材《刑法学》（高铭暄主编，法律出版社），基本沿袭了苏联刑法教科书的体系和原理，其“犯罪构成体系几乎是特拉伊宁的翻版”①。这说明当时的刑法学主流知识是苏联刑法学。

但随着改革开放力度的加大，刑法学知识也出现了两个新的增长点：一是我国台湾地区刑法学著作的引入；二是国外刑法学译著的出版。

也许是意识到“历史虚无主义不利于刑法学的研究发展”，自20世纪80年代初，一批台湾地区刑法学著作被陆续影印在大陆出版。关于我国台湾地区法学研究对我国大陆同行的影响，许章润教授曾经指出：“80年代初、中期对于我国台湾地区法律学术的欣纳，恰是对于被迫中断的法学与法律传统的接续，或者说，是清末变法改制开其端绪的近代中国法学与法律传统，在1949年以后一树两枝、各有形制的情形下，于80年代初、中期出现的传统的

① 陈兴良、周光权：《刑法学的现代展开》，中国人民大学出版社2006年版，第727页。

汇合。”[①]陈兴良教授也坦承：他在1983年前后买到韩忠谟的《刑法原理》一书的影印本，“初读该书，对于当时初入刑法学之门的我辈来说确有眼界大开之感，并且如饥似渴地从中汲取学术营养”。他于1984年发表的第一篇论文《论我国刑法中的间接正犯》就是从韩氏书中借用“间接正犯”一词来对我国刑法规定进行理论解说的。其后，他的第二篇、第三篇论文均是从台湾地区学者的刑法学著作中引进的学说与概念，而这些“均为当时我国教科书所不见”。[②]时至今日，两岸刑法学者的交流已趋活跃，当年版权页上写着“内部参考，批判使用”字样的前述《刑法原理》等书已在大陆正式出版简体字本，不仅如此，大陆出版社还陆续整理出版了一批民国时期的刑法学著作。[③]

从20世纪80年代中后期开始，越来越多的外国刑法学论著经过编译和翻译传入我国，其中既有大陆法系的，也有英美法系的，它们为封闭了数十年的我国刑法学打开了一扇大门，开阔了刑法学者的眼界。早期影响较大的有：1984年和1985年分上、下两册分别由北京大学出版社出版的《外国刑法学》（甘雨沛、何鹏著），“该书内容庞杂，虽然存在文字艰涩且无注释的不足，但其丰富的资料对于处于饥渴状态的我国刑法学界不啻是一道盛宴”。[④]1986年辽宁人民出版社出版的《日本刑法总论讲义》（［日］福田平、大塚仁编，李乔等译），该书简明扼要，体系清晰，对启蒙大陆法系刑法理论有较大的参考价值。1987年北京大学出版社出版的《美国刑法》（储槐植著），为人们了解美国刑法理论提供了便利。

---

① 许章润：《法学家的智慧——关于法律的知识品格与人文类型》，清华大学出版社2004年版，第54页。

② 陈兴良、周光权：《刑法学的现代展开》，中国人民大学出版社2006年版，第728页。

③ 陈兴良教授在回忆自己20世纪80年代刑法论著的引注时，曾指出有1/4引自民国时期的刑法论著（另有1/4引自我国台湾地区刑法论著，1/4引自早期苏联刑法论著，1/4引自当时我国大陆学者的刑法论著）。“这些20世纪三四十年代的刑法著作，蜷缩在图书馆阴暗的一隅，也许几十年无人光临，但对笔者来说是如获至宝……学术的生命是顽强的，在中断了数十年以后，笔者作为新一代学者，又接续了民国时期的刑法学传统。”参见陈兴良、周光权《刑法学的现代展开》，中国人民大学出版社2006年版，第728—729页。

④ 陈兴良、周光权：《刑法学的现代展开》，中国人民大学出版社2006年版，第729—730页。

进入20世纪90年代，大批的刑法译著和外国刑法典源源不断地被汉译出版。译著的来源既有德、日等在我国有传统影响的大陆法系国家，也有法国、意大利等其他大陆法系国家，还有美、英等英美法系国家，以及俄罗斯等转型后的国家。也许是我国清末刑法改制对大陆法系刑法的选择所致，也许是我国承继的苏联刑法理论本就来自对大陆法系刑法理论的改造，加上我国改革开放后留学日本、德国的刑法学人较多①，使以德、日为代表的大陆法系刑法理论在我国的影响不断增大。②

除了专著和教科书的翻译，外国刑法典的翻译也在不断推进。与20世纪50年代只翻译苏联和东欧国家的刑法典不同，一轮新的外国刑法典译潮面向世界各大法系，而且至今未退。

对于这些翻译，一位外国作者将其理解为“中国对外国文化开放的表示”（耶赛克为其《德国刑法教科书》所做的中译本序言中语）。尽管翻译的质量良莠不齐，但总的来讲，它对开阔我国刑法学者视野的贡献是不言而喻的，这从近些年来我国刑法学者的著述引注中就可见一斑，过去那种很少有引注或者一有引注就单一于领袖人物著作的局面已经大大改观了。

① 虽然改革开放后我国留学美、英的法律人也不少，但鲜有以刑法研究为业的，甚至大多去了国外的律师事务所，这可能与美、英等国的法学教育以职业教育为主以及中国学生去这些国家留学往往对国际经贸方面的法律更感兴趣有关，也可能与在这些国家的法学院毕业后容易找到工作以及在这些国家上法学院的学费较贵有关（高额的学费需要毕业后去当律师来还贷款）。

② 不过，一个值得注意的现象是，21世纪以来，美国的刑法学译著明显在增多，仅以2005年为例，就出版了《刑法的结构与功能》（[美]罗宾逊著，何秉松等译，中国民主法制出版社）、《死刑论辩》（[美]哈格、康拉德著，方鹏等译，中国政法大学出版社）、《美国模范刑法典及其评注》（美国法学会组织编写，刘仁文等译，法律出版社）、《哈佛法律评论：刑法学精粹》（刘仁文等译，法律出版社）等。《死刑论辩》是“美国法律文库”的书目，而“美国法律文库”是“中美元首法治计划”项目之一，它还将继续推出包括刑法在内的众多美国法学著作；《哈佛法律评论：刑法学精粹》据说也只是法律出版社一个庞大的翻译出版计划的开始，它还将继续出版《哈佛法律评论》包括刑法在内的各学科论文精选。如果说前者代表了两国之间的官方交流意愿，那么后者则代表了民间的“美国情结”，两相结合，美国刑法理论对中国未来的影响应可期待。

二、注释刑法学的兴起

1979年《刑法》颁行后，刑法学界在刑法注释上下了很大的功夫，为司法实务界掌握刑法作出了贡献。[①]不要小看这种注释，也不要拿今天的眼光去批评当时的注释水平，考虑到当时法制重建刚起步、整个司法队伍的业务水平还有待提升，我们就不应否认这项工作的历史价值。实践性是规范刑法学的本质特征，也是其繁荣发展的源泉，因此也注定了为实践释疑解惑的注释刑法学的生命力。随着我国刑事法治向纵深发展，对刑法解释的需求不是降低了，而是更高了，这也是近些年我国刑法学界对刑法解释方法、解释原理、刑法教义学、刑法推理与论证等孜孜以求的一个重要原因。[②]

注释刑法学是20世纪80年代中国刑法学研究的主要体裁，这有其时代必然性：首先，国家的惩罚策略正在实现从运动到法制的整体性转变，在刑事领域，中共中央专门发布《关于坚决保证刑法、刑事诉讼法切实实施的指示》，可见，当时全社会都面临一个“学会使用法律武器”的问题[③]；其次，那时公、检、法、司队伍的业务素质整体还偏低，专业化程度远不能跟今日相比，由此决定了其适用法律的自身解释能力较弱，对法律解释有较强的依赖性；最后，刑法文本的出现，以及其后大量单行刑法和附属刑法的颁布，加上司法实践中不断反映出来的问题，迫切需要刑法学界释疑解惑，正因如此，当时许多刑法学论著都几乎有共同的格式，那就是要讨论“罪与非罪、此罪与彼罪的界限”。

① 例如，中国社会科学院法学研究所欧阳涛、张绳祖等著的《中华人民共和国刑法注释》（北京出版社1980年版）曾先后数次再版，总印数达100多万册，成为当时司法实际工作人员几乎人手一册的畅销书。参见欧阳涛《犯罪、刑法学领域热点问题剖析及对策》，中国人民公安大学出版社1998年版，第8页。

② 绝不要小看法律解释，美国布莱克斯通这位18世纪普通法历史上最重要的人物就是靠一本《英国法释义》流芳百世的。我国当前存在的问题是尽管各种法律释义数量较多，但高水平的作品总体匮乏。

③ 强世功：《法制与治理——国家转型中的法律》，中国政法大学出版社2003年版，第178页以下。

在注释刑法学的发展中，对刑法解释究竟应采主观解释的立场还是客观解释的立场，一直是一个争论不休的问题。主观解释论主张刑法解释应以探求立法者所要表达的原意为其解释的目标，客观解释论则主张刑法解释应以刑法规范本身所彰显的应有意蕴为解释的目标。纯主观解释论和纯客观解释论都被认为不可取，于是折中解释论应运而生。在折中解释论中，又分为“以主观说为主、客观说为辅”和“以客观说为主、主观说为辅”两种主张。应当说，在早期的注释刑法学中，学者们是比较重视立法原意的，但后来有学者指出，在当今德、日等国，均以客观说为土流，应为我国借鉴，于是逐渐形成了“以客观说为主、主观说为辅”的局面。应当指出，我国当前的社会背景与德、日是有差异的，前者以客观说为主是因为其具备以下条件：（1）罪刑法定原则深入人心；（2）已形成高水平的法律职业队伍；（3）刑法结构严而不厉（法网严密而刑罚轻宽）。而我国目前还不具备这些条件。由于客观解释论的结果多半是入罪，因此下述意见虽属少数人的观点，却绝非没有道理：“依据我国当前国情，应以主观论为主辅以客观论（限于严重暴力犯罪案）。”①

---

① 储槐植：《刑事一体化论要》，北京大学出版社2007年版，第23页。

第三节 刑法原理研究的全面展开

改革开放后，我国刑法学在学科建设、人才培养、服务立法和司法等诸多方面均取得了较为丰硕的成果。在刑法原理方面，也进行了不少研究，现择其要者予以评述。

一、关于刑法基本原则的研究

刑法基本原则就是为刑法所特有、贯穿于全部刑法的原则，由于其对刑事立法和刑事司法具有根本性的指导意义，因而成为刑法学界瞩目的问题。1979年《刑法》并没有明确规定刑法的基本原则[①]，由此导致刑法学界对我国刑法的基本原则究竟应包括哪些发生争议，多数学者认为，下列几项原则应是刑法的基本原则：罪刑法定原则、罪刑相适应原则、罪责自负原则、惩罚与教育相结合原则。也有学者认为，除此之外，刑法的基本原则还应包括：主观与客观相一致的刑事责任原则、严格区分不同性质犯罪的原则、刑罚轻重必须依法适时的原则、社会主义人道主义原则等。[②]不过这一时期对刑法基本原则的研究大多还只停留在基本原则范围的争论上，而对各个基本原则的具体内容还缺乏深入的阐述。例如，1979年《刑法》在规定了类推制

① 1997年《刑法》第3条、第4条、第5条明确规定了“罪刑法定”“刑法面前人人平等”“罪刑相适应”三大刑法的基本原则。

② 高铭暄、赵秉志主编:《新中国刑法学五十年》(上)，中国方正出版社2000年版，第12页。

度的情况下，刑法学界的通说还认为我国刑法是贯穿了罪刑法定原则的[①]，这比较明显地反映了刑法学研究在这个问题上的欠深入。相比之下，1997年《刑法》在明确规定了刑法的基本原则之后，学界对此问题的研究就要深刻得多，有的研究触及刑法的根本和灵魂，并可导致刑法观念之变革。正如有学者所指出：从对刑法基本原则问题的研究上，可以看到刑法学科和刑法学者的成熟。[②]

二、关于犯罪概念的研究

早在20世纪50年代，就有学者强调要研究犯罪概念。他们指出，虽然我国刑事立法尚未作出犯罪的定义性规定，但是研究犯罪概念在政治上、理论上、实践上都有着重大的意义。[③]1979年《刑法》第10条明确规定了犯罪的定义："一切危害国家主权和领土完整……以及其他危害社会的行为，依照法律应当受刑罚处罚的，都是犯罪；但是情节显著轻微危害不大的，不认为是犯罪。"[④]刑法学界围绕该定义，展开了广泛讨论：（1）关于犯罪的基本特征，有二特征说、三特征说、四特征说等不同主张，多数学者持三特征说，即一定的社会危害性、刑事违法性和应受惩罚性。三特征说为1982年的全国刑法统编教材所采纳。（2）关于犯罪的本质特征，存在社会危害性和应受刑罚惩罚性的争论，其中社会危害性为主流观点。[⑤]（3）关于犯罪概念的立法模式，各国刑法定义犯罪概念大致有三种立法例：①从形式上定义犯罪的概念，如

---

① 高铭暄主编：《中国刑法学》，中国人民大学出版社1989年版，第33页。

② 高铭暄、赵秉志主编：《新中国刑法学五十年》（上），中国方正出版社2000年版，第31页。

③ 高铭暄主编：《新中国刑法学研究综述（1949—1985）》，河南人民出版社1986年版，第86页。

④ 1997年《刑法》第13条仍然保留了这一实质定义，但具体内容有所改动。

⑤ 从20世纪90年代后期到现在，对于犯罪定义中的"社会危害性"概念产生日益巨大的争论，批判的观点甚至认为应将社会危害性逐出刑法学的领域，以法益和法益侵害的概念取代之。参见陈兴良《社会危害性理论——一个反思性检讨》，载《法学研究》2000年第1期。而肯定的观点则认为，要善待社会危害性观念。参见储槐植、张永红《善待社会危害性观念》，载《法学研究》2002年第3期。

将犯罪定义为法律规定用刑罚威胁的行为。②从实质上定义犯罪的概念，如将犯罪定义为危害社会的行为。③将犯罪的实质内容与形式内容结合起来定义。我国属于第三种情况。大多数人肯定我国刑法对犯罪的这种定义模式。（4）关于"但书"，多数观点都强调指出"但书"的积极意义，认为它从什么不是犯罪的角度补充说明了什么是犯罪，这有利于在司法实践中缩小打击面。[①]

三、关于犯罪构成的研究

绝大多数学者认为，犯罪构成是刑法中的核心理论问题。1982年出版的全国刑法统编教材将犯罪构成界定为我国刑法所规定的、决定某一具体行为的社会危害性及其程度而为该行为构成犯罪所必需的一切客观和主观要件的总和，并将苏俄刑法学中的犯罪构成四要件移植过来：（1）犯罪客体；（2）犯罪客观方面；（3）犯罪主体；（4）犯罪主观方面。[②] 由于刑法统编教材的权威性，犯罪构成四要件理论从此定于一尊。但从1986年开始，以何秉松教授发表的《建立有中国特色的犯罪构成新体系》一文为标志[③]，刑法学界开始有部分学者对苏俄的犯罪构成理论模式进行反思性思考，这种反思性思考在进入21世纪后日趋强烈，形成了对传统理论的严重挑战。

四、关于刑法上因果关系的研究

刑法的因果关系是20世纪80年代我国刑法研究的一个热点问题，讨论

① 晚近也有人认为，"但书"的规定使我国刑法的犯罪定义出现逻辑上的矛盾。参见樊文《罪刑法定与社会危害性的冲突》，载《法律科学》1998年第1期。但批评者指出：前述观点的不当之处在于没有看到，根据"但书"，那些已被框入圈内的行为可以被排除出去，这才是最终划定的犯罪圈。参见储槐植、张永红《善待社会危害性观念——从我国刑法第13条但书说起》，载《法学研究》2002年第3期。

② 高铭暄主编：《刑法学》，法律出版社1982年版，第97页以下。

③ 何秉松：《建立有中国特色的犯罪构成新体系》，载《法学研究》1986年第1期。

的重点主要集中在以下问题上：（1）关于必然因果关系和偶然因果关系。一种观点认为，刑法上的因果关系只能是必然因果关系，否认偶然因果关系作为刑法因果关系的可能性；另一种观点认为，刑法上的因果关系不仅包括必然因果关系，也包括偶然因果关系。后者认为，必然因果关系在犯罪现象中大量存在，它是刑法上因果关系主要的、基本的形式，但不可否认的是，偶然因果关系也是客观存在的，它是必然因果关系的必要补充。这两种学说争论激烈，长期对峙。在这两种观点之外，还出现了一些其他主张，如"一个半因果关系说"，即必然因果关系加高概率偶然因果关系。[①]（2）关于直接因果关系和间接因果关系。在这个问题上，分为否定与肯定两种观点。否定论者认为，对因果关系做直接和间接的分类往往带有表面性和局限性，因为直接原因不一定就是决定性的、根本性的、主要的原因，间接原因也不一定就是非决定性的、非根本性的、次要的原因，因此这种区分不能准确地、科学地确定行为在结果发生过程中的地位和作用。肯定论者则认为，这种区分是有意义的，直接因果关系易于为人们所认识，但原因通过"中介"与结果相联系，间接地对结果起作用即间接因果关系则不易于为人们所认识。在存在间接因果关系时，解决行为人的刑事责任问题有一些特殊情况需要研究，如要特别注意查清行为人的主观心理状态等。[②]（3）关于原因和条件。对于条件能否作为刑事责任的客观基础，有不同意见。否定论认为，如果把条件和原因等同起来，会扩大因果关系的范围，也就会扩大负刑事责任的客观基础。肯定论认为，条件或者外因在多数情况下对定罪没有影响，而是对量刑有影响。但在少数情况下，对定罪也有影响。（4）关于因果关系中断。因果关系中断是用来说明在先导行为之后介入因素的作用及其与先导行为之关系的一种理论。我国刑法学界对是否借鉴这种"资产阶级刑法学家"的理论也产生了正反两派意见，多数认为该理论包含"一定的积极的合理因素"，有助于区别复杂的因果联系中先导行为和介入因素的性质、作用及其相互关系。（5）关

---

① 储槐植：《一个半因果关系》，载《法学研究》1987年第3期。

② 高铭暄主编：《新中国刑法学研究综述（1949—1985）》，河南人民出版社1986年版，第186页。

于几种特殊情况下的因果关系，如不作为的因果关系，共同犯罪中的因果关系等。[①]总体上看，这一阶段的因果关系研究，有些探讨还是比较深入的，推动了该领域甚至整个刑法理论的发展。当然，研究中也存在一些不足，如过于纠缠名词，过于倚重哲学上的因果关系理论而无视刑法中因果关系的独特性，研究方法单一，有经院哲学的倾向。[②]同时，将“因果关系中断”这类外来学说称为“资产阶级刑法学家”的理论，也反映了当时刑法学知识还没有彻底与意识形态脱钩的时代印痕。今天，刑法学上的因果关系之所以不复当年风起云涌之势，并不是因为上述理论争议和困惑都已得到解决，而是因为刑法学者从“长期执迷于一种哲学框架，烘云托月般地构建因果关系的海市蜃楼”中走了出来，注意使自己的研究不脱离刑法语境，清醒自己的研究目的。[③]

五、关于刑罚目的的研究

刑罚目的是指国家制定、适用和执行刑罚所希望达到的结果。早在新中国成立后我国刑法学发展初期，刑罚目的就引起过学者们的兴趣，究其原因，“与刑罚目的这一问题具有较强的政治性、阶级性是分不开的”[④]。当时对于刑罚目的的讨论，主要有惩罚说、改造说、预防说、预防和消灭犯罪说等不同观点。由于过于强调刑罚目的的政治性和阶级性，注定了这场讨论失之粗浅。改革开放后，刑法学界重新关注刑罚目的这一课题，此时对该课题的重要性认识源于它是刑罚论中的核心问题，“这一问题的解决不仅影响刑罚论中的其他问题，而且还影响犯罪论中的问题；不仅影响刑事立法，而且还影响刑事

① 高铭暄主编:《新中国刑法学研究综述（1949—1985）》，河南人民出版社1986年版，第190页以下。
② 高铭暄、赵秉志主编:《新中国刑法学五十年》（上），中国方正出版社2002年版，第13—14页。
③ 陈兴良主编:《刑法知识论研究》，清华大学出版社2009年版，第257页。
④ 高铭暄、赵秉志主编:《新中国刑法学五十年》（上），中国方正出版社2000年版，第6页。

司法”。[①] 该阶段对刑罚目的的研究主要集中在以下三个问题上：一是围绕刑罚的目的是什么，在原有惩罚说、改造说、预防说、预防和消灭犯罪说等观点的基础上，又提出了双重目的说、三目的说、根本目的说和直接目的说等新观点。其中预防说（包括一般预防和特殊预防）是通行的传统观点，仍占支配地位。[②] 二是报应是不是刑罚的目的。通说认为，惩罚性或痛苦性是刑罚的固有属性，但不是刑罚的目的。[③] 这种观点隐含有拒绝报应的态度。为什么会拒绝将报应作为我国刑罚的目的呢？这恐怕与我国学界对报应主义的误解有关，以为报应主义残酷、野蛮、愚昧。其实，报应主义只求有罪必罚、罚当其罪，它主张惩罚的严厉性不能超出罪行本身的危害性，在欧洲中世纪和近代刑罚普遍严苛的背景下，反而限制了刑罚的严酷性。[④] 作为刑罚中的“公正模式”，它有利于培植人们的规范意识，进而产生预防犯罪的效果。认识到这一点，我们就不会排斥将报应论与预防论共同作为刑罚目的的主张。三是刑罚功能问题。这一问题是随着对刑罚目的的深入而开拓的一个新领域。所谓刑罚的功能，又称刑法的机能，系指刑法客观上发挥的积极作用。关于刑罚的功能，学者们视角不同，表述也不尽相同，一般认为，惩罚犯罪与保障人权是刑法的两个最基本的功能。值得注意的是，在惩罚犯罪与保障人权的关系上，早期一般认为是前者重于后者，即惩罚犯罪的功能是首要的，而保障人权的功能则是派生的，但现在越来越多的学者主张二者应是并重的，“以二者并重代替一先一次的观念，有助于将刑法保障人权的机能落到实处和确保惩罚犯罪的质量”[⑤]。

---

① 高铭暄、赵秉志主编:《新中国刑法学五十年》(上)，中国方正出版社 2000 年版，第 14 页。

② 至于对特殊预防和一般预防的关系，特别是特殊预防内部的积极预防方面与消极预防方面之间，以及特殊预防的积极方面与一般预防之间存在的矛盾和冲突，其时还欠缺应有的关注。另外，关于在刑事立法、刑事审判和刑罚执行的不同阶段，对特殊预防和一般预防分别作何种侧重，也是近年刑法学研究才开始涉足的话题。

③ 高铭暄、马克昌主编:《刑法学》，中国法制出版社 1999 年版，第 413 页。

④ 阮齐林:《刑法学》，中国政法大学出版社 2008 年版，第 283 页。

⑤ 马克昌:《刑法的机能新论》，载《人民检察》2009 年第 8 期。

六、关于刑事责任的研究

刑事责任是刑法学的基本范畴之一，我国刑法学界从20世纪80年代后期开始，对这个问题进行了着力研讨，从而填补了刑法学研究的一项空白，充实了刑法学体系。关于刑事责任的概念，相继出现过义务说、责任说、刑事追究和刑罚处罚（制裁）说、否定性评价和谴责说、心理状态及法律地位说、承担说、后果说等争论。上述观点除心理状态及法律地位说外，[①] 其他其实并无根本性的差异。现在大家基本倾向于把刑事责任看成是行为人因其实施犯罪行为所引起的国家司法机关对其所作出的否定性评价。[②] 关于刑事责任的根据，学界相继出现过行为责任论、性格责任论、人格责任论、犯罪构成根据论、社会危害性根据论等不同观点，后来学界大都认为，刑事责任的根据只能是符合犯罪构成的犯罪事实。至于行为责任论、性格责任论、人格责任论等，其实是在另一个层面上讨论问题，即所谓的"刑事责任的哲学理论根据"，它要解决的是国家为什么要设定刑事责任，犯罪人为什么要承担刑事责任。关于刑事责任的实现过程，学界经过讨论，就如下问题基本达成了共识：首先，刑事责任的开始时间。应当区分应负刑事责任的开始时间和实际负刑事责任的开始时间，前者始于行为人开始实施犯罪行为之时，后者始于人民法院的有罪判决生效之时。其次，刑事责任的终结时间。有两种情形：一是刑事责任自行终结，包括犯罪已过追诉时效期限的，依照刑法规定告诉才处理、被害人不告诉或者告诉后又撤诉的，行为人死亡的。二是刑事责任

① 心理状态及法律地位说认为刑事责任是"犯罪人在犯罪后应受社会谴责和法律制裁的一种心理状态以及与这种心理状态相适应的法律地位"。参见余淦才：《刑事责任理论试析》，载《法学研究》1987年第5期。这种观点把德日刑法理论中的"有责性"与我国刑法中的"刑事责任"概念相混淆，我国刑法中的"应负刑事责任""不负刑事责任"等提法与所谓的"心理状态"是不能等同的。值得注意的是，随着刑法理论的开放，各种术语和理论大量涌入，我国刑法学知识也存在某种程度的混乱，这说到底还是消化不彻底的问题。

② 高铭暄：《高铭暄自选集》，中国人民大学出版社2007年版，第471页以下；曲新久：《刑法的逻辑与经验》，北京大学出版社2008年版，第135页以下。

因实现而终结，其中以刑罚为实现方法的刑事责任终结于刑罚执行完毕或赦免之时，以非刑罚处理方法为实现方法的刑事责任终结于非刑罚处理方法执行完毕之时，在免予刑事处罚的情况下，刑事责任终结于法院有罪判决生效之时。最后，刑事责任的实现方法。定罪判刑是最常见、最基本的一种方法，还有定罪免刑的方法（即刑法中规定的“对于犯罪情节轻微不需要判处刑罚的，可以免予刑事处罚”），以及转移处理的方法（如对享有外交特权和豁免权的外国人，通过外交途径解决）。

第四节 折射社会变迁的刑法学热点问题研究

“问题是时代的格言”（马克思语），现实中的新情况、新问题催生着改革开放后的中国刑法学向更宽的领域发展。

一、关于法人犯罪问题的研究

从新中国成立到1979年第一部刑法典的颁行，中国刑事立法对法人犯罪一直是持否定态度的。但是随着经济体制改革和对外开放，中国经济所有制关系发生了显著变化，一是出现了个体企业、私营企业、合资企业、合作企业、外商独资企业等公有制之外的多种所有制经济形式；二是原来的国有企业也从政企不分到政企分开，形成了相对独立的经济实体，利益驱动使这些单位的违法犯罪活动日趋严重，用刑法手段来规制的呼声日益高涨。在这种情况下，经济领域中出现了大量以法人名义实施的犯罪，于是法人能否成为犯罪主体成为刑法学界的一个争论话题。不过直到20世纪80年代中期，“大多数同志还是坚持我国刑法和刑法理论中的一贯主张，坚持‘法人犯罪否定说’”[①]。法人犯罪否定说的主要理由是：（1）我国法人制度的客观属性决定了法人不能成为犯罪主体。“任何违背法人宗旨、超出法人权限的违法犯罪行为，虽然是以法人名义实施的，哪怕是法人决策机构集体决定的，法

① 高铭暄主编：《新中国刑法学研究综述（1949—1985）》，河南人民出版社1986年版，第206页。

人也不负责任，只能由决策人、执行个人负责。”[①]（2）没有刑事责任能力赖以存在的生理基础，不具备意识和意志能力。[②]（3）对法人适用刑罚违背罪责自负的刑事责任原则。[③]（4）对法人无法通过适用刑罚进行教育改造，从而实现刑罚的目的，“如果没收属于国家所有的法人组织的财产归国家，无异于国家在自我惩罚”[④]。少数反对通行观点、认为法人犯罪能够也应当成为犯罪主体的人则提出：（1）法人组织是一种客观存在的实体，如果其实施了违反国家刑法的行为，就应当成为犯罪主体。所谓法人代表超越法人章程的行为便不是法人行为的观点是讲不通的。[⑤]（2）法人和自然人在意思表示形式上虽然有其不同特点，但任何一个法人都有自己的决策机关，由法人的决策机关调动、指挥法人的活动。法人决策机关的意思表示，就是法人的意思表示。因此承认法人犯罪，同犯罪构成理论要求行为人的主观心理状态并不矛盾。[⑥]（3）对法人适用刑罚并不违背罪责自负原则。“法人是一个人格化的社会系统，法人的刑事责任就是这个人格化的社会系统的刑事责任。”[⑦]（4）惩罚法人犯罪，不仅可以实现刑罚特殊预防的目的，使犯罪法人不再犯罪，还可以实现一般预防的目的，警戒其他法人。[⑧]在理论上法人犯罪肯定论还居少数的时候，实践却走在了前面，1987年，《海关法》第一次把单位规定为走私罪的主体，开创了中国惩治单位犯罪的先河。[⑨]此后，中国立法机关相继在一系列单行刑法和附属刑法当中规定了将近50个单位犯罪的罪名。1997年的新刑法典在基本吸收了这些罪名之外，又增加了一些新的单位犯罪罪名。据统计，我国现在全部刑法罪名大约有440个，其中单位犯罪罪名

---

① 高铭暄、姜伟:《关于“法人犯罪”若干问题》，载《中国法学》1986年第6期。

② 陈泽宪主编:《新刑法单位犯罪的认定与处罚》，中国检察出版社1997年版，第16页。

③ 高铭暄:《刑法总则要义》，天津人民出版社1986年版，第114—115页。

④ 同上。

⑤ 陈泽宪主编:《新刑法单位犯罪的认定与处罚》，中国检察出版社1997年版，第17页。

⑥ 陈广君:《论法人犯罪的几个问题》，载《中国法学》1986年第6期。

⑦ 何秉松主编:《法人犯罪与刑事责任》，中国法制出版社1991年版，第485页。

⑧ 陈泽宪主编:《新刑法单位犯罪的认定与处罚》，中国检察出版社1997年版，第18页。

⑨ 我国刑法中的单位犯罪其实就是国外刑法中的法人犯罪。

约140个，占大约1/3。有人统计，比起英美法系的国家，单位犯罪的面还算小，还会继续增加。[①]

单位犯罪是中国经济发展过程中为解决突出的单位犯罪现实问题而迅速规定在刑法中的，其理论准备并不充分。[②]比如，关于单位犯罪的刑事责任的法理基础到底是什么，与刑法中传统的个人责任理论有无冲突，国家机关能否成为单位犯罪的主体。前几年就出现了法院被作为单位犯罪的主体而受到起诉的案例，最后在最高司法机关的介入下，检察机关撤回起诉，改为起诉个人，这个案例引起我国刑法学界对刑法中规定单位犯罪的主体范围的反思。《美国模范刑法典》在设计法人犯罪时是这样规定的："'法人'不包括执行政府计划的政府机构或者为执行政府计划而由政府机构设置的实体"，这样一种思路是否更加合理呢？也许我国刑法应当考虑予以修正，将单位犯罪的主体限定在公司和企业，而将国家机关排除在外。[③]

再有，就是传统的刑法理论都是以自然人为本位的，如我们说一般主体和特殊主体，这里的特殊主体也就是所谓的身份犯，即要求行为人有特定的身份。但现在有的刑法论著，把单位可以构成某罪主体的称为特殊主体，这样就混淆了区分的标准。假如我们把一般主体和特殊主体的区分引到单位犯罪中来，则正确的说法应当是：所有单位都可以构成某罪主体的为单位犯罪中的一般主体，只有某些特殊的单位才能构成某罪主体的为单位犯罪中的特

① 美国的法人犯罪成立范围在当今世界各国刑法中是最广的，"除了杀人和强奸等明显只能由自然人实施的犯罪外，法人可能为其他任何犯罪负刑事责任"。See V. S. Khanna, "Corporate Criminal Liability: What Purpoe Does It Serve？", 109 Harv. L. Rev. 1477(May 1996).

② 即使像美国这样承认法人犯罪的历史已经超过150年的国家，其法学界对法人应否承担刑事责任、法人承担刑事责任的根据是什么等问题至今仍然存在激烈争议。有学者指出：《美国模范刑法典》对法人犯罪的规定，更多的只是回应了社会公众要求规制法人行为的呼声。也许在民事执行技术没有得到发展的时期，法人刑事责任具有必要性；但在民事执行技术已经得到改进的今天，法人民事责任具有与法人刑事责任同等的威慑作用，应当以法人民事责任取代法人刑事责任。See V. S. Khanna, "Corporate Criminal Liability: What Purpose Does It Serve？", 109 Harv. L. Rev. 1477(May 1996)。

③ 英美国家的犯罪分为两种，一种是制定法上的犯罪，另一种是普通法上的犯罪，相应地，法人犯罪也包括制定法上的法人犯罪和普通法上的法人犯罪。《模范刑法典》是制定法，在普通法中还有不同的情况，后者甚至出现一个城市被判有罪的案例，当然主要是一些违反法定义务的犯罪。

殊主体。此外，像刑法中关于自然人犯罪的自首、立功等制度，能否适用于单位、如何适用，这些都需要刑法理论作出回应。

二、关于经济犯罪问题的研究

从20世纪80年代开始，对经济犯罪的研究逐渐成为刑法学界的一方热土，相继出版了许多这方面的著作，如欧阳涛等著的《经济领域中严重犯罪问题研究》（法律出版社1984年版），刘白笔、刘用生著的《经济刑法学》（群众出版社1989年版），孙国祥主编的《中国经济刑法学》（中国矿业大学出版社1989年版），陈兴良主编的《经济刑法学》（总论）（中国社会科学出版社1990年版），杨敦先、谢宝贵主编的《经济犯罪学》（中国检察出版社1991年版），赵长青主编的《经济刑法学》（重庆出版社1991年版），陈宝树主编的《经济犯罪与防治对策》（河南人民出版社1992年版）等。1988年出版的《法学新学科手册》也对此作出了反应，提出"经济刑法学是刑法学的一个分支，是一门以经济刑法为研究对象的科学"。[①] 这不是偶然的，是我国刑法从"革命刑法"转向"建设刑法"的必然反应[②]，也是与我国自20世纪70年代末80年代初以来经济改革和积极发展，以及与此相伴随的经济犯罪现象的增多相适应的。1982年3月，全国人大常委会通过了《关于严惩严重破坏经济罪犯的决定》。同年4月，中共中央、国务院作出《关于打击经济领域中严重犯罪活动的决定》，这可以被认为是推动我国经济犯罪问题研究的法律和政策动因。虽然在上述法律和文件中出现了"经济犯罪"一词，但对于究竟什么是经济犯罪、经济犯罪包括哪些具体罪名，立法并没有明确。因此，"经济犯罪"的概念在很大程度上是学理上的概念，它是学者们对刑法中与经济有关的犯

---

① 何勤华、徐永康：《法学新学科手册》，浙江人民出版社1988年版，第252页。

② "革命刑法"转向"建设刑法"的一个标志是立法者和司法者将刑法的主要任务从政治领域转移到经济建设等领域上来，这从20世纪80年代起全国人大常委会相继制定的一系列单行刑法的内容中可以得到反映。参见刘仁文《社会转型与刑法的发展》，载《人民检察》2009年7月（上）。

罪的一种类称。正因如此，学界对经济犯罪概念的定义五花八门，对其范围也无定论，大体可归纳为广义说、狭义说和折中说。广义说认为，我国的经济犯罪不仅包括《刑法》分则第三章“破坏社会主义经济秩序罪”中的所有犯罪，还应包括侵犯财产的犯罪、刑法规定的其他破坏经济的犯罪（如渎职罪、厂矿责任事故罪、盗运珍贵文物出口罪、贩毒罪），以及各种经济行政法规中有关经济犯罪的规定。狭义说认为，经济犯罪的范围仅限于《刑法》分则第三章规定的破坏社会主义经济秩序罪。折中说认为，经济犯罪包括侵犯经济秩序的犯罪和利用职务上的便利而构成的经济犯罪。①

许多研究经济犯罪的论著都既从宏观上论述了经济犯罪的概念、分类及其在刑法分则体系中的地位，我国刑法对于打击经济犯罪和保障经济体制改革顺利进行的作用与意义，当前经济犯罪的原因及其危害改革和危害商品经济发展的表现与特点，以及正确运用刑法武器打击和防范经济犯罪，保障改革、开放、搞活的方针政策贯彻执行等问题，又从微观上对若干突出的具体经济犯罪的定罪量刑等问题进行了研究。这其中，有的论者对经济刑法立法原则的探讨提升了讨论的理论深度，如提出应遵循必要性原则（只对严重危害社会主义经济秩序和经济生活的行为才适用刑法）、明确性原则（对经济犯罪的规定不得含糊其词）、协调性原则（处理好与其他法律的关系）等。②还有的论著对经济刑法的立法模式进行了反思，提出应当改变以刑法典为轴心的单一立法模式，在经济法规中直接设置刑罚条款。③虽然这一建议至今没有被采纳，却得到越来越多学者的认同，正如有学者所指出的：我们正在由“自然犯时代”进入“法定犯时代”，刑法立法体制应借鉴国外经验，由单轨制变为双轨制（自然犯规定在传统的刑法典里，法定犯规定在刑法以外的各种法律中）。④

① 陈泽宪主编：《经济刑法新论》，群众出版社2001年版，第12—13页。

② 赵秉志主编：《刑法修改研究综述》，中国人民公安大学出版社1990年版，第62页以下。

③ 赵秉志主编：《刑法修改研究综述》，中国人民公安大学出版社1990年版，第68页。

④ 储槐植：《刑事一体化论要》，北京大学出版社2007年版，第23页。

三、关于未成年人犯罪问题的研究

未成年人犯罪是刑法理论中的一个重要课题，特别是20世纪70年代末80年代初以来，未成年人犯罪成为一个日益突出的社会问题，更加引起我国刑法学界对此的关注。首先，关于未成年人犯罪的概念，一些学者把“未成年人犯罪”与“青少年犯罪”两个概念等同起来，但多数学者认为，未成年人犯罪是刑法学上与成年人犯罪相对的一个术语，是指已满14岁不满18岁的人构成的犯罪，而青少年犯罪则是犯罪学上的一个术语，一般指已满14岁不满25岁的少年和青年的犯罪。其次，关于刑事责任年龄。有的主张应当降低我国刑法中的最低刑事责任年龄，由已满14岁降低到满13岁，相应地，将负完全刑事责任的年龄由已满16岁降低为满15岁，将负相对刑事责任的年龄由14至16岁改为13至15岁。其主要理由是：

（1）新中国成立后的20世纪50年代，我们对未成年人的刑事责任有过类似规定，如1951年12月5日中央人民政府法制委员会的一个批复中将最低刑事责任年龄规定为12岁；1954年的《劳动改造条例》和1955年司法部据此作出的一个批复，将最低刑事责任年龄规定为13岁。[①]

（2）近年来我国青少年违法犯罪的事实表明，我国已出现犯罪低龄化趋势，而13岁恰恰是违法犯罪的高峰年龄。随着我国经济、政治和文化发展水平的不断提高，未成年人的身心发育成熟提早，满13岁的少年其生理心理已经接近成熟，具有了一定的识别能力，规定他们对几种容易识别的严重危害社会的罪行（如杀人、放火、抢劫、强奸等）负刑事责任，是比较适宜的。[②]

（3）从世界范围看，甚至还有将最低刑事责任年龄规定得比这更低的国家，因此我国将最低刑事责任年龄规定为13岁并未违背人道主义。[③]

---

① 高铭暄主编：《新中国刑法学研究综述（1949—1985）》，河南人民出版社1986年版，第218页。

② 赵秉志主编：《刑法修改研究综述》，中国人民公安大学出版社1990年版，第125—126页。

③ 赵秉志主编：《刑法修改研究综述》，中国人民公安大学出版社1990年版，第126页。

但大多数学者认为，不应降低我国刑法中的最低刑事责任年龄，其主要理由是：

（1）我国20世纪50年代对于未成年人承担刑事责任的年龄之所以规定得比较低，是由当时特定历史时期的形势所决定的，当时社会环境比较复杂，所以对未成年人承担刑事责任的年龄起点规定得低一点。①

（2）统计数字表明，不满14岁的人实施危害行为的人数并非很多，所占比例不大。此外，从全国情况看，违法犯罪的高峰年龄不是13岁，而是已满14岁不满18岁。②

（3）降低承担刑事责任的最低年龄，有悖于我国处理少年儿童危害行为的一贯政策和综合治理社会治安的方针。以心理学、教育学的有关知识为基础，少年儿童危害社会的行为在很大程度上是不良环境因素影响和行为人幼稚无知综合作用的结果，对他们适用刑罚难以达到惩戒教育的目的，而应侧重于优化其成长环境，并辅之以性质适宜的惩戒教育措施。③

（4）从现代国际社会的通例和发展趋势看，一是多数国家的刑事立法都以14岁作为最低刑事责任年龄，二是《联合国少年司法最低限度标准规则》也指出："在承认少年负刑事责任的年龄这一概念的法律制度中，该年龄的起点不应该规定得太低，应考虑到情绪和心智成熟的实际情况。"④

应当说，上述不降低刑事责任年龄的主张总体来说是妥当的。确实，将更多少年关入监狱，不应是解决低龄犯罪问题的根本出路。但与此同时，我们也应当看到，面对社会上少年犯罪手段的日趋成人化、少年犯罪给社会造成的危害日趋增大，我们不能因其未达到刑事责任年龄不能定罪判刑就一放了之，而应考虑：一是采取措施，使那些对社会具有危险性并且已经通过其实际行为表现出来的少年在家庭无法有效管制的情况下，受到一定的约束，甚至与社会得到必要的隔离；二是这种隔离不是像成年犯一样的惩罚，而是

① 高铭暄主编：《新中国刑法学研究综述（1949—1985）》，河南人民出版社1986年版，第219—220页。

② 赵秉志主编：《刑法修改研究综述》，中国人民公安大学出版社1990年版，第127页。

③ 赵秉志主编：《刑法修改研究综述》，中国人民公安大学出版社1990年版，第127页。

④ 赵秉志主编：《刑法修改研究综述》，中国人民公安大学出版社1990年版，第129页。

教育和矫正，并且必须通过正当程序使其合法权益得到保障。我国刑法规定：因不满刑事责任年龄而不予刑事处罚的，应责令其家长或者监护人加以管教，在必要的时候，也可以由政府收容教养。该规定存在的问题是：一是如何定义“必要的时候”，不明确，由于经费不落实等问题，导致大多数此类犯罪少年被一放了之，而家长或监护人的管教又无人监督和协助；二是收容教养的程序不规范；三是收容教养的期限没有规定，实践中随意性较大。遗憾的是，我国刑法学界对此还缺乏深入的研究和论证，以致长期以来纠结于要否降低刑事责任年龄的争论。其实，社会上要求降低刑事责任年龄的呼声主要还是在于少年危害社会这个问题，如果我们能通过规范收容教养等其他非刑罚制度来有效解决这个问题，自然就不会再要求降低刑事责任年龄了。从强制医疗制度的改进中也许能受到些许启发，原来刑法中的强制医疗也存在类似收容教养的前述问题，后来通过修改《刑事诉讼法》对强制医疗程序进行了详细规定并实现了司法化改革，大大激活了这一制度在实践中的运用，也在很大程度上解决了原来司法实践中存在的对严重危害社会的精神疾病患者“一刀切”似的处理方式引发的弊端。

关于未成年人犯罪的另一个研讨热点是“少年刑法”。不少学者注意到，当今许多国家和地区都精心制定了独立的、集实体与程序于一体的青少年刑事法典，正如日本学者大塚仁所观察指出的：“作为20世纪的立法动向，必须注意的是对少年犯罪采取了与成人相区别的特别对待。”[①] 在德国，甚至有少年刑法是整个刑法的“首领”之说，其《少年法院法》是一部集实体、程序和执行于一体的少年司法法，在处罚措施、刑罚重量等方面都对普通刑法作出了重要修改，如该法第17条第2款规定：“如少年的犯罪行为所表现出的危害倾向，以教育处分或惩戒措施尚不足以实现教育目的（该法对少年之犯罪行为设置了教育处分、惩戒处分和少年刑罚三级处罚—笔者注），或罪责较大而必须判处刑罚的，法官始可判处其少年刑罚。”第18条第1款规定：“少年刑罚的期间为6个月以上5年以下。犯重罪，依普通刑法应判处10年以上

---

① ［日］大塚仁：《刑法概说（总论）》，冯军译，中国人民大学出版社2003年版，第41页。

自由刑的，最高少年刑罚为10年。普通刑法所规定之量刑范围于此不适用。”反观我国，当时虽然各地也陆续建立起了一些少年法庭，但由于缺少这样一部专门法律，因而少年司法体系总的来说还不健全。在这个问题上，我国刑法学界尽管已有一些呼声，但没有很大力度。

第三章

刑法学的现代化（1992年～2012年）

第一节 因刑法修改而兴起的刑法学研究

1988年，全国人大常委会将刑法典的修改列入立法规划。尽管在此之前，有些刑法学者也曾对刑法修改作过探讨，但是在立法部门作出这一举措之后，刑法学界才如火如荼地全面展开对刑法修改问题的研讨。1997年发布的新刑法典，对1979年刑法典作了全面修改，使我国的刑法制度朝着现代化方向迈进了一大步，刑法学界的许多研究成果和建议被新刑法所采纳。当然，学术研究不可能千篇一律，对于同一问题有不同见解是完全正常的，提倡健康的学术争鸣有利于改变中国刑法学“有山头而无学派”的现象。[①]另外，有些研究成果虽然暂时没有被立法机关采纳，但也不能因此否定其意义，从长远看，它们还是会促进中国的刑法现代化的，如1997年《刑法》修订时，曾有不少刑法学者主张一并解决劳动教养问题，后来立法机关感到此问题过于复杂，刑法修订时间又紧，故决定另行解决[②]；又如，刑法学界主张较大幅度地削减死刑的意见没有被1997年《刑法》采纳，当时立法机关认为：“考虑到目前社会治安的形势严峻，经济犯罪的情况严重，还不具备减少死刑的条件”，因此，“这次修订，对现行法律规定的死刑，原则上不减少也不增加”[③]，但时至2007年1月1日，在中央的支持下，最高人民法院终于收回了死刑核准权，

① 刘仁文：《30年来我国刑法发展的基本特征》，载《法学》2008年第5期。

② 劳动教养制度已于2013年12月28日正式废除。

③ 王汉斌：《关于〈中华人民共和国刑法（修订草案）〉的说明》，1997年3月6日。

从而在司法实践中大幅度地减少了死刑[①]，应当说这与刑法学界对此问题的持续关注是有关的。

刑法学界对刑法修改的研究是全方位的，这里仅选取两个问题作一回顾。

一、关于类推的废止与罪刑法定原则的确立

对于我国1979年刑法典中的类推制度何去何从，在1997年《刑法》出台前存在争议。大体的方向是一开始多数学者认同类推制度的合理性，到后来越来越多的学者主张废除这一制度，这一历程反映了中国刑法学界观念的变革，即从过去偏重刑法的社会保护功能逐渐转向偏重刑法的人权保障功能。正如有学者所指出的："不管我们是已经意识到还是没有意识到，这场讨论正在重塑我国当代刑法理论的文化品格。它对我国刑法理论的深远影响，随着时间的推移必将日益显现出来。"[②]

但直到临近刑法修订，仍然有主张要保留类推制度的，其主要理由是：（1）设立类推制度符合中国国情，要求刑法对所有的犯罪都作出明文规定，显然不可能；（2）立法经验不足决定了保留类推制度而不实行罪刑法定的必要性；（3）罪刑法定在立法和司法中均行不通；（4）设立类推制度是市场经济的要求；（5）西方国家的罪刑法定正在走向衰亡，类推制度重新引起重视；（6）实行类推制度符合中国历史传统。[③]

上述观点为许多学者所不认同，大多数刑法学者认为，我国刑法应当取

① 2008年3月10日，时任最高人民法院院长肖扬在与广东团代表共同审议"两高"报告时透露，被判死缓的人数多年来首超判处死刑立即执行的人数。同日，时任最高人民法院发言人倪寿明在接受记者采访、解读最高人民法院的工作报告时指出：2007年因原判事实不清、证据不足、量刑不当、程序违法等原因不核准的死刑案件占总数的15%，而且最高人民法院统一行使死刑案件核准权，也促进了一审、二审质量的提高。从这里我们看到，即使在死刑案件实行二审开庭、下级法院对判处死刑更加慎重的情况下，最高人民法院仍然否掉15%的死刑原判，可见，死刑核准权的收回确实引起了死刑数字较大幅度的下降。

② 陈兴良：《罪刑法定的当代命运》，载《法学研究》1996年第2期。

③ 侯国云：《市场经济下罪刑法定与刑事类推的价值取向》，载《法学研究》1995年第3期。

消类推制度。如有学者指出：类推制度与罪刑法定相抵触，在本质上不利于法治，不利于对公民权利的有效保护。① 另有学者指出：在一个国家是否实行罪刑法定，与立法经验没有联系，而是一个价值取向和立法思路的问题。② 更有学者在对罪刑法定作出深入研究的基础上，指出前述类推保留论者的认识误区，如所谓西方国家的罪刑法定主义已是徒有虚名的结论是不准确的，事实上，它只是由绝对的罪刑法定向相对的罪刑法定发展，这是罪刑法定原则的自我完善，与类推完全不同；虽然严格限制的类推与罪刑擅断不可同日而语，但仍然是不利于人权保障的，让行为人承担立法者都预测不到的罪责是不公平的。③

经过学界的充分论证，最后立法机关采纳了废除类推制度、在我国刑法中明文确立罪刑法定原则的建议。但应当看到，我国刑法关于罪刑法定原则的表述仍然很独特，即从正反两方面来规定：正面是“法律明文规定为犯罪行为的，依照法律定罪处罚”；反面是“法律没有明文规定为犯罪行为的，不得定罪处刑”。这与其他国家和地区对罪刑法定原则只从反面规定“法无明文规定不为罪，法无明文规定不处罚”有着明显的差异。本来，罪刑法定原则是为了反对司法擅断和任意入罪、从保护公民权利的角度提出的，因而它的定义必然要从否定方面来表述：如果法律没有明文规定，就不得定罪处刑。据参与刑法修订的学者介绍，我国之所以要从正反两方面来规定罪刑法定原则，是因为传统认识历来认为法律是统治阶级的工具，刑罚是镇压敌人的手段，若当时一下子从否定的方面规定，就会让大家觉得有点“右”，很难被接受。为了让这个原则能为更多的人所接受，因而在修改刑法的研究协商过程中，想到了这个两全之策，即从正反两方面都说，显得不偏不倚，减少阻力，使这个重要原则能够尽快地在刑法中确立。④ 但这种表述法无疑冲淡甚至模

① 鲍遂献：《类推制度应当废止》，载《法学评论》1990年第4期。

② 胡云腾：《废除类推及刑法科学化》，载《法学研究》1995年第5期。

③ 陈兴良：《罪刑法定的当代命运》，载《法学研究》1996年第2期。

④ 陈泽宪：《罪刑法定原则的立法缺陷与司法误区》，载《刑事法前沿》（第三卷），中国人民公安大学出版社2006年版，第4页。

糊了罪刑法定原则的本来含义。不仅如此，我国在追求罪刑法定表述的中国特色的同时，还落掉了三个最重要的字："行为时"。罪刑法定指的是行为时法律是否规定为犯罪、是否处罚，也就是说，禁止新法溯及既往（除非依照新法更有利于被告人）。[①]虽然我国目前基于对罪刑法定原则的本质理解，在司法实践中贯彻"从旧兼从轻"原则并没有出现多大问题，但从防止立法和司法的任意性、增强表述的科学性和与国际的可交流性出发，还是应当在适当的时候将罪刑法定原则的表述更改为"行为之处罚，以行为时法律有明文规定者为限"这样一种明确而简朴的表述法。与此相关的另一个问题是，罪刑法定要求刑法规范要尽可能地明确，1997年《刑法》虽然在这方面做了一些努力（如将某些量刑情节采取列举的方式列出来），但尚有欠缺，刑法分则中还有许多"情节严重""数额巨大"以及在列举中的兜底条款，它们都无法满足明确性的要求。这方面还可举一个例子：我国《刑法》第114条和第115条分别确立了"（故意）以危险方法危害公共安全罪"和"过失以危险方法危害公共安全罪"，它们都是作为放火罪、决水罪、爆炸罪、投毒罪（2001年扩大为"投放危险物质罪"）的"尾巴"而存在的，从明确性的要求看，这些"尾巴"应当从立法上予以取消。如果立法者自己都无法明确说出哪些是危害公共安全的危险方法，又怎能去要求社会公众遵守这样的法呢？因为公众无法据此来判断究竟何种行为构成犯罪、何种行为不构成犯罪。事实上，取消"以危险方法危害公共安全罪"这种"口袋罪"，也不会妨碍对有关犯罪的打击，因为可以分别将这类行为纳入相关的具体罪名去处理，如放火罪、决水罪、爆炸罪、投毒罪，以及杀人罪、伤害罪、毁坏公私财物罪、重大责任事故罪、交通肇事罪等。

---

① 我国《刑法》第12条关于溯及力的规定只说"本法"（刑法典）适用"从旧兼从轻"原则，而没有将"从旧兼从轻"原则涵盖到"本法"之外的法律（如刑法修正案）。

二、关于将“反革命罪”改为“危害国家安全罪”的讨论

1979 年刑法典分则第一章规定了“反革命罪”，但随着社会的发展，对这一类罪名的科学性开始出现争议。早在 1981 年，就有学者发表文章，认为“反革命罪”已不适合当今形势，建议将其改为“危害国家安全罪”。① 后来又陆续有学者提出这种主张。② 针对这种主张，有的刑法学者突出了反对意见，认为我国刑法中的反革命罪名应继续保留，理由是：反革命罪是我国刑法的一贯传统特色，是立足于中国国情，与国内外反动势力、敌对分子作斗争的有效武器，反革命罪是刑法的锋芒所向，并且，“反革命罪”已经成为一个严格的法律概念，体现了反革命罪犯罪构成上主客观的统一，规定反革命罪也是真正保证一国两制实现的需要。③ 但多数刑法学者认为，将“反革命罪”改名为“危害国家安全罪”，是一个更科学、更合理的选择，理由是：（1）作为法律概念的类罪名，应该在用语上明确、科学、确定，“反革命罪”这一类罪名却在这方面存在较明显的缺陷，其多义性反映了它的不严密性，而“危害国家安全罪”能更准确地反映该类犯罪的本质特征。有人认为，修改反革命罪名会从根本上取消这类罪，其实谁也没有主张要取消反革命罪的基本内涵，其基本内容仍然会在“危害国家安全罪”中得到保留。（2）强调“反革命目的”导致各罪规定的混乱，如反革命爆炸、放火、抢劫、劫机等，归入危害公

① 徐建：《“反革命”罪名科学吗？》，载《探索与争鸣》1981 年第 1 期。

② 赵秉志主编：《刑法修改研究综述》，中国人民公安大学出版社 1990 年版，第 235 页以下。

③ 何秉松：《一个危险的抉择——对刑法上取消反革命罪之我见》，载《政法论坛》1990 年第 2 期。值得注意的是，虽然刑法学界绝大多数人对于该文采取了比较激烈的批判态度，但据有关学者披露，其实该文对于刑法修改还是有价值的，如全国人大法工委 1988 年提出的刑法修改稿，把该章所有关于推翻无产阶级专政和社会主义制度的规定全部删除，但这篇文章发表后，作者的意见受到中央和立法者的重视，并对刑法的修改产生了一定的影响，如 1997 年修订后的刑法在危害国家安全罪（即原反革命罪）一章中，有的条文保留了“颠覆国家政权、推翻社会主义制度”的规定，“这证明，在学术研究中包括刑事立法中，充分发挥民主的重要性”。参见曲新久《何秉松教授刑法学思想述评》，载《法律文献信息与研究》1998 年第 4 期。

共安全罪更为合适[1]，而且“反革命目的”在实践中有时很难认定，不少案件都因对行为人是否具有“反革命目的”争论不休，使司法人员在认定犯罪性质是反革命还是普通刑事犯罪时难以决断，给司法工作带来重重困惑。（3）“反革命罪”因其带有浓厚的政治色彩，使我国刑法在走向国际社会时，遇到许多本可避免的不必要的困难，不益于国际司法协助，以引渡为例，我国反革命罪中的劫持飞机、船舰以及反革命破坏、杀人罪等的引渡，都有可能被某些国家以“政治犯不引渡”的国际惯例为由拒绝引渡，如1983年卓长仁等五罪犯劫机案及1989年张振海劫机案的纠葛就是明证。

经过广泛而深入的讨论，1997年《刑法》采纳了将“反革命罪”改为“危害国家安全罪”的主张，同时删去了此类犯罪主观上反革命目的的定义，并按照危害国家安全罪的性质对此类犯罪作了修改和调整，将该章中实际属于普通刑事犯罪性质的罪行移入其他章节。应当说，这一修改是中国刑法走向科学化、与现代刑法的国际通例相衔接的一个重要举措，得到了国内外的赞誉。

① 1997年《刑法》采纳了这一思路。

第二节
刑法理论的新发展

自 20 世纪 80 年代中期以后，刑法学界逐步从注释刑法学向批判型及建设型理论刑法学努力，应当看到其成绩是显著的。尤其是 90 年代以来，刑法学界诸多有识之士的勤奋耕耘，使我国的刑法理论达到了一个新的高度。[①] 这里，以我国刑法学界公认的两个标签性成果和对犯罪构成理论的争鸣为例。

一、向理论刑法学的转变

在这方面，陈兴良教授所著的《刑法哲学》（中国政法大学出版社 1992 年出版）起到了很好的带动作用。该书所采用的刑法哲学研究方法对学界形成很大的冲击力：原来刑法学还可以这样研究！[②] 作者在书的前言中直言，他写作本书的旨趣在于："从体系到内容突破既存的刑法理论，完成从注释刑法学到理论刑法学的转变。"[③] 该书连同作者后来出版的《刑法的人性基础》（中

① 王敏远：《1997 年刑法学研究述评》，载《法学研究》1998 年第 1 期。

② 刘艳红：《正义、路径与方法——刑法方法论的发端、发展与发达》，载梁根林主编《刑法方法论》，北京大学出版社 2006 年版，第 76 页。

③ 作者后来曾有过反思："转变"改为"提升"要更为确切，"当时，我主要是有感于刑法理论局限于、拘泥于与受制于法条，因此以注释为主的刑法学流于肤浅，急于改变这种状态，因而提出了从刑法解释学向刑法哲学转变的问题。由于转变一词具有'取代'与'否定'之意蕴，因而这一命题失之偏颇。"参见陈兴良：《走向哲学的刑法学》，法律出版社 1999 年版，第 13 页。

国方正出版社1996年出版）和《刑法的价值构造》（中国人民大学出版社1998年出版）构成了其刑法哲学三部曲。在该领域，后来又相继产生过一些重要的论著，如曲新久教授所著的《刑法的精神与范畴》（中国政法大学出版社2000年出版）等。

刑法哲学的研究是我国刑法学超越法条，追求刑法学自身的体系化、学术化与科学化的一个标志。但应当看到，理论刑法学也可以从不同层面、不同维度展开。从中国刑法学的发展需要来看，其实最欠缺的是介乎注释刑法学与刑法哲学之间，也就是对刑法基础理论进行系统阐述的著作。可喜的是，刑法学界越来越多的学者意识到了这一点，陈兴良教授在2001年推出了他的又一理论刑法学力作《本体刑法学》（商务印书馆出版）。本书的贡献主要有二：一是构筑起一个以通说为基础、个性化叙述为补充的刑法学理论体系；二是对不同时期、不同国别的刑法学知识进行了整合。①

在形而上的研究蔚然成风的形势下，注释刑法学几近成为贬义词。此时，张明楷教授发出了自己独立的声音："刑法解释学不是低层次的学问，对刑法的注释也是一种理论，刑法的适用依赖于解释。因此，没有刑法解释学就没有发达的刑法学，一个国家的刑法学如果落后，主要原因就在于没有解释好刑法，一个国家的刑法学如果发达，主要原因就在于对解释刑法下了工夫。"②从此，注释刑法学与理论刑法学并行不悖，互相促进。回归后的注释刑法学也摆脱了当初就事论事的稚嫩，更多地上升到方法论高度来阐明问题，如刑法解释中的目的性解释、刑法教义学中的司法三段论等。③近年来，有学者

---

① 刘仁文:《刑法学的本体追问》，载《中外法学》2002年第3期。

② 张明楷:《刑法学》，法律出版社1997年版，导言。

③ 所谓"目的性解释"，就是"根据法条在适用时的目的、意义和所要保护的法益来解释"，不过王世洲教授认为，没有哪一种（解释）方法是万能的，综合的方法才是最好的方法。参见王世洲《关于刑法方法理论的思考》，载梁根林主编《刑法方法论》，北京大学出版社2006年版。所谓"司法三段论"，按照陈兴良教授的观点，就是通过解释方法来找法，通过确认方法和推定方法来识别事实，通过逻辑演绎方法来推导出结论。他认为，这是为刑法适用提供法律规则的刑法教义学的基本推理工具。参见陈兴良《刑法教义学方法论》，载梁根林主编《刑法方法论》，北京大学出版社2006年版。

还注意到了当前注释刑法学对刑罚量化的配刑分析之不足，“在分论（罪刑各论）中，对‘刑’的论述几乎沦落到完全可以省略而自行查阅条文法定刑的地步”[①]，这是十分精当的见解，也是下一步刑法教科书和刑法注释作品需要着力解决的一个问题。

近年来，在理论刑法学和注释刑法学之外，又出现了一门动态刑法学。其基本考虑是：理论刑法属于一种理念刑法，注释刑法属于一种文本刑法，两者均属静态，但刑法在运作中存在和发展，刑法的本性是动态的、实践的，于是根据刑法的本性打造一门新的学问——动态刑法，就成为刑法本身和社会的需要。[②]动态刑法学进一步丰富了刑法学的研究方法，其主张值得重视。

二、对刑事一体化的阐释

刑事一体化的命题最初由储槐植教授在1989年提出，当时他将其界定为：刑法内部结构合理（横向协调）与刑法运行前后制约（纵向协调）。[③]这个意义上的刑事一体化，实际上是就刑事政策而言的，其基本思想与关系刑法论极为接近[④]，都是主张从刑法的内部与外部关系入手，实现刑法运行的内外协调。到1991年，他又进一步指出：从刑法之外研究刑法，这涉及研究的广度；在刑法之上研究刑法，这涉及研究的深度；于刑法之中研究刑法，这是起点和归宿。在刑法之外研究刑法这个话题下，储槐植教授指出：刑法不会自我推动向前迈进，它总是受犯罪态势和行刑效果两头的制约和影响，即刑法之

① 冯亚东：《犯罪认知体系视野下之犯罪构成》，载《法学研究》2008年第1期。

② 储槐植等：《刑法机制》，法律出版社2004年版，第5页；刘仁文：《关注刑法运作》，载《人民检察》2007年9月（上）。

③ 储槐植：《建立刑事一体化思想》，载《中外法学》1989年第1期。

④ 关系刑法论是储槐植教授的另一重要学术思想，他主张把刑法放到整个关系网络中去进行研究，具体包括：（1）社会经济与刑法；（2）政权结构与刑法；（3）意识形态与刑法；（4）犯罪与刑法；（5）行刑与刑法；（6）其他部门法与刑法。参见储槐植《刑法存活关系中——关系刑法论纲》，载《法制与社会发展》1996年第2期。

外的事物推动着刑法的发展，这是刑法的发展规律。正因为犯罪决定刑法，刑法决定刑罚执行，行刑效果又返回来影响犯罪升降，所以刑法要接受前后两头信息，不问两头的刑法研究不可能卓有成效。正是在这个意义上，研究刑法必须确立刑事一体化意识，刑法研究者要有健全的知识结构——具有一定的犯罪学和行刑学素养。① 至此，储槐植教授从刑事政策和方法论两个方面提出了刑事一体化的初步构想。

虽然储槐植教授对刑事一体化的阐述只是一种简约的概述，并没有长篇大论地展开，但这一命题提出后，在我国刑法学界产生了出乎意料的影响，成为许多学者所推崇的一种研究方法。②1997 年，陈兴良教授创办了连续出版物《刑事法评论》，至今已出版 20 余卷，其编辑宗旨就是将刑事一体化确立为一种研究模式，因而被评论者称为刑事一体化的自觉实践。③ 陈教授本人还对储教授的刑法之上研究刑法、刑法之外研究刑法和刑法之中研究刑法作了重新解读和扩展，认为刑法之上研究刑法是刑法的哲学研究，刑法之外研究刑法是刑法的社会学研究和经济学研究等，而刑法之中研究刑法则是刑法的规范研究，在此基础上，他提出还要增加一个研究向度：在刑法之下研究刑法，这就是刑法的判例研究。④

在刑事一体化思想的基础上，学界进一步发展出“立体刑法学”的思想，主张刑法学研究要瞻前望后、左看右盼、上下兼顾、内外结合。“瞻前望后”，就是要前瞻犯罪学，后望行刑学；“左看右盼”，就是要左看刑事诉讼法，右盼民法、行政法等部门法；“上下兼顾”，就是要上对宪法和国际公约，下对治安管理处罚法；“内外结合”，就是对内要加强刑法的解释，对外要重视刑

① 储槐植：《刑法研究的思路》，载《中外法学》1991 年第 1 期。

② 对此，陈兴良教授的一个解释是：这与 20 世纪 90 年代我国刑法知识经过一个时期的恢复积累以后所处的蓄势待发的特定背景有关。参见陈兴良《“老而弥新”：储槐植教授学术印象》，载《刑事法评论》（第 21 卷），北京大学出版社 2007 年版。

③ 付立庆：《刑事一体化：梳理、评价与展望——一种学科建设意义上的现场叙事》，载陈兴良、梁根林主编《刑事一体化与刑事政策》，法律出版社 2005 年版，第 1 页。

④ 陈兴良：《判例刑法学》，中国人民大学出版社 2009 年版，序。

法的运作环境。[1] 刑事一体化和立体刑法学的思想与百年前德国刑法学大师李斯特提出的整体刑法学思想深有契合，其哲学基础是普遍联系的观点和系统论。系统论强调整体性原则，整体性原则又与唯物辩证法的普遍联系、相互作用原理十分接近。刑事一体化和立体刑法学的各对范畴之间存在相互联系和相互作用的关系，它们共同结合成一个系统，这个系统的功能要大于各部分的简单相加。而刑法效益则是其经济学基础。刑事一体化和立体刑法学有助于建立一个良好的刑法机制，其理念的贯彻必将节省刑法成本、提高刑法收益，增强立法、司法和研究中的协调性，从而减少因内耗而产生的资源浪费。

三、犯罪构成理论的争鸣

犯罪构成理论是规范刑法学中的理论基石，近年来，围绕我国传统犯罪构成理论的完善和存废产生了激烈的学术论争，这首先是刑法学界贯彻“百花齐放、百家争鸣”的“双百方针”的结果，同时也是我国对外开放、比较刑法学日益兴隆的结果。它是我国刑法学走出“无声的刑法学”、形成不同学派的端倪，无论从促进刑法理论研究的深度还是构建我国健康平等的学术讨论氛围来看，都是值得肯定的。

如前所述，新中国成立后对犯罪构成理论长期沿袭苏联的学说，缺乏必要的创新和争鸣。直到1986年何秉松教授发表《建立有中国特色的犯罪构成体系》一文后，该问题才开始引起我国刑法学界的反思。对此，有评论说，《法学研究》1986年第1期发表了何秉松教授的《建立有中国特色的犯罪构成体系》一文，涉及当时刑法学体系中所没有的一系列刑法学重大问题，如犯罪构成理论的体系、定罪的根据、刑事责任的概念、犯罪的本质特征等。[2] 到1993年，何秉松教授主编的《刑法教科书》问世（中国法制出版社出版），

① 刘仁文:《提倡“立体刑法学”》，载《法商研究》2003年第3期。

② 陈兴良:《刑法哲学》，中国政法大学出版社1992年版，第678页。

其中最耀眼之处在于该书创立了一个崭新的犯罪构成理论体系，即“犯罪构成系统论”。1995年，何秉松教授又在此基础上出版了专著《犯罪构成系统论》（中国法制出版社出版），进一步巩固和完善了前述理论。“犯罪构成系统论”把犯罪构成看成一个整体性、主体性、动态性、模糊性、多层次性、开放性的有机整体。犯罪构成的整体性，是指把犯罪构成看成我国刑法所规定的相互联系、相互作用的诸要件组成的具有特定犯罪性质和社会危害性的有机整体。这一观点克服了传统犯罪构成理论把犯罪构成看成是封闭的、平面的、静止的一切“客观和主观要件的总和”的缺陷。犯罪构成的主体性，是指犯罪主体控制、决定着犯罪构成，这一观点克服了传统犯罪构成理论忽视犯罪主体作用的缺陷。犯罪构成的动态性，是指犯罪构成作为一个过程而存在，这一观点克服了传统理论忽视犯罪构成过程的缺陷。犯罪构成的模糊性，是犯罪构成复杂性和多样性的一种表现，利用模糊数学这一自然科学成果来解释“情节严重”“情节特别严重”等情节犯问题。犯罪构成的多层次性，是指犯罪构成和犯罪构成要素（子系统）之间的地位、等级和相互关系。犯罪构成是一个多层次、多等级但又相互联系的整体。这一观点在一定程度上克服了传统犯罪构成理论把犯罪构成看成一个平面定罪规格的缺陷。犯罪构成的开放性，是指犯罪构成的整体性与外在环境的相互联系、相互作用。这一观点克服了传统犯罪构成理论孤立地研究犯罪构成的缺陷。“犯罪构成系统论的提出，向人们展示了全新的理论观点和研究方法，令人耳目一新。”①

时至今日，我国刑法学界对完善犯罪构成理论的学术探讨已经出现了前所未有的活跃气氛，甚至到了何去何从的关键时刻。没有人主张一成不变地固守传统的犯罪构成理论，争论在于：是在传统的基础上进行改良还是彻底抛弃传统的犯罪构成理论模式，转而全盘引进德日的犯罪论体系。包括前述“犯罪构成系统论”在内的多种观点主张对传统的犯罪构成理论进行改良，以建立有中国特色的犯罪构成理论。另一种观点则主张全盘引进大陆法系的犯罪论体系，这种观点在2009年的司法考试大纲中，被正好持此种观点的学者

① 曲新久：《何秉松教授刑法学思想述评》，载《法律文献信息与研究》1998年第4期。

采纳，由此引起全国刑法学界的关注。[①] 2009 年 6 月 9 日，北京师范大学刑事法律科学研究院专门针对这一问题召开了犯罪构成理论体系专题座谈会，据报道，与会者达成的共识是：国家司法考试大纲的制定影响广泛，职责重大，应当采用学界通行的观点；某些学者利用参与拟订国家司法考试大纲和编写相关配套教材的职务便利，用在德日也还颇有争议的三阶层犯罪论体系取代我国通行的犯罪构成四要件理论体系，是很不严肃的。

确实，部分学者主张全盘引进的德日三阶层犯罪论体系，即使在德、日等国，也不乏反思、质疑之声。如德国学者雅科布斯就认为，德国学说争辩因果行为论或目的行为论何者为佳，以及争辩阶层构造理论，纯粹是因为“二战”之后，刑法学者逃避政治压力（作为战败国的知识分子，谈规范的目的或规范的本质会有自我否定的压力），把精力放在这种技术问题上所致。区分构成要件合致性、违法性和有责性，或区分不法和罪责，都是没有意义的。归根结底，只是一个行为人要不要负责的问题。[②] 另一位德国刑法学者罗克信认为，德国刑法中犯罪认定的体系性思考存在以下不足：一是忽略具体案件中的正义性；二是减少解决问题的可能性，阻断了对更好的犯罪认定方法的探索；三是不能在刑事政策上确认为合法的体系性引导；四是当人们努力把所有生活形象清楚地安排在很少的主导性观点之下时，抽象概念的选择会忽视和歪曲法律材料的不同结构。[③] 同样，日本也有学者认为，日本的犯罪体系论由于受德国刑法学的绝对影响，采用的是“构成要件”“违法性”“责任”这种观念的、抽象的犯罪论体系，因为必须考虑什么是构成要件，构成要件和违法性、责任之间处于什么样的关系，所以陷入了强烈的唯体系论倾向。这种体系，使得无论是在战前还是在战后，都难以自下而上地对刑罚权的任

---

① 王全宝：《中国刑法学“被变性”引争议》，载《东方早报》2009 年 6 月 4 日。

② 许玉秀：《当代刑法思潮》，中国法制出版社 2005 年版，第 53 页。

③ ［德］克劳斯·罗克辛：《德国刑法学总论》（第 1 卷），王世洲等译，法律出版社 2005 年版，第 128 页以下。

意发动现象进行批判，并为这种批判提供合理根据。① 改良派并不是要否定大陆法系的犯罪论体系对我国的借鉴意义，但在“德日的三阶层犯罪论体系所面临的问题，可能并不比我国的犯罪构成体系少”的情况下，对我国犯罪构成理论采取一脚踢开而不是改造的思路，这是不是一种严谨的反思和批判精神？有人认为，我国的犯罪构成理论承继的是斯大林时代形成的刑法学说，其政治性与学术性的陈旧性自不待言。② 这种说法是欠科学的，事实上，俄罗斯的犯罪论体系是在100多年前，由塔干采夫等人在接受德国的费尔巴哈的犯罪构成理论以后发展起来的，十月革命后，虽然受到法律虚无主义的影响，但这一理论体系仍然被苏联的刑法学者所继承，并且在苏联解体后，一直延续至今。综观俄罗斯的犯罪论体系发展，100多年来，其基本格局未变，虽然具体的内容和结构在不同的历史条件下有所变化。③ 针对“刑法知识去苏俄化”的主张，薛瑞麟教授曾经指出：该种观点对苏俄犯罪构成理论有不少误解、误读的地方，有些断言是依靠想象的力量所作出的伪判断；德国与苏联的犯罪构成体系各有所长，各有所短，有些问题只不过殊路而已。④ 他还不无道理地指出：不能简单地说苏联的犯罪论体系“在实践中是失败的，在理论上也是行不通的”，否则我们就不好解释苏联解体后，它原有的15个加盟共和国既已拂去历史的风尘（意识形态），却仍然沿用过去的犯罪论体系。⑤

---

① ［日］刑法理论研究会：《现代刑法学原论总论》（改订版），东京三省堂1989年版，第317页，转引自黎宏《刑法总论问题思考》，中国人民大学出版社2007年版，第51—52页。

② 陈兴良：《刑法知识的去苏俄化》，载《政法论坛》2006年第5期。

③ 何秉松：《全球化视野下的中俄与德日犯罪论体系》，第176页，2007年北京“全球化时代的刑法理论新体系”国际研讨会文件之二。

④ 薛瑞麟：《对话〈刑法知识去苏俄化〉的作者》，载《政法论坛》2008年第6期。

⑤ 薛瑞麟：《迟来的反批评——对话〈刑法原理入门〉的作者》，2008年北京“中俄与德日两大犯罪论体系比较研究”国际研讨会提交论文。值得指出的是，在新近一本关于俄罗斯犯罪构成理论的著作中，我们看到的仍然是犯罪客体和犯罪的客观方面、犯罪主体和犯罪的主观方面这样一个基本模型。参见何秉松、［俄］科米萨罗夫等《中国与俄罗斯犯罪构成理论比较研究》，法律出版社2008年版，第45页以下。这使人想起，那种过分把犯罪论模型和意识形态联系起来的做法是否有失公允。事实上，任何一个犯罪论模型都可能受意识形态的影响。

我国的犯罪构成理论确实需要作进一步的完善[①]，但一窝蜂地否定传统，特别是将源于100多年前的俄罗斯犯罪论体系人为地割断历史，简单地将其起点缩至20世纪30年代，然后以“维辛斯基式的刑法理论”为由[②]，将其“妖魔化”，并不可取。有人将德日的犯罪论模式普世化，这不符合事实，英美法系国家不计，就连德国周边的一些“老欧洲”和“新欧洲”国家也并没有采用此种模式。由于对传统理论带有一种先入为主的偏见，或者对德日刑法理论抱有一种过于美好的期待，有的学者赋予了犯罪构成理论太多超出其自身内容的价值和使命，如有的将犯罪构成理论模式与一个国家的政治体制联系起来，实际上，即便在德国，虽然其递进式的三阶段论由来已久，但真正与民主国家所要求的宪政产生联系也是“二战”以后的事；另有的将我国刑事司法中频繁发生的冤假错案归咎于我国的犯罪构成理论，而有点想当然地认为递进式的三阶段论可以防止冤假错案，但稍加推敲，就觉得其说服力不够，因为冤假错案的成因十分复杂，与司法体制、权力干预和诉讼结构等有更密切的关联。

---

① 比如，将犯罪客体这种抽象的东西从犯罪构成中拿出，而归入犯罪概念，因为犯罪构成主要还是要立足于可操作性；又如，我国当前犯罪构成的四要件太停留于表面，致使许多问题的讨论没有深入下去。从宏观至微观，从表面至深入，是需要时间的，我们现在本来到了微观深入的时候，却又想另起炉灶，须知另一个炉灶同样需要一个过程才能从宏观达至微观，这在成本和效率上都是不合算的。想想犯罪构成四要件在司法实践中的深入人心，如果要去掉一个客体之类的要件，或者在某个要件下拓展一些新的内容，这种小打小闹较之完全推倒重来也许要可行得多。

② 李海东：《刑法原理入门》，法律出版社1998年版，代自序，第3页。但薛瑞麟教授在其《迟来的反批评——对话〈刑法原理入门〉的作者》一文中指出：苏联刑法论著中并无此提法。他还指出：虽然20世纪30年代的苏联刑法理论带有浓厚的意识形态色彩，但该体系不是封闭的、僵化的，而是随着时代的发展而不断地自我调整的。这恰恰能说明苏联解体10多年后，俄罗斯等国的犯罪构成理论仍然保留了原来模型的原因。有人认为这是知识惯性使然，即假以时日，俄罗斯的犯罪论体系也肯定会推倒重来，这恐怕是过于将刑法知识与意识形态联系起来。事实上，俄罗斯学界也在探讨犯罪构成理论的完善，但思路并不是简单的推倒重来，如库兹涅佐娃等人就运用当代系统观，提出将传统的四要件整合为一个统一的整体。何秉松、[俄]科米萨罗夫等：《中国与俄罗斯犯罪构成理论比较研究》，法律出版社2008年版，第439—440页。

四、刑法解释的立场之争

刑法解释是刑法教义学的核心内容，多年以来，中国刑法学界围绕文义解释、历史解释、体系解释、目的解释、合宪性解释等刑法解释的方法及其位阶展开了许多研究。随着刑法解释研究的深入，形式解释和实质解释两种不同的刑法解释立场逐渐浮出水面，双方都出现了一些有代表性的论著。①

大体而言，实质解释论的要点有三：一是对构成要件的解释必须以法条保护的法益为指导，而不能仅停留在法条的字面含义上。二是犯罪的实体是违法与责任，必须将字面上符合构成要件、实质上不具有可罚性的行为排除于构成要件之外。三是当某种行为并不处在刑法用语的核心含义之内，但具有处罚的必要性与合理性时，可以在符合罪刑法定原则的前提下，对刑法用语做出不利于被告人的扩大解释。②

形式解释论者在反对上述主张的基础上，也提出自己的要点：首先，形式解释论和实质解释论的根本区别在于，在对刑法进行解释时，是否先进行形式判断，再进行实质判断。其次，在刑法没有所谓的形式规定的情况下，能否通过实质解释将其入罪。对此，形式解释论持坚决否定态度。最后，对于实质解释论所主张的罪刑法定原则的形式侧面与实质侧面之间的冲突，形式解释论认为并不存在，当实质解释论认为罪刑法定原则形式侧面存在缺陷的时候，形式解释论认为并不是形式侧面的缺陷。两者的对立，实际上是罪刑法定原则与社会危害性理论之争在解释论上的折射。③

应当说，形式解释和实质解释之争在深化彼此见解、促进我国刑法学派

---

① 著作方面，主张实质解释的如刘艳红:《实质刑法观》，中国人民大学出版社2019年版；主张形式解释的如邓子滨:《中国实质刑法观批判》，法律出版社2009年版，第311页。论文方面，主张实质解释的如张明楷:《实质解释论的再提倡》，载《中国法学》2010年第4期；主张形式解释的如陈兴良:《形式解释的再宣示》，载《中国法学》2010年第4期。

② 张明楷:《实质解释论的再提倡》，载《中国法学》2010年第4期。

③ 陈兴良:《形式解释的再宣示》，载《中国法学》2010年第4期。

的发展方面，毫无疑问起到了积极作用。但我们也看到，其实二者之间也有一些误会。例如，形式解释论者认为，实质解释更易于入罪。[①]但吊诡的是，如前所述，实质解释论者恰恰主张要将那些形式上符合构成要件但实质上不具有可罚性的行为作出罪处理。同样，有的形式解释论者激烈反对刑法中的社会危害性理论，却忽略了该理论也有出罪功能，如在行为表面符合犯罪构成要件的情况下，如果该行为在实质上欠缺社会危害性，就可以做出罪处理，因此，妥当的做法应当是，在入罪时严守罪刑法定原则，在出罪时则应当结合其行为的社会危害性来考虑。

事实上，如果我们从德沃金的“最佳解释”立场出发，就会发现，形式解释和实质解释并非水火不容，两极之外还有中庸，学派之争也有辩证。以刑事政策为指引，秉持动态的解释观，原则上允许实质性地解释刑法，但在涉及刑法机能的根本性冲突时，则以人权保障机能为优先，坚持形式理解，这未必不可以作为刑法解释的第三条道路加以探讨。[②]这里，最关键的是如何通过控辩审的沟通理性等制度设计来获得解释的权威性和公信力，以及出现滥用解释权时的有效制约与救济，包括畅通对刑法适用解释可以提起合宪性审查的渠道。

---

① 邓子滨:《中国实质刑法观批判》，法律出版社2009年版，第251—253页。

② 刘仁文:《从刑法注释到刑法解释学》，载《环球法律评论》2010年第5期。

第三节
刑事政策学的兴起

一、刑事政策学兴盛的原因

从21世纪初开始，我国刑事政策的著作如雨后春笋般地冒出，“刑事政策研究在中国成为显学”[①]。有学者观察指出：“抛开教材和译著，理论界的研究成果主要有：中国政法大学‘何家军’（何秉松教授的弟子们）的刑事政策系列研究（刘仁文的《刑事政策初步》，曲新久的《刑事政策的权力分析》，侯宏林的《刑事政策的价值分析》等）；北京大学梁根林教授的刑事政策系列研究（《刑事制裁：方式与选择》《刑事政策：立场与范畴》《刑事法网：扩张与限缩》）；北京大学陈兴良教授的刑事政策研究系列（《宽严相济刑事政策研究》《中国刑事政策检讨》等）；中国人民大学谢望原教授等的刑事政策研究系列（《中国刑事政策报告》系列、《中国刑事政策研究》等；北京师范大学卢建平教授、赵秉志教授的刑事政策研究系列（《刑事政策评论》系列、《刑事政策专题探讨》等）。”[②] 为什么会出现此种情形，主要还是来自社会的呼唤和需求：规范刑法学和注释刑法学已不能满足当前与犯罪作斗争的需要，时代呼唤我们依据犯罪态势来形成科学的刑事政策，进而引导刑法的制定与实施，

① 卢建平：《刑事政策研究的中国特色》，载《京师刑事政策评论》（第2卷），北京师范大学出版社2008年版。作者在文章附录统计了改革开放以来刑事政策研究的48本著作，其中21世纪以来出版的占45本。

② 汪明亮：《刑事政策研究新视角》，法律出版社2008年版，第280页。

使刑法更有效地惩治犯罪；持续20多年的刑事政策，到了该反思的时候了，而建设社会主义和谐社会的大背景，又使“宽严相济”这一新型刑事政策合乎逻辑地被推导出来，如何实现“以宽济严”，为刑法学者提出了新的课题；在依法治国、人权入宪的新形势下，刑事政策如何“在法治的篱笆”内活动，以达到相辅相成的作用？还有，不管是受西方“恢复性司法”“轻轻重重”的刑事政策影响，还是本土自生（如监狱压力的加大自然要求减压），总之，刑事和解、社区矫正等制度走在了立法前面，在实践中表现出旺盛的生命力，对这些新兴事物作出理论解读和回应，乃刑事政策的题中之义。由此观之，刑事政策的方兴未艾也就不足为奇了。①

二、刑事政策学的基本问题

1. 关于刑事政策的概念。经历了一个从狭义到广义的过程，最初学界主要从狭义的刑事政策概念来讨论，其主要特点是：第一，多从策略层面理解刑事政策，尽管该语境下的刑事政策概念从方法、活动、手段、策略到方略逐步获得了提升，但仍属于狭义的刑事政策；第二，狭义的刑事政策概念指导下的刑事政策研究，多将刑事政策理解为针对犯罪或刑罚的具体原则，典型的如对犯罪人“惩办与宽大相结合”的政策，对青少年犯罪“教育、感化、挽救”的政策，对少数民族公民犯罪“两少一宽”的政策（即少杀、少捕，量刑时一般从宽），在罪犯改造中“改造第一、生产第二”的政策等，具有微观化的特征。②

随着研究的深入，以组织反犯罪斗争或抗制犯罪的综合艺术或者战略、

---

① 卢建平教授在分析中国当今刑事政策研究为何出现“轰轰烈烈”的局面时，也指出：由于改革开放后治安形势的急剧恶化，重刑主义等传统思想迅速抬头，这在一定程度上制约了刑事法律领域的制度创新，使刑事法律领域的制度供给日显不足，为了弥补这种不足，刑事政策就成为改革现行刑事立法和刑事司法的首选。参见卢建平《刑事政策研究的中国特色》，载《京师刑事政策评论》（第2卷），北京师范大学出版社2008年版。

② 卢建平主编：《刑事政策学》，中国人民大学出版社2007年版，第17—18页。

集中体现反犯罪诸策略、系统集成反犯罪诸机制、全面整合反犯罪诸主体为本质内容的广义的刑事政策概念得到确立。广义的刑事政策概念重点包含以下几层意思：（1）刑事政策是一个由要素、目标和措施等组成的有机整体，不宜将刑事政策仅仅归结为“准则”与“方针”等单称的概念或者术语，而应该看到其“战略”宏观性；（2）刑事政策作用于国家对抗犯罪的全过程，即国家制定刑事政策、执行刑事政策、评估刑事政策的全过程；（3）刑事政策不单是刑法的政策，而是统领了打击犯罪、预防犯罪的所有治理手段；（4）刑事政策是社会整体据以组织对犯罪现象的反应的方法的总和，由此决定了刑事政策学是一个融合多学科的复合型知识载体。①

2. 关于刑事政策的原则。刑事政策的原则是指贯穿于刑事政策活动的全过程，在刑事政策的制定、实施中应遵循和追求的基本准则。我国学者对这个问题有不同的表述，如有的学者认为，刑事政策的原则有四个，即不能违反宪法和刑事法律原则，处遇个别化原则，打击少数和争取、教育、改造多数原则，统筹兼顾、不可偏废原则。②有的学者认为，刑事政策的基本原则有五个：法治原则、谦抑原则、人道原则、科学原则和教育改善原则。③另有的学者则分别从刑事政策的制定和刑事政策的执行两方面来阐述其各自应遵循的原则，其中刑事政策的制定应遵循科学原则、法治原则和人权原则，刑事政策的执行应遵循目标与手段相统一的原则、原则性与灵活性相结合的原则、监控与执行相同步的原则。④从中可以看出，法治原则是大家公认的一项原则，也就是说，刑事政策必须受制于法治的“樊篱”，在法治的框架内活动。

3. 关于刑事政策的结构。有学者将刑事政策的结构分为微观和宏观两个层面，认为微观层面是指单个刑事政策的结构，它由原则思路（philosophy）和行动方案（programme）两部分组成。例如，“惩办与宽大相结合”是原则思路，而一系列从重与从宽量刑制度等则是它的行动方案；“动员社会力量

① 赵秉志主编：《刑法学总论研究述评》，北京师范大学出版社2009年版，第46页以下。

② 马克昌主编：《中国刑事政策学》，武汉大学出版社1992年版，第24—27页。

③ 卢建平主编：《刑事政策学》，中国人民大学出版社2007年版，第170页以下。

④ 刘仁文：《刑事政策初步》，中国人民公安大学出版社2004年版，第171页以下。

提高改造罪犯质量”是原则思路，“三个延伸”（把教育改造犯罪人员的工作深入他们进入监所之前的社会环境中去的“向前延伸”，以监管机关为主体把教育改造工作向社会开放的“向外延伸”，监管机关组织社会各方面力量做好刑满释放人员安置和接茬帮教工作的“向后延伸”）则是它的行动方案。宏观层面是指群体刑事政策的结构，它又可分为纵向结构和横向结构，前者由基本刑事政策和具体刑事政策构成，后者由定罪政策、刑罚政策和处遇政策构成。①

另有学者将刑事政策的结构描述为：目的和价值目标、刑事政策主体、刑事政策手段、刑事政策客体、刑事政策过程、反馈及运行环境等诸要素的有机组合。其认为刑事政策的主体在与环境的相互作用中产生一定的目的，并在一定的价值目标和具体目的的指引下，在刑事政策的内运行环境和外运行环境的相互作用下，制定刑事政策手段，适用于刑事政策客体，完成刑事政策的基本过程，再将这一过程中各个环节的反馈及环境的反馈运用于对刑事政策手段的调适和优化，以达到刑事政策主体的目的和价值目标。②

还有学者从系统论出发，将刑事政策分为单项刑事政策和群体刑事政策两大类，其中单项刑事政策的结构为：（1）从社会系统的角度看，刑事政策系统是一个有刑事政策主体系统、刑事政策支持系统以及将刑事政策主体系统与刑事政策环境连接起来的反馈系统构成的有机整体；（2）从刑事政策运行的角度看，刑事政策系统主要是信息子系统、决策子系统、执行子系统、评估子系统和控制子系统等各子系统之间相互联系、相互依存、相互作用而构成的大系统。群体刑事政策的结构为：（1）纵向结构：总刑事政策、基本刑事政策、具体刑事政策；（2）横向结构：刑事立法政策、刑事司法政策、刑事社会政策。③

也有学者将刑事政策的结构剖析为刑事立法政策、刑事司法政策、刑事

① 杨春洗主编：《刑事政策论》，北京大学出版社 1994 年版，第 15 页以下。

② 何秉松主编：《刑事政策学》，群众出版社 2002 年版，第 78—79 页。

③ 许秀中：《刑事政策系统论》，中国政法大学 2004 年博士学位论文，第 44 页以下。

执行政策和刑事社会政策，并且指出，这四部分内容并不是彼此孤立的，更不是静止的，而是存在互动的关系，如1983年的“严打”，本来是一项司法政策，但由此导致了刑法部分条文的修改，使刑事立法政策趋于重刑化，可见，司法政策影响了立法政策。①

4. 关于刑事政策的功能。一种观点认为，刑事政策的功能主要指刑事政策在犯罪控制这一社会系统中所起的功效和作用。具体而言，刑事政策有导向和调节两大功能。导向功能主要体现在：（1）在刑事实体法方面，划定打击范围，确定打击重点，设定打击力度，选定打击方式。（2）在刑事程序法方面，主要体现在实体法与程序法追求的目标不统一时，前者的目标是尽可能使罪犯少漏法网，后者的目标是高效地执行实体法并少出错案；在少漏网和少出错出现不统一时，就会出现“宁错勿纵”和“宁纵勿错”两种不同的政策选择；程序法的种种制度、具体规则以及运行机制最终无不与此等政策思想密切相关。（3）在组织法方面，刑事政策的导向功能也有体现。组织法的核心问题是权力配置，这当然属于政策范围。调节功能主要体现在：（1）内部调节，即对刑事立法和刑事司法之间的调节，它包括立法通过刑事政策调节司法和司法通过刑事政策调节立法两个方面；（2）外部调节，即对刑事法律与社会状况（主要指犯罪态势）之间的调节，如犯罪化与非犯罪化。②

另一种观点认为，刑事政策的功能包括：导向功能、规制功能和中介功能。导向功能是指刑事政策指导犯罪预防和犯罪控制活动，为犯罪预防、控制指明大致的方向、路线、途径；规制功能是指刑事政策为国家机关预防、控制犯罪确定了具体的行动规则，并进而影响一般公民和实施违法犯罪行为的公民的行为。中介功能一方面表现为刑事政策是刑事立法与司法的中间环节，另一方面表现为刑事政策还是理论与实践的中间环节。③

还有观点认为，刑事政策的功能可以从多方面去考察，如积极功能和消

① 刘仁文：《刑事政策初步》，中国人民公安大学出版社2004年版，第48页以下。
② 储槐植：《刑事政策的概念、结构和功能》，载《法学研究》1993年第3期。
③ 何秉松主编：《刑事政策学》，群众出版社2002年版，第56—57页。

极功能；保障（人权）功能与打击（犯罪）功能；限制功能与扩张功能；创新功能与守旧功能；惩办功能与宽大功能；明示功能与含糊功能；等等。而所有这些，都可归入两个最基本的功能，那就是导向功能和符号功能。需要指出的是，那种认为“刑事政策的功能指的是刑事政策可能产生的积极作用”的观点并不妥当，事实上，功能作为一种客观存在，它既有可能是积极的，也有可能是消极的，因为积极与消极是一种主观评价。例如，某一项刑事政策的出台，突破了罪刑法定的原则，它带给法治的破坏作用就是一种消极功能。[①]

① 刘仁文:《刑事政策初步》，中国人民公安大学出版社2004年版，第150页以下。

第四节 国际刑法学在中国

一、国际刑法学兴起的时代背景

20世纪90年代以来，国际犯罪特别是国际性和非国际性的武装冲突中严重违反国际人道主义法的犯罪频繁发生，与此同时，冷战的结束减少甚至消除了各国政府在防止和惩治国际犯罪方面的意识形态分歧，这使得国际刑事司法机构的建立变得更加容易。1993年和1994年，联合国安理会分别通过决议，决定设立南斯拉夫国际刑事法庭和卢旺达国际刑事法庭，以审判在南斯拉夫境内发生的武装冲突和在卢旺达境内发生的种族冲突中犯有严重违反国际人道主义法罪行的人。1998年，联合国在意大利罗马召开的各国外交大会上又通过了《国际刑事法院规约》(又称《罗马规约》)，2002年，据此规约诞生了人类历史上第一个常设性国际刑事法院。此外，联合国还在一些国家设立或帮助设立了各种形式的国际化刑事法庭，如根据条约按照特别颁布的国内法律设立的柬埔寨混合法庭，根据联合国科索沃临时行政当局特派团的法规在科索沃法院中使用国际法官和检察官，联合国东帝汶过渡行政当局设立的对严重罪行拥有管辖权的特别分庭，作为条约法院设立的塞拉利昂混合法庭，以及在波斯尼亚和黑塞哥维那国家法院以特别分庭形式设立的混合法庭。[①]这些

① 联合国秘书长报告:《冲突中和冲突后社会的法治和过渡司法》，S/2004/616，2004年8月3日，第2页注5，第38段。

国际刑事审判机构的建立及其运作，大大地丰富了国际刑法的理论与实践。中国积极参加国际刑法实践。例如，我国先后有三位法官在南斯拉夫国际刑事法庭工作（李浩培、王铁崖和刘大群）；我国也积极参加了建立国际刑事法院的整个谈判过程，虽然最后没有成为《罗马规约》的缔约国，但对国际刑事法院成立以来的发展一直十分关注，并多次表示，对参加规约持开放态度，希望在适当的时候加入规约。国际刑法领域的这些新动向以及中国政府对国际刑法实践的态度，使中国刑法学界也更加关心这一新兴学科在中国的发展。例如，最近几年，中国刑法学界对《罗马规约》的研究相当活跃，有关这方面的国际学术会议频繁举行。而国际刑法整体上也呈现出良好的发展态势。例如，2007 年一年就出版了七部国际刑法的专著，它们分别是：朱文奇所著的《国际刑法》（中国人民大学出版社），黄风、凌岩、王秀梅所著的《国际刑法学》（中国人民大学出版社），杜启新所著的《论国际刑法中的危害人类罪》（知识产权出版社），卢有学所著的《战争罪刑事责任研究》（法律出版社），范红旗所著的《法人犯罪的国际控制》（中国人民公安大学出版社），何帆所著的《刑事没收研究——国际法与比较法的视角》（法律出版社），秦一禾所著的《犯罪人引渡诸原则研究》（中国人民公安大学出版社）。

与国际刑法相关，我国相继签署并批准了一系列国际公约，其中不少涉及刑事立法和刑事司法，要求国内立法协调发展。于是，不少刑法学者以此类国际公约为参照，探讨我国刑法的完善，如有的学者结合《公民权利和政治权利国际公约》的有关条款（该公约我国已签署尚待批准），对我国刑法中的死刑立法提出了完善意见[①]；又如，《联合国反腐败公约》于 2003 年通过后（我国已签署并批准该公约），刑法学界对我国刑法与公约的要求存在的差距也

---

① 高铭暄、李文峰：《从〈公民权利和政治权利国际公约〉论我国死刑立法的完善》，载高铭暄、赵秉志主编《21 世纪刑法新问题研讨》，中国人民公安大学出版社 2001 年版；张文、刘艳红：《〈公民权利与政治权利国际公约〉对中国死刑立法的影响》，载《中国青年政治学院学报》2000 年第 1—2 期等。

做了比较多的研究。[①] 此外，国门的打开为犯罪分子外逃提供了方便，近年来，我国贪官外逃已成为一个突出问题，如何加强国际刑事司法协作，以及协调国内法与国际法的关系（如针对国际上通行的"死刑不引渡原则"，有国内学者提出废除我国贪污贿赂犯罪的死刑），也成为刑法学界的一个热门话题。[②]

二、国际刑法基本原则的界定

经过广泛讨论，现在学界大都认为以下六项原则应当成为国际刑法的基本原则。

1. 国家主权原则。在确认和惩处国际犯罪时，不仅要考虑打击和防范的需要，而且要考虑各国的立法状况和价值取向，在尊重别国主权的基础上进行国际刑事合作，否则，国际刑法根本不可能实施。[③] 尊重国家主权在国际刑法中的主要表现为：国际刑法面前国家主权平等；在国际刑法国内化问题上，各国有权自行决定立法程序；在进行国际刑事司法协助与合作过程中，各国的刑事诉讼程序应得到足够的重视。[④] 当然，也应当看到，国际刑法的迅猛发展使得绝对的国家主权观念受到一定冲击，如根据《国际刑事法院罗马规约》的规定，在联合国安理会向国际刑事法院提交的情势中，国际刑事法院检察官可以对非缔约国领域内或非缔约国国民实施的犯罪进行调查和起诉，而且国际刑事法院可以对这类事件行使管辖权。[⑤]

2. 合法性原则。合法性原则作为刑事审判的基本原则，对维护法律的权

---

① 2007年4月，在中国人民大学刑事法律科学研究中心主办的"和谐社会语境下刑法机制的协调"学术研讨会上，专辟"刑法与有关国际公约的协调"单元，而在该单元的18篇论文中，有12篇是探讨《联合国反腐败公约》与我国刑事法律的协调和完善的；2007年10月，由北京师范大学刑事法律科学研究院主办的第二届"当代刑法国际论坛"则专门以"联合国公约在刑事法治领域的贯彻"为题，将联合国反腐公约、联合国人权公约和联合国反恐公约并列作为三大议题。

② 黄风、赵林娜主编：《境外追逃追赃与国际刑事司法合作》，中国政法大学出版社2008年版。

③ 王秀梅主编：《国际刑法研究述评》，北京师范大学出版社2009年版，第39页。

④ 张景：《国际刑法综述》，人民法院出版社2004年版，第45—46页。

⑤ 陈泽宪：《国际刑事法院管辖权的性质》，载《法学研究》2003年第6期。

威性与执法公正性，特别是在整合各种法律规范、法系特点的国际审判机构活动中必不可少。人们一般将合法性原则等同于罪刑法定原则，不过需要注意的是，《公民权利和政治权利国际公约》在确立罪刑法定原则的同时，还规定："任何人的行为或不行为，在其发生时依照各国公认的一般法律原则为犯罪者，本条规定并不妨碍因该行为或不行为而对任何人进行的审判和对他施加的刑罚。"（第15条第2款）这里所谓的"各国公认的一般法律原则"，国际法学界一般将其解释为国际习惯法。① 而国际习惯法包含的罪名有战争罪、反人类罪、反和平罪、奴役罪和酷刑罪等。②

3. 普遍管辖原则。在国际法上，有些国际罪行的性质和危害十分严重，以致破坏了国际社会整体的共同利益和根本利益，每个国家对国际社会整体都负有防止和惩治这些罪行的义务，对这些罪行也都有管辖权，而不论发生在哪个国家，罪犯的国籍属于哪个国家，这就是普遍管辖原则的基本含义。该原则的目的是不让那些犯有严重罪行的人找到可以躲避的地方，以逃脱惩罚。③ 普遍管辖原则是国际刑法赖以产生和存在的基本前提之一，它为世界各国联合制裁国际犯罪的实施者提供了行动的保障。中国刑法学界曾经在很长一段时间内对普遍管辖原则持否定态度，将其视为霸权主义者肆意践踏别国主权的理论基础。但后来逐渐改变观念，认识到作为国际刑法基本原则之一的普遍管辖原则是每一个国家应尽的国际义务，所以在1997年修订刑法时，就在第9条增加了这一内容："对于中华人民共和国缔结或者参加的国际条约所规定的罪行，中华人民共和国在所承担条约义务的范围内行使刑事管辖权的，适用本法。"

4. 个人刑事责任原则。第一次世界大战后，协约国与德国签订了《凡尔赛条约》，国际社会建立了国际特设法庭，准备起诉德国皇帝威廉二世和其他被指控有违反战争法和习惯的德国军人，但此次起诉的努力由于政治上的原

① Manfred Nowak，U.N.Covenant on Civil and Political Rights— CCPR Commentary，2nd revised edition，p.367，N.P.Engel，Publisher，2005.

② 岳礼玲：《〈公民权利和政治权利国际公约〉与中国刑事司法》，法律出版社2007年版，第205页。

③ 朱文奇：《国际刑法》，中国人民大学出版社2007年版，第286页。

因而夭折。第二次世界大战后，纽伦堡审判和东京审判确立了个人刑事责任原则在国际刑法中的地位。此后，南斯拉夫法庭和卢旺达法庭进一步巩固和发展了个人刑事责任原则。1998年通过的《国际刑事法院罗马规约》再次明确了“个人刑事责任原则”，将其规定为国际刑事法院运作的一项基本原则，也使得该原则成为国际刑法理论和实践的一项无可辩驳的基本原则。①

5. 刑事诉讼中的人权保障原则。人权保障原则在国际刑法中体现为实体和程序两方面。在实体方面，主要是通过将大规模侵犯人权的行为规定为犯罪并加以惩罚。在程序方面，主要体现在对犯罪嫌疑人和被告人的权利保障以及被害人的权利保障方面。② 其中，关于犯罪嫌疑人和被告人的权利保障，主要包括：无罪推定的权利，一罪不再审的权利，免受任意逮捕和拘禁的权利，免受酷刑、残忍、不人道和有辱人格待遇或者处罚的权利，享有公正审判的权利，包括公开受审与出庭的权利、被告知被指控罪行及迅速受审的权利、平等诉讼的权利、反对强迫自证其罪的权利。③

6. 国际刑事合作原则。从国际刑法公约的规定来看，在追诉国际犯罪方面进行国际刑事合作的内容，主要包括：（1）按照普遍管辖原则确立对国际犯罪的管辖权；（2）采取必要的应急措施和强制措施；（3）引渡或移送罪犯；（4）开展双向刑事司法协助，如相互交换情报、追寻并扣押财产、移转被判刑人；（5）刑事诉讼的转移管辖与外国刑事判决的承认和执行；（6）遵守国际条约中规定的其他义务性规范和禁止性规范。④ 上述国际合作方式在惩治国际犯罪和跨国犯罪过程中发挥着非常重要的作用，但当前的问题是，各国的刑法制度和刑事诉讼制度存在较大的差异，加上意识形态和国家制度的不同，影响了这些措施的有效运用。

---

① 王秀梅主编：《国际刑法研究述评》，北京师范大学出版社2009年版，第53页。

② 周露露：《当代国际刑法基本原则研究》，中国人民大学2007年博士学位论文，第168页以下。

③ 赵秉志主编：《新编国际刑法学》，中国人民大学出版社2004年版，第39页以下；朱文奇：《国际刑法》，中国人民大学出版社2007年版，第345页以下。

④ 王秀梅主编：《国际刑法研究述评》，北京师范大学出版社2009年版，第49页。

第四章

新时代的刑法学与理论自觉（2012 年～ 2019 年）

第一节 借鉴域外学说深化刑法基础理论

一、风险刑法的理念

随着全球风险社会的到来，风险刑法理念得到越来越多学者的认同。但总体来看，在中国，风险刑法理念也毫无例外地在批判声中逐渐展开。虽然有学者从法教义学角度批判风险刑法，认为风险刑法理论只能获得一时之观点喧嚣，而难以取得长久之学术积淀[①]，认为风险刑法的实质是刑法威吓作用在新时期的重新泛滥，是对合法性原则的突破，信守刑事政策和法治的底线、厘清刑事政策与刑事法治的关系才是根本出路，[②] 但越来越多的学者对风险社会的刑法理念进行了务实研究，风险社会的刑法理念也逐渐明朗化。

有观点指出，应当厘清风险刑法的社会基础与现代刑法的社会基础之间所存在的原则性差异，借鉴既有的风险社会理论并认清中国风险社会的特殊性，理解中国语境下的风险刑法。[③] 还有学者指出，要建构中国的风险刑法，则需要把风险刑法作为正统刑法的例外，并重视抽象危险犯、过失犯罪等在控制风险中的规范意义。[④] 该论者进一步指出，风险刑法的理论基础需要从

① 陈兴良：《风险刑法理论的法教义学批判》，载《中外法学》2014 年第 1 期。
② 孙万怀：《风险刑法的现实风险与控制》，载《法律科学》2013 年第 6 期。
③ 刘仁文、焦旭鹏：《风险刑法的社会基础》，载《政法论坛》2014 年第 3 期。
④ 姜涛：《风险刑法的理论逻辑——兼及转型中国的路径选择》，载《当代法学》2014 年第 1 期。

“集体法益”中去寻找，以集体法益证成风险刑法才有新的法理支撑，因为在一个社会系统中，越是强调内在的秩序和安全（确定性），风险发生的可能性就越小，对集体法益的保护力度也就越大，故需要把风险管理与集体法益的保护关联起来，当然，集体法益必须能够还原为个体法益，才具有刑法保护的正当性。① 另有观点指出，1997 年刑法典全面修订以来的刑法扩张并非风险刑法理论推动的结果，而是由风险社会中出现的新问题所推动，刑法研究面临的问题是，尽管活跃的刑法立法与传统刑法理论的保守理念日趋背离，却迟迟没有新的理论对此提供解释和指导；风险刑法理论要求把对刑法发展的理解放在风险社会理论及其社会学知识传统中把握，考察犯罪形态的变化以及刑事政策的要求，在承继现代刑法知识传统的基础上有所创新，提出风险刑法的理论阐释及限度反思。②

传统刑法理论和风险刑法理论之争，日渐成为在新问题、新情况上旧理论的解释能力边界是否应予突破之争。传统刑法理论试图扩张既有概念、原则和释义学方法以增强理论的应对能力，风险刑法理论则致力于在传承中创新，结合风险类型和风险情境展开研究。应当承认，风险刑法理念有其时代场景，我们面临的不是要不要采纳风险刑法理论的问题，而是把风险刑法控制在一个什么范围的问题。

二、客观归责理论的引入

在犯罪论体系改革的热烈研讨中，由德国刑法学家罗克辛最先提出的客观归责理论被引介到我国。该理论将因果关系与归责问题相区别，因果关系以条件说为前提，在与结果有条件关系的行为中，只有当行为制造了不被允许的危险，而且该危险是在符合构成要件的结果中实现（或在构成要件的保护范围内实现）时，才能将该结果归责于行为。所以，客观归责包含三个条件：

---

① 姜涛：《社会风险的刑法调控及其模式改造》，载《中国社会科学》2019 年第 7 期。

② 焦旭鹏：《现代刑法的风险转向》，载《西南民族大学学报（人文社会科学版）》2018 年第 12 期。

一是行为制造了不被允许的危险；二是行为实现了不被允许的危险；三是结果没有超出构成要件的保护范围。[①]

中国刑法学界对客观归责理论表现出不同立场，如有学者对我国引入该理论提出质疑：客观归责理论实际是因果关系理论而非自身定位的构成要件理论；它早已超越对归责问题的探讨，而渐至成为与可罚性概念相当的犯罪成立理论；它在“客观归责”的同时其实也一直在进行着“主观归责”；它以模糊三阶层犯罪论体系为代价进行规则判断，从而极大地削弱了阶层犯罪论体系所有的人权保障机能；它不是一个自洽的理论，而是统合了各种不同内容的混合体。同时，该论者还指出，客观归责理论在我国传统犯罪构成中无处容身，解决我国刑法因果关系问题不必引进客观归责理论，相当因果关系说即可作为予以引鉴的学说。[②]还有学者指出，客观归责理论实际上已经远远超出了结果归责判断的范畴，而囊括了构成要件进而也包括违法性判断，甚至还包含了有责性领域的内容。[③]

针对上述质疑，有学者从客观归责理论在方法论上的特殊意义作出回应，指出：（1）因果关系就行为和结果之间关系的判断是事实判断、经验判断，而客观归责理论处理的是规范评价、价值判断问题，二者不能混淆；（2）客观归责理论的真正意图是要在检验犯罪构成要件的主观要素之前，在构成要件的客观层面把并不重要的因果关系排除出去，因此该理论并未混淆主观要素和客观要素以及违法与责任之间的关系；（3）从判断标准明确性、方法论的角度看，作为构成要件符合性判断的“中枢”，客观归责理论可以用多重规则确保检验时没有遗漏；建立正面判断和反向检验交互进行的检验标准；展示一般预防的刑罚效果；凸显评价的层次性和充分性；确保刑法判断的客观化。[④]

虽然对客观归责理论的研究表现出一定程度的混乱，如有的认为客观归

① 张明楷：《刑法学》（第5版），法律出版社2016年版，第178页。
② 刘艳红：《客观归责理论——质疑与反思》，载《中外法学》2011年第6期。
③ 沈琪：《英美刑法中的近因判断及其启示》，载《比较法研究》2014年第2期。
④ 周光权：《客观归责理论的方法论意义——兼与刘艳红教授商榷》，载《中外法学》2012年第2期。

责理论的研究主要集中在过失犯领域，有的却认为该理论旨在确定并限制故意的成立条件和范围；有的认为客观归责理论能限制处罚范围，有的却指出该理论恰恰在某些方面会导致处罚范围的扩大，但总体来看，这种引入和争鸣有利于我国刑法理论研究视野的开阔，对最终形成有中国特色的刑法理论应当能起到借鉴和参考作用。

三、行为无价值与结果无价值的论争

行为无价值论和结果无价值论原本是在违法性领域的争论，但现在已经遍及犯罪论、刑罚论和许多具体问题的各个方面。① 目前，在客观主义刑法理念占优势的背景下，几乎无人主张纯粹的行为无价值论，现在的争论基本存在于结果无价值论、以结果无价值论或行为无价值论为基础的二元论之间。②

围绕行为无价值论和结果无价值论的论争，我国在应该采取什么样的实质违法性学说这个焦点问题上产生了三种观点：第一种是多数学者所赞同的二元的行为无价值论。③ 第二种是一元的结果无价值论，认为所采取的观点与立场，是否符合中国国情与刑事立法，是否有利于解决中国的问题，是最重要的，而中国当今最需要的是对国家权力的制约。诚然，我国的国民规范

① 张明楷:《行为无价值论与结果无价值论》，北京大学出版社2012年版，前言第1页。

② 从结果无价值论与行为无价值论的学术发展史来看，结果无价值论的内涵没有发生变化，仍然是指法益侵害的结果或危险。但是，行为无价值的内涵却离它的原初含义渐行渐远，它不再以行为单纯的社会伦理违反为其唯一基础，而是日益受到结果无价值论与法益侵害的渗透和影响，大体经历了三个发展阶段，张明楷将这三个阶段概括为伦理规范违反说、社会的相当性说、法规范违反说或行为规范违反说，周光权将这三个阶段概括为旧规范违反说、新规范违反说、行为的法益侵害导向性说。参见张明楷《行为无价值论与结果无价值论》，北京大学出版社2012年版，第24—46页；周光权《新行为无价值论的中国展开》，载《中国法学》2012年第1期。

③ 二元的行为无价值论认为，对于违法性的判断，应当以结果无价值论为基础，同时，作为对结果违法性的限定，也应当考虑行为举止对于规范的违反。因此，在违法性判断中，行为和结果具有同等重要的地位。参见周光权《新行为无价值论的中国展开》，载《中国法学》2012年第1期。

意识尚有待加强，但是，一方面，国家权力不能受到制约，是国民需要加强规范意识的根本原因；另一方面，结果无价值论并非不讲规范、不讲规则；只是认为，由于规则的例外并没有固定化、成文化，更没有全面地显示在国民面前，在违反规则的行为保护了法益的场合，应当阻却违法性。①第三种是新行为无价值论，即告别传统社会伦理规范违反说的立场，并以行为规范违反说、行为的法益侵害导向性说为基础的行为无价值论。该观点认为，这个意义上的（二元）行为无价值论不会使处罚范围扩大化，不会侵犯人权；同时，仍然坚守客观违法性论立场，不会混淆违法和责任的界限；新行为无价值论能够将犯罪论和刑罚论有机地统一起来，肯定刑罚积极的一般预防目的，也与我国当前的社会发展状况、立法倾向、司法实务相契合。②

行为无价值和结果无价值的论争，成为带有鲜明特色的刑法学话语标签，欣赏者认为这是学派之争的本源，批评者认为连措辞都不符合中国表达的习惯。事实上，现代各国的刑事立法很难讲谁还持纯粹的行为无价值或结果无价值立场，任何一国的刑法都是结果犯、具体危险犯、抽象危险犯甚至行为犯的结合物，区别只在于彼此各占一国刑法典篇幅的大小，或者随着一个国家国内外形势的变化，此消彼长的程度而已。

---

① 张明楷：《行为无价值论与结果无价值论》，北京大学出版社2012年版，第277—278页。

② 周光权：《新行为无价值论的中国展开》，载《中国法学》2012年第1期。

第二节 回应现实问题丰富本土刑法学

一、民生安全的刑法保护

“民生刑法”是近年来我国刑法学界的一个热词，其中尤以对环境犯罪、食品安全犯罪等的关注为最。关于环境犯罪，有论者认为，在可持续发展的语境下，环境犯罪应摒弃传统的人本主义法律观，倡导生态本位主义的立法理念。[①]有论者对我国环境犯罪立法的单一刑法典模式提出批评，认为这一模式不能涵盖风险社会里的所有环境问题，我国应在刑法典之外构建附属刑法。[②]还有论者指出，传统刑法归责制度不能有效应对环境犯罪，我国应当借鉴英美法系国家的成功经验，在环境犯罪中引入严格责任，这不仅是应对环境犯罪的特殊需要，也是风险社会防范风险的要求，更是福利社会促进社会福利的需要。[③]

关于食品安全犯罪，有论者指出，近一段时间以来，我国食品安全刑事立法呈现出刑法介入的时间提前、刑法介入的范围扩展、刑法介入的力度趋

---

① 杨辉忠:《“可持续发展”语境下的环境犯罪立法》，载赵秉志、张军主编《刑法与宪法之协调发展》，中国人民公安大学出版社2012年版，第582页以下。

② 吴大华、邓琳君:《风险社会语境下我国环境犯罪的立法思考》，载《中国社会科学院研究生院学报》2013年第6期。

③ 魏汉涛:《环境公害犯罪适用严格责任的必要性》，载《河海大学学报》2013年第1期。

严等特点，表明国家对打击食品安全犯罪的高度重视。[①] 另有论者认为，食品安全犯罪的刑事政策具有“优先保障人的生命权、健康权”和“偏重防患于未然”的特殊价值，我国当前对食品安全犯罪的惩治是“厉而不严”，应从“厉而不严”走向“严而不厉”。[②] 还有论者认为，我国食品安全的刑法保护仍有诸多地方需要完善，如对涉及重大法益的应设置过失危险犯；将生产、销售不符合食品安全的食品罪改为抽象危险犯；在生产、销售有毒、有害食品罪中增设企行犯犯罪构成模式（规定即使尚未直接侵害法益的行为也构成犯罪）。[③]

此外，刑法学界还对拒不支付劳动报酬罪等事关民生的新增罪名进行了研究，如有学者认为，劳动者的范围存在宪法、工会法、民法、公司法、劳动法等法律的不同界定，适用何种法律来界定“拒不支付劳动报酬罪”中的劳动者概念，需要充分考虑该罪的立法本意，即本罪中的劳动者之范围原则上以劳动法上所界定的劳动者为限，尤其是作为底层劳动者的农民工，特殊情况下亦可适用于公务员法上之劳动者、教师法上之劳动者。另有学者认为，对本罪的“劳动报酬”，应该包括“加班费”和“奖金”，但不包括间接支付与未来兑现的社会保险。对本罪中“有能力支付而不支付”的认定，有学者认为，该问题涉及举证责任的问题，行为人是否具有支付劳动者劳动报酬能力的证明责任，应实行举证责任倒置，如果行为人不能够证明自己没有能力支付劳动者劳动报酬的，就视为其有能力。[④]

二、腐败犯罪的刑法治理

党的十八大以来，党以猛药去疴、刮骨疗毒的决心和勇气“打虎拍蝇”，

---

① 刘仁文:《中国食品安全的刑法规制》，载《吉林大学学报（社会科学版）》2012 年第 4 期。

② 储槐植、李莎莎:《我国食品安全犯罪刑事政策之思考》，载赵秉志、张军主编《刑法与宪法之协调发展》，中国人民公安大学出版社 2012 年版，第 903 页以下。

③ 柳忠卫、常德宝:《论食品安全犯罪构成模式的理性构建》，载赵秉志、张军主编《刑法与宪法之协调发展》，中国人民公安大学出版社 2012 年版，第 903 页以下。

④ 陈妍茹:《我国刑法学的新发展》，载《河北法学》2017 年第 3 期。

推进反腐败斗争向纵深发展。刑法作为反腐败制度的重要组成部分，如何能发挥更好的作用，刑法学界对此作了不少深入细致的研究。有论者回顾和梳理了新中国成立以来惩治贪污贿赂犯罪的立法发展，并对该领域的立法运行效果做了考察和评估，在此基础上，重点阐述贪污罪、受贿罪、行贿罪等个罪的刑法规制与完善，剖析贪污贿赂犯罪罪刑失衡的原因，探讨了改变这一局面的对策。[①]有论者认为，由于我国司法实践中长期存在"重受贿、轻行贿"的现象，需要纠正这一错误倾向，对行贿犯罪的刑法规制作出进一步完善。[②]《刑法修正案（九）》严密了惩治贪污贿赂犯罪的法网，加大了对行贿犯罪的惩罚力度，可以视为对前述观点的某种接纳。

针对贪污贿赂犯罪的立法修改与司法适用，学者们展开了热烈讨论。有论者认为，贿赂犯罪"职务行为不可交易性"的法益本质决定了数额要素是贿赂犯罪的非必要条件，数额要素易造成罪刑失衡和刑法打击的真空，使得无法用数额度量的贿赂难以得到规制，应当建立以情节为中心的贿赂罪罪刑体系。[③]还有论者指出，我国贪污、受贿罪量刑失衡现象突出，存在数额标准固化、以数额为中心、贪污、受贿罪共用同一罚则等问题，应当构建概括数额标准、明确其他犯罪情节标准、建构独立的受贿罪罪刑规范体系。[④]

三、正当防卫制度的反思

最近几年，"于欢案""昆山反杀案"等几个广受社会关注的正当防卫案件叠加，使得"正当防卫"成为刑法研究的一个热点。大致来说，刑法学界

① 钱小平：《中国惩治贪污贿赂犯罪立法运行宏观效果考察》，载《暨南学报（哲学社会科学版）》2012年第6期。

② 刘仁文、黄云波：《行贿犯罪的刑法规制与完善》，载《政法论丛》2014年第5期。

③ 李本灿：《以情节为中心重构贿赂罪罪刑体系——兼评〈刑法修正案（九）〉（草案）贿赂罪定罪量刑标准的修订》，载《南京大学学报》2015年第4期。

④ 王林林：《论贪污受贿罪定罪量刑标准——以〈刑法修正案九〉（草案）为研究视角》，载《刑法论丛》2015年第2期。

就以下问题展开热议。

首先是正当防卫正当化根据之争。有学者主张法确证说（法秩序维护说），即通过对不法侵害的消极预防和积极预防维护法秩序的经验有效性。[①]有学者则提倡法益悬置说，主张正当防卫的依据在于行为人违反了不得侵犯他人之义务，其法益在必要限度内被悬置，防卫人损害行为人在悬置程度内的法益不成立犯罪。[②]也有学者在批判德国个人保全原理与法确证原理相结合的二元结合论的基础上，提倡正当防卫的原理是优越的利益保护。[③]

其次是正当防卫在司法实践中的异化问题。有学者通过实证研究发现，实务中正当防卫多面临着仅以损害结果来认定防卫过当、将防卫过当普遍认定为故意犯罪、防卫过当免除处罚的适用范围较窄等问题。[④]有学者认为，克服防卫限度判断中唯结果论的倾向，需要将考察重心转移到行为上。[⑤]有学者强调，正当防卫在我国的司法异化不在于法教义学的建构不足，而在于司法裁判将自身的功能错误地定位为纠纷解决，并进而主张重新认知刑法系统的功能：在风险社会中，刑法系统的功能在于维持与稳定人们的规范期待。[⑥]

最后是正当防卫限度判断规则的建构。有学者主张，应当将“明显超过必要限度”拆分成“必要限度”和“明显超过”分别加以理解。[⑦]也有学者认为，应从正当防卫是权利保护和公力救济例外之制度目的着眼，来说明作为权利行使行为之正当防卫的内在限度。对不具有可恢复性或恢复原状困难的法益，若是为保护法益所必需的行为即无须进行利益衡量；对超出必要限度造成损

① 王钢：《法秩序维护说之思辨——兼论正当防卫的正当性依据》，载《比较法研究》2018年第6期。

② 魏超：《法确证利益说之否定与法益悬置说之提倡——正当防卫正当化依据的重新划定》，载《比较法研究》2018年第3期。

③ 张明楷：《正当防卫的原理及其运用——对二元论的批判性考察》，载《环球法律评论》2018年第2期。

④ 尹子文：《防卫过当的实务认定与反思——基于722份刑事判决的分析》，载《现代法学》2018年第1期。

⑤ 陈璇：《正当防卫、维稳优先与结果导向——以“于欢故意伤害案”为契机展开的法理思考》，载《法律科学（西北政法大学学报）》2018年第3期。

⑥ 劳东燕：《正当防卫的异化与刑法系统的功能》，载《法学家》2018年第5期。

⑦ 邹兵建：《正当防卫中“明显超过必要限度”的法教义学研究》，载《法学》2018年第11期。

害的，则可根据利益衡量的原理来评价是否属于防卫过当。[①]

虽然对正当防卫制度的研究还远未达成共识，但毫无疑问的是，它已成为本土案例推动理论研究的一个重要动因，也带动了整个刑法学研究的理论提升和风格转型，对于从总体上激活正当防卫权的行使、确立“法不能向不法让步”，起到了积极的作用。

四、网络与人工智能时代的刑法应对

随着网络时代的到来，原来的单层社会变成了现实与网络共同组成的双层社会。现实社会需要刑法规制，网络社会同样需要刑法规制。

在网络犯罪的立法方面，有学者指出，面对网络时代的新型犯罪，能够通过刑法解释路径予以应对的，就不需要采取刑事立法路径。在采取刑事立法路径应对网络犯罪时，没有必要也不应当制定所谓“网络刑法”；当下应当在刑法典内，分别采取增设条款或者在既有条款中增设行为方式与行为对象的立法模式规制新型犯罪。[②]也有学者认为，《刑法修正案（九）》专门规定了拒不履行信息网络安全管理义务罪、非法利用信息网络罪、帮助信息网络犯罪活动罪和编造、故意传播虚假信息罪四个纯正网络犯罪的构成要件与法定刑，这标志着我国刑法的一个专门领域即网络刑法的真正诞生。[③]有学者将其中拒不履行信息网络安全管理义务罪、非法利用信息网络罪、帮助信息网络犯罪活动罪统称为“新型网络犯罪”或者“新型网络安全犯罪”。[④]目前网络刑法研究的重要任务之一是明确新近网络犯罪立法的适用标准，统一裁判尺度。以拒不履行信息网络安全管理义务罪为例，有学者指出目前较为迫切的任务是从解释论的视角审视该罪的构成要件，为其适用提供具有可操作

① 吴允锋：《正当防卫限度的判断规则》，载《政治与法律》2018年第6期。
② 张明楷：《网络时代的刑事立法》，载《法律科学》2017年第3期。
③ 梁根林：《传统犯罪网络化：归责障碍、刑法应对与教义限缩》，载《法学》2017年第2期。
④ 黄京平：《新型网络犯罪认定中的规则判断》，载《中国刑事法杂志》2017年第6期。

性的依据。[①] 对此，有学者从该罪的程序性要件“经监管部门责令改正”入手，认为在理解和把握监管部门责令改正时应当强调合格的责令主体、法定的监管权限、完整的责任内容、合理的通知方式，同时也应该处理好网络服务提供者对责令的异议。[②] 也有学者以信息网络安全管理义务的具体内容为切入点，主张构建网络服务提供者的合规规则体系，并将合规规则作为平台义务嵌入现行的责任规则之中。[③]

人工智能的刑事责任成为近年最具时代色彩的崭新议题。首要问题是人工智能能否成为刑事责任的主体。否定者认为，不管人工智能是依照预设程序运行还是脱离预设程序自主运行，都不具备认定刑事责任主体的关键要素——自由意志（包括认识因素和意志因素）。[④] 肯定者则认为，依据辨认能力和控制能力不同，可将人工智能区分为弱人工智能和强人工智能。前者在预设程序范围内运行，充其量是犯罪工具，故无承担刑事责任可言；后者则是在预设的程序外犯罪，应肯定人工智能产品具备独立的人格和刑事责任能力。[⑤] 对人工智能刑事责任的研究方兴未艾，成为一个充满魅力的刑法探索新领域。

五、量刑规范化的推进

从重定罪到重量刑，是我国刑事法治由粗线条向细节化发展的体现。中国的量刑规范化在期待与质疑中前行了十余年，既取得了将量刑纳入庭审程序、全面提取和适用量刑情节、真正改变“轻量刑”观念等革命性成就，也

① 李世阳:《拒不履行信息网络安全管理义务罪的适用困境与解释出路》，载《当代法学》2018 年第 5 期。

② 赖早兴:《论拒不履行信息网络安全管理义务罪中的“经监管部门责令改正”》，载《法学杂志》2017 年第 10 期。

③ 孙禹:《论网络服务提供者的合规规则——以德国〈网络执行法〉为借鉴》，载《政治与法律》2019 年第 11 期。

④ 时方:《人工智能刑事主体地位之否定》，载《法律科学》2018 年第 6 期。

⑤ 刘宪权:《人工智能时代的“内忧”“外患”与刑事责任》，载《东方法学》2018 年第 1 期。

存在实体规则的设置违背刑法基本原理、理论依据的借鉴存在致命误区、意见规则的适用与法典法律适用相冲突、程序规则的设置不能与实体法对接等僵局性问题。①

有学者通过采用量刑实验分析、生效刑事判例数据分析、法条文本对比分析等方法，认为量刑失衡发生的主要原因在于处断规范粗疏，提倡通过引入量刑指南制度，修改法官的量刑方法，以最终克服量刑失衡。②也有学者通过考察最近40多年德国量刑实务表明，即使在没有量刑指南的情况下，量刑轻缓与量刑均衡仍然是可以实现的。我国量刑规范化的实现，除了需要完善量刑指南和量刑程序以外，还应当像德国那样重视支撑量刑体系的制度环境。③还有学者指出，量刑原理的建构应以责任主义为基础，并重视量刑规则的合理建构，其中，量刑规则中的原则、概念、规范应实现制度理性与技术理性的统一，以规范法官自由裁量权。④

对于如何建构量刑规范化，有学者认为，经验分析应成为我国刑罚研究的主要方法，由此搭建量刑规范化平台。⑤另有学者认为，科学量刑是一个宏大的系统工程，为了更加深入地研究科学量刑，应当从宏观的角度倡导规范量刑适度化、规范量刑程序化、定罪量刑分离化、司法运作判例化、案件审理层次化、量刑标准区域化、量刑听证说理化、案件管理档案化等方面的改革，以进一步提高科学量刑的程度与方法。⑥还有学者研究了量刑调查的程序问题，认为我国量刑调查制度存在着“社会调查”“人格调查”“刑事案件审前调查”等多种不同的表述等问题。⑦

---

① 石经海:《中国量刑规范化之十年检讨与展望》，载《法律科学》2015年第4期。

② 蔡曦蕾:《量刑失衡归因论》，载《法制与社会发展》2015年第1期。

③ 江溯:《无需量刑指南：德国量刑制度的经验与启示》，载《法律科学》2015年第4期。

④ 姜涛:《责任主义与量刑规则：量刑原理的双重体系建构》，载《政治与法律》2014年第3期。

⑤ 王利荣:《为重构刑罚学说寻求新方法》，载《法学研究》2013年第1期。

⑥《当代刑罚改革的新方向——第五届当代刑法国际论坛发言综述》，载《法制日报》2013年8月28日。此为苏州大学李晓明教授的观点。

⑦《当代刑罚改革的新方向——第五届当代刑法国际论坛发言综述》，载《法制日报》2013年8月28日。此为西北政法大学冯卫国教授的观点。

针对近年提出的以刑制罪问题，有学者指出，以刑制罪并不违背罪刑法定原则，也并不意味着“重量刑轻定罪”，以刑制罪属于后果主义论证方法，可以归为目的解释方法的一种类型，当然，以刑罚妥当性为导向的后果主义解释方法也不能过度，应当充分重视以刑制罪这一法律论证方法的风险防控。[①] 另外有学者则持反对意见，认为司法实践中个案定性准确量刑失当的现象出现时，只需援引《刑法》第 63 条第 2 款减轻处罚的特别规定即可，以刑制罪理论是对罪刑法定原则的反动与颠覆，对刑事司法有百害而无一利，必须予以抛弃。[②]

① 王华伟：《误读与纠偏：“以刑制罪”的合理存在空间》，载《环球法律评论》2015 年第 4 期。

② 郑延谱：《量刑反制定罪否定论》，载《政法论坛》2014 年第 6 期。

第三节 制度改革为刑法学研究供给新的知识

一、宽严相济刑事政策与减少死刑

随着宽严相济刑事政策对“严打”刑事政策的取代，“以宽济严”在刑事立法中得到体现。如2009年的《刑法修正案（七）》首次在刑法修正案中，出现了“除罪”和减轻刑罚的立法内容。“以宽济严”的一个突出表现是死刑适用的减少。继2007年最高人民法院收回死刑核准权后，2011年全国人大常委会通过的《刑法修正案（八）》首次从立法上取消了13个非暴力犯罪的死刑，此外，还增加规定：“审判的时候已满七十五周岁的人，不适用死刑，但以特别残忍手段致人死亡的除外。”2015年通过的《刑法修正案（九）》为贯彻落实党的十八届三中全会“逐步减少适用死刑罪名”的要求，又进一步取消9个罪名的死刑。此外，《刑法修正案（九）》还提高了死缓执行死刑的门槛，将死刑缓期执行期间“故意犯罪，查证属实的，由最高人民法院核准，执行死刑”修改为“故意犯罪，情节恶劣的，报请最高人民法院核准后执行死刑；对于故意犯罪未执行死刑的，死刑缓期执行的期间重新计算，并报最高人民法院备案”。另外，还取消了绑架罪、贪污罪和受贿罪的绝对确定死刑，将其修改为相对确定死刑。①

---

① 胡云腾：《刑法修正案（九）的理论与实践创新》，载郎胜主编《〈中华人民共和国刑法〉的理解与适用》，中国民主法制出版社2015年版，第9页。

关于“宽严相济”和“减少死刑”，是刑法学界最近十几年的研究热点，相关著述迭出不穷，诸多观点见解纷呈，并且在刑事政策、刑事立法和刑事司法中得到了积极的反响和回应。上述刑法制度的改革与完善，与刑法学界的深入研究和长期耕耘是分不开的。

二、废除劳教与刑法结构调整

2012 年 11 月，党的十八大强调要运用法治思维和法治方法来治理社会，为推动徘徊不前的劳教制度改革工作带来了转机。2013 年 11 月，党的十八届三中全会通过的《中共中央关于全面深化改革若干重大问题的决定》明确指出：废除劳教制度，完善对违法犯罪行为的惩治和矫正法律，健全社区矫正制度。2013 年 12 月 28 日，全国人大常委会通过《关于废止有关劳动教养法律规定的决定》，宣布废止劳动教养制度，同时还宣布对正在被依法执行劳教的人员解除劳教，剩余期限不再执行。至此，在中国实施了近 60 年、广受关注和争议的劳教制度被正式废止。

劳动教养制度被废除后，刑法学界加强了对其后续改革和相关配套措施的研究。[①] 例如，对类似劳动教养措施如强制戒毒、收容教育、收容教养预计治安拘留等如何进行司法化的改造。我国强制医疗制度已经实现司法化，这昭示着，未来这些较长时间剥夺人身自由的行政处罚和措施也要朝司法化的改革方向前进。经过司法化的改造后，像治安拘留这类警察罚就可转化为轻罪的法律后果，而强制戒毒、强制医疗、收容教育、收容教养等则可成为与刑罚相并列的保安处分措施。又如，劳教制度被废除后，醉驾、扒窃等轻罪行为纷纷入刑，对抢夺罪等进一步去数额化，这表明我国刑法在一定程度上正在改变重罪重刑的“小刑法”格局，走向“大刑法”格局，即犯罪圈扩大、与轻罪相适应的轻刑增多。鉴于废止劳教后犯罪圈扩大这一无可回避的事实，许多学者指出，有必要探讨我国刑法中的轻罪重罪之分类，对轻罪实行经过

① 例如，陈泽宪主编《劳教制度的前世今生与后续改革》，中国民主法制出版社 2014 年版。

一定的考验期限之后即可宣告前科消灭的制度，以弥补犯罪标签化所带来的消极效应。①

三、强化反恐与预防性刑法

2015年出台的《刑法修正案（九）》是反恐刑事立法中的一个标志性事件，本次修正案进一步严密了反恐的刑事法网，修改了相关罪状，还增设了新的罪名，完善了刑罚配置。与此同时，2015年还通过了专门的《反恐怖主义法》，从反恐工作的原则、机制、管辖，恐怖活动组织和人员的认定、审查，情报信息和调查程序，恐怖事件应对处置，国际合作，反恐工作保障措施，恐怖活动法律责任等方面建立起了一个较为完整的反恐工作和处罚体系。其中特别值得注意的是，《反恐怖主义法》针对恐怖主义犯罪设立了“安置教育”这一保安处分新措施。对此，正如有学者所指出的，目前我国反恐怖主义法对安置教育的规定仍然是初步的，规范安置教育对象、行为、程序、机制等内容的制度体系还远未完善；安置教育有突出的预防导向，安置教育的实施可能对行为人造成社会否定评价和人格谴责，因此基于自由导向的执行和管理具有重要意义；被安置教育的行为人应该有更多的自由会见来访者或者安排其空闲时间，以抵消限制自由可能带来的负面效应，应分阶段实行区别于自由刑服刑期间的改造手段，帮助这些人复归社会。②

反恐刑法带来学界对预防性刑法和积极刑法观的讨论。传统刑法以规制结果犯特别是实害犯为主，介入时间比较晚，这主要是考虑到刑法的严厉后果以及对人权可能造成的危害，但现代风险社会的来临使得风险刑法观得以确立，刑法介入前置化的现象大量涌现，刑法中的危险犯特别是抽象危险犯大量增多。风险刑法一改传统刑法的报应色彩，而把预防放在首位。以恐怖主义犯罪为例，如果不打早打小，刑法不在恐怖主义组织成立、成员招募、

---

① 刘仁文主编：《废止劳教后的刑法结构完善》，社会科学文献出版社2015年版，第607页以下。

② 陈泽宪：《安置教育需要全面坚持法治原则》，载《检察日报》2016年10月28日。

培训等阶段及时介入，而到恐怖犯罪活动实施时才去介入，那就为时已晚，不仅会造成巨大的损失，而且恐怖主义组织成员一经洗脑，则普通的刑罚几乎对其没有威慑力。因此，在这些特殊领域，预防性刑法有其存在的空间。正如有关学者所指出的，那种批判预防性刑法的观点是从消极刑法立法观出发的，其论证以古典刑法思想为支撑，未能有效回应中国当下的社会情势；在刑法观念逐步转向功能主义、刑法与政策考虑紧密关联的今天，刑法的谦抑性并不反对及时增设一定数量的新罪，刑罚早期化与转型中国社会的发展存在内在联系，意欲建设法治国家，就必须将限制、剥夺公民人身权利的处罚事项纳入刑事司法的审查范围。[①]

① 周光权:《积极刑法立法观在中国的确立》，载《法学研究》2016 年第 4 期。

第四节 我国刑法学研究的省思与展望

应当说，我国刑法学研究近年来在广度和深度上继续取得长足进展，这不仅是我们自己能感受到的，也可以从国外学者的感受中得到反映，如日本刑法学者高桥则夫在回顾近年来与中国刑法学界的学术交流时就指出："感觉中国方面的讨论水平有了很大的进步。"日本刑法学家西原春夫对此更是以见证人的身份予以确认：中国刑法学界研究问题的领域有了很大拓展，不同观点的讨论程度也日趋热烈，可以说学术取得了突飞猛进的发展。①

然而，这只是说我们的刑法学研究有发展、有进步，并不意味着我们的刑法学研究就已经臻于完善了，相反，其中存在的问题及有待改进之处还不少。

首先，对我国刑法学发展所处的时代还缺乏比较准确的认知。不可否认，过去一些年来，我们的刑法学从域外特别是从德日刑法学界汲取了许多营养，这对于深化我国刑法教义学、促进我国刑法理论的精细化无疑起到了很好的作用。但必须看到，刑法基础理论是与一个时代的哲学思想紧密相连的，而一个时代的哲学思想又往往与一个时代的科技发展及其所面临的其他社会问题紧密相连。我国当前一方面在对域外刑法理论进行吸收时还停留在其过去

① ［日］西原春夫：《我的刑法研究》，曹菲译，北京大学出版社2016年版，第236—237页。

的刑法理论上，却对其潜在的危机和最新发展缺乏足够的认识。[①] 另一方面对我们国家法学所处的时代背景也缺乏一种自觉。张文显教授曾经指出：起初，我们几乎全盘接受了苏式法治理论，这一套以阶级斗争和专政专制为核心的话语体系支配了我们的法律思维与法律实践，也造成了灾难性的后果；苏式法学话语体系破产之后，我们在法学恢复重建阶段几乎又不加反思地转而求助于西方的法学话语体系，成为西方法学的“搬运工”；现在，我们应朝着中国化、时代化转换，进入自主阶段，即不依赖外来理论、观念与言说方式的指引就能思考自己的问题、阐述自己的实践、构建自己的话语体系。[②] 这虽然是针对我国整个法学尤其是法理学而言的，但从大方向看，也适用于我国的刑法学。“西方现成的知识体系不见得能为中国复杂、独特的问题提供配套的科学、理性的答案。”[③] 中国如此之大，发展又如此之快，在许多方面有自己的特色，有些方面如互联网公司还处在世界前沿水平，相应地，我们在网络犯罪的刑事立法和刑事司法方面也有自己的创新和特点，这既是中国刑法学研究宝贵的本土资源，也是我们可能给世界刑法学作出贡献的机会。

其次，在引入域外知识的过程中没有很好地本土化，造成用语混乱，使各种理论的准确性更加模糊不清，给后来者的借鉴和研究带来困扰。如“共犯”一词，本来在我国刑法学的语境中就是“共同犯罪”的简称（包括主犯和从犯、胁从犯以及教唆犯），但现在一些论著引入德日刑法中的“共犯”一词后，不加区分也不加说明地混合使用，而德日刑法中的共犯是指教唆犯和帮助犯（与正犯相对应），所以含义不一样，如果同一篇论文或同一本书前后用词相同，含义却不同，就难免给读者造成混乱。过去我们为刑法学界大家都是同一个声音、缺乏学派之争而苦恼，现在学术讨论活跃起来了，甚至有

① 例如，出于应对恐怖主义威胁的时代需求，德国立法者开始寻求将刑事可罚性前置，使刑法提前介入打击恐怖主义犯罪，2009 年在刑法中新设的第 89a 条就是典型的例子。这种可罚性前置是否以及如何在传统的教义学上正当化，成为当前德国学者面对的棘手的问题。王钢：《德国刑法学的新发展——侧重于违法性阶层的考察》，载《清华法律评论》第 8 卷第 1 辑。

② 张文显：《关于构建中国特色法学体系的几个问题》，载《中国大学教学》2017 年第 5 期。

③ 邓子滨：《犯罪论的体系更迭与学派之争》，载《法学研究》2013 年第 1 期。

了不同程度的学派之争，但又造成了刑法知识的混乱，对不同概念、不同理论大家都各说各话，有的是理解不准确（如对客观归责，有的认为能限制处罚范围，有的则认为会扩大处罚范围），有的是无视我国的具体语境而盲目引进一些即使在国外也有严重争议的理论（如敌人刑法[①]），更多的则是只搬运而不注意与中国刑法话语的衔接与转换（其实有些完全可以转换成中国刑法学自己的话语，或者在中国刑法学的话语体系内加以改造，这样对于避免理论的混乱和减少理论的内耗可以起到事半功倍的作用）。近年来，我国刑法理论界和司法实务界之所以在很多地方存在"两张皮"的现象，一个重要原因就是理论界在热衷引进各种域外理论和学说的时候，没有有效地转换成自己的语言，或者在自己已经形成的话语体系内尽可能地给有关域外理论和学说找到一个相应的位置。

最后，在研究方法上有待进一步改进。一是有些研究方法过于简单甚至极端。例如，一段时间以来，刑法学界对所谓的形式解释格外青睐，而对所谓的实质解释则警惕有加。姑且不论论者在形式解释和实质解释的内涵与外延上互相交错，就以对形式解释的过分青睐而言，也要辩证地看，用形式解释来反对类推、推动罪刑法定原则的确立及其适用，这种旨在限制公权力的做法当然是可取的，但如果把它推至极致，则也会产生副作用。其实，对有些表面看来违反刑法但欠缺刑事可罚性的行为，恰恰需要运用实质解释来排除社会危害性，做除罪化处理，如内蒙古的王力军无许可证收购玉米改判无罪一案就是如此。[②]类似的还有社会危害性问题，不少学者对"社会危害性"一词颇不以为然，甚至主张要把这个概念从我国刑法学中驱逐出去。其实，这同样只是看到问题的一面，而没有看到另一面，即在拥有类推制度的前提下，社会危害性可能成为扩大处罚范围的一个理由，但在确立了罪刑法定原则的情况下，欠缺社会危害性恰恰可以成为限制处罚范围的一个理由。如前

① 考虑到"敌人"在中国具有强烈的政治意味，"敌我矛盾"曾经成为"无产阶级专政下继续革命"的理论基石，不宜把即使在德国也引发巨大争议的"敌人刑法"照搬到我国的刑法学术话语体系中并为其背书。刘仁文:《敌人刑法：一个初步的清理》，载《法律科学》2007年第6期。

② 阮齐林:《刑事司法应坚持罪责实质评价》，载《中国法学》2017年第4期。

述王力军无许可证收购玉米改判无罪一案，法院再审认定宣告其无罪的理由就是："其行为违反了当时的国家粮食流通管理有关规定，但尚未达到严重扰乱市场秩序的危害程度，不具备与《刑法》第225条规定的非法经营罪相当的社会危害性和刑事处罚的必要性，不构成非法经营罪。"[①] 二是研究方法过于单一，扎根中国的本土研究成果还不够多。总的来看，当前以引进德日刑法学知识为主的刑法教义学方法占据中国刑法学研究的绝对主流，但问题是，刑法学研究方法应当是多元的，尤其应当是立足中国的。在这方面，笔者个人也有一些研究心得，如本人关于立体刑法学的探索，其所引起的社会反响在某种程度上甚至超出了最初的预料，究其原因，应当与它关注中国自己的问题有关。[②] 刑法终究是要解决本国实际问题的，刑法学终究是要以本国刑法文本和判例为研究支点的，为了使中国刑法学在国际上成为有声的刑法学，而不是有的学者所批评的"无声的中国刑法学"，[③] 我们应当有更强的主体意识和理论自觉，从中国实际出发，以切实解决中国的问题作为出发点和归宿点，建构起国际的视野、中国的视角和自己的方案三位一体的研究格局。

---

① 内蒙古自治区巴彦淖尔市中级人民法院刑事判决书（2017）内08刑再1号。

② 刘仁文：《立体刑法学：回顾与展望》，载《北京工业大学学报》2017年第5期。

③ 周光权：《无声的中国刑法学》，载《清华法治论衡》2005年第1期。

中编

制 度 编

第五章

刑事政策变迁 70 年

第一节
“政策主导”时期（1949年—1978年）

虽然中国作为成文法国家，法典化的历史悠久，法律体系发达，但政策治国一直也是中国的传统。因为建立新政权的需要，新中国成立前夕，中共中央决定彻底废除以国民党“六法全书”为代表的旧法体系。鉴于刑法、刑事诉讼法等“人民的新的法律”尚付阙如，迫于国内外复杂的形势，新中国成立之初，为了巩固新生的政权，稳定社会，发展经济，执政的中国共产党沿袭了战争年代政策治理的传统路径，在犯罪治理领域相继推行了镇压与宽大相结合、惩办与宽大相结合的政策，开展了一系列运动。这一“政策主导”时期一直持续到1979年。

一、镇压与宽大相结合政策及其实践

刑事政策即刑事政治，是国家意志在犯罪治理领域的表现。但刑事政策的形成，往往需要实践积累与历史凝练。

（一）镇压与宽大相结合政策的形成

新中国成立初期所采取的镇压与宽大相结合的刑事政策，其实在新民主主义时期即已酝酿成熟。1940年12月25日，毛泽东为中共中央起草的对党内的指示《论政策》中“关于锄奸政策”明确指出：“应该坚决地镇压那些坚决的汉奸分子和坚决的反共分子，非此不足以保卫抗日的革命势力。但是决不可多杀人，决不可牵涉到任何无辜的分子。对于反动派中的动摇分子和胁从分子，应有宽大的处理。对任何犯人，应坚决废止肉刑，重证据而不轻信口供”[①]。1942 年 11 月 6 日，中共中央发布了《关于宽大政策的解释》，明确指出，“对敌人、汉奸及其他破坏分子等，在被俘被捕后，除绝对坚决不愿悔改者，一律施行宽大政策，予以自新之路。这里是提示了镇压与宽大两个政策，是除外于宽大政策的，这就是镇压政策……我们在惩治破坏分子时，主要的应是那些首要分子，其次才是惩治那些胁从分子。同时，我们的宽大政策，主要是施于胁从分子，其次才是施于首要分子。”“镇压与宽大是必须同时注意，不可缺一的。”[②]

1950 年 6 月 6 日，毛泽东同志在中国共产党第七届中央委员会第三次全体会议上的报告《为争取国家财政经济状况的基本好转而斗争》中明确提出：“必须坚决地肃清一切危害人民的土匪、特务、恶霸及其他反革命分子。在这个问题上，必须实行镇压与宽大相结合的政策，即首恶者必办，胁从者不问，立功者受奖的政策，不可偏废。”1950 年 7 月 23 日，由政务院、最高人民法院联合发布的《关于镇压反革命活动的指示》指出：“对一切反革命活动采取严厉的及时的镇压，而在实行镇压和处理一切反革命案件中，又必须贯彻实行镇压与宽大相结合的政策，即首恶者必办，胁从者不问，立功者受奖的政策，不可偏废……”

（二）镇压与宽大相结合政策的实践

严格说来，镇压与宽大相结合政策是一种政治谋略。在新民主主义革命时期，我党为了消灭内外敌人、夺取政权，采取镇压与宽大相结合政策，能够激化敌人内部的“争斗”和“缺口”，分化瓦解敌人的战斗力，化整为零，各个击破。新中国成立初期，当时的社会环境对战争时期具有一定的延续性，国内外敌人不甘心失败，疯狂地进行反扑、破坏、颠覆甚至侵略。为了维护

---

① 《毛泽东选集》（第二卷），人民出版社 1991 年版，第 767 页。

② 卢建平：《刑事政策与刑法变革》，中国人民公安大学出版社 2011 年，第 122—123 页。

新生的人民政权，沿用镇压与宽大相结合政策，在镇压反革命运动和“三反”“五反”运动中发挥了重要作用。

1. 镇反运动

由于新生的人民政权受到敌对势力的严重挑战，从1950年3月到1952年年底，新中国开展了大规模的“镇压反革命”运动，重点打击土匪、特务、恶霸、反动党团骨干和反动会道门头子五个方面的反革命分子。1950年3月，中共中央发出了《关于严厉镇压反革命分子活动的指示》，镇压反革命运动正式拉开序幕。中共北京市委于3月报告，从入城以来，北京市已逮捕、集训和登记敌特党团分子6900余名；浙江省登记的反动党团分子超过11万人；山东省登记的土匪、特务、恶霸、反动党团骨干、反动会道门头子五种反革命分子达到137599名。实践证明，镇压与宽大相结合的政策确实在镇压反革命运动中得到了充分体现。

首先，早期惩治反革命显得过于宽大。时任中共北京市委书记彭真同志根据工作组对察哈尔省的宣化和河北省的唐山进行的司法调查指出“现在不少地方宽大政策又偏差到‘宽大无边’，宽大到‘灭自己志气，长匪特威风’，宽大到助长匪特气焰，脱离人民大众的程度了”，“有些地方对罪大恶极，甚至曾杀我干部百余人，杀我县长及干部多人的反动头子，曾杀死群众多人的匪徒，却不判死刑；或下级法院判了死刑，而上级法院又改为徒刑。”①

其次，中期严厉镇压反革命有“扩大化”之嫌。1950年10月10日，毛泽东同志亲自主持通过了新的《关于镇压反革命活动的指示》（又称《双十指示》），明显加大了镇压反革命的力度，指出“当杀者，应即判处死刑。当监禁和改造者，应即逮捕监禁，加以改造。对于这些案件的执行，必须公布判决，在报纸上发布消息（登在显著地方），并采取其他方法，在群众中进行广泛地宣传教育”。

最后，镇压反革命既不能宽大无边，也不能镇压无边。以上数据显示，

① 《彭真致周恩来转毛主席》，转引自杨奎松《新中国“镇压反革命”运动研究》，载《史学月刊》2006年第1期。

镇压反革命运动处决的人数逐渐超出了计划的数字，并表现出不断失控的危险，毛泽东本人也对此感到不安。1951年5月19日召开的第三次全国公安会议的决议指出："镇压反革命的运动，必须及时地从大胆放手的方针，改变为适当地加以收缩的方针。""关于杀反革命的数字，必须控制在一定的比例以内。将捕人批准的权限和杀人批准权收回。凡是介在可捕可不捕之间的人一定不要捕，如果捕了就是犯错误；凡是介在可杀可不杀之间的人一定不要杀，如果杀了就是犯错误。"① 镇压反革命要做到镇压与宽大相结合，具体是要遵循首恶必办、胁从不问、立功受奖的政策。对于首要的、怙恶不悛的、在1945年后特别是经过宽大处理后仍然继续作恶的反革命分子，应依照中央人民政府政务院公布的《惩治反革命条例》加以镇压；对于真正的胁从分子、自动坦白的分子和在反对反革命斗争中有所贡献的分子，应分别予以宽大的待遇，或给予适当的奖励。② 其间，毛泽东同志创造性地启动了死刑缓期两年执行制度，这一制度一直沿用至今。

当然，镇反运动也对普通刑事犯罪起到了威慑作用，刑事案件总数和犯罪率均有了大幅下降。1951年，全国发生的各种刑事案件为33.2万起，犯罪率为5.9起/万人，同1950年相比，分别下降了35.3%和36.6%。1952年下降更明显，全国发生的刑事案件为24.3万件，犯罪率为4.2起/万人，同1950年相比，分别下降了52.6%和54.8%。

2."三反""五反"运动

新生的人民政权成立不久，即出现了贪污、腐化和堕落的现象。1951年9月，东北局首先开展了一场反贪污蜕化、反官僚主义的民主运动，并于当年11月1日向中央呈送了《关于开展增产节约运动进一步深入反贪污、反浪费、反官僚主义斗争的报告》。11月20日，中共中央批转了东北局的报告，并要求党政军领导机关重视东北局的经验，进行坚决的反贪污、反浪费、反

① 转引自仲瑞敏、许元《毛泽东连续三次批示山东镇反报告》，载《中共党史研究》2004年第4期。

② 陈竹君、万川：《建国初期毛泽东镇压反革命思想述评》，载《北京人民警察学院学报》2008年第6期。

官僚主义的斗争。12 月 1 日，中共中央正式作出了《关于实行精兵简政、增产节约、反对贪污、反对浪费、反对官僚主义的决定》，要求全国从中央到地方，由首长负责，充分依靠群众，发动自上而下和自下而上的逐级相互检查，检举揭发贪污、浪费和官僚主义行为。该决定的第五部分还明确指出："一切从事国家工作、党务工作和人民团体工作的党员，利用职权实行贪污和实行浪费，都是严重的犯罪行为。"由此，"三反"运动在全国范围内全面铺开。[①]

随着"三反"运动如火如荼地展开，中央发现，贪污分子的严重违法行为大多与不法资本家的腐蚀拉拢有关，不法资本家群体中大量存在行贿、偷税漏税、偷工减料、盗骗国家资财、盗窃国家经济情报的"五毒"行为。于是，中共中央于 1952 年 1 月 26 日发出了《关于在城市中限期展开大规模的坚决彻底的"五反"斗争的指示》。中共中央明确指出了"三反""五反"运动的奋斗目标，即要在干部队伍中清除"三害"，保持党和国家机关的廉洁；在私营工商界中扫除"五毒"，使资本主义经济成分沿着有利于国计民生的方向发展。[②]

镇压与宽大相结合政策在"三反""五反"运动中得到了积极充分的运用。例如，在"三反"运动中，毛泽东同志于 1951 年 12 月 8 日指出："应把反贪污、反浪费、反官僚主义的斗争看作如同镇压反革命斗争一样的重要，一样的发动广大群众包括民主党派及社会各界人士去进行，一样的大张旗鼓去进行，一样的首长负责，亲自动手，号召坦白和检举，轻者批评教育，重者撤职、惩办、判处徒刑（劳动改造），直至枪毙一批最严重的贪污犯，才能解决问题。"[③] 对于严重的贪污犯要定罪判刑，甚至处以极刑（如刘青山、张子善案）；对于实施了轻微贪腐行为，能够坦白和检举的行为人，则采取批评教育或行政处罚的方式；对于大部分调查出来具有贪污情况的国家干部，采取批评教育的处理方式，也有相当一部分受到行政处分，只有很少一部分受到刑事追究。针对"五反"运动，毛泽东同志于 1952 年 3 月 5 日指出："在'五反'

---

① 孙瑞鸢：《三反五反运动》，新华出版社 1991 年版，第 20 页。

② 马宇平、黄裕冲：《中国昨天与今天（1840—1987 国情手册）》，解放军出版社 1989 年版，第 738—739 页。

③《毛泽东选集》（第五卷），人民出版社 1977 年版，第 55 页。

运动中对工商户处理的基本原则是：过去从宽，今后从严（例如补税一般只补1951年的）；多数从宽，少数从严；坦白从宽，抗拒从严；工业从宽，商业从严；普通商业从宽，投机商业从严。”① 存在“五毒”问题的私营工商户，只有很小比例被定为完全违法而追究刑事责任，对于大部分均采取了行政罚款和补税的处理。“三反”“五反”运动为我国资本主义工商业社会主义改造的提前完成奠定了坚实基础。

二、惩办与宽大相结合政策

惩办与宽大相结合政策是对镇压与宽大相结合政策的继承与修正，是在我国发挥效力时间最长的基本刑事政策，直至2004年宽严相济刑事政策提出后，才被逐渐取代。宽严相济刑事政策本身也是在惩办与宽大相结合政策基础上的扬弃，在继承其合理内核的前提下融入了新的时代特征。因此，惩办与宽大相结合政策应是我国犯罪治理策略研究的重点内容。

（一）惩办与宽大相结合政策的理论梳理

1956年，我国社会主义改造基本完成，国内的主要矛盾不再是无产阶级和资产阶级之间的矛盾，而是人民对于建立先进的工业国要求和落后的农业国现实之间的矛盾，是人民对于经济文化迅速发展的需要同当前经济文化不能满足人民需要的状况之间的矛盾。1956年9月，中国共产党第八次全国代表大会召开，对我国当时的矛盾作出了上述准确判断，指出应将国家的工作重点转移到社会主义建设上来。既然国家的重点不再是对敌斗争、维持政权稳固，那么再强调镇压与宽大相结合的对敌政治策略则不合时宜，党的八大报告指出：“我们对反革命分子和其他犯罪分子一贯地实行惩办与宽大相结合的政策，凡是坦白的、悔过的、立功的，一律给予宽大的处置”。时任公安部部长罗瑞卿在党的八大第一次会议上的发言中，将惩办与宽大相结合刑事政

---

① 《毛泽东选集》（第五卷），人民出版社1977年版，第58页。

策概括为“首恶必办、胁从不问，坦白从宽、抗拒从严，立功折罪、立大功受奖”。具体理解为：（1）首恶必办，是指对罪行严重的犯罪分子，如坚决的汉奸分子和反革命分子、匪首、恶霸和罪大恶极的罪犯，必须坚决惩办，包括处以重刑和极刑，绝不放纵。（2）胁从不问，是指对于那些被欺骗、收买、裹胁、强迫参加犯罪的分子，可以给予宽大处理，包括释放、不逮捕或者免予处罚。（3）坦白从宽，是指犯罪分子主动坦白交代自己的罪行，可以受到较宽大的处理，包括免除追究责任。（4）抗拒从严，是指犯罪分子顽固抵赖，拒不认罪交代，无悔改之意，就要受到较严重的处理。（5）立功折罪，是指犯罪分子实施犯罪之后，不但能够坦白交代自己的罪行，真诚悔过，而且能够回过头来帮助有关部门查处其他犯罪，这是一种立功表现，可凭借后来的立功减其先前之罪，作为事后情节，可以从轻发落，甚至免除处罚。（6）立大功受奖，是指犯罪分子能够坦白自己的罪行，并且帮助有关部门查处重大犯罪案件，是重大立功的表现，不仅能够折抵罪责，还可以受到适当的奖励。① 从镇压与宽大相结合到惩办与宽大相结合，经历了一个从政治斗争策略到刑事政策的转变过程。②

（二）惩办与宽大相结合政策的实践观察

由于惩办与宽大相结合政策在我国的适用时间较长，跨越了我国社会主义全面建设、“文化大革命”和新时期社会转型等几个重要时间节点，因此，该政策在犯罪治理实践中的运用也呈现出阶段性的特点。

1. 惩办与宽大相结合政策的积极适用期（1956 年—1965 年）

社会主义改造完成后，我国进入社会主义的全面建设时期，此间，惩办与宽大相结合政策得到了充分的运用。③

其一，惩办与宽大相结合政策在普通刑事犯罪治理中发挥了积极作用，

---

① 严励：《中国刑事政策原理》，法律出版社 2011 年版，第 259 页。

② 陈兴良：《刑事法治视野中的刑事政策》，载陈兴良主编《中国刑事政策检讨》，中国检察出版社 2004 年版，第 120 页。

③ 张远煌：《宽严相济刑事政策与刑法改革研究》，中国人民公安大学出版社 2010 年版，第 5 页。

在犯罪控制方面产生了很好的社会效果。从全国犯罪形势上看，1957年至1959年的犯罪总数和犯罪率逐年下降，并且都维持在较低的水平上。但很快，由于受“左”的思想影响，“大跃进”和人民公社化运动对生产力造成了一定程度的破坏，加之1959年至1961年连续三年自然灾害，人民生活状况恶化。反映到刑事犯罪上，1960年的案件总数和犯罪率一反此前三年连续下降的趋势，有回潮趋势，1961年则较1960年急剧上升，案件总数上升89.2%，犯罪率上升88.2%。但这期间的犯罪也具有显著特征，主要为盗窃案，占81%，说明1961年的犯罪高峰与社会经济因素密切相关。1961年至1965年，刑事犯罪率逐年下降，年均下降率约为21%。到1965年，全国犯罪数量大幅度下降，出现了至今为人们所怀念的“夜不闭户、路不拾遗”的良好治安形势。其中惩办与宽大相结合政策起到了积极作用，但更为主要的是我国当时正处于计划经济时期，社会结构和社会关系单一、简单化，经济形势的好转为犯罪治理创造了良好条件。

其二，惩办与宽大相结合政策在反革命等政治犯罪中主要体现为“惩办”。1957年4月，开展了全党范围内的整风运动。1957年6月26日，中共中央发出《关于打击、孤立资产阶级右派分子的指示》（以下简称《指示》）指出，“右派同人民的矛盾，实际上有些已经超出了人民内部矛盾的范围”，反右派斗争扩大化了。中共中央于1961年10月28日发出的《关于改造右派分子工作的指示》中更明确地指出“右派同劳动人民的矛盾是一种敌我性质的矛盾”，右派分子被定性为反革命犯罪。

2. 惩办与宽大相结合政策的全面停滞期（1966年—1976年）

1966年至1976年的十年“文化大革命”，我国的政治、经济和文化发展几乎全面停滞，整个国家的正常秩序遭受严重破坏，正常的立法、司法和执行工作也陷入瘫痪，公检法机关受到严重冲击。一方面，制造了大量政治犯罪错案。大批老干部、专家学者和知识分子被认定为“反革命罪”，但这些犯罪并不是通过国家司法机关的审判定罪，而是以革命、政治运动、群众专政、人民审判等名义和形式实施的。另一方面，大量侵犯公民人身权利和民主权利、扰乱社会秩序的案件没有被追究。一大批流氓分子、“打砸抢”分子打着

“革命无罪、造反有理”的旗号肆意破坏，但却没有被认定为犯罪。应该说，惩办与宽大相结合政策体现了国家在运用强制力与犯罪作斗争过程中的理性与克制，但当一个国家正常的社会秩序和是非观念被颠覆，则惩办与宽大相结合政策自然没有实施的空间，完全处于停滞状态。

3. 惩办与宽大相结合政策的稳定期（1977 年—1979 年）

1976 年 10 月，“四人帮”被粉碎，“文化大革命”结束，我国进入了一个全新的发展时期。经过十年“文化大革命”，痛定思痛，党的十一届三中全会启动改革开放历史进程。1978 年 12 月 22 日，《中国共产党第十一届中央委员会第三次全体会议公报》指出：“使民主制度化、法律化，使这种制度和法律具有稳定性、连续性和极大的权威，做到有法可依，有法必依，执法必严，违法必究。从现在起，应当把立法工作摆到全国人民代表大会及其常务委员会的重要议程上来。”这些对刑事立法和其他法律的制定，起到了极大的推动作用。1979 年 7 月 1 日，刑法草案获得第五届全国人民代表大会第二次会议一致通过（自 1980 年 1 月 1 日起实施），至此，新中国的第一部刑法典终于诞生了！这不仅是新中国刑法史上的里程碑，同样也是新中国刑事政策与刑法关系史的里程碑，标志着中国的犯罪治理从此进入“法律政策并轨期”。

（三）具体的刑事政策

在政策替代刑法的时期，党和国家制定实施了镇压与宽大相结合政策和惩办与宽大相结合政策，这些政策体现在犯罪治理的方方面面，既有定罪政策，也有制刑政策和行刑政策。下文简要论述两种主要的具体刑事政策。

1. 少捕、少杀政策

我国自古就践行“德主刑辅”的慎刑思想，儒家虽不反对施用刑罚，但坚持以教育感化为主，刑罚只能作为教育、感化的辅助手段，即“刑以弼教”“省刑慎罚”。虽历史上有的统治者非常推崇严刑峻法，依仗肉刑、死刑的作用，但并没有因此阻碍我国慎刑思想的传播。我党充分吸收和借鉴古代慎刑思想，中共中央于 1943 年 8 月 15 日发出的《关于审查干部的决定》便明确指出，“在某种情况下，宁可让特务、叛徒跑掉，亦不可多杀人，跑掉比杀掉更为有利。只有少捉不杀，或少捉少杀，才可保证最后不犯错误，留得人在，虽有冤枉可以平反（确实冤枉的必须平反绝无犹疑余地），多捉多杀，则一定会犯不可挽救的错误”，明确表达了少捕、少杀的政策思想。1950年10月至1951年5月“镇压反革命”运动出现扩大化时，我党警觉地意识到了这个问题，再次明确地重申了少捕、少杀政策。少捕、少杀政策符合惩办与宽大相结合政策的精神实质，凡是符合捕、杀条件，非捕非杀不可的，坚决予以捕、杀。但所有捕、杀行动都要持审慎态度，要具体问题具体分析，区别对待：对于构成犯罪但情节不严重的或者犯罪嫌疑人积极认罪、悔罪而采取逮捕以外的强制措施便可以防止其继续危害社会或妨害刑事诉讼正常进行的，可以不予逮捕；对于罪行虽十分严重，但犯罪嫌疑人具有主动投案自首并有悔改或立功表现，或满足被害人有重大过错等情形的，可以不处以死刑，至少不判处死刑立即执行。

2. 劳动改造罪犯政策

改造罪犯的政策，是我国刑事政策的重要内容。毛泽东同志在《论人民民主专政》（1949年6月30日）中就明确指出：“对于反动阶级和反动派的人们，在他们的政权被推翻以后，只要他们不造反，不破坏，不捣乱，也给土地，给工作，让他们活下去，让他们在劳动中改造自己，成为新人。他们如果不愿意劳动，人民的国家就要强迫他们劳动。”[①] 为此我国政府于1954年正式颁布了《劳动改造条例》，劳动改造罪犯政策得以法定化，让罪犯劳动是为了改变其好逸恶劳、游手好闲的生活习惯，进而改造其世界观。董必武同志在《肃反斗争中的审判工作》（1956年6月22日）中进一步强调，要通过强制劳动改造反革命分子，即人民法院对可依法惩处的反革命分子，对于绝大多数判处徒刑，实行劳动改造。这是因为反革命分子中绝大多数是可以改造的，而且我们也有力量改造他们。这样做的结果，是把绝大多数反革命分子挽救过来，使他们在劳动中彻底改造成为自食其力的新人。[②]

① 《毛泽东选集》（第四卷），人民出版社1991年版，第1476页。

② 肖扬：《中国刑事政策和策略问题》，法律出版社1996年版，第136页。

第二节
“刑法与政策双轨”时期（1979年至今）

以1979年《刑法》（和《刑事诉讼法》）为标志，我国的犯罪治理步入了“刑法与政策双轨”时期。为了迎接刑法和刑事诉讼法的实施，针对党内长期不够重视法制、不重视法律等一些错误思想，中共中央于1979年9月9日发布了《关于坚决保证刑法、刑事诉讼法切实实施的指示》（即著名的“64号文件”）。文件对“两法”的实施作出了五项指示，特别强调，要严格按照刑法和刑事诉讼法办事，坚决改变和纠正一切违反刑法、刑事诉讼法的错误思想和做法。各级司法机关处理违法犯罪问题，都必须以事实为依据，以法律为准绳，具体分析，准确量刑；要加强党对司法工作的重视，切实保证司法机关行使宪法和法律规定的职权；党的各级组织、领导干部和全体党员，都要带头遵守法律：我国法律反映了全国人民的意志和利益，又体现了党的政策和主张，具有极大的权威。“64号文件”是我党决心使中国迈向法治社会的宣言书，作为执政党的正式文件第一次使用了“法治”一词，文件起始就强调，刑法、刑事诉讼法能否严格执行，“是衡量我国是否实施社会主义法治的重要标志”。

然而，颁布法律与实施法律、推行法治并非易事，难以一蹴而就。刑法的施行面临更多的挑战，刑事政策与法律（刑法）的关系也随之进入一个更加复杂的阶段。

一、国家治理犯罪运用的刑法

1979年刑法典是我国第一部刑法典，但随着社会的发展，这部刑法典很快便无法完全满足犯罪治理的需要，为此刑法修改补充成为常态。1997年对刑法进行了全面修订（通称1997年刑法典）之后，刑法修正案成为刑法修改完善的基本方式。

（一）1979年《刑法》及单行刑法

1979年刑法典是新中国成立前后几十年正反两方面经验的总结，在中国法制建设历程上具有重大意义，标志着我国国家刑罚权的行使结束了主要依政策的时代，走上了法制的轨道。1979年《刑法》第1条开宗明义地将惩办与宽大相结合的刑事政策规定为刑法制定的根据。整部刑法的各部分主要内容，都贯彻了惩办与宽大相结合的刑事政策，使这一政策具体化、条文化。这标志着作为基本刑事政策的惩办与宽大相结合政策的进一步完善，标志着党和国家在各个不同历史时期所提出的惩办与宽大相结合的政策思想已经得到系统的总结。① 该项政策在立法上的指导作用主要体现在我国刑法针对犯罪及犯罪人的不同情况，作出了一系列区别对待的规定。例如，对累犯、主犯从重处罚，对自首、立功的从宽处罚，对未成年人从宽处罚等。该项政策对司法实践的指导功能主要体现在争取、改造多数，孤立、打击少数，分化、瓦解犯罪分子。

由于受当时历史条件与立法经验的限制，1979年刑法典不论在体系结构、规范内容还是立法技术上，都存在着一定的缺陷。一方面，由于我国在早期的立法工作中奉行“宜粗不宜细”的指导思想，制定的法律相对简单、笼统，立法者力求扩大法律的“覆盖面”而忽视了法律适用的精确性，1979年刑法典正是在这种“宜粗不宜细”的指导思想下制定出来的。1979年刑法典共计

① 肖扬主编:《中国刑事政策和策略问题》，法律出版社1996年版，第66—67页。

192 个条文，具体规定了 130 种罪名，是当代世界刑法典中条文最少的，而且条文的具体内容往往缺乏可操作性。具体而言，1979 年刑法典中定罪方面肯定类推原则的适用、犯罪主体方面存在缺陷（单位犯罪、未成年人刑事责任范围的模糊）、对主犯从重处罚的错误认识、刑罚结构的单一与内容的僵化（缺乏刑罚个别化目标定位、罚金刑适用范围较窄以及具体罪名中量刑情节的缺失）以及分则部分对罪状的规定很多属于空白罪状，这些问题都不利于刑事司法实践中准确地定罪量刑。①

另一方面，1979 年刑法典制定后不久，由于我国经济体制改革的全面开展，经济结构、社会关系发生了极大变化，打击犯罪形势严峻而复杂，出现了很多新的犯罪类型和问题，刑法典的滞后性很快就凸显出来。在这种情况下，全国人大常委会先后制定了包括《关于严惩严重破坏经济的罪犯的决定》在内的 5 部单行刑法来弥补刑法典的不足。1982 年《宪法》发布之后，全国人大常委会制定单行刑法的频次更高，至 1995 年先后发布了《关于惩治走私罪的补充规定》《关于禁毒的决定》《关于惩治偷税、抗税犯罪的补充规定》《关于惩治劫持航空器犯罪分子的决定》《关于惩治侵犯著作权的犯罪的决定》和《关于惩治破坏金融秩序犯罪的决定》等 20 余部单行刑法，并在 100 多部非刑事法律中设置有附属刑法。这些单行刑法和附属刑法弥补了 1979 年刑法典的不足，但同时也对刑法体系带来了冲击。

（二）1997 年刑法典及刑法修正

自 1988 年开始，立法机关对 1979 年刑法典的修订进行研究部署。1997 年 7 月 1 日，全国人大审议通过了修订后的刑法典。1997 年刑法典在总则部分明文规定了罪刑法定原则，取消了类推制度，这是我国刑法立法进步的重大体现，而刑法分则共有 415 个罪名，基本全盘吸收了单行刑法和附属刑法的内容。但任何立法工作都不可能“毕其功于一役”，因为相对于纷繁复杂的社会生活，任何法律条文都是抽象、简单和滞后的。1997 年刑法典发布实施

① 高铭暄：《刑法肄言》，法律出版社 2004 年版，第 94—95 页。

后不久，为了应对金融危机的需要，全国人大常委会便于1998年12月29日发布了一部单行刑法，即《关于惩治骗购外汇、逃汇和非法买卖外汇犯罪的决定》。后考虑到单行刑法这种修改、补充的方式不利于刑法典的完整统一，会带来司法适用上的困难，便用刑法修正案的方式取代了单行刑法。自1999年10月25日至今，全国人大常委会共发布了十个刑法修正案，对刑法典进行了全面深入的修改。2011年《刑法修正案（八）》修改的内容包括刑罚结构的调整、增设新的量刑情节制度，增设社区矫正作为新的刑罚执行方式，修改减刑、假释制度等。2015年8月29日通过的《刑法修正案（九）》同样涉及刑法总则与分则。

二、国家治理犯罪运用的刑事政策

进入1979年之后的"刑法时代"，刑事政策和法律的关系变得较为复杂，惩办与宽大相结合的政策被1979年《刑法》第1条确定为刑法的制定根据，应对犯罪严峻态势的"严打"政策对刚刚施行不久的刑事法律带来了严重的冲击，在反思"严打"政策基础上提出的宽严相济刑事政策对于刑事立法、刑事司法以及整个犯罪治理体系的影响有增无减。

（一）"严打"政策

惩办与宽大相结合政策在1979年《刑法》中取得了法定地位，但这一法定地位并不是不可动摇的。如同刑法和刑事诉讼法一样，刑事政策也必须服从于犯罪治理的现实需要。为了应对日趋严峻的犯罪态势，改革开放以来，我国共举行了三次全国范围的大规模"严打"斗争。

1. 开展"严打"运动的背景

"文化大革命"结束后，我国的犯罪总体形势有不断抬头的趋势，1979年《刑法》的颁行并没有遏制犯罪增长的势头。1981年出现了改革开放以来的第一次犯罪高峰，全国发生的各种刑事案件高达89万起，比1980年增加17.4%，犯罪率为8.9起/万人，比1980年增长14.1%。特别是重大暴力、恶性案件频发，严重危及公共安全、经济发展和社会秩序，影响人民群众的正常生活。面对这种社会治安形势，国家迅速作出了实施“严打”政策的决定。事实上，早在1979年11月召开的全国城市治安会议，便提出了依法从重从快惩处严重罪犯的方针。1981年5月召开的五大城市治安座谈会，又一次强调了依法从重从快惩处极少数严重的现行犯罪分子的方针。1980年至1982年，全国司法机关连续开展了打击刑事犯罪活动的斗争。为了有利于及时打击严重破坏社会治安的刑事犯罪分子，第五届全国人大常委会第十九次会议于1981年6月作出决定，在1981年至1983年内，对犯有杀人、抢劫、强奸、爆炸、放火、投毒、决水和破坏交通、电力等设备的罪行需要判处死刑的，由省、自治区、直辖市高级人民法院判决或者核准。在这种努力下，犯罪势头结束了连续5年的增长趋势而开始回落，1982年的立案数为74.8万起，犯罪率降为7.4起/万人，两者分别比1981年下降16.0%和16.9%，但刑事案件总数仍维持在较高的水平上。[①]特别是1983年上半年，犯罪形势突然严峻，全国多地发生了多起骇人听闻的重大恶性案件。对此，最高决策层的判断是，长达三年的打击犯罪活动尚未取得社会治安形势的根本好转，是由于各地打击力度不一，对犯罪打击不力造成的，为此决定推行“严打”运动。

2. 第一次“严打”运动（1983年—1986年）

1983年7月19日，邓小平作出《严厉打击刑事犯罪活动》的指示，指出：“解决刑事犯罪问题，是长期的斗争，必须从各方面做工作。现在是非常状态，必须依法从重从快集中打击，严才能治住。”[②]在邓小平、彭真等同志的直接推动下，中共中央于1983年8月作出了《关于严厉打击刑事犯罪活动的决定》，明确了七个方面的打击对象。全国人大常委会于1983年9月审议通过了《关于严惩严重危害社会治安的犯罪分子的决定》和《关于迅速审判严重危害社会治安的犯罪分子的程序的决定》，由此，全国各地开始大张旗鼓地开展“严打”活动。

① 数据来源：1983年《中国法律年鉴》。

② 转引自肖扬《中国刑事政策和策略问题》，法律出版社1996年版，第154页。

“严打”活动的短期效应非常显著。根据公安部的统计，1980年全国处理大案5万多起，1981年全国办理大案6.7万多起，1982年全国办理大案6.4万多起；[①]1983年犯罪总体形势继续回落，至1984年犯罪形势出现大幅好转，基本回到了“文化大革命”以前的状态，虽然1985年至1986年犯罪又呈现增长的趋势，但只是小幅增长，总体仍保持在较低的水平线上。

这次“严打”运动虽然在扭转社会治安形势上取得了一定的效果，但这种效果无法持续，而且借助统计数据分析发现，这种短期效果主要归因于“严打”期间对盗窃罪立案标准的调整。[②]而其“从重从快”的方针和运动式执法等特点却带来了很多问题，并且这些问题的负效应在此后的“严打”中也不断被放大，给我国的犯罪治理留下了冤假错案等很多后遗症。所谓“从重”，是指对犯罪分子实际处罚时，应适用较重的刑种和较长的刑期，就高不就低。从重方针的适用具有负面作用：其一，造成了绝大多数案件的顶格处刑，司法工作人员成为适用法律的机器，自由裁量没有存在空间，重刑主义和刑罚依赖思想得以固化；其二，轻罪重判，有违刑法公正，同样的犯罪行为仅仅因为处于“严打”阶段而被判处更为严厉的刑罚；其三，判处了大量死刑案件，如“偷一元钱判死刑”案，一些人由于生活作风超前被定性为流氓犯罪而判了死刑，对犯罪人执行死刑使得案件再无任何回旋余地。而“加重”处刑的做法更是严重违背了罪刑法定原则。所谓“从快”，是为了追求“严打”效果，迅速而及时地办案，及时预审，及时起诉，及时审判，及时执行，尽快处理案件。“严打”运动中的“从快”要求司法工作人员在办案过程中降低审理标准，在“案件事实清楚，证据确实充分”前面加了两个“基本”，即“基本事实清楚，基本证据扎实”。两个“基本”的规定客观上会引导司法工作人员在审理案件时降低工作质量，极大地提高了发生冤假错案的风险。再如“从快”要求更快地执行刑罚，而我国基于“少捕、少杀”的刑事政策对死刑的执行

① 刘复之：《“严打”就是专政》，载《中国检察报》1992年1月13日。

② 卢建平、刘传稿：《法治语境下盗窃罪治理模式探究——基于犯罪统计的分析》，载《现代法学》2017年第1期。

设定了严格的程序，即死刑案件需由最高人民法院核准。而为了“严打”，死刑核准权被下放了，由此打开了死刑核准权下放的缺口，直至2007年1月1日才最终统一收归最高人民法院。

3. 第二次“严打”运动（1996年—1997年）

遗憾的是，第一次“严打”运动的成果并未持续长久。1988年，全国的刑事案件立案数从1987年的57万起猛增到83万起，增幅达45.6%，犯罪率的增幅也高达44.2%。1989年，全国的犯罪形势进一步恶化，当年立案数暴增到197.2万起，比1988年增加138.2%，并且是“严打”前最高水平1981年的2.2倍！随着犯罪态势的不断恶化，到1991年形成了新一轮的犯罪高峰，犯罪总数高达236.6万起。1992年，由于考虑我国经济状况的发展变化，再次提高了盗窃犯罪的立案标准，因此当年的立案总数和犯罪率都大幅降低，犯罪总数为158万起，犯罪率下降为13.5起/万人。但并不能就此说明，我国社会治安形势真正好转了，这种降幅是立法对起刑点调整的结果，除盗窃犯罪的总数大幅降低外，故意杀人犯罪、故意伤害犯罪、抢劫犯罪、强奸犯罪等其他犯罪均表现出持续增长的势头。1993年至1995年，犯罪整体态势上表现为小幅增长，犯罪总数维持在160万起到170万起。可见，此段期间，我国的社会治安形势虽然很难恢复到历史最好时期的状况，但总体呈现比较稳定的态势，犯罪总数保持在200万起以下。①

虽总体治安形势没有较大的起伏，但1995年、1996年，我国的犯罪形势呈现出了新的特点，全国多地的重大恶性案件增多，尤其是以金融单位、运钞车为目标的抢劫和持枪抢劫案件接连发生。特别是1996年2月全国人大常委会副委员长李沛瑶在住所被杀害，此案作为新中国成立以来首个国家领导人遇害案而震惊全国，成为第二次“严打”斗争启动的重要诱因。1996年3月，在全国“两会”中人大代表和政协委员要求整顿社会治安秩序的提议下，我国开展了第二次全国范围内的集中打击行动。这次集中打击的重点为杀人、抢劫、强奸等严重暴力犯罪和流氓犯罪、涉枪犯罪、毒品犯罪、

① 数据来源：1996年《中国法律年鉴》。

流氓恶势力犯罪以及黑社会性质的犯罪等严重刑事犯罪。本次“严打”运动自1996年4月至1997年2月，无论在持续时间、打击范围还是惩罚力度上，都不及第一次“严打”运动，但有一点与第一次“严打”运动相同，即“严打”后犯罪率都迅速反弹。1997年全国各类刑事案件的总量虽与1996年的160.1万起基本持平，但主要刑事案件与1996年相比有较大幅度的下降。然而好景不长，如果说第一次“严打”带来了三年多的社会治安好转，那么，第二次“严打”运动也只维持了一年的好光景。1998年，我国刑事案件又开始猛增，蹿至198.6万起，1999年便突破了200万起大关。

4.第三次“严打”运动（2001年—2002年）

继1999年突破200万起大关之后，仅用了一年时间，我国的犯罪总数就突破了300万起大关。2000年，我国的刑事案件猛增到363.7万起，犯罪率由17.9起/万人上升为28.7起/万人，刑事案件和犯罪率分别上升了61.7%和60.3%。面对此种严峻的形势，我国于2001年4月再次掀起“严打”风暴。此次“严打”的主要目标是“打黑除恶”，同时还有“追逃”专项行动，旨在扫除爆炸、杀人、抢劫等恶性犯罪和利用暴力攫取经济利益的黑社会团伙。此次“严打”很难称得上具有“立竿见影”的效果，因为2001年我国的犯罪总数已经突破400万起大关，达445.8万起。第三次“严打”虽促使2002年的犯罪总数和立案率出现了少有的负增长，但幅度非常小，总数仍在400万起以上。而从2003年起的数据统计又开始“全线飘红”，一路上涨。至2009年，我国刑事立案总数突破500万大关，犯罪率首次突破40起/万人，2011年刑事案件直接超过了600万起。① 由以上数据可见，“严打”运动并不能从根本上起到扭转社会治安形势的作用，并且随着一次又一次“严打”运动的开展，“严打”的边际效应递减，抑制犯罪的作用越来越小，持续时间越来越短，而与之相反，犯罪增长的速度越来越快，突破百万大关所需的时间越来越短。

① 数据来源：2010年《中国法律年鉴》。

（二）宽严相济刑事政策

“严打”政策是国家治理资源贫弱条件下的一种无奈选择，短期内能够起到一定的控制犯罪效果，但其长期效应并不明显。当国家社会管理和建设步入正轨之后，仍采取这种大规模运动式的犯罪治理路径，其正当性就应受到质疑。正是在对“严打”刑事政策进行理性反思的前提下，宽严相济刑事政策应运而生。

2004年9月，党的十六届四中全会第一次把建设“和谐社会”放到与经济建设、政治建设和文化建设同等突出的位置，构建“和谐社会”已成为执政党社会建设的新理念，也成为在转型时期整合社会各种矛盾的新思路。时任中共中央政治局常委、中央政法委书记罗干同志在2004年和2005年12月召开的全国政法工作会议上提出要注重贯彻宽严相济的刑事政策。2006年3月，时任最高人民法院院长肖扬在向十届全国人大四次会议作最高人民法院工作报告时再次强调了宽严相济的刑事政策，要求“贯彻宽严相济的刑事政策，对罪当判处死刑但具有法定从轻、减轻处罚情节或者不是必须立即执行的，依法判处死缓或无期徒刑”；强调“坚持宽严相济的刑事政策，对犯罪情节轻微或具有从轻、减轻、免除处罚情节的，依法从宽处罚”。时任最高人民检察院检察长贾春旺在向十届全国人大四次会议所作的工作报告中也强调，认真贯彻宽严相济的刑事政策，坚持区别对待，对严重的刑事犯罪坚决严厉打击，对主观恶性较小、犯罪情节轻微的未成年人，初犯、偶犯和过失犯，应慎重逮捕和起诉，可捕可不捕的不捕，可诉可不诉的不诉。宽严相济刑事政策应该是我国现阶段惩治和预防犯罪的基本刑事政策。这是政策制定者对犯罪现象认识的进一步科学化、理性化，开始意识到法律工具论并不能很好实现政策预期的背景下所做出的理性选择。

宽严相济刑事政策的提出，是对刑法工具论的扬弃，其目的不仅在于要通过贯彻这一政策来维持社会治安，还在于保持社会的稳定与良性运行，有利于和谐社会的构建，为社会发展进步提供保障。宽严相济刑事政策的提出具有十分重要的时代意义。该政策的提出，是我们正视社会稳定与犯罪增长关系后的理性回应，是惩办与宽大相结合政策在新时期的发展与完善，体现了社会形势变迁的要求和党对刑事政策认识的深化，体现了新时期党和国家解决社会问题的新思路。

相对于惩办与宽大相结合的政策，宽严相济的政策再次实现了传承与超越。首先，在表述方式上，“惩办与宽大相结合”，“惩办”在前，“宽大”在后，刑事政策的重点体现在“惩办”上；“宽严相济”，“宽”在前，“严”在后，重点则体现在“宽”上。位序上的变化反映了政策的重心发生了转移。其次，在内容上，“惩办与宽大相结合”政策强调的是犯罪化、重刑化和监禁刑化，而“宽严相济”政策强调的更多是非犯罪化、轻刑化和非监禁化。最后，在司法指导的倾向上，在“惩办与宽大相结合”刑事政策指导下，受“惩办”重心的影响，往往“可捕可不捕的捕”“可诉可不诉的诉”“可判可不判的判”；而“宽严相济”刑事政策恰好相反，从有利于行为人的立场出发，即“可捕可不捕的不捕”“可诉可不诉的不诉”“可判可不判的不判”。[①]马克昌教授在2006年刑法学年会上将宽严相济的刑事政策的内容概括为：“当宽则宽，该严则严；宽以济严，严以济宽；宽严有度，宽严审时”。这是非常精准的。在宽严相济刑事政策中，宽与严这两种手段不是孤立的，而是相互依存、相互补充、相互协调、有机统一的。宽与严只是具体的手段，其目的都在于追求控制犯罪效果的最大化。

宽严相济刑事政策正是现代法治理念的一部分，其重点在宽，在当下的实现途径是在我国刑法领域逐步实行轻刑化、非监禁化，在犯罪治理领域进一步加强国家和社会的共治。宽严相济刑事政策施行已近15年，实践证明其成效显著。这种成效不仅体现在刑事立法完善[②]、刑事司法制度改革上，更直接反映在犯罪治理的实际绩效和人民群众的切身感受上。宽严相济刑事政策实施以来，我国的犯罪形势虽有变化，犯罪数量虽有增加，但增幅平稳，更

① 黄京平：《“宽严相济”刑事政策的时代含义及实现方式》，载赵秉志主编《和谐社会的刑事法治》之上卷《刑事政策与刑罚改革研究》，中国人民公安大学出版社2006年版，第329页。

② 卢建平：《宽严相济与刑法修正》，载《清华法学》2017年第1期。

值得关注的是犯罪内部结构的变化，严重暴力犯罪的占比在下降，而轻罪（如交通肇事罪）、微罪（如危险驾驶罪）的比重上升；法院判决的重刑率逐年下降。在“严打”时期，我国的重刑率历史最高接近50%，1995年为45%，2003年为21.2%，2014年全国法院判决发生法律效力被告人118.4万人，比上年上升2.24%。其中，判处五年以上有期徒刑至死刑的重刑罪犯11.1万人，占生效人数的9.43%，重刑率比2013年下降1.36个百分点[①]，2015年更降至9.37%，充分说明宽严相济刑事政策实施十余年来犯罪治理的有效性，说明犯罪现象与结构正向着良性可控的方向发展，说明我们的犯罪治理体系与治理能力现代化的程度在不断提升。如果横向比较，中国的犯罪治理绩效远好于发达国家、发展水平高于与我国接近的发展中国家以及不发达国家。根据《中国法律年鉴》以及联合国毒罪办（UNODC）公布的数据，我国自2003年至2012年，年平均犯罪率为40.4起／万人，美国、加拿大、澳大利亚、德国的年平均犯罪率分别为214.67起／万人、181.96起／万人、240.43起／万人、249.61起／万人，是中国的4倍到6倍。即便是社会治安良好、犯罪治理比较成功的日本，年平均犯罪率仍为52.22起／万人，也明显高于中国。[②]根据另一份年代略久的研究，进入21世纪后，全球平均犯罪率已上升至3000/10万上下，欧洲联盟国家的这一数据则稳定在6000/10万上下，部分北美国家的犯罪率较长时期内基本处在7000/10万以上。[③]如果以我国公安机关统计的2014年度650万件刑事案件为基数计算，我国的犯罪率为481/10万，即便再加上1400万件的治安案件计总[④]，我国的犯罪率也仅为1518/10万，比世界平均下限还低一半！由此推论，我国的犯罪率在世界上属于最低水平，表明中国的犯罪治理业绩

① 袁春湘：《依法严惩刑事犯罪 守护国家法治生态》，载《人民法院报》2015年5月7日第5版。

② 数据来源：中国违法犯罪率的数据来源于历年的《中国法律年鉴》，境外的数据来源于联合国毒品与犯罪办公室，http：//www.unodc.org/unodc/en/data-and-analysis/statistics/data.html，最后访问时间：2016年1月5日。

③ Mark Shaw，Jan Van Dijk，Wolfgang Rhomberg：Determining Global Trends in Crime and Justice，Forum on Crime and Society，United Nations Publications，Number 1 and 2，December，2003，pp. 41–42，转引自张筱薇《新型国际犯罪研究》，法律出版社2012年版，第1—2页。

④ 相当于很多国家纳入犯罪统计的违警罪或治安犯。

全球领先，由此确立对中国犯罪治理体系与治理能力的充分自信。与此对应，近年来人民群众对社会治安的满意度和安全感指数不断上升。实践证明，宽严相济十余年来，刑罚严厉性在下降，刑罚投入总量在降低；与此相对，犯罪尤其是严重暴力犯罪并没有反弹，反而呈现下降趋势。这种“双降”趋势成为继续推行宽严相济刑事政策的最好注解，也为未来立法和司法继续贯彻以宽为先的刑事政策奠定了良好基础。

第三节 简要分析与未来展望

一、对 70 年变迁的简要分析

刑事政策是治国之道或治理的艺术，与国家治理息息相关。作为国家治理体系的重要组成部分，刑事政策或曰犯罪治理体系取决于主客观两个方面的因素，客观方面是犯罪态势及其所处的国内国际背景，主观方面是治理资源和治理理念，归结起来，就是犯罪与反犯罪（或治理犯罪）的力量对比关系。

回望新中国成立至今 70 年的历程，我国应对犯罪的策略依次是镇压、惩办、治理与预防，肉体消灭、物理隔离、刑罚报应或处罚、治疗或处遇等理论相继登场，革命、斗争、运动等模式交替使用。这与特定历史时期我党对社会主要矛盾的判定相适应，也与其时治国理政的基本方略相一致。

新中国成立初期奉行的镇压与宽大相结合政策，其基本面是镇压，主要是将“违法犯罪”等同于“对统治的反对”，以适应巩固政权的客观需要（主要解决外部不稳定）。毛泽东在党的七届二中全会报告中指出：“中国革命在全国胜利，并且解决了土地问题以后，中国还存在着两种基本矛盾。第一种是国内的，即工人阶级和资产阶级的矛盾。第二种是国外的，即中国和帝国主义国家的矛盾。”简言之，阶级矛盾、阶级斗争是当时社会的主要矛盾，而“镇压反革命”等各类政治运动成为国家统治的基本模式。这一方面是对战争年代经验做法的沿袭，反映了一种强烈的路径依赖，另一方面也受制于当时治理资源的严重匮乏，因而求助于一种简单高效的治理手段，法律被舍弃，即便有法律，也须依附于政治，刑法成为政治斗争的工具。

党的八大提出惩办与宽大相结合的政策初衷很好，适应了当时的社会主要矛盾的转化，即社会主义改造之后的主要矛盾是“人民对于经济文化迅速发展的需要同经济文化不能满足人民需要的状况之间的矛盾”，国家的主要任务是发展经济。可惜这一立场很快被反右派斗争等颠覆，其后1962年党的八届十中全会又认为“无产阶级和资产阶级的矛盾是社会主义历史阶段的主要矛盾”，这一错误判断将中国引向各种运动治理和十年“文革”，目的是消灭或削弱政权系统或统治阶级内部的各类敌对势力，从而满足巩固政权的主观需要（内部不稳定）。

改革开放初期奉行的“严打”政策与法制重建或树立法律权威的要求相一致。党的十一届三中全会拨乱反正，确立“人民日益增长的物质文化需要同落后的社会生产之间的矛盾”是社会主要矛盾。基于这样的定位，党确立了社会主义初级阶段的基本路线，即“一个中心，两个基本点”：经济建设是全党全国工作的中心，两个基本点即坚持四项基本原则，坚持改革开放。党和政府工作的基本模式就是管理，而维护稳定就成了第一要务。犯罪逐渐被视为现实社会中客观的反映方式，是社会“内生”的正常现象[①]，以对敌斗争为基本立场的犯罪镇压对策观退出历史舞台。但出于维护社会秩序的考虑，对犯罪人科以应有的严厉惩罚成为首选，由此，我国在重建法制（治）的过程中，刑事政策由“惩办与宽大相结合”偏向“严打”，强调通过运动化的治理，运用严厉的刑罚手段，并以惩治犯罪人为核心策略。然而实践证明，这种过于倚重刑罚方法（特别是重刑）来惩治犯罪进而有效遏制犯罪的政策基本失效，“用暴力来遏制暴力总不是一种好办法”[②]。此后，立足于本能反应、报应打击的犯罪惩治立场开始发生转变，国家在犯罪惩治之外开始探寻更为科学的犯罪防控（犯罪控制、犯罪预防）策略，“严打”让位于宽严相济，宽

① 刘广三：《犯罪现象论》，北京大学出版社1996年版，第40页。

② ［意］恩里科·菲利：《犯罪社会学》，郭建安译，中国人民公安大学出版社1990年版，第78页。

严相济刑事政策全面、持续影响刑事立法、刑事司法和社会预防，并产生了积极而深远的效果。中国已经成为公认的世界最安全国家之一。[①]

二、新时代犯罪治理的展望

自党的十八大以来，中国特色社会主义建设进入新时代，以习近平同志为核心的党中央认真分析研究社会矛盾的发展变化，积极探索国家治理转型。党的十九大报告将新时代的社会主要矛盾表述为“人民日益增长的美好生活需要和不平衡不充分的发展之间的矛盾”，这是一个重大转折。这既是对新中国成立至今特别是改革开放以来社会主义建设事业伟大成就的确认，也标志着我们党和政府的主要任务已经由革命、发展转变为治理，至少是发展与治理并重，全面深化改革的总目标就是要“推进国家治理体系和治理能力的现代化”。

从“无产阶级和资产阶级的矛盾是社会主义历史阶段的主要矛盾”到党的十九大报告关于社会主要矛盾的新表述[②]，标志着我国进入新时代。随着综合国力的增强、治国理政水平和能力的提升，在执政实力增强、政权稳固、法治体系基本确立以后，以治理为核心的刑事政策（无论是初期的综合治理，还是现代治理或善治）也理当在国家治理体系和治理能力现代化的进程中占据重要地位，为建立良法善治作出应有贡献。

党的十八大以来加快推行全面依法治国战略，党的十八届三中全会将全面深化改革的总目标确定为“完善和发展中国特色社会主义制度，推进国家治理体系和治理能力现代化”，提倡在社会治理中践行“源头治理、系统治理、综合治理、依法治理”等基本理念，在注重“加强党委领导，发挥政府

① 习近平：《坚持合作创新法治共赢　携手开展全球安全治理——在国际刑警组织第八十六届全体大会开幕式上的主旨演讲》，载《新华每日电讯》2017年9月27日第2版；习近平2019年1月15日在中央政法工作会议上的讲话。

② 习近平：《决胜全面建成小康社会　夺取新时代中国特色社会主义伟大胜利——在中国共产党第十九次全国代表大会上的报告》，人民出版社2017年版，第11页。

主导作用”的同时，“鼓励和支持社会各方参与，实现政府治理和社会自我调节、居民自治良性互动”，这一转变昭示着我国社会治理模式正在发生深刻变化。[①]党的十九大报告明确要建设平安中国，加强和创新社会治理，维护社会和谐稳定，确保国家长治久安，要厉行法治，深化依法治国实践，加强人权法治保障，要不断促进社会公平正义，形成有效的社会治理、良好的社会秩序；要打造共建共治共享的社会治理格局；加强社会治理制度建设，完善党委领导、政府负责、社会协同、公众参与、法治保障的社会治理体制，提高社会治理社会化、法治化、智能化、专业化水平。[②]这些思想必定成为新时代犯罪治理体系的核心内容，也标志着我国的刑事政策模式正在迈向保障人权与惩罚犯罪并重的现代法治国家模式，并推动刑事政策由传统的犯罪对策或策略向犯罪治理的战略转变。

① 江必新：《推进国家治理体系和治理能力现代化》，载《光明日报》2013年11月15日，第1版。

② 习近平：《决胜全面建成小康社会　夺取新时代中国特色社会主义伟大胜利——在中国共产党第十九次全国代表大会上的报告》，人民出版社2017年版，第19—20页、第23页、第38页、第45页、第49页。

第六章
单位犯罪研究 70 年

第一节 单位犯罪的研究历程

新中国成立之后，有关单位犯罪的研究，大致上可以划分为三个历史阶段。

一、否定阶段——从新中国成立到新中国第一部刑法典发布实施为止

新中国成立之后，对单位犯罪和单位处罚持全面否定的态度，如在1957年出版的一本权威刑法教材中写道："根据我国刑法，法人在任何条件下都不能成为负担刑事责任的犯罪主体。"[①] 理由概括如下：（1）法人是符合社会需要的一种组织，不可能是犯罪组织。法人代表超越法人章程范围所实施的犯罪行为只能由法人代表本人负责；（2）单位犯罪不符合我国刑法中刑罚的目的；（3）处罚法人是实行"株连"；（4）资本主义国家中实施的单位犯罪制度是镇压广大人民群众的恐怖手段。[②] 并且，这种见解还提出，对于法人业务活动中所出现的犯罪行为，应通过处罚与该犯罪行为有关的自然人的方式来解决。[③]

单位犯罪否定论，在相当长的一段时间内占据了刑法学界的通说地位。因此，新中国成立以后，直到1979年《刑法》的发布，甚至到1987年发布《海

① 中央政法干校刑法教研室编著：《中华人民共和国刑法总则讲义》，法律出版社1957年版，第108页。

② 同上。

③ 同上。

关法》为止，我国的刑事法律，都只承认个人刑事责任而不承认法人的刑事责任。

但是，从20世纪80年代开始，随着我国改革开放政策的实施和商品经济的发展，企业活动中出现的严重违法现象日益严重。为了对这种以企业活动为形式的严重违法行为进行规制，一些刑法学者提出了应当追究犯罪法人刑事责任的问题。[①]但这种见解马上遭到了否定论者的反对。双方争论的焦点集中在“法人是否具有犯罪能力、能否成为犯罪主体”的问题上。围绕这一中心，争论各方引经据典，针锋相对，并最终形成了看似尖锐对立的肯定论和否定论。同时，通过这一讨论，过去的研究中含混暧昧、不求甚解的一些观点也得到了澄清。以下，试对这一阶段展开的否定论的主要观点进行整理。

1.法人（当时的称谓，在本文中与“单位”同义）的性质和特征决定了它不能成为犯罪主体。法人是民法特有的制度，与自然人不同，它只能在自己的权利能力范围内开展民事活动，并承担相关民事责任。超越权利能力范围的行为不是法人的行为，不能由法人为这些成员承担法律责任。法人机关成员在执行法人职务过程中，若违反刑法构成犯罪，就在事实上超越了法人职能活动和特定责任的范围，只能认定为成员个人的行为，由他们个人承担刑事责任。[②]

2.法人不具备犯罪的主观要件。法人作为社会组织的特点及其权利能力对其意志范围的限制，本身不可能具有犯罪的心理态度即不具备犯罪的主观要件，这样就失去了构成犯罪的主观基础。经法人机关决策实行的犯罪行为，从表面上看是以法人名义实施的，似乎是法人的行为，但从实质上看，由于法人不具备犯罪主观要件，自然也不会有受犯罪主观要件支配而实施的客观上的

---

① 最早提出法人具有犯罪能力的论文是徐建的《法人不会犯罪吗？》，载《法学季刊》1982年第6期。

② 周柏森、焦占营：《论法人犯罪的理论与刑事立法问题》，载《法律科学》1989年第5期；赵秉志：《关于法人不应成为犯罪主体的思考》，载《法学研究》1989年第5期；樊风林主编：《犯罪构成论》，法律出版社1987年版，第81页。

犯罪行为。法人不能实施客观犯罪行为，便失去了法人构成犯罪的客观基础。①

3. 把法人作为犯罪主体惩罚，违背了我国刑法的目的。法人是不具有生命的实体，没有意识，更没有思想。即便对法人予以处罚，法人也不会有痛苦体验，更谈不上被教育这种纯粹属于思想范畴的影响过程。所以，刑罚的目的在法人身上实现不了。对“单位犯罪”以两罚制处理后，即使法人不敢再“犯罪”，也绝不是法人本身感受到刑罚惩罚与改造教育的结果，而在于法人代表等责任人员基于受刑罚惩处和教育而不愿或不敢再犯罪。对“单位犯罪”有效合理的刑事遏止方法，乃在于对真正的犯罪分子即以法人名义实施犯罪的法人代表等责任人员适用刑罚。②

4. 我国的刑罚体系无法适用于法人。我国刑罚种类中的全部主刑，在性质上都属于生命刑和自由刑，即人身刑的范畴，无法适用于法人。罚金是一种较轻的刑罚方法，只能对那些性质和情节较轻的犯罪适用，数额不能过高，而少量罚金对于法人组织来说无关痛痒。没收必须以犯罪分子所有的财产为对象，如果没收国家所有的法人组织的财产归国家，无异于国家的自我惩罚，毫无实际意义。③

5. 惩罚法人违背罪责自负的原则。我国刑法坚决反对剥削阶级刑法中实行的株连、连带或集体的刑事责任原则，而坚决实行罪责自负的刑事责任原则。但是，把法人作为犯罪主体进行惩罚，对法人处以财产刑势必使法人组织中与犯罪活动无关的人也受到牵连，实质上是主张集体责任和连带责任，违背了我国刑法中罪责自负的刑事责任原则。④另外，作为法人处罚方式的两罚原则会导致一个犯罪主体、一个犯罪行为、一个罪过形式在处罚时分化为两个主体、两种行为和两个罪过形式，这样既无法贯彻罪责自负原则，也

① 赵秉志：《关于法人不应成为犯罪主体的思考》，载《法学研究》1989年第5期；樊凤林主编：《犯罪构成论》，法律出版社1987年版，第81页，周柏森、焦占营：《论法人犯罪的理论与刑事立法问题》，载《法律科学》1989年第5期。

② 赵秉志：《关于法人不应成为犯罪主体的思考》，载《法学研究》1989年第5期。

③ 高铭暄：《刑法总则要义》，天津人民出版社1986年版，第111页以下。

④ 赵秉志：《关于法人不应成为犯罪主体的思考》，载《法学研究》1989年第5期。

谈不上刑罚目的的实现。①

6. 把法人作为犯罪主体在刑事诉讼的司法实践中会遇到一系列困难。首先，无法对法人采取我国刑事诉讼法所规定的任何一种强制措施；其次，因为法人无生命，所以无法获得法人被告人的供述和辩解；再次，法人作为被告人，无法到庭应诉；最后，法人无生命，没有为自己辩护的意识，也没有委托他人为自己辩护的能力。②

单位犯罪否定论者还认为，如果把法人作为犯罪主体，追究刑事责任，其结果是弊多利少，甚至有弊无利。即如果把法人作为犯罪主体，在社会主义国家里，该企业就必须撤销。法人企业若被撤销或被解散，势必影响国家和集体的正常生产，破坏国家、地区、部门的经济秩序，给产、供、销各个渠道造成不必要的混乱；也给国家解决该企业广大职工生活和劳动的出路，保障他们的正当权益增加了一定负担。③

二、过渡阶段——从改革开放政策的实施到《民法通则》的发布为止

在这一时期，单位犯罪否定说依然占据主导地位。其理由与前述的单位犯罪否定论基本一致。但是，1979年刑法典中明确规定“工商企业”可以构成假冒商标等犯罪的主体。另外，司法机关也认为，国家机关、企业事业单位、人民团体等可以成为投机倒把罪、走私罪、行贿受贿罪的主体。对上述问题，单位犯罪否定论是这样说明的：

首先，所谓单位犯罪并非法人自身的犯罪，而是法人中有关自然人的犯罪。1979年《刑法》的一些条文似乎规定了“工商企业”和“机关”的违法犯罪问题，但从刑法关于犯罪与刑事责任的规定来看，这些规定只是意味着行为人在工商企业或机关的活动中实施了犯罪，或是行为人以企业机关的名

① 周柏森、焦占营：《论法人犯罪的理论与刑事立法问题》，载《法律科学》1989年第5期。

② 赵秉志：《关于法人不应成为犯罪主体的思考》，载《法学研究》1989年第5期。

③ 高铭暄、姜伟：《关于“法人犯罪”的若干问题》，载《中国法学》1986年第6期。

义实施了犯罪，而非指“企业”或“机关”本身在实施犯罪。因此，条文明确规定，应负刑事责任的不是“企业”或“机关”，而是“企业”或“机关”中实施犯罪的直接责任人员。①

其次，《民法通则》的相关规定必须修改。1986年发布的《民法通则》第49条规定：“企业法人……构成犯罪的，依法追究刑事责任……”第110条规定，对承担民事责任的公民、法人构成犯罪的，对公民、法人的法定代表人应当依法追究刑事责任。对此，否定论者认为，该规定中的法人犯罪，指的是法人代表人以法人名义实施的犯罪，而并非法人本身的犯罪，并指出“企业法人……构成犯罪”的用语不够确切，可以考虑修改为“法人代表人以法人名义实施犯罪的，对法人代表人应当依法追究刑事责任”②。

再次，《海关法》等法律规定中法人可以成为犯罪主体并处以刑罚的规定欠妥。因为，犯罪主体限于具有责任能力的自然人而不能是法人，这是我国刑法典所确立的一个基本原则，而《海关法》等法律规定中法人犯罪主体的规定，是对刑法典基本原则的重大突破。退一步讲，即使应当在立法上确认法人为犯罪主体，也不应当由全国人大常委会在非基本法律中确认，而应当由全国人大通过对刑法典本身加以修改补充来解决。因此，否定论者认为，《海关法》《关于惩治走私罪的补充规定》《关于惩治贪污罪贿赂罪的补充规定》中法人可以成为某些犯罪主体并处以刑罚的规定欠妥。③

最后，否定论者认为，对于以法人名义进行的犯罪，应具体情况具体分析。

第一，对盗用法人名义进行犯罪的，只处罚该行为人，被盗用的法人组织成员不负刑事责任。如果行为人是两人以上的，则按共同犯罪的原则处理。

第二，对冒用法人名义进行犯罪的，追究直接责任人员的刑事责任。

第三，对以犯罪为目的而采用欺骗方法成立的法人组织，按犯罪集团处理，根据处理犯罪集团的有关原则，追究其成员的刑事责任。

---

① 朱华荣：《刑事案件中法人的责任问题》，载《法学》1982年第3期。

② 赵秉志：《关于法人不应成为犯罪主体的思考》，载《法学研究》1989年第5期。

③ 同上。

第四，对经法人全体成员或者决策机构集体决定进行犯罪的，不论主管人员、直接责任人员是否中饱私囊，都按共同犯罪的原则，追究刑事责任。[①]

可见，在过渡阶段，否定论尽管仍然占据主导地位，但在部分法律当中已经明文规定了单位犯罪特别是明文规定对犯罪法人处以罚金的背景下，否定论者开始建议在刑法总则当中补充规定有关惩罚以法人名义犯罪的一般规定。

三、肯定阶段——从《海关法》的发布到现在为止

企业等法人的严重违法活动的迅猛发展，使得以刑罚手段规制法人活动的呼声日益高涨。学者们开始从各个方面展开对单位犯罪否定论的反击，提出即便在现行的刑法理论之下，也可以肯定法人的犯罪能力并要求追究犯罪法人的刑事责任。这种观点在1987年的《海关法》发布实施之后，迅速获得了多数人的支持。以下试对肯定说的理由进行整理：

1. 法人的社会主义性质和特征并不能保证其不实施违法犯罪行为。法人的社会主义性质和我国具体法人行为的行为性质并不总是统一的，其在维护与追究自身利益的过程中，如果摆正了同国家利益的关系，则法人性质与法人行为一致，反之，两种性质就不会统一。法人的违法犯罪行为就是法人性质与法人行为不统一以致法人性质发生变化的具体体现。[②]从法人的特征来说，法人是一种客观存在的实体，能够实施合法行为，也可能实施非法行为。法人违背法人的宗旨，超越业务范围，实施违反国家刑事法律的行为时，可以成为犯罪主体，承担刑事责任。那种所谓法人代表超越法人章程的行为不是法人行为的观点是讲不通的。[③]

2. 法人具备犯罪主观要件。任何法人，都有自己的决策机关，其类似于人

---

① 高铭暄、姜伟：《关于“法人犯罪”的若干问题》，载《中国法学》1986年第6期。

② 李道重：《法人犯罪向法学理论提出的几个问题》，载《郑州大学学报（哲学社会科学版）》1988年第4期。

③ 陈泽宪主编：《新刑法单位犯罪的认定与处罚——法人犯罪新论》，中国检察出版社1997年版，第17页。

的大脑，是法人活动的神经中枢。法人决策机关的意思表示，就是法人的意思表示。法人决策机关的命令和要求，是法人活动的方向和形式，也决定这种活动的合理性和违法性。所谓法人犯罪，是指决策机关故意和过失给社会造成严重危害的行为。因此，承认单位犯罪，同犯罪构成理论要求行为人主观心理状态并不矛盾。① 尽管在法人决策机关决策过程中，自然人起着主导作用，反映着自然人的思想、道德和法制观念，但是这里的自然人是从属于法人的，与法人构成有机整体的，是法人群体意志的体现，并不是法人单独意志的选择。②

3. 处罚法人能够达到教育改造和预防其犯罪的目的。法人的决策机关在作出非法决定之前，也要权衡利害得失，如果犯罪行为得不到惩罚，就会增强其继续犯罪的决心，使法人主观恶性不断膨胀。反之，如果法律规定了对单位犯罪的处罚，使之懂得犯罪行为带来的惩罚大于获得的利益时，就会使犯罪欲望受到压抑。同时，对某一个法人适用刑罚，可以使其他法人认识到某种行为的危险性，而不去重蹈覆辙。因此，宣告单位犯罪并处以适当的刑罚，正是体现刑法目的的理论要求。③ 刑罚还足以使每一个参与法人整体意志形成的自然人乃至全体成员，充分认识到法人犯罪要受惩罚，会给法人带来严重不利后果，从而使其今后在参与法人整体意志形成的过程中，把这种认识作为一个重要因素，从而避免单位犯罪。④

4. 附加刑中的罚金和没收财产可以适用于犯罪的法人。对犯罪的法人，可以适用附加刑中的罚金和没收财产。对犯罪法人处以罚金、没收财产足以达到惩戒和教育的目的，并且已部分抵消了其对社会所造成的危害时，并非罚不当罪。另外，通过刑罚手段剥夺违法犯罪的法人组织享受国家授予其经营或使用财产的部分或全部权利，以防止其利用这些财产继续犯罪，既起到惩治和控制单位犯罪的作用，也起到警戒、教育其他法人不要重蹈覆辙的作用。同时，国家还可将罚没的财产转移到奉公守法的法人组织中经营或使用，以发

① 陈广君:《论单位犯罪的几个问题》，载《中国法学》1986年第6期。
② 崔庆森:《也论法人犯罪》，载《法学研究》1990年第5期。
③ 陈广君:《论法人犯罪的几个问题》，载《中国法学》1986年第6期。
④ 何秉松主编:《法人犯罪与刑事责任》，中国法制出版社1992年版，第505页。

挥更大的经济效益，这种法人处罚方法，于国于民均有利，并非“国家自我惩罚”。[①]

5.对法人适用刑罚并不违背罪责自负的原则。法人作为一个相对独立的犯罪主体实行了犯罪，相应地承担刑事责任就是罪责自负。[②]为什么除了惩罚法人还要惩罚其代表人或其他法人成员，这是因为他们在法人整体犯罪中起主要作用和负有重大责任，而且他们对法人整体犯罪的产生，主观上有过错，客观上有行为，他们是有罪责的。既惩治法人又惩治单位犯罪中负有重大责任的法人成员，正是贯彻了罪责自负的原则。[③]

6.处罚法人在司法实践中遇到的诉讼程序问题可以解决。法人可以成为刑事诉讼的不同诉讼参与人，具有诉讼行为能力。但是，法人无论作为刑事被告人或其他诉讼参与人，都只能通过其代表人、代理人或其他法人成员实施诉讼行为和参加诉讼活动。另外，把法人宣布为犯罪主体，并不等于把法人宣布为犯罪组织，更不等于说每个企业组织的职工都是犯罪组织的一员。同时，即便有个别企业由于犯罪情节特别严重等原因被解散或撤销，那也是由于它的继续存在已无法保证企业的正常生产和社会经济秩序的稳定。把它撤销或解散，正是为了恢复被企业的犯罪活动所破坏的秩序，并在总体上有利于社会生产的发展。虽然给被撤销企业的职工带来某些困难，但从全局来看，却是绝对必要的。[④]

7.事实表明，对单位犯罪只处罚其主管人员和直接责任人员而不处罚单位，不能有效地制止犯罪的发生。受刑罚的主管人员和直接责任人员不仅没有受到犯罪单位和其他成员的鄙视和唾弃，反而受到同情和关照，因其是为谋取单位整体利益而受刑罚的；受刑罚者在心理上也没有耻辱感。单位犯罪因未受到刑罚处罚而在经济上得到便宜也使法律失去公平。[⑤]

① 崔庆森：《也论法人犯罪》，载《法学研究》1990年第5期。

② 陈宝树主编：《经济犯罪与防治对策》，河南人民出版社1991年版，第70页。

③ 何秉松主编：《法人犯罪和刑事责任》，中国法制出版社1992年版，第503页。

④ 何秉松主编：《法人犯罪和刑事责任》，中国法制出版社1992年版，第514页。

⑤ 谢勇：《法人犯罪学——现代企业制度下的经济犯罪和超经济犯罪》，湖南出版社1995年版，第202页。

由上可知，我国的单位犯罪肯定论是在对单位犯罪否定论进行反驳的形式上展开的。单位犯罪否定论的核心是，法人既没有和自然人一样的基于其固有意志进行肉体行为的犯罪能力，也没有和自然人一样具有感受刑罚的精神作用的受刑能力。与此相对，单位犯罪肯定论则认为，法人可以通过作为其中枢机构成员的自然人形成法人的意志，并通过作为其手脚的自然人的活动来实现该种意志，因此，法人也具有犯罪构成理论中所要求的同自然人一样的意志和行为。应当说，这种论证方法存在严重缺陷。因为二者完全不在一个层面上，说的不是同一个问题。单位犯罪否定论针对的是单位这种组织本身而言的，而肯定论则通过移花接木的方式对其进行反驳，认为单位可以通过其中的自然人来获得这种能力。这实际上是间接地承认了单位自身没有意志能力和受刑能力的否定论观点。

但是，法人无论在人们的一般社会观念还是在法律的层面上，都是与其组成人员的自然人相独立的主体。即便在法人的业务活动过程中，法人代表的意志并不总是体现法人自身的意志，否则便不存在“法人代表利用法人进行犯罪”之说了；同样法人自身的意志在法人代表频繁更换之际，也仍会独立存在，否则，如果法人意志仅随法人代表人等的意志而流转的话，则单位犯罪同一般自然人犯罪，除了在形式上有所区别之外，还有什么两样呢？因此，以构成法人的自然人的意志和行为就是法人自身的意志和行为的观念，来对法人没有自然人一样的行为和意志的观点进行反论，除了给法人实际上是一种法律上的拟制体、没有实体意义的否定论提供具体的证明材料之外，并没有多大意义。

由于上述问题的存在，从21世纪初开始，各种从单位自身角度来展开论证的单位犯罪肯定论陆续登场了。“人格化社会系统责任论”认为，法人是一个人格化的社会系统整体，它具有自己的整体意志和行为，从而也具有自己的犯罪能力和刑事责任能力，不能把法人整体的意志和行为归结为任何个人的意志和行为，也不能把法人犯罪归结为个人犯罪。同时，法人是一个由自然人组成的有机整体，法人的活动是通过自然人的自觉活动来实现的，为了有效地遏制法人犯罪，除了必须追究法人的整体责任之外，在法人系统内部，对那些在法人犯罪中起重要作用和负有重大责任的法人成员，也要追究其刑事责任。他们负刑事责任的根据，是他们作为法人和法人犯罪的构成要素在法人整体犯罪中的主观罪过（故意和过失）和客观行为（作为和不作为）以及由此决定的他们在法人犯罪中所起的作用和应负的责任。[①]“组织体刑事责任论”认为，现代社会中的法人已不仅是传统意义上的人或物的集合，而是制定了一定规则、具有其内在运营机制、足以让作为其组成人员的自然人消失具体个性而仅仅成为法人运转过程中一个微不足道的组成部分的组织体。这种组织体通过其业务范围、政策、防范措施、目标以及组织结构等特征显示其存在。这种情况在一些一旦实施犯罪，便造成特别巨大的危害的现代化大企业中表现得特别明显。在这些企业中，法人代表或法人机关成员和法人之间往往是一种互动的关系：一方面，法人代表或机关可以操纵、支配法人的一切活动；另一方面，法人代表或机关一旦身处其位，就不得不受法人整体的目标、政策等的支配。当法人整体的政策、目标中含有刺激、鼓励或容许法人代表或机关实施犯罪的要素时，法人自身的因素，当然毫无疑问地成为导致单位犯罪的原因；同时，当法人的管理体制中存在防范不足等体制上的缺陷，以致法人代表或机关成员，以及一般从业人员故意或过失实施业务上的犯罪时，法人自身因素也成为导致单位犯罪的原因。这就是法人自身对于单位犯罪负有责任，应当受到处罚的根本原因。[②]而传统的单位犯罪肯定论因为被单位犯罪否定论牵着鼻子走，因此最终难以逃脱否定论者事先设定的“只有自然人才能实施犯罪”的窠臼。“单位犯罪能力三重构造论”认为，单位自身具有犯罪能力，单位犯罪能力是以单位的组织义务即守法义务和遵守职业道德的义务为基础，以单位制度即规定单位机构及其成员的职责和运作程序的规则为分配依据，以单位成员为载体而形成的三重构造，这一构造使得单位具有了认识和控制单位行为的能力。通过这三个因素所构成的单位犯罪能力使得单位能够具有认知单位的行为和对单位行为进行控制的能力，

① 何秉松主编：《法人犯罪与刑事责任》，中国法制出版社2000年版，第485、486页。

② 黎宏：《单位刑事责任论》，清华大学出版社2001年版，第214、215页。

在此条件下，单位却选择违法行为，这就表明，能够对单位进行谴责，追究单位的刑事责任。①

上述理论的共同特点是从单位的固有本质中寻找单位犯罪的处罚根据，即从单位自身的某些非自然人因素中寻求处罚单位的根据，并承认单位自身具有犯意。学界评价，这些理论的研究方法具有革命性，能够契合单位犯罪的一些实际情况，并避免传统单位犯罪理论存在的一些问题，对单位犯罪理论研究产生了广泛和深远的影响。但单位自身刑事责任理论和现实刑事立法的基础还不够完全契合，总体上带有务虚和前瞻的性质，其合理性不适宜直接解释法律和指导司法实践。②

① 王良顺：《单位犯罪论》，中国人民公安大学出版社2008年版，第98—104页。

② 杨国章：《我国单位犯罪研究30年的回顾与反思》，载《中南大学学报》（社会科学版）2009年第2期。

第二节 单位犯罪的定义和成立条件

随着1997年新刑法的制定，肯定单位犯罪及其处罚的观点占据主导地位，之后有关单位犯罪的研究，主要是围绕单位犯罪的相关规定而展开的。

一、单位犯罪的定义

依照现行《刑法》第30条的规定，关于单位犯罪的定义，形成了各种见解。有的认为，所谓单位犯罪是指公司、企业、事业单位、机关、团体所实施的、依照刑法的规定应当负刑事责任的行为。① 这实际上是对《刑法》第30条规定的重复，并没有说明何为单位犯罪。② 有的认为，所谓单位犯罪是指公司、企事业单位、机关、团体为本单位牟取非法利益，经单位集体决定或负责人决定实施的危害社会的行为。③ 这种理解是为1996年以后的刑法修改草案第3稿至第7稿所认可的见解。依照这种见解，只有单位集体决定或者单位负责人决定实施的行为才是单位犯罪，将由单位自身原因所导致的危

① 邓又天、李永升:《法人犯罪问题研究》，载《法学天地》1997年第3期；康树华、杨征主编:《新刑法教程》，中国民主法制出版社1997年版，第120页；郑伟主编:《新刑法专论》，法律出版社1998年版，第273、274页；杨春洗、杨敦先:《中国刑法论》，北京大学出版社1998年版，第91页。

② 丁慕英主编:《刑法实施中的重点难点问题》，法律出版社1998年版，第252页。

③ 侯国云等:《新刑法疑难问题解析与适用》，中国检察出版社1998年版，第177页。

害行为排除在单位犯罪之外。八届人大五次会议审议时，因为有代表提出，上述单位犯罪定义的规定不够全面，尚不能完全包括分则规定的所有单位犯罪而被现行《刑法》第30条所放弃，因此，仍以这种见解来定义单位犯罪，是否妥当，存在疑问。

有力说认为，所谓单位犯罪，是综合了单位领导人决定以及单位自身引致犯罪这样两种单位犯罪情况的表述，即单位犯罪是刑法所规定的，由单位代表或机关成员在有关单位的业务上所决定实施的危害社会的行为，以及由于单位代表或机关成员的监督不力或者说由于单位体制方面的原因而使单位组成人员在业务活动过程中引起的危害社会的行为。[①]

二、单位犯罪的成立条件

单位犯罪是在单位意志的支配下，由其组成人员所实施的犯罪行为，这种特点决定了单位犯罪在成立条件上，具有和自然人犯罪不同的特点。以下，试就有关单位犯罪的成立条件的各种观点进行分析。

（一）主体必须是公司、企业、事业单位、机关、团体

按照现行《刑法》第30条的规定，能够成为单位犯罪主体的，是公司、企业、事业单位、机关、团体。所谓“公司”，是指依照法定条件和组织程序设立的、以营利为目的的社团单位。所谓“企业”，是指从事生产、流通、科技等活动，以获取盈利、增加积累和创造社会财富为目的的营利性社会经济组织。所谓“事业单位”，是指从事社会各项事业、拥有独立经费或财产的各种社会组织，如中央和地方的新闻、出版、电影、博物馆、剧团、各级各类学校、科研机构以及医药卫生等单位。所谓“机关”，是指从事国家管理或者行使国家权力，以国家预算作为独立活动经费的中央和地方各级国家机关，从理论上讲，包括权力机关、行政机关、司法机关、军事机关。根据

① 黎宏：《单位刑事责任论》，清华大学出版社2001年版，第224页。

我国《宪法》第5条第4款的规定，执政党的机关也可以视为国家机关。所谓“团体”，是指由中国公民自愿组成，为实现会员共同愿望，按照其章程开展活动的非营利性社会组织，如各种协会、学会、联合会、研究会、促进会、商会等。

在单位犯罪的认定上，经常遇到的问题是：（1）单位内部职能机构能否成为单位犯罪主体。对此，一种意见认为，企业内部职能机构只要是为了单位利益而实施犯罪，应当按单位犯罪处理。[①] 另一种意见则认为，法人内部下设的职能部门作出的决定，未经法人同意不能代表法人；这些职能部门独立实施的犯罪行为不能按单位犯罪论处，而只能追究这些部门有关人员个人的刑事责任。[②] 还有一种观点认为，法人内部下设的职能部门，属于没有决策权和一定范围内财产处分权的非法人组织或职能部门，不能以自己的名义独立承担刑事责任，所以，对其所实施的犯罪行为，应以个人共同犯罪论处。[③] 司法实践采纳了上述第一种意见。[④]（2）一人公司能否成为单位犯罪主体。也有肯定说[⑤] 与否定说[⑥] 之分。通说是折中说，即对于一人投资、一人经营、一人所有的一人公司，不宜认定为单位犯罪主体；对于形成了一定规模、

---

① 陈泽宪主编：《新刑法单位犯罪的认定与处罚——法人犯罪新论》，中国检察出版社1997年版，第48页。

② 李僚义、李恩民：《中国法人犯罪的罪与罚》，中国检察出版社1996年版，第74页。

③ 黎宏：《单位刑事责任论》，清华大学出版社2001年版，第267页。

④ 2001年1月21日最高人民法院《全国法院审理金融犯罪案件工作座谈会纪要》规定：“以单位的分支机构或者内设机构、部门的名义实施犯罪，违法所得亦归分支机构或者内设机构、部门所有的，应认定为单位犯罪。不能因为单位的分支机构或者内设机构、部门没有可供执行罚金的财产，就不将其认定为单位犯罪，而按照个人犯罪处理。”《最高人民检察院研究室关于国有单位的内设机构能否构成单位受贿罪主体问题的答复》（2006年9月12日〔2006〕高检研发8号）中也表明，国有单位内设机构利用行使职权的便利，索取、非法收受他人财物并归该内设机构所有或者支配，为他人谋取利益，情节严重的，依照《刑法》第387条的规定以单位受贿罪追究刑事责任。

⑤ 陈鹏展：《单位犯罪司法实务问题释疑》，中国法制出版社2007年版，第79、80页；张天虹、刘荣：《一人公司与单位犯罪的认定》，载《山西大学学报》2007年第5期；毛玲玲：《新公司法背景下一人公司刑法地位探析》，载《法学》2006年第7期。

⑥ 刘伟：《一人公司单位犯罪主体字根的否认》，载《环球法律评论》2007年第5期。

有独立的公司账户可以与个人财产相分离、形成了一定组织结构的一人公司，可以成为单位犯罪主体。[①]

（二）单位犯罪的危害行为

按照我国现行《刑法》的规定，单位犯罪是“公司、企业、事业单位、机关、团体实施的危害社会的行为”（《刑法》第30条），但单位本身只是一个拟制的人格体，其行为只能通过其组成人员的自然人来实施，而单位组成人员的自然人与单位很多时候是两个完全不同的主体，自然人的行为并不完全是单位的行为，因此，单位中自然人的行为什么条件下能够视为单位的行为，换言之，单位实施的危害行为该如何认定，成为问题。

对此，刑法理论上大致有三种观点。

第一种观点主张，依照单位组成人员的个人行为来认定单位行为。持这种观点的学者认为，判断某一自然人的行为是否是单位行为，必须考虑以下四个方面：①该行为是否是经过单位决策机关或决策人员决定或认可的；②是否通过单位成员或单位代理人组织实施；③是否以单位的名义进行；④违法所得是否归私人所有。[②]

众所周知，作为单位构成人员的自然人大致可以分为两部分，一部分是形成单位意志、代表单位组织的单位中枢机构的组成人员，另一部分是单位

---

① 程丽天：《单位犯罪刑事责任研究》，中国法制出版社2010年版，第107页；石磊：《单位犯罪适用》，中国人民公安大学出版社2012年版，第59页。

② 李僳义、李恩民：《中国法人犯罪的罪与罚》，中国检察出版社1996年版，第60页。另外，还有的学者认为，单位犯罪在客观方面表现为单位机关的主管人员、直接责任人员在职务活动中，以单位名义，为单位利益而实施的犯罪。因此，这种见解认为，首先，将单位犯罪行为付诸实施的是单位机关的主管人员、直接责任人员；其次，单位机关主管人员及其他直接责任人员实施犯罪是在职务活动中进行的；最后，单位机关主管人员及其他直接责任人员必须是以单位名义并为单位利益而实施的犯罪才是单位犯罪。以上内容参见刘白笔主编《法人犯罪论》，群众出版社1992年版，第118、119页。这种观点之中，除了存在上述单位代表或机关成员和一般从业人员不分的问题之外，还存在“单位机关的主管人员及其他直接责任人员”含义不清的问题。另外，“为了单位利益”应当是主观方面的要件，而不是客观方面的要件。

中枢机构成员以外的一般组成人员。前者是单位意志的表达者和体现者，而后者一般是在前者的指挥、批准、授意或许可下，积极地把单位犯罪意志付诸实现的人。因此，在具体判断他们的行为是否是单位自身行为的标准上，也不应完全一致。上述四个条件虽然适用于单位决策机关以外的、类似于单位中枢机构手足的一般成员的行为判断，但对作为单位中枢机构的自然人的行为判断而言，并不适用。

第二种观点主张，按照《刑法》的规定，从单位犯罪整体性的角度来考察单位的行为。在他们看来，①单位犯罪行为是一种集体行为，主要表现为单位犯罪是在单位集体意志的支配下实施的，可能是多人实施，在特殊条件下，也可能是一个人实施，不一定非要数人实施不可。②单位犯罪是纯粹的单位行为，不是自然人行为。对直接实施单位犯罪的自然人来说，其行为不是个人犯罪行为，而是单位犯罪行为，因为犯罪是以单位的名义、为了单位的利益、在单位的意志支配下实施的。③单位犯罪行为是整体行为，单位中自然人的犯罪行为，既是单位犯罪的有机组成部分，也是单位犯罪的总体。不论是单独看还是合起来看，自然人的犯罪行为都能够全面体现单位犯罪的必要特征。[①]

这种理解虽然符合我们一般所想象的单位犯罪情况，但其忽略了一个重要前提，即迄今为止有关单位犯罪的理论前提是单位是一个虚拟的组织体，自身不能实施任何行为；所谓单位行为只不过是将单位构成人员的自然人行为在一定条件下，视为单位自身的行为而已。上述观点恰恰忽视了这一点。

第三种观点主张，所谓单位犯罪，是指公司、企业、事业单位、机关、团体为本单位谋取不正当利益，经单位集体决定或者由负责人决定实施的犯罪。[②]其核心思想如下：一是强调单位犯罪是“经单位集体决定或者由负责人

① 陈泽宪主编：《新刑法单位犯罪的认定与处罚——法人犯罪新论》，中国检察出版社1997年版，第72、73页。

② 周道鸾、单长宗、张泗汉主编：《刑法的修改与适用》，人民法院出版社1997年版，第123页；全国人大常委会法工委研究室编写组编著：《中华人民共和国刑法释义》，人民出版社1997年版，第44页；张明楷：《刑法学》（上），法律出版社1997年版，第183页。

决定实施的犯罪”，这样就在程序上保证了由单位成员所实施的犯罪行为是体现单位意志的行为；二是强调“为本单位谋取不正当利益”。这一点可以将打着单位旗号谋取私利的个人犯罪与单位犯罪区分开来。

的确，将经单位集体决定或单位负责人（代表机关）决定而实施的行为看作单位自身的行为，从我国刑法关于单位犯罪是单位实施的危害社会的行为的规定以及我国目前单位犯罪论的研究现状来看，是理所当然的结论。但是，将单位负责人违反单位明确的法律政策实施的犯罪行为也转嫁给单位，让单位担责，显然于理不通，不当扩大了单位责任的范围；另外，单位的下级从业人员按照单位明确的政策行事，即便引起了犯罪，但只要没有证据表明单位负责人参与了该犯罪，就不能追究单位责任，无疑是不当缩小了单位的责任范围。

上述单位责任的不当扩大或缩小，如实地反映了通过单位领导人意志的特定来追究单位刑事责任的原理在本质上属于将单位代表或机关成员个人的犯意抽象地转嫁给单位，而没有考虑到单位自身的具体特征的代位责任原理的缺陷。而且，由于现代企业的复杂管理结构导致单位的意思决定过程繁琐复杂、单位内部责任日趋分散，确定谁对特定的违法行为负责，在大企业中格外困难。因此，这种通过特定具体责任人的方式来追究单位自身刑事责任的方法，对于规模大、结构复杂的单位而言，难免捉襟见肘。

由此看来，如何认定单位犯罪的实行行为，仍然是我国单位犯罪研究中的重要课题，这大概也是我国现行刑法典在有关单位犯罪的成立要件的描述上采取模糊规定的主要原因。

因此，现在的有力说认为，在对单位自身行为的判断上，首先，得明确一点，单位自身是不可能实施任何活动的，它只能通过作为其组成人员的自然人来实施；其次，单位的任何组成人员在单位业务活动过程中所实施的任何行为，只要是经过了单位领导直接或间接的同意或许可，或者是符合单位的业务操作程序的，均应看作单位自身的行为。因为这些行为是单位自身意志的体现；最后，在判断某一自然人的行为是否是单位自身的行为时，不能仅仅根据该行为是否经过单位负责人的同意或单位集体的同意来判断，在没有经过单位负责人同意的场合，若是符合单位业务活动的政策、规定或操作习惯，也应将该行为视为单位自身的行为。[①]

（三）单位犯罪的主观罪过

1. 单位犯罪的主观罪过形式

在单位犯罪的罪过形式方面，存在较大争议的问题是，单位犯罪的罪过形式是仅限于故意还是包括过失。对此，我国刑法学界存在两种完全不同的见解：一种见解认为，单位犯罪的主观罪过既可以是故意，也可以是过失，只不过在我国，单位故意犯罪是主要表现形式罢了。[②] 相反地，另一种见解则认为，单位犯罪的主观罪过只能是故意而不可能是过失。[③]

前者是多数说。一方面，既然能将单位领导人在业务活动中的故意归于单位自身，那么，就没有理由不将单位领导人在业务活动中的过失归于单位自身。[④] 另一方面，单位自身负有通过设置一定制度保证监督其从业人员不实施违法行为的责任，当单位由于疏忽或者过于自信而没有履行这种责任时，可以认定单位自身具有过失。因此，和自然人犯罪一样，单位犯罪的主观罪过形式也有故意和过失两种。

2. 单位犯罪的主观罪过内容

单位在什么情况下对其组成人员的自然人的行为负有故意责任，什么情况下负有过失责任呢？通常认为，对此应当区分以下两种情况，进行分析：

一种情况是，将单位代表或机关组成人员在单位业务活动过程中的故意或过失直接归于单位自身。单位命令、指挥、默认或决策失误（当然，这种行为是通过单位的代表人或主管人员体现出来的），因而导致其组成人员的自

① 黎宏：《单位刑事责任论》，清华大学出版社2001年版，第257、258页；谢治东：《单位犯罪中个人刑事责任研究》，法律出版社2014年版，第86、87页。

② 刘白笔主编：《法人犯罪论》，群众出版社1992年版，第117页。

③ 高西江主编：《中华人民共和国刑法的修订与适用》，中国方正出版社1997年版，第156页；丁慕英等主编：《刑法实施中的重点难点问题研究》，法律出版社1998年版，第314页。

④ 同样的见解，参见娄云生《法人犯罪》，中国政法大学出版社1996年版，第90页。

然人实施某种“法律规定为单位犯罪”的情形时，单位承担故意犯罪或过失犯罪的刑事责任。①

另一种情况是，单位负监督过失责任的情况，即在单位毫不知情的（当然，这种不知情也是通过单位代表或机关成员或主管人员的行为体现出来的）情况下，其下级组成人员实施了某种“法律规定为单位犯罪”的情形而必须追究单位自身过失责任的情况。例如，单位的一般从业人员在生产操作过程中，由于业务不熟练而将未经处理的污水排入河川，造成大面积的水体污染，给人民生命财产造成重大损失的情况便属于此。②

应当说明的是，单位要承担监督过失责任，并不是只要单位的从业人员实施了法定的单位犯罪行为，单位就要对该行为承担结果责任，而是一种推定的过失责任。当有足够的证据表明单位对其组成人员业务上的行为已尽到了适当的监督义务时，就可以免除其刑事责任。单位是否尽到了其监督责任，不仅应从单位代表或机关个人是否身体力行地履行了监督义务方面来考虑，还应当从单位是否建立了有效的监督体制，并且该监督体制是否在有效地发挥作用方面来考虑。换句话说，还应当从单位自身的合规制度、结果、政策等各方面的客观情况来考虑单位是否具有监督上的过失责任。③

① 石磊:《单位犯罪适用》，中国人民公安大学出版社 2012 年版，第 101、102 页。

② 黎宏:《单位刑事责任论》，清华大学出版社 2001 年版，第 70 页。

③ 王良顺:《单位犯罪论》，中国人民公安大学出版社 2008 年版，第 164 页。

第三节 单位犯罪适用中的疑难问题

在有关单位犯罪的处理上，有以下几个问题在研究上讨论热烈：一是以单位名义实施处罚个人的犯罪类型的处理；二是单位犯罪和个人犯罪的区分标准；三是单位犯罪的处罚。

一、以单位名义实施处罚个人的犯罪类型的处理

单位有关人员组织实施《刑法》规定只能由自然人实施的犯罪，如单位盗窃、单位贷款诈骗的场合，该如何处理，存在争议。对此，第一种观点认为，其实际上是个人犯罪的一种形式，应当依法追究其直接责任人员的刑事责任。① 第二种观点认为，其属于单位犯罪，由于法律没有明文规定，根据罪刑法定原则，只能不处理。② 第三种观点认为，应当尽快修改立法，增设单位盗窃罪、单位贷款诈骗罪。③

一般认为，上述第二种观点显然不对。按照《刑法》第30条的规定，单位所实施的危害社会的行为，只有在法律规定为单位犯罪的情况下，才是单

① 张明楷：《法益初论》，中国政法大学出版社2000年版，第364页。

② 陈兴良：《盗窃罪研究》，载陈兴良主编《刑事法判解》（第1卷），法律出版社1999年版，第38页以下。

③ 王礼仁：《单位盗窃的定罪与量刑问题》，载《人民法院报》2002年11月4日。

位犯罪。从盗窃罪、贷款诈骗罪等的刑罚规定来看，这些犯罪没有被规定在单位实施时应当受罚的单位犯罪之列。因此，不是刑法意义上的单位犯罪；同时，按照上述理解的话，会得出极为荒谬的结论。如果说只要是打着为了单位利益的旗号而实施的，而且最终所得也流入了单位口袋的行为，就是单位犯罪，则单位完全可以实施抢劫、敲诈勒索、绑架、杀人、放火等罪，而且还可以不受罚。单位有关人员只要稍稍找个借口，就可以为所欲为了。这显然是荒唐的。

上述第三种观点也值得商榷。首先，是不是只要单位能够实施的行为就一定要作为单位犯罪处理，需要探讨。从理论上讲，单位领导基于单位的业务活动所实施的任何犯罪，都可以看作单位犯罪，但是，各国刑法并没有规定单位可以构成一切犯罪的主体。即便在英国、美国等广泛处罚单位犯罪的国家，也认为伪证罪、重婚罪、强奸罪或者乱伦罪之类的犯罪是单位在本质上不可能实施的犯罪，以及法定刑只有死刑和自由刑的犯罪，由于不能追究单位的刑事责任而不能成为单位犯罪的主体。① 其次，是不是只有将单位有关人员组织实施的盗窃、贷款诈骗行为规定为单位犯罪之后，才可以对该种行为进行处罚。事实上，就处罚单位犯罪和处罚个人犯罪制度的起源来讲，后者远远早于前者；并且，就目前世界上多数国家的刑法而言，都没有规定单位犯罪制度。这就表明，单位犯罪问题并不是一定要用处罚单位中自然人的方式解决。实际上，刑法中之所以规定单位处罚制度，是“考虑到单位犯罪与其中自然人犯罪的关系以及有效性”②。

通说主张上述第一种观点。③ 因为该行为符合《刑法》所规定的盗窃罪、贷款诈骗罪的犯罪构成。在客观上，行为人组织实施了非暴力平和方式窃取他人财物、编造引进资金、项目等虚假理由骗取银行或者其他金融机构贷款的行为；在主观上，行为人具有窃取他人财物或者骗取银行等金融机构贷款

---

① 黎宏:《单位刑事责任论》，清华大学出版社 2001 年版，第 21 页。

② 张明楷:《法益初论》，中国政法大学出版社 2000 年版，第 364 页。

③ 张明楷:《刑法学》(上)(第五版)，法律出版社 2016 年版，第 136 页。

的故意，完全符合了盗窃罪、贷款诈骗罪的成立条件。至于说行为人的主观动机是单位的利益，而且所获财物或者贷款也归单位集体所有，自己没有中饱私囊等，这些都不足以说明行为人的行为可以不构成盗窃罪、贷款诈骗罪。因为刑法相关条文对这些犯罪的行为动机并没有特殊要求。对于犯罪对象的去向和归属也没有特别要求。即便是将所获钱财无偿捐献给他人这样一些似乎在道德上看起来很高尚的“义举”，也不能掩盖和消除行为的犯罪性质。司法实践中也采用了这种观点。①

二、单位犯罪和个人犯罪的区分标准

由于以单位之名行个人犯罪之实的情形完全可能存在，因此，如何将单位犯罪与个人犯罪区分开来，成为学界的热门话题。一般认为，区分单位犯罪和自然人犯罪的关键是看作为单位业务活动一环的个人行为所体现的，到底是单位自身的意思还是作为单位组成人员的自然人的意思。②

因为学界有力说认为，无论从单位（法人）制度的一般原理还是单位活动的实际情况来看，单位意思只能来源于作为单位组成人员的自然人的意思活动；其中，单位领导在单位意思的形成过程中起了至关重要的作用，因此，在单位意思的形成上，“单位集体决定或者负责人决定”说是有一定道理的。③只是，包括单位领导在内的单位组成人员的自然人，毕竟是和单位独立的人格主体，其身份具有二重性，其所表达出来的主观意思是否是单位自身意思的真实表现，尚有待判断。而进行这种判断的客观基础不外乎表明单位组织

---

① 《全国人民代表大会常务委员会关于〈中华人民共和国刑法〉第三十条的解释》（2014年4月24日第十二届全国人民代表大会常务委员会第八次会议通过）。

② 谢治东：《单位犯罪中的个人刑事责任研究》，法律出版社2014年版，第108页。

③ 我国的实践也是如此理解的。有调查显示，实践中大多将一定身份人的意思认定为单位意思。如单位的法定代表人的意思必然认定为单位意思，公司总经理的意思也必然认定是单位意思，分管该项工作的副总经理或者负责人的意思也是单位意思，对公司行为具有决策权的人的意思也是单位意思。参见单位犯罪课题组《上海法院系统审理单位犯罪情况调查》，载《华东刑事司法评论》（第4卷），法律出版社2003年版，第288页。

体自身特征的各种客观要素。因此，在判断单位的主观要件时，不仅要考虑单位领导或单位全体成员的集体决定所体现出来的意思，而且还得考虑单位自身的固有特征，包括单位的业务范围、议事程序、监督机制、文化氛围等自身特征，特别是单位的监督机制，在判断单位组成人员的行为是否体现单位自身意思方面起着极为重要的鉴别作用。①

具体而言，在判断自然人的行为是否是单位意思的体现时，应当注意以下几点。

首先，就单位领导（包括单位代表机关的组成人员以及被授权的中层管理人员）而言，其主观意思原则上可以看作单位自身的意思；在依照单位领导的意思行事，结果引起了法益侵害结果的场合，可以将该结果归结于单位自身，单位构成犯罪，承担刑事责任。但如果单位领导违反单位自身的目标、议事程序、监督机制、习惯等，擅自决策，导致单位在业务活动中造成侵害法益结果的时候，由于该种决策不能说是单位自身的意思，因此，单位对此可以不承担刑事责任，而只追究单位领导的个人责任。这种情况，可以看作常说的“盗用单位名义实施犯罪”的情形。

其次，就单位的一般从业人员而言，由于其主观意思不能看作单位自身的意思，因此，其在业务活动的过程中，造成了侵害法益结果的时候，一定要考察其行为是不是单位意思的体现。在做这种判断的时候，除了考虑是不是存在单位领导的指示、命令等之外，还必须考察单位内部的管理体系、相互之间的分工、决策习惯等内容。

最后，存在单位自身管理混乱、设置目标不合理等因素导致其中的自然人犯罪，构成单位犯罪的情形。从理论上讲，侵害法益结果的发生，并不都是单位领导或单位集体的违法决定所引起的，也可能是单位自身的管理制度不严或业务操作程序中存在问题而导致的。这些问题，表面上看，是单位自身的组织结构或业务程序上的问题，出乎意料、无法预测，但实际上，它们

① 黎宏：《刑法学总论》（第二版），法律出版社2016年版，第121页；谢治东：《单位犯罪中的个人刑事责任研究》，法律出版社2014年版，第107页。

也和单位领导的主观过错有关。因为单位领导的罪过，除了决策失误之外，还包括对组织体活动的监督缺失，具体体现在单位领导对单位活动管理松弛、用人不当、决策程序混乱等各个方面。正是由于单位领导在这些方面的疏忽，所以导致了单位成员业务活动过程中的犯罪行为。

三、单罚制处罚的是否是单位犯罪

《刑法》第31条规定："单位犯罪的，对单位判处罚金，并对其直接负责的主管人员和其他直接责任人员判处刑罚。"这就是单位的处罚方式即"双罚制"。但该段之后，紧接着规定："本法分则和其他法律另有规定的，依照规定。"这里所谓"另有规定"的情形，通常认为是指单位犯罪之后，只处罚单位的有关责任人员即自然人，而不处罚单位的所谓"单罚制"，即尽管犯罪主体是单位，但最终受到处罚的却是单位中的自然人即"直接责任人员"。

《刑法》为什么既肯定了单位自身的犯罪，又不处罚单位自身，而处罚其中的自然人呢？据参与立法起草的人解释："由于单位犯罪的复杂性，其社会危害程度差别很大，一律适用双罚制，尚不能准确全面地体现罪刑相适应原则和符合犯罪的实际情况。"[①] 在学界，有人认为，保留单罚制是因为：一是对一些非贪利性犯罪如资助危害国家安全犯罪活动罪而言，罚金刑没有实际意义；二是对单位一律处以罚金刑，会使犯罪单位中的无辜成员受到牵连；三是对单位犯罪单纯适用罚金，可能会导致罪责刑的不相适应。[②] 由于上述理由的存在，因此，通说认为，我国刑法中的单位处罚，除"双罚制"外，还有"单罚制"。

但有力说[③] 认为，"单罚制"所处罚的并非单位犯罪，而是自然人犯罪，

① 李淳、王尚新主编：《中国刑法修订的背景与适用》，法律出版社1998年版，第43页。

② 高珊珊：《论单位犯罪单罚制之弊端及其矫正》，载《甘肃政法学院学报》2008年第5期。

③ 黎宏：《刑法学总论》（第二版），法律出版社2016年版，第124页；张明楷：《刑法学》（上）（第五版），法律出版社2016年版，第136页。

不存在被科处单罚制的单位犯罪。主要理由如下：

第一，其违反了刑法的基本原则。一方面，依照我国《刑法》第31条的规定，成立单位犯罪，以该行为被“法律规定为单位犯罪”为前提。依照我国《刑法》第13条的规定，成立犯罪的重要条件是实施该行为的主体自身具有可罚性，而在“单罚制”之下，作为行为主体的单位本身并不受罚，受罚的是与单位具有不同人格的直接责任人即自然人。既然如此，如何能说其行为就是《刑法》第30条当中所说的“单位犯罪”呢？另一方面，从责任原则的角度来看，因为单位自身的犯罪而处罚其中的个人（直接责任人）的做法也违背了近代刑罚所主张的任何人不得因为他人的罪行而承担替代责任的个人责任原则。

第二，误解了“单位实施的犯罪”和“单位犯罪”的概念。“单位实施犯罪”，是一个犯罪学上的概念，是指单位集体决定实施的严重危害社会的行为。从单位犯罪就是单位“为了单位利益，经单位集体决定或者单位负责人决定实施的危害行为”的角度来看，单位可以实施包括杀人、放火、强奸等在内的《刑法》上的任何犯罪，但《刑法》并没有将其全部规定为单位犯罪，只是基于现实需要将其中一部分作为单位犯罪加以规定。相反地，“单位犯罪则”是刑法上的概念，有其特定内涵，是指公司等实施危害社会的行为、“法律规定为单位犯罪”的行为。依照我国《刑法》的规定，判断行为是否构成单位犯罪的时候，一个重要特征就是单位不仅实施行为，而且自身还要受到刑罚处罚，否则就不能认定为单位犯罪。如果说只是处罚直接责任人员的犯罪也是单位犯罪，则我国《刑法》中所有的犯罪都可以认定为单位犯罪。这显然是不妥的。

这样说来，将处罚单位直接责任人的犯罪也认定为我国《刑法》中的单位犯罪，无论从罪刑法定原则、责任原则还是实际应用的角度来看，都是存在问题的，应当将该种类型的犯罪排除在“单位犯罪”之外。

结　语

新中国成立70年来，有关单位犯罪的研究，经历了从完全否定到部分否定再到完全肯定的巨大变化，与此对应，有关单位犯罪本质的探讨，也经历了从单位为其组成人员的自然人的犯罪行为承担代位或者转嫁责任到单位为其自身在构造、制度、文化等方面的缺陷导致其组成人员犯罪而承担自身责任的转变。尽管目前尚在发展的过程中，但可以肯定的是，我国有关单位犯罪的研究与英国、美国、日本等世界上单位犯罪研究发达国家之间的差距在日益缩小，但就如何将这些理论研究成果应用于单位犯罪的刑事立法以及司法实践方面，尚存在较大差距。对此，我们必须予以重视。

第七章

贪污贿赂犯罪立法 70 年

第一节
贪污贿赂犯罪立法体系的形成与发展

中国刑法贪污贿赂犯罪立法孕育于新中国成立之初，1979 年刑法典首次实现了立法的法典化，其后，经过多次修正与完善，逐步形成了完备的立法体系。

一、贪污贿赂犯罪立法的孕育

1949 年新中国的成立，是 20 世纪中华民族三个重大历史事件之一，不仅建立了新型的国家政权，也确立了新型的国家治理体制与模式，最大限度地铲除了旧政权存在的包括腐败犯罪在内的犯罪衍生条件与环境。然而，基于新旧政权代际更新过程中，新政权在组成结构中的现实状况[①]，在全面推进社会转型、促进社会主义改造的经济发展过程中，也在新政权内部产生了严重的腐败问题。面对腐败的蔓延，以毛泽东同志为核心的中国共产党第一代领导集体坚定地启动了向腐败宣战的“新政权安全保卫战”，以新

① 在新中国成立之初的地方政府组建中，旧政府留用人员占有相当大的比重，加之混入新政权的投机分子，其本身均带有腐败“基因”“病灶”，由此造成新政府组织中腐败诱因的存在。“在地方政府采取的第一项措施，是让国民党的官吏留在原地不动，这些留用人员继续领取他们的工资，照旧执行他们的职务。他们的总数多达 200 万人，而中共顶多只有 75 万人准备来接管他们的工作。”参见［美］费正清《伟大的中国革命 1800—1985》，刘尊棋译，世界知识出版社 2000 年版，第 330 页。

中国成立前腐败治理立法建设的经验为根据[①]，迅速组织起腐败治理所需要的法制体系。

1952年4月18日，中央人民政府委员会第十四次会议批准政务院发布的《惩治贪污条例》，是新中国发布的首部反腐败单行法，标志着中国共产党领导的腐败治理开始向国家法治轨道迈进，成为新中国刑事立法的奠基部分，不仅在“三反”“五反”等治理运动中发挥规范功能，其规制功能一直延续至1978年改革开放前，并成为新中国首部刑法典构建贪污贿赂犯罪的立法依据。其基本内容包括：

1.关于规制主体的范围。《惩治贪污条例》以国家工作人员为规制对象，其主要内容（第2条）包括“国家机关、企业、学校及其附属机构的工作人员”，还涉及非国家工作人员、社会团体工作人员和现役军人，且从行贿罪、介绍贿赂罪的犯罪主体来看，还包括一般主体。

2.关于规制行为的范围。《惩治贪污条例》第2条、第6条、第8条、第13条和第14条均为设罪性的规定，因采“包容性”的立法模式，受贿罪被包容于贪污罪中[②]，被纳入立法规制范围的行为类型涉及：一是典型的贪污罪。即国家机关、企业、学校及其附属机构的工作人员所实施的侵吞、盗窃、骗取、套取国家财物，以及其他假公济私违法取利的行为（第2条）。二是受贿罪。

---

① 在《陕甘宁边区惩治贪污条例（草案）》中，对贪污罪的行为方式规定了十种类型，包括：（1）克扣或截留应发给或缴纳之财物；（2）买卖公物从中舞弊；（3）盗窃侵吞公有财物；（4）强占、强征或强募财物；（5）意图营利、贩运违禁或漏税物品；（6）擅移公款，作为私人营利；（7）违法收募税捐；（8）伪造或虚报收支账目；（9）勒索敲诈收受贿赂；（10）为私人利益，而浪费公有之财物。参见杨永华主编《中国共产党廉政法制史研究》，人民出版社2005年版，第94页。

② 在贪污罪中增加盗窃、侵吞公有财物罪和勒索敲诈、收受贿赂罪，是《陕甘宁边区惩治贪污条例（草案）》（1938年8月15日发布）首次加以规定的，这部由抗日民主政权发布的第一个较为完善的专门惩治贪污的法律文献，将收受贿赂规定为贪污罪的一种行为方式，“是新民主主义廉政法制中第一次出现的犯罪。”参见杨永华主编《中国共产党廉政法制史研究》，人民出版社2005年版，第94—95页。笔者认为，《惩治贪污条例》所采取的包容立法模式，将受贿罪作为贪污罪的一种行为模式，进而配置与适用相同的法定刑标准，是造成将受贿罪与贪污罪法益混同的一个根本原因，进而影响了其后直至当下中国贪污贿赂犯罪立法体系的设计、刑罚配置原则，造成了立法观念与制度设计上的异罪同罚问题。

即国家机关、企业、学校及其附属机构的工作人员强索他人财物，收受贿赂的行为（第2条）。三是行贿罪与介绍贿赂罪。即一切向国家工作人员行贿、介绍贿赂的行为（第6条），以及在公平交易中给予小额回扣的行为（第7条）。四是非国家工作人员职务侵占罪。即非国家工作人员侵吞、盗窃、骗取或套取国家财物的行为（第8条）。五是包庇、不履行腐败举发职责罪。即一切国家机关、企业、学校及其附属机构的领导人员，凡发觉其所属工作人员贪污而故意包庇或不予举发，情节严重的行为（第13条）。六是打击、报复检举人罪（第14条第2款）。在上述行为设定中，值得关注的内容在于：一是在贪污罪（受贿罪）的构成要件中，并未设定"利用职务上的便利"的客观要件，刑法的调整范围具有广泛性。二是第五种行为的设定，具有高度的创新意义，较之其他犯罪的立罪模式，本罪已经超越了贪污贿赂犯罪属于作为犯的一般认识，而明确设定了不作为的行为模式。显然，通过特别刑法，设定的立体化犯罪规制系统，涉及"积极的贪污贿赂犯罪——消极的贪污贿赂犯罪不纠举行为——检举人的刑法保护"的罪名体系。

3. 关于罪刑关系的基本原则。《惩治贪污条例》第3条规定了罪刑关系的一般原则，其特点有：一是"以赃计罪"为罪刑关系配置的核心原则。[①] 犯罪

① "以赃计罪"的立法模式，最早可追溯至1933年12月15日发布的《中华苏维埃共和国中央执行委员会训令（第26号）——关于惩治贪污浪费行为》。作为新民主主义革命时期惩治贪污行为的重要立法，明确规定了三种犯罪的法定刑标准，即对贪污公款罪，按四等惩罚：（一）贪污公款在500元以上者，处以死刑；（二）贪污公款在300元以上500元以下者，处以3年以上5年以下的监禁；（三）贪污公款在100元以上300元以下者，处以半年以上2年以下的监禁；（四）贪污公款在100元以下者，处以半年以下的强迫劳动。对于贪污公款罪，除上述处罚外，得没收其本人家产之全部或一部；并追回其贪污之公款。对于挪用公款罪（在《训令》中，挪用公款被作为贪污罪的一种行为方式加以明确规定），完全照贪污公款罪定罚，没有减免刑罚的区别。对于浪费公款罪，根据浪费程度进行处罚。轻者警告，重者撤销职务，严重者处以监禁（1个月以上3年以下的徒刑）。"以赃计罪"立法模式为《陕甘宁边区惩治贪污条例（草案）》所继承，该条例规定犯贪污罪者，根据数目多少、影响之大小以决定刑罚。贪污千元以上者，处死刑；500元以上者，处5年以上有期徒刑或死刑；300元以上500元以下者，处3年以上5年以下有期徒刑；100元以上300元以下者，处1年以上3年以下有期徒刑；100元以下者，处1年以下有期徒刑或苦役。各抗日民主政权，在开展反腐败斗争中，通过学习陕甘宁边区的经验，制定和颁布了贪污惩治条例或暂行办法。

数额是法定刑强度与刑种配置的基准，适当兼顾了犯罪情节对法定刑的调节作用，表现为其最高一档法定刑中"情节+数额"的死刑适用条件，使作为最高刑的死刑的适用具有了适用弹性。二是刑种的多元化。在尚未制定刑法总则、构建刑种系统的情况下，特别刑法明确设定了生命刑、自由刑、财产刑（没收财产）和资格刑（剥夺政治权利）的刑种体系，具体规定了管制、劳役、有期徒刑、无期徒刑和死刑，同时，在最低档法定刑配置中设定了刑罚与行政处分的衔接制度。[①]三是实现量刑情节的法定化。《惩治贪污条例》第4条、第5条分别规定了11种从重或者加重处罚情节，以及4种从轻处罚情节，排除了刑罚适用中的随意性，确保了腐败犯罪惩治的法制化标准。

4.关于刑罚裁量制度。《惩治贪污条例》明文规定的刑罚裁量制度有：数罪并罚（第4条第2款、第6条第2款）、出罪条款（第4条第4款和第7条，适用于行贿罪）、刑罚易科（第10条，主要适用于违法所得的追缴不能）、再犯（第16条）等，实现了刑罚裁量制度的体系化。

《惩治贪污条例》规制的行为内容并不限于贪污罪，而是涵括国家工作人员所实施及以国家工作人员为行为对象的行为，也包括非国家工作人员的犯罪。从上述关于立法规制范围、罪刑关系原则、刑罚裁量制度等的分析中足以发现，《惩治贪污条例》作为中国第一部反腐败特别刑法，已经开始了立法理念上的有益探索，表现在以下几个方面：一是罪刑法定主义原则的现实探索。尽管在任一规范性文件中均未有对此方面的明确陈述，然而，就立法关于罪刑关系以及刑罚适用体系的规定而言，足以发现受到了明确的罪刑法定原则的指导，并成为立法奉行的基本原则。二是行贿——受贿犯罪对称性处

① 《惩治贪污条例》第3条规定，个人贪污数额在一亿元以上者，判处十年以上有期徒刑或无期徒刑，情节特别严重者判处死刑；个人贪污数额在五千万元以上不满一亿元者，判处五年以上十年以下徒刑；个人贪污数额在一千万元以上不满五千万元者，判处一年以上五年以下徒刑，或一年至四年的劳役，或一年至二年的管制；个人贪污数额不满一千万元者，判处一年以下的徒刑、劳役或管制，或免刑予以开除、撤职、降职、降级、记过或警告的行政处分。参见《惩治贪污条例》，载中共中央文献研究室编《建国以来重要文献选编》（第三册），中央文献出版社2011年版，第135页。

罚的理念探索。[①]《惩治贪污条例》不仅在第 6 条规定了行贿罪、介绍贿赂罪，同时，在该条关于两罪刑事责任的原则上规定了行贿人、受贿人和介绍贿赂人在量刑起点和标准上相同的原则，这一理念探索，坚持了贿赂犯罪同等处罚的原则，对于贿赂犯罪的治理，具有特别重要的指导意义。三是不同犯罪主体对称性处罚的理念探索。《惩治贪污条例》作为第一部反腐败特别法，其所规制的行为主体具有广泛性，涉及一切国家工作人员、非国家工作人员、社会团体人员，在前二者的刑罚配置与适用上，特别刑法规定了同罚原则，从腐败对国家整体法益损害的视角设定相同的处罚原则与强度，而不将行为主体的身份作为刑罚适用与否与强度选择的标准，基于腐败整体侵害了社会的公平价值，主体身份并不应具有刑罚适用的宽赦条件，因而，不同行为犯罪平等配刑原则具有创新意义。总之，上述立法理念上的探索与实践，开创了中国刑法立法的发展方向，具有极其重要的法制意义。

二、贪污贿赂犯罪立法的首次法典化及其修正

（一）腐败犯罪惩治法体系的生成

始于 20 世纪 70 年代末期的改革开放，是中国特色社会主义现代化的肇始。党的十一届三中全会在深刻总结新中国成立以来，特别是“文化大革命”以来中国社会发展经验的基础上，作出了必须加强社会主义法制建设的决定，以现代化的起步为标志，中国迅速迈出了法制国家建设的步伐。以 1979 年 7 月多部国家基本法的颁行为标志，作为国家法制根基之一的刑法典也同步颁

① 钱小平教授提出，在贿赂犯罪的刑事政策选择中，实行定罪机制、合作机制与控制机制对待的对称性刑事政策已经成为国际社会的普遍选择。中国惩治贿赂犯罪刑事政策设计以受贿罪的治理为中心展开，对受贿罪与行贿罪采取差异治理的不对称性刑事政策，在客观上无法有效遏制贿赂犯罪的膨胀。为实现贿赂犯罪根源性治理的目标，有必要根据《联合国反腐败公约》的要求，积极倡导并在立法中实现对称性刑事政策的要求。参见钱小平《惩治贿赂犯罪刑事政策之提倡》，载《中国刑事法杂志》2009 年第 12 期。

行。伴随中国社会经济发展模式由以计划经济为中心向以建构社会主义市场经济体制为中心的变化，经济主体关系与利益目标呈日益多元化的趋势，基于渐进性转型模式、公共权力广泛介入社会经济生活以及法制化资源的不完备而产生的社会治理资源贫乏，造成了社会转型中包括腐败犯罪在内的多种犯罪的膨胀，社会治理任务骤然提升。探索时期的腐败治理，是社会转型起步阶段的一种治理新实践，因国家法制治理资源的供给不足、治理理念尚未发生完全的转型，在治理情势持续严峻、治理需求增大等诸元素的叠加下，惩治法规范成为治理资源建设的重点。

1979年7月1日通过的《刑法》是中国走上法制国家道路的标志之一，实现了惩治腐败犯罪立法的法典化，该《刑法》以对新中国成立之初《惩治贪污条例》的完善与改造为基础，实现了腐败犯罪立法的首次完备化。

1. 以有限干预为导向的罪名体系与罪质定位设计。1979年《刑法》设定了五种腐败犯罪，包括贪污罪、受贿罪、行贿罪、介绍贿赂罪和挪用特定款物罪，是对《惩治贪污条例》的继承和发展。一是在罪名体系上，将"包容性"立法的贪污罪根据行为模式的不同进行了罪名具体化；受贿罪从贪污罪中分离，成为独立罪名，而挪用特定款物罪则属新立罪名。二是在行为结构上，实现了对侵吞型、交易型与挪用型行为的体系性刑法规制。三是在罪刑关系上，实现了刑罚的适度轻缓化。四是在行为性质上，罪刑规范构成要件要素内容简化，有利于扩大刑法的评价能力。五是在罪名的章类归属上，《刑法》所规定的腐败罪名，分别被置于分则第三章破坏社会主义市场经济罪（挪用特定款物罪）、第五章侵犯财产罪（贪污罪）和第八章渎职罪（受贿罪、行贿罪、介绍贿赂罪）之中，由此章类归属可知，腐败犯罪尚未形成罪群系统，且由于贪污罪被归于财产犯罪中，其职务性经济犯罪的品性并未在立法中得到全面认识。

2. 以罪质为中心的罪刑关系设定。一是依罪设刑。尽管贪污罪、受贿罪是最典型的腐败犯罪罪名，但是，《刑法》基于将二罪分立于财产犯罪、渎职犯罪罪章的现实，对二者配置了不同的法定刑幅度，调整了《惩治贪污条例》对贪污罪和受贿罪同时配置死刑的规定，取消了受贿罪的死刑，刑罚强度整体趋缓。[①]二是调整罪刑基准。取消《惩治贪污条例》中关于贪污罪法定刑“以赃计罪”的基准模式，数额不再被作为确定法定刑幅度的唯一标准，除基本犯的刑罚外，不仅要考虑犯罪数额，同时对犯罪情节作出明确规定。在受贿罪的法定刑规定中，刑法未再设定“犯罪数额——刑罚”的对应关系，且从1979年《刑法》第185条第2款的规定来看，在受贿罪基本犯成立的情况下，因受贿导致严重损失的，被作为提高法定刑幅度的唯一考量因素。[②]

3. 以限缩性为中心的要件体系设定。一是增加构成要件要素内容。在贪污罪与受贿罪的构成要件要素设定中，首次增设“利用职务上的便利”的构成要件，这一要件的立法引入，表明非直接借助公职行为实施的对公共财产的占有，以及收受财物的行为不能成立犯罪，较之《惩治贪污条例》，贪污罪（受贿罪）立法规制的范围受到限缩，犯罪成立的条件严格化。二是主体范围差异。《刑法》对贪污罪设定了两类犯罪主体，即国家工作人员和受国家机关、企业、事业单位、人民团体委托从事公务的人员，而受贿罪则仅为国家工作人员。立法对二罪主体范围的规定不同，是基于对实施贪污与受贿行为时所利用的公共权利属性的差异，“受委托从事公务的人员”，尽管不具有国家工作人员身份，但因其享有直接管理公共财物的权力，因而存在成立贪污罪的可能；而就受贿罪而言，则不仅要求行为人具有特定的公共权力，还应具有相当的身份。[③]

首部《刑法》发布于改革开放刚刚起步的1979年，其在腐败犯罪的罪名体系、罪刑关系及构成要件内容设定上，均带有深深的计划经济的时代“烙印”，最突出的表现为立法对改革开放以后可能面临的社会治理情势无法预料，1979年7月1日五届全国人大二次会议通过该法典时，计划经济背景下

① 1979年《刑法》第155条规定，犯贪污罪，数额巨大、情节严重的，处5年以上有期徒刑；情节特别严重的，处无期徒刑或者死刑。第185条规定，犯受贿罪，处5年以下有期徒刑或者拘役；致使国家或者公民利益遭受严重损失的，处5年以上有期徒刑。

② 孙国祥、魏昌东:《反腐败国际公约与贪污贿赂犯罪立法研究》，法律出版社2011年版，第90—91页。

③ 孙国祥、魏昌东:《反腐败国际公约与贪污贿赂犯罪立法研究》，法律出版社2011年版，第89页。

严密的社会管理体系，特别是新中国成立后严厉的腐败治理实践，均使腐败犯罪得到了有效控制，其发案率低，从而在刑罚配置上也仅设定了较低的法定刑，然而，这一法制体系在汹涌的腐败犯罪治理需求面前存在着法制资源供需矛盾的严重危机。

（二）腐败犯罪惩治法体系的发展

1. 局部调整：以严密法网、加重惩罚为中心的1982年《全国人民代表大会常务委员会关于严惩严重破坏经济的罪犯的决定》

1979年《刑法》发布于改革前夜，就贪污贿赂及许多犯罪的立法，均因立法预测可能性的障碍而存在显著的时代局限，《刑法》发布后，市场经济过渡时期的大潮，使贪污受贿犯罪急剧膨胀，刑法规制能力不足的短板不断暴露出来，国家腐败治理的立法需求明显提升。如何规制腐败犯罪，成为立法者必须直面的问题，法制化导向下的腐败治理，唯以健全法制体系为基础，方得满足法制国家的要求。对此，1982年3月，全国人大常委会通过《关于严惩严重破坏经济的罪犯的决定》（以下简称《决定》），启动了以提高刑法规制能力为导向的修法，受贿罪在此之列。

《决定》第1条第2款对受贿罪的修改包括：一是要件删减。取消受贿罪"利用职务上的便利"的前提条件，《决定》作出将这一要件删除的立法处理，目的在于扩大受贿罪罪刑规范的调整范围，强化刑法的评价与干预功能，使这一要件要素成了最短命的规范要素。二是行为增设。"索贿"行为被作为受贿罪的独立行为类型。三是主体明晰。1979年《刑法》第83条首次采总则一般规定方式对"国家工作人员"作出规定："本法所说的国家工作人员是指一切国家机关、企业、事业单位和其他依照法律从事公务的人员。"较之于《惩治贪污条例》扩大了犯罪主体的范围。《决定》第1条则进行了细化："……本决定所称国家工作人员，包括在国家各级权力机关、各级行政机关、各级司法机关、军队、国营企业、国家事业机构中工作的人员，以及其他各种依照法律从事公务的人员。"这一细化，既是国家机关已得到系统构建的体现，也提升了刑法的评价功能。四是罪刑关系调整。恢复受贿罪、贪污罪同罪同罚的处置模式，提高受贿罪的法定最高刑，将原罪刑关系和幅度调整为，“比照刑法第一百五十五条贪污罪论处；情节特别严重的，处无期徒刑或者死刑”。五是附随行为犯罪化。包括《决定》第1条将贪污贿赂犯罪的相关行为犯罪化，规定了五种犯罪行为：①国家工作人员利用职务包庇、窝藏受贿犯罪分子，隐瞒、掩饰其犯罪事实的，以徇私舞弊罪追究刑事责任。②国家工作人员的亲属或者已离职的国家工作人员，实施前述行为的，以包庇罪追究刑事责任。③为上述犯罪分子销毁罪证或者制造伪证的，以伪证罪追究刑事责任。④对执法人员和揭发检举作证人员进行阻挠、威胁、打击报复的，以妨害社会管理秩序或者报复陷害罪追究刑事责任。⑤对于实施受贿犯罪的人员，有追究责任的国家工作人员不依法处理，或者因受阻挠而不履行法律所规定的追究职责的；对犯罪人员和犯罪事实知情的直接主管人员或者仅有的知情的工作人员不依法报案和不如实作证的，分别比照刑法玩忽职守罪、徇私舞弊罪和私放罪犯罪追究刑事责任。[①] 这一修正明显受到了《惩治贪污条例》的影响，尽管在立法功能上更多具有宣示性意义，但是，对贪污贿赂犯罪实施立体性、综合性治理的方式，则显著提高了国家治理受贿罪等犯罪的能力，是立法上的一大突破。

2. 体系的首次更新：以重构腐败犯罪惩治法为中心，创立“中国第二部反腐败特别法”

1988年第六届全国人大常委会第二十四次会议通过《关于惩治贪污罪贿赂罪的补充规定》（以下简称《补充规定》），其核心在于“扩容”“增压”。前者是指，通过新犯罪化和技术性修改，以扩大刑法的规制范围。后者是指加大刑罚力度、扩大刑罚威慑。《补充规定》共13个条文，除对《刑法》已规定的贪污罪、受贿罪、行贿罪进行修改外，还增设5种新罪。《补充规定》无论在立罪数量、刑罚体系，还是立法的完善程度上均大有创新，使之成为“中国第二部反腐败特别法”。其主要修正内容涉及：

① 孙国祥、魏昌东：《反腐败国际公约与贪污贿赂犯罪立法研究》，法律出版社2011年版，第90—91页。

一是全面修改原有构成要件。对贪污罪、受贿罪与行贿罪的犯罪构成要件设计、刑罚处罚原则以及法定刑配置标准进行“技术性”修改，以期尽可能地满足腐败犯罪惩治的现实需要，是《补充规定》的首要使命。值得关注的是，《补充规定》在贪污罪行为模式上取得了立法上的重大突破，传统刑法对腐败犯罪以作为犯为基本规制对象，新中国成立之初的《惩治贪污条例》尽管已规定不作为的腐败犯罪类型，即包庇、不履行腐败举发职责罪[①]，但其行为内容并非贪污罪的行为模式本身，《补充规定》第10条首次将不作为型的贪污罪纳入立法规制的范围之中，即国家工作人员在对外交往中接受礼物，依照国家规定应当交公而不交公，数额较大的，以贪污罪论处。

1988年《补充规定》对贪污罪受贿罪罪刑规范的完善

修正对象		贪污罪	受贿罪	行贿罪
构成要件	主体要件	将“国家工作人员”扩大为“国家工作人员、集体经济组织工作人员或者其他经手、管理公共财物的人员”	将“国家工作人员”扩大为“国家工作人员、集体经济组织工作人员或者其他经手、管理公共财物的人员”	未作调整
	行为要件	1.采列举方式明确行为类型，引入“侵吞、盗窃、骗取或者以其他手段非法占有公共财物” 2.增设不作为行为类型，引入“在对外交往中接受礼物，依照国家规定应当交公而不交公，数额较大的行为”	1.将受贿罪的行为划分为索取和收受贿赂 2.引入“为他人谋取利益”要素 3.增设经济受贿行为类型，引入“在经济往来中，违反国家规定收受各种名义的回扣、手续费，归个人所有的”	增设经济行贿行为类型，引入“在经济往来中，违反国家规定，给予国家工作人员、集体经济组织工作人员或者其他从事公务的人员以财物或者回扣、手续费的行为”
	主观要件			首次将“为谋取不正当利益”引入犯罪主观要件

---

① 《惩治贪污条例》第13条规定，一切国家机关、企业、学校及其附属机构的领导人员，凡发觉其所属工作人员贪污而故意包庇或不予举发，情节严重的行为。

续表

修正对象		贪污罪	受贿罪	行贿罪
刑罚	处罚原则	1. 采用“以赃计罪”的法定刑配置原则 2. 统一规定贪污罪数额与法定刑幅度之间的对应关系 3. 在法定刑各档次中强调犯罪情节对刑罚确定的作用	1. 确立受贿罪与贪污罪同罚原则 2. 对受贿罪实行“以赃计罪”配刑原则 3. 区分索贿与收受贿赂的社会危害程度	
	法定刑配置	明显提高贪污罪刑罚处罚强度	引入“使国家利益或者集体利益遭受重大损失”条件，注重其对配刑的影响	1. 较大幅度提高行贿罪刑事责任程度 2. 对“情节特别严重”的行贿犯罪，配置“无期徒刑，并处没收财产”
	刑罚裁量	在共同犯罪处罚原则上，对贪污犯罪集团的首要分子和其他共同贪污犯罪的主犯，规定按照集团贪污或者共同贪污的总数额处罚	明确因受贿而进行违法活动构成其他犯罪的，实行数罪并罚	明确因行贿而进行违法活动构成其他犯罪的，实行数罪并罚

二是增设新罪。包括：第一，在贪污贿赂犯罪立法体系中，首次在自然人腐败犯罪类型之外，增设单位腐败犯罪，实现了立法体系上由自然人犯罪主体向单位犯罪主体迈进的首次重大突破。需要特别注意的是，单位贿赂犯罪的增设，先于刑法典确立“单位犯罪主体”的规定，是一种典型的单行刑法的“超前立法”，体现了对此类犯罪刑法规制的迫切性。[①] 在单位腐败犯罪的罪名体系中，设定了交易型的单位受贿罪和单位行贿罪。第二，根据新类型腐败犯罪立法规制的需要，增设挪用公款罪、巨额财产来源不明罪和隐瞒境外存款罪 3 个罪名，大幅扩张了刑法规制行为的范围。然而，从立法颁行后的实际适用状况看，单位贿赂犯罪的罪刑规范并没有得到广泛的适用，较之普遍流行的单位贿赂犯罪的实际发生情况而言，其追惩数量有限，在腐败犯罪治理资源上更多是处于“备而不用”的状态，立法价值有待提高。

① 孙国祥、魏昌东：《反腐败国际公约与贪污贿赂犯罪立法研究》，法律出版社 2011 年版，第 93—94 页。

三是罪刑关系的调整。《补充规定》是对中国贪污贿赂犯罪立法体系的首次全面更新，增设多种新型腐败犯罪，调整构成要件要素内容，同时，也就罪刑关系作出了重点调整，其中，对贪污罪、受贿罪的定罪量刑标准的规定模式，具有创新意义，值得特别关注。第一，恢复《惩治贪污条例》关于“犯罪数额——法定刑”的明确配置关系模式，采取了具体数额与法定刑幅度的量化标准，这一模式为 1997 年刑法典所沿用。第二，针对死刑的适用，《补充规定》第 2 条规定，个人贪污数额在 5 万元以上的，处 10 年以上有期徒刑或者无期徒刑，可以并处没收财产；情节特别严重的，处死刑，并处没收财产。第 5 条则规定，对犯受贿罪的，根据受贿所得数额及其情节，依照前述第 2 条的规定处罚；受贿数额在 1 万元以上，使国家利益或者集体利益遭受重大损失的，处无期徒刑或者死刑，并处没收财产。上述规定，显然对贪污罪和受贿罪的死刑适用在基本统一标准之外，又根据受贿罪的特点，对其中部分行为采取了不同的数额标准和情节标准，这一规定，符合贪污罪和受贿罪的不同特点，对死刑的裁量标准进行了区别对待，是立法科学化的集中体现。

3. 第二次体系更新：腐败犯罪立法向私营部门的延伸

20 世纪 90 年代，随着社会主义市场经济体制的确立与推进，企业的所有制形式和经营方式呈现出多元化和复杂化趋势，同时，也逐渐暴露出《补充规定》有关贪污贿赂犯罪主体设定的局限性，单一的贪污贿赂罪罪名无法涵盖发生在非公有制企业内的侵吞或者贿赂行为，无法满足非公企业财产保护和正常市场竞争秩序维护的需要。[①]1995 年 2 月 28 日，第八届全国人大常委会第十二次会议通过《关于惩治违反公司法的犯罪的决定》，共设 15 个条文，除增设违反公司管理秩序犯罪外，增设新型腐败犯罪 3 个，即公司、企业人员受贿罪、侵占罪和挪用资金罪。中国腐败犯罪立法体系自此拓展至私营部门的非国家工作人员，在新中国成立之后首次在公共机构的腐败犯罪罪名体系之外，构建出私营部门腐败犯罪的刑法治理系统，实现了对私营部门腐败犯罪的刑法规制。

经过《补充规定》和《关于惩治违反公司法的犯罪的决定》的两次系统

① 孙国祥:《贪污贿赂犯罪研究》(上册)，中国人民大学出版社 2018 年版，第 4 页。

更新，中国刑法贪污贿赂犯罪立法体系的基本框架已经完整地搭建起来，一个在犯罪主体上涵括自然人和单位犯罪主体，在身份上涵括公共机构和私营部门，在行为模式上涵括作为和不作为，在行为类型上涵括占有型、挪用型、交易型、隐瞒型行为的立体性罪名体系得以全面建立，中国特色腐败犯罪惩治法体系第一次实现了全面更新。

三、贪污贿赂犯罪立法的二次法典化及其修正

（一）1997 年《刑法》对腐败犯罪立法体系的重构

1997 年 3 月 14 日，八届全国人大五次会议发布了新修订的《刑法》，以全面法典化、体系化，进一步拓展刑法规制范围为导向，对首部刑法典颁行以来所有腐败犯罪的单行立法、附属立法进行了全面整合，采用“集中—分散”的二元立法技术，通过创设新型犯罪客体，实现了 13 种公营部门及其工作人员腐败犯罪的专章化（第八章“贪污贿赂罪”），对于 4 种私营部门及其工作人员的腐败犯罪，则仍采分散立法模式，为全方位提升刑法对腐败犯罪的评价与规制能力，在采取增设新罪名以推进犯罪化的立法措施的同时，在立法技术上通过扩大主体范围、增设行为类型、扩大犯罪对象范围等方式的尝试①，实现了腐败犯罪治理立法的体系化，再次步入新法典化的 2.0 版本时代。

1.“二元式”罪名体系。1997 年《刑法》沿袭《补充规定》和《关于惩治违反公司法的犯罪的决定》所创立的“二元”身份立法模式，根据主体身份，分别构建“以公共机构及其工作人员为中心”和“以私营部门公司、企业人员为中心”的罪名体系，前者被刑法调整的危害行为的类型，包括占有

① 刑法理论认为，犯罪构成要件要素的增减，影响或者决定罪刑规范的规制范围与规制能力，在通常情况下，扩大犯罪主体范围、减少构成要件要素的内容、扩大犯罪对象的范围，能够产生提高刑法规制能力的效果。对此，1997 年《刑法》进行了三个维度的系统性完善。参见孙国祥、魏昌东《反腐败国际公约与贪污贿赂犯罪立法研究》，法律出版社 2011 年版，第 99—100 页。

型、挪用型、交易型、私分型与隐瞒型行为[①]，规制的行为主体包括自然人和单位。而后者被刑法调整的危害行为的类型则包括了占有型、挪用型和交易型行为[②]，其被规制的主体包括自然人和单位。[③]

2."二元式"刑罚体系。1997年《刑法》在完善腐败犯罪罪名体系的同时，根据身份类型、"以赃计罪"、整体趋缓的原则，对腐败犯罪的刑罚体系进行了同步更新，包括：一是身份类型是法定型配置标准的基本依据，公营部门腐败犯罪的刑罚强度明显重于私营部门。二是统一贪污罪、受贿罪的法定刑。对贪污罪和受贿罪恢复异罪同罚的模式，消解了《补充规定》在二罪死刑适用标准上的创新之处，也加大了受贿罪最高法定刑配置上罪刑关系的紧张程度，使得受贿罪的犯罪客体再次被混同于贪污罪。三是坚持"以赃计罪"，同时兼顾犯罪数额与犯罪情节的刑罚配置原则。最突出的表现在于贪污罪和受贿罪的法定刑规定。1997年《刑法》第383条第1款第1项规定，对犯贪污罪、受贿罪，数额在10万元以上的，处10年以上有期徒刑或者无期徒刑，可以并处没收财产；情节特别严重的，处死刑，并处没收财产。[④]四是在总体刑罚

---

① 1997年《刑法》所规定的公营部门及其工作人员腐败犯罪包括：（1）分则第八章"贪污贿赂罪"（第382—396条）所规定的犯罪。一是占有、挪用型。贪污罪、挪用公款罪、巨额财产来源不明罪。二是交易型。受贿罪、单位受贿罪、行贿罪、介绍行贿罪、单位行贿罪。三是私分与私藏型。隐瞒境外存款罪、私分国有资产罪、私分罚没财物罪。（2）分则第五章"侵犯财产罪"所规定的挪用特定款物罪。

② 1997年《刑法》所规定的私营部门及其工作人员腐败犯罪包括：（1）分则第三章"破坏社会主义市场经济秩序罪"中所规定的非国家工作人员受贿罪和对非国家工作人员行贿罪。（2）分则第五章"侵犯财产罪"中所规定的职务侵占罪、挪用资金罪。

③ 私营部门单位贿赂犯罪的具体罪名，包括对非国家工作人员行贿罪（第164条第1款）。而公共机构单位犯罪的罪名则包括，单位受贿罪（第387条）、对单位行贿罪（第391条）、单位行贿罪（第393条）、私分国有资产罪（第396条第1款）、私分罚没财物罪（第396条第2款）。

④ 1997年《刑法》对于贪污受贿罪的死刑适用前提是情节特别严重，实际上也考虑到了数额以外的其他情节在死刑裁量中的重要意义，或者说，充分考虑到了数额和其他情节在整个案件的死刑适用中的综合判断功能。这是这一规定的积极价值所在。但是，值得关注的是，由于大量的贪污受贿犯罪的涉案金额远超过当时所确定的标准，死刑裁量的前提数额标准很容易达到，而所谓情节特别严重，由于其表述过于模糊，解释论上实际也可以将数额包括在内，因此，在数额特别巨大的场合，即使其他情节并不特别严重，也仍然仅仅因为数额特别巨大而存在适用死刑的可能，从而"情节特别严重"的综合判断功能就被实际消解。

幅度稳中有降的同时[①]，对贪污罪、受贿罪设定了绝对确定的死刑。按照《刑法》第383条，贪污受贿犯罪情节特别严重，就面临绝对死刑的裁量。这一条文在表面上是一个较低的加重数额起点标准和绝对死刑的结合，此种规范结构在其量刑结果上易于造成罪刑不均衡的问题，从而成为司法实践中刑罚适用的焦点问题。

（二）腐败犯罪惩治立法的再完善

改革开放推进时期，是中国因现代化而导致腐败蔓延与扩张的时期，同时，也是国家不断加大腐败治理力度，并取得一定治理成效的时期，立基于腐败治理取得的积极成效，促使腐败犯罪的行为模式发生着深刻的变化，其核心行为模式表现为侵吞型、挪用型腐败犯罪的总量呈逐步下降趋势，而交易型腐败犯罪的行为方式则不断花样翻新。对此，立法机关根据社会发展需要，对刑法典进行了新的修正。

1.《刑法修正案（六）》。2006年6月29日，第十届全国人大常委会第二十二次会议通过，自2006年6月29日起实施。其修正重点主要是针对私营部门人员贿赂犯罪，包括扩大了非国家工作人员受贿罪的犯罪主体以及对非国家工作人员行贿罪的行为对象的范围，以弥补对私营部门工作人员贿赂犯罪的刑法规制范围的不足，经立法修改后，二罪的罪名被调整为“非国家工作人员受贿罪”与“对非国家工作人员行贿罪”。

2.《刑法修正案（七）》。2009年2月28日，第十一届全国人大常委会第七次会议通过，自2009年2月28日起实施，修正内容包括：一是增设“利用影响力受贿罪”。为有效应对我国在不断深化治理腐败犯罪中发生的贿赂犯罪的行为主体“外溢化”问题，即受贿罪的实际行为主体不断由国家工作人

---

① 表现为：（1）不仅未提高具体犯罪的刑罚幅度，还将行贿罪、对单位行贿罪的法定刑标准适当降低。（2）刑法对受贿罪的法定刑配置，一方面通过提高犯罪数额与刑罚配置标准之间的关系，适当调整刑罚适用标准。另一方面又通过取消《补充规定》第5条关于受贿罪刑罚处罚的特别规定，达到了适当减轻受贿罪刑罚强度的修法目的。参见孙国祥、魏昌东《反腐败国际公约与贪污贿赂犯罪立法研究》，法律出版社2011年版，第101页。

员本人向其近亲属和其他与该国家工作人员关系密切的人，以及离职的国家工作人员转移的问题，刑法增设新罪。二是调整巨额财产来源不明罪的罪刑关系，提高法定刑幅度。“巨额财产来源不明罪”产生于改革开放探索时期的刑法立法过程，是作为对腐败犯罪的堵截性规定而产生的一个独立罪名，其立法意图是对整体的腐败犯罪立法体系起到兜底作用，在对腐败犯罪者所拥有的“财产或者支出明显超过其合法收入”，又无法被证实成立其他腐败犯罪时的一种犯罪推定，此种犯罪推定以行为人无法证明其财产来源合法为前提，具有重要的减轻控方对腐败犯罪举证责任的作用，然而，自该罪名生效以来，因存在罪刑关系上的不协调，法定最高刑过低，从而在现实的刑法适用中，几乎成为被吸收的条款，其刑法惩治功能受到贬损，故此，《刑法修正案（七）》对这一问题进行了修正，经过立法修正，对于“差额特别巨大的”，可“处五年以上十年以下有期徒刑。财产的差额部分予以追缴”，提高了该罪的适用能力。

3.《刑法修正案（八）》。2011年2月25日，第十一届全国人大常委会第十九次会议通过，自2011年5月1日起实施，增设“对外国公职人员、国际公共组织官员行贿罪”，进一步丰富了我国腐败犯罪的罪名体系，同时，也确保了我国承担的《联合国反腐败公约》所规定义务的全面履行。

4.《刑法修正案（九）》。2015年8月29日，第十二届全国人大常委会第十六次会议通过，自2015年11月1日起实施，共52条，涉及贪贿犯罪的修正共6条。此次刑法修正以提高罪刑规范的评价能力、加大对腐败犯罪的威慑力度、严密腐败犯罪刑事法网、加重腐败犯罪的刑罚力度为目标，力求强化惩治性立法的效能，更为重要的是，《刑法修正案（九）》之前的历次立法修正，在本质上均是以增设新罪、扩大犯罪评价范围为中心的“外延扩张式”修法模式，总体上基本未触及罪刑规范的基本内容、对罪刑关系进行“内涵修复式”的内容，从刑法适用的效能与效益来看，在腐败犯罪刑法适用中存在的罪刑规范反复过滤、适用困难等问题始终未能得到有效的破解。

《刑法修正案（九）》对贪污贿赂犯罪的立法修正内容包括：

一是修改贪贿犯罪的法定刑基准和刑罚配置。腐败犯罪治理的深化，使

1997年《刑法》设定的贪污贿赂犯罪的法定刑面临极大的适用困难，表现为1997年《刑法》就贪污罪、受贿罪设定的刚硬的罪刑关系配置结构，且犯罪数额明显偏低，造成刑法适用的困难，亟须进行立法的修正，以缓解适用压力。① 重点修正内容包括：第一，贪贿犯罪由1997年《刑法》所规定的单纯的“数额犯”修改为“数额+情节犯”，以期提高刑法评价时的包容能力。第二，取消1997年《刑法》所规定的10万元以上、5万元以上、5000元以上及不满5000元四个档次，而采取立法定性、司法定量模式，在司法定量中，则大幅度提高了犯罪数额的幅度。第三，废除贪贿犯罪的交叉刑。1997年刑法典分则的所有罪名中，贪污罪和受贿罪是唯一专门规定交叉刑的罪名。《刑法》第383条第1款第（1）项至第（4）项所规定的法定刑，均存在刑罚交叉现象。② 贪贿犯罪“交叉式”法定刑模式弊多利少。其弊端在于：违背罪责刑相一致的刑法原则，导致罪责刑失衡；违背刑法平等原则，损害刑法的权威性和公正性；破坏贪污受贿罪刑罚结构的梯度性，影响刑罚的威慑力；扩张法官的自由裁量权。③ 第四，废除贪贿犯罪中绝对确定的法定刑。1997年《刑法》在7个罪名中规定了9种情形下绝对确定的法定刑，其中，《刑法》第383条、第386条规定，个人贪贿数额在5万元以上不满10万元，情节特别严重的，处无期徒刑，并处没收财产；个人贪贿数额在10万元以上，

---

① 1997年《刑法》第383条规定了贪污罪、受贿罪的法定刑幅度及其梯度，根据绝对罪刑法定原则的要求，在罪刑规范中设定了明确的数额，以及其与法定刑的对应关系，随着腐败治理的推进，逐步揭示出贪污受贿犯罪刑法适用的严重障碍，表现为在涉案金额的犯罪纪录屡被刷新的情况下，《刑法》所设定的犯罪金额和法定刑配置关系无法适用的问题，最典型的问题在于十年以上有期徒刑和死刑的适用问题，《刑法》第383条第1款第（1）项规定：“个人贪污数额在十万元以上的，处十年以上有期徒刑或者无期徒刑，可以并处没收财产；情节特别严重的，处死刑，并处没收财产。”一方面，犯罪金额在十万元以上，其可供选择的刑期和刑种均有限，而对于死刑的适用来说，更是存在无法克服的障碍，由此形成了罪刑法定原则与实际运行的严重冲突。

② 具体表现为：第一档次的法定刑和第二档次的法定刑在10年以上有期徒刑、无期徒刑部分交叉重合；第二档次中的5年以上10年以下有期徒刑部分交叉重合；第四档次法定刑中的1、2年有期徒刑部分与第三档次交叉重合。同时，第一档次法定最低刑是10年，第三档次的法定最高刑是10年，两者均包含了第二档次所规定的5年以上10年以下部分。

③ 张兆松：《“交叉式”法定刑不利于司法公正》，载《中国社会科学报》2015年3月9日B2版。

情节特别严重的，处死刑，并处没收财产。尽管在上述条文中，并没有对“情节特别严重”作出明确规定，但仍属于绝对确定的法定刑范畴。“绝对确定法定刑不能完全适应罪刑相当原则的要求，不能适应犯罪复杂化的需要，不能适应刑事政策变化的需要。”[①] 罪刑关系模式的更新，有效化解了刑法适用的难题。

二是对贪贿犯罪加大威慑力度，增设终身监禁。《刑法修正案（九）》第44条第4款规定：“犯第一款罪，有第三项规定情形被判处死刑缓期执行的，人民法院根据犯罪情节等情况可以同时决定在其死刑缓期执行二年期满依法减为无期徒刑后，终身监禁，不得减刑、假释。”“终身监禁”首次入刑，意味着因贪贿犯罪被判处死刑缓期执行的人员，不再有减刑、假释的机会，是我国刑法史上的一个重大突破。尽管学界对终身监禁的增设形成了两大理论阵营的对立，但不可否认的是，从加大对腐败犯罪的惩治力度、威慑力度的视角来看，终身监禁无疑具有积极的功能。

三是加大对行贿犯罪的惩治力度。1997年《刑法》第390条第2款规定：“行贿人在被追诉前主动交待行贿行为的，可以减轻处罚或者免除处罚。”立法上的“免除处罚”规定具有重要的刑事政策意义，然而，在司法实践中却成为放纵行贿犯罪的根据，严重影响了腐败犯罪的治理推进。《刑法修正案（九）》第45条将之修正为：“行贿人在被追诉前主动交待行贿行为的，可以从轻或者减轻处罚。其中，犯罪较轻的，对侦破重大案件起关键作用的，或者有重大立功表现的，可以减轻或者免除处罚。”从而严格了行贿犯罪从宽处罚的条件，表现为：第一，原规定是被追诉前主动交代的都可以减轻和免除处罚，新规定一般只能从轻和减轻处罚，不得免除处罚。第二，对免除处罚规定了严格的条件，即“犯罪较轻的，对侦破重大案件起关键作用的，或者有重大立功表现的”，方可免除处罚。这一立法规定，体现了加大对行贿罪处罚力度的导向。

---

① 张建军：《论我国法定刑立法的改进与完善——以明确性原则为视角》，载《武汉大学学报（哲学社会科学版）》2014年第2期。

四是增设对有影响力的人行贿罪。不断严密腐败犯罪的刑事法网，是1997年刑法典颁行后刑法修正的主导方向，《刑法修正案（九）》第46条规定："在刑法第三百九十条后增加一条，作为第三百九十条之一：'为谋取不正当利益，向国家工作人员的近亲属或者其他与该国家工作人员关系密切的人，或者向离职的国家工作人员或者其近亲属以及其他与其关系密切的人行贿的，处三年以下有期徒刑或者拘役，并处罚金；情节严重的，或者使国家利益遭受重大损失的，处三年以上七年以下有期徒刑，并处罚金；情节特别严重的，或者使国家利益遭受特别重大损失的，处七年以上十年以下有期徒刑，并处罚金。单位犯前款罪的，对单位判处罚金，并对其直接负责的主管人员和其他直接责任人员，处三年以下有期徒刑或者拘役，并处罚金。'"这一规定，再一次健全了行贿犯罪的法网系统。

五是增设财产刑，加大处罚力度。1997年《刑法》在职务犯罪的法定刑配置中较少规定财产刑，刑法分则第八章贪贿犯罪中只规定了3处可以适用罚金（单位受贿罪1处和单位行贿罪2处），且只能对单位适用，不能适用于单位犯罪中的主管人员和其他直接责任人员。贪贿犯罪作为职务型贪利犯罪，加大财产刑的适用具有独到的刑罚威慑效果，可以最大限度地提高刑罚效益，在西方代表性国家的刑法立法中，通常是根据贪贿犯罪的涉案金额处以2倍及以上的罚金，以此对犯罪人给予经济惩戒。[①] 为了加大对贪贿犯罪的财产刑处罚力度，《刑法修正案（九）》增设了13处罚金刑，罪名涉及公营机构工作人员的贪贿犯罪、单位贿赂犯罪和私营机构工作人员的贿赂犯罪。

---

① 最为典型的是《反海外腐败法》（*Foreign Corrupt Practice Act*，FCPA）关于违反该法的法定刑规定。《反海外腐败法》的制定，起源于美国20世纪70年代的水门事件。在对该事件的调查过程中，人们发现有许多美国企业在其内部设立了秘密贿赂资金，专门用于国内的政治献金以及贿赂国外政府官员。该工作组提出了一个要求对《1934年证券交易法》进行修订的议案，报请参众两院审议通过。在经过参众两院的激烈辩论后，1977年12月6日《反海外腐败法》正式出台，并于1998年进行了修订。根据该法，"对于犯罪的公司和商业组织，违反反腐败法规定的，可处以最高200万美元的罚金；自然人则会被处以最高10万美元罚金和5年以下监禁，而且，根据选择性罚款法的规定，可以根据行贿所图谋利益的两倍判处罚金"。

第二节
贪污贿赂犯罪立法体系建设中的原理更新

刑法立法体系是在一定立法理念的指导下综合运用立法理论与技术而形成的规范系统，探寻贪污贿赂犯罪立法体系建设的基本原理，是建构科学的腐败治理立法体系的基础。综观新中国成立70年来我国腐败犯罪刑法立法体系的发展历程，可将其发展中的重点问题归入以下基本原理之中。

一、立法修正模式选择与原理更新

我国贪污贿赂犯罪立法以根据地立法为范本，以《惩治贪污条例》为首次立法试验，以法典化为导向不断完善立法体系，是新中国成立70年来立法发展的主线。立法发展中，形成了单行刑法、附属刑法、刑法典与刑法修正案的模式，以适应时代发展为目标，及时应对腐败治理的需要。立法模式上值得关注的问题有：

（一）回应性立法与前瞻性立法

现代国家有效组织起对犯罪的反应，离不开立法体系的支柱作用，立法应如何定位社会治理的需要，以构建自己有效的治理系统，是立法体系发展的首要问题，对此，存在回应性立法与前瞻性立法两种基本模式。

回应性立法，是指在选择将立法及其所确定的法律机制作为调整社会治理矛盾的基本措施时，选择最具即时治理功能的刑罚方法，以期破解社会治理困难，最大效能地扼制已然膨胀的特定犯罪，及时消除其对社会治理的不利影响。易言之，回应性立法将化解已然的社会冲突作为立法体系完善的基本定位，以最大限度地提高破解成效作为立法目标。“立法修正是对刑法适用中已经发生、暴露或存在的突出问题的回应，而这样的问题往往具有有限性和零散性，一般不具有全局性和系统性，刑法修正对这样问题作出回应，不可避免地存在着解决问题上的有限性。”① 这一分析，道出了回应性立法所存在的弊端。本书认为，不应一概否定回应性立法的积极价值，由法律的基本功能所决定的②，立法只有积极回应社会的发展需求才能针对社会治理中的问题施策，从本质上说，所有的法律都不是绝对稳定的，因为“单单稳定性与确定性并不足以为我们提供一个行之有效的、富有生命力的法律制度”。③ 英美契约法巨擘科宾教授终其一生都认为法律不会确定不变，必须符合社会之需要及要求而改变方可。④ 现实的治理需要，决定着立法资源的投向。然而，更须关注的是，回应性立法中所普遍存在的功利性导向问题，尽管通过立法短期内扼制了特定犯罪的蔓延，但因并未消除该类犯罪的根源，从而更多关注的是治标性定位。从某种意义上说，回应性立法模式是社会治理面临突出问题，而国家治理能力有待提高时的一种“应激式”反应。

立法适应社会发展具有其积极意义，然而，值得关注的是，立法对社会发展的回应方式选择，应当对特定调整对象的特殊调整需求进行科学预测后进行更为深入的前瞻性立法，方能使立法在国家治理中的效能最大化，此时，就需要强调前瞻性立法的积极价值。前瞻性立法，是指在选择将立法及其所

---

① 彭辅顺:《回应性刑法修正反思》，载《山东警察学院学报》2019年第2期。

② “从普遍意义上说，法作为上层建筑是经济基础的反映。一方面，法律的内容、性质是由一定的经济基础决定，一定的法的变更与发展也取决于一定的经济基础的变更与发展；另一方面，法又服务于一定的经济基础，法对其赖以存在与发展的经济基础起引导、促进和保障作用，法对于与其矛盾的、旧的经济基础加以改造和摧毁。”参见沈宗灵主编《法理学》，高等教育出版社1994年版，第130—133页。

③ [美]E.博登海默:《法理学——法哲学及其方法》，邓正来、姬敬武译，华夏出版社1987年版，第311页。

④ 杨桢:《英美契约法论》，北京大学出版社1997年版，第4页。

确定的法律机制作为调整社会治理矛盾的基本措施时，选择最具即时与长效治理功能的法律方法，以期破解该治理矛盾产生的诱因结构，最大效能地扼制已然膨胀与未然发生的特定犯罪，根本性地消除其对社会治理的不良影响。显然，前瞻性立法不仅要回应社会治理中的现象性问题，更要关注从根本上化解矛盾与冲突的机制选择问题，因而更能满足社会的需要。

新中国成立70年来，我国的贪污贿赂犯罪立法体系建设，积极回应了社会转型时期国家治理中不断涌现的权力异化行使及其变异的问题，通过不断修正立法，应对犯罪治理中所不断涌现的新型犯罪，然而，如果仅根据社会发展中新型腐败行为模式作出回应，则只能处于“跟踪立法”的境地，其结果或者将导致刑法立法的象征性①，或者导致立法被动地回应社会，或者在以能动立法的形式导向下却并未产生实质的治理结果②，而无法真正对犯罪的本源性治理产生积极作用。

当下，我国贪污贿赂犯罪立法体系的建设，尚主要受到回应性模式的支配，从而在刑法应对腐败犯罪的功能上还存在功能性危机的问题，表现为，刑法的功能尚主要被定位于对已然腐败危害的惩治之上，对此，我国学者提出，未来的刑法修正不能只有回应性，还应具有足够的前瞻性。在刑法对于民众十分关心的重大现实问题不能不回应的情况下，立法者应前瞻性地考虑如何作出适度的回应；应在刑法公正、谦抑和效益的理念指导下，通过前瞻性、体系性、必要性的考量，对现实问题作出恰当的回应选择，形成回应有度、前瞻充分的刑法修正格局，从而避免刑法修正单以回应性为品格带来的负面性问题，同时又能发挥回应性品格在贯彻执行刑事政策、维护社会稳定、保障民生与安全等方面的积极作用，进而实现刑法修正在回应社会关切与维

① 我国台湾地区刑法学者古承宗提出，所谓象征性立法，是指立法者面对社会冲突的多样性与社会安全需求的快速增加，仪式性地将社会正在形成或者既成的风险意识纳入立法的脉络，以此强化民众对于特定冲突问题的价值判断。象征性立法宣示国家对有关问题已经有所作为，以平息高涨的舆论及满足民众对安全的需求，而实际上无意或未能解决民众需求的问题。参见古承宗《刑法的象征化与规制理性》，元照出版有限公司2017年版，第118页。

② 魏昌东:《新刑法工具主义批判与矫正》，载《法学》2015年第2期。

护刑法保守法地位之间的平衡。

深入探究回应性立法存在的根源，在立法理念上是受消极治理主义支配产生的结果。消极治理主义的核心在于，在腐败衍生的后端领域，重视事后性、结果性惩治的立罪模式。[①]而作为一种更新的腐败治理理念，积极治理主义理念则具有创新的价值。在国内研究领域，笔者最早提出了腐败治理的积极治理主义理念的主张，根据笔者的研究，积极治理主义源自英美等“内生型”现代化国家腐败治理的积极治理模式，是指“以腐败所赖以生存的本原性要素、内生性环境改造为治理重点，降低社会对腐败的容忍限度，增加权力滥用障碍，意在构建提高腐败追究可能与预防机会的机制，以多元化法律体系构建为制度框架，针对腐败犯罪形成更具主动性、进攻性、策略性的治理理念与机制”[②]。其核心主旨在于，立基于权力的生成与运行过程，围绕权力限制、透明与滥用惩治，积极建构全面、系统的腐败治理体系，实现由“惩治法”向“预惩协同型”立法的转型。所谓积极治理，并非盲目增加反腐的资源投入，而是根据公权分配与运行原理，在实质预防环节构建有效的权力监控体系，重在提质而非增量。[③]在积极治理理念之下，立法规制的重点无疑是预防法，立法应当以腐败所赖以生存的本原性要素、内生性环境改造为重点，构建切实有效的腐败前置预防制度，扩张刑事立法的预防功能，真正解决腐败衍生的环境化、生态化难题，实现腐败的根源性治理。尽管刑事立法已不再居于腐败治理体系的核心，但也应贯彻积极治理的核心要旨，拓展干预场域，加强对前端犯罪场域的干预，加强源头治理，激发刑法的预防功能。[④]

（二）外延扩张式修正与内涵修复式修正

刑法的修正，总体上涉及外延扩张式与内涵修复式两种基本模式。前者是指，立法机关以不断扩大刑法调整对象的范围作为立法修正的基本目标，

①　刘艳红等:《中国反腐败立法研究》，中国法制出版社2017年版，第133—135页。

②　魏昌东:《积极治理主义提升立法规制腐败的能力》，载《社会科学报》2014年10月31日A6版。

③　魏昌东:《腐败治理模式与中国反腐立法选择》，载《社会科学战线》2016年第6期。

④　钱小平:《我国惩治贿赂犯罪立法检讨——以积极治理主义为视角》，载《法商研究》2018年第1期。

而对刑法进行的修正与完善。在具体方法上，涉及增设新罪、创设新型犯罪主体、增加行为类型，以及其他调整犯罪构成要件内容的方法，以实现刑法加大对社会关系调整的需要。后者是指，通过深刻分析既有罪刑规范在犯罪规制能力上的不足，以消除既有罪刑规范所存在的内在缺陷，体系化地提高犯罪的规制能力作为立法修正的基本目标，以期提高刑法的调整效能、前置刑法调整的场域而进行的立法修正。在具体方法上，涉及调整构成要件的内容，删除冗余要素，优化法定刑配置结构，以及以优化罪刑关系结构为核心的修正。

综观历次贪污贿赂犯罪立法的修正，主要是以外延扩张式为主的修正，立法修正的重点主要是增设新罪、增加行为类型，尽管也已经开始转向对内涵修复的方面，如《刑法修正案（七）》对巨额财产来源不明罪的法定刑幅度的修正，以完善罪刑关系的配置结构；《刑法修正案（九）》就贪污罪、受贿罪的罪刑关系进行的修正，通过以“数额+情节”模式取代单一的数额模式，在一定程度上解决了刑法在评价贪污罪、受贿罪中能力不足的问题。值得关注的是，当下以内涵修复为导向的修正，尚未真正受到立法者的关注，表现为在既有腐败犯罪罪刑规范中长期存在的制约评价能力的问题未能得到有效破解，包括：（1）构成要件中普遍存在具有一定重复评价功能的要素，导致刑法评价中的反复过滤。如在将犯罪主体确定为国家工作人员的同时，又设定了“利用职务上的便利”要件，前者所规定的“从事公务”与后者具有一定的重合，形成了现实中反复评价的问题，导致司法适用中的现实困难。（2）在贿赂犯罪中，对具有对合性的受贿与行贿行为设定“为他人谋取利益”和“以谋取不正当利益为目的”的要件，人为限缩刑法规制对象的范围。（3）忽视贪污罪与受贿罪法益属性的本质差异，将本不应作为职务型经济犯罪的受贿罪在立法上做相同的评价，采“以赃计罪”评价原则，缩小了对贿赂犯罪的规制范围。（4）虽经《刑法修正案（九）》对贪污罪、受贿罪的评价基点作“数额+情节”的修正，但是，“情节”并未被授予独立的功能，仅作为“数额”的补充性要素，在受贿罪的犯罪交易模式已从典型的权钱交易逐步向权权交易、权色交易转型的情况下，造成对此类行为的评价不能。

当下中国的腐败治理正在关键的转折点上，腐败治理压倒性胜利已经取得，迫切需要贪污贿赂犯罪立法调整治理定位与功能，而以内涵修复为基本导向调整既有贪污贿赂犯罪罪刑规范所存在的问题，当为立法完善发展的重要方向。

二、罪名体系设计及其原理更新

我国刑法对贪污贿赂犯罪罪名体系建设，历经70年的发展，通过不断完善立法、补齐刑法调整的空白与短板，形成了具有中国特色的罪名系统，在罪名体系建构中，立法所规制的犯罪模式的范围，涵括了占有型、交易型、挪用型、私分型、隐瞒型的行为，罪名体系丰富。值得关注的原理性问题在于：

（一）以身份为中心的“二元”体系

传统贪污贿赂犯罪罪名体系所规制的对象，主要是公共机构人员的滥权谋利行为，然而，伴随中国市场经济的不断发展，在传统的公共机构领域之外又衍生出私营领域中的腐败行为类型，如在非公共机构中发生的占有型、交易型犯罪行为，以及作为公共机构腐败的重要源头，私营部门人员与公共机构人员之间的腐败交易呈大幅上升趋势，最为典型的是，私营部门为谋取有利的商业机会和经济地位，而实施向公职人员的贿赂行为。

为有效堵塞刑法规制的漏洞，1995年2月作出的《关于惩治违反公司法的犯罪的决定》，增设私营部门中的3种新型腐败犯罪，形成了有效的规制体系，具有积极的立法价值。然而，值得关注的问题在于：（1）私营部门腐败犯罪的构成要件设计，采用了简单移置公共机构犯罪要件的方法，造成了刑法评价能力上的障碍。（2）私营部门腐败犯罪的法定刑配置，仍是以自由刑为中心的刑罚体系，并未能体现私营部门腐败犯罪以经济性为主导的原则，就此类犯罪的财产刑配置，未能满足通过加重经济责任以加大刑罚威慑的要求。（3）私营部门腐败犯罪罪刑关系配置与公共机构的配置方式，采取了区别化的原则，在法定刑幅度上，低于公共机构腐败犯罪的刑罚强度。若就贪污罪和职务侵占罪的法定刑强度而言，由于均属职务型经济犯罪，基于所有权平等保护的原理，似应对之配置差异度不高的法定刑。

不仅如此，在以身份为中心的“二元”体系中，公共机构人员腐败犯罪的法定刑配置，并未能就身份而产生的权力属性及位级对法定刑的影响作出规定。[①]当下中国腐败犯罪的治理中，权力属性与位级关系对犯罪的发生及其程度的影响作用日益明显，为了有效扼制借助高位级权力，或者居于社会权力系统中关键的司法权、立法权力而实施的腐败犯罪，有必要以权责制为中心，设定有别于普通腐败犯罪的法定刑。

（二）以主体结构为中心的“双层”体系

在中国特色第二部反腐败特别法——《补充规定》中，立法首次将单位腐败犯罪引入犯罪体系之中，在其后的立法修正中，逐步形成了单位贿赂与私分两类犯罪，堵塞了刑法规制的漏洞。值得关注的问题在于：（1）单位腐败犯罪的责任形式，系传统的组织行为责任模式，即刑法仅对由单位决策机构实施的违反刑法规定的行为承担刑事责任，而未将组织监督责任设定为单位承担刑事责任的根据。“基于预防性治理之要求，增加组织监督责任、形成复合型的主体责任体系，是积极治理主义的又一基本立场。积极治理主义认为，现代贿赂衍生已经不再是权力支配者的个人独立行为，而与组织结构内部权力运行、监督不均衡有密切关系，后者对于贿赂行为的鼓励、放纵、默

① 积极治理主义坚持“权责制”的身份责任立场，对特殊公职人员规定了更为严厉的刑事责任。如考虑到司法公职人员贿赂行为损害到司法公正性与国民对法的信赖，较之普通贿赂更为严重，挪威刑法典（第114条）、荷兰刑法典（第364条）、希腊刑法典（第237条）等均规定了独立的司法贿赂罪，而德国刑法典第331—333条也将法官和仲裁员的贿赂作为加重情节处理。匈牙利则区分了高级公职人员和普通公职人员的身份差异，规定：普通公职人员受贿的法定基本刑为1—5年监禁刑；高级公职人员受贿的法定刑为2—8年监禁刑；高级公职人员受贿并违反职责的法定刑区间为5—10年监禁刑，进一步突出了对高级官员的重点惩治，体现了“严中从严”的更为积极的刑事惩治立场。参见钱小平《积极治理主义与匈牙利贿赂犯罪刑法立法转型》，载《首都师范大学学报》（社会科学版）2014年第6期。

许或者监督不足，是导致贿赂现象泛滥的重要原因。”[①] 因此，根据权力结构组织理论，行为监督者应承担对权力组织体内成员的监督责任，怠于行使监督责任而放任贿赂发生的单位，应当承担刑事责任。（2）单位腐败犯罪的司法适用状况不佳，罪刑规范适用率过低，刑法立法的意义未能得到有效展现。

（三）以行为模式为中心的“双向”体系

传统腐败犯罪立法在行为模式上采作为为主的立罪模式，我国腐败犯罪刑法从《惩治贪污条例》开始，就设定有不作为的行为类型，《补充规定》则增设贪污罪的不作为行为模式，而在贿赂犯罪中仍保持着作为犯的立罪模式。贿赂犯罪作为人类腐败治理中最难攻克的“堡垒”，立法对其行为模式的设定，决定着治理成效的状况。（1）“确立以作为为主、不作为为辅的‘二元化’行为类型模式，是积极治理主义下贿赂犯罪原理的重要创新。”[②] 传统贿赂犯罪属于单一的作为型犯罪，这种模式足以打击“独狼式”的贿赂犯罪，但是，随着腐败程度的加剧，以“利益共同体”为基础，出现了群体腐败、族群腐败，腐败呈现“生态化”“环境化”现象。对此，传统贿赂犯罪的行为模式则缺乏规制能力。为解决这一困境，积极治理主义根据事前预防的犯罪化原理和体系化治理的基本立场，引入保证人责任原理，将公职人员定位为维护权力廉洁运行的保证人，对其施加以监督体制内腐败的积极义务[③]，进而突破了传统贿赂犯罪立法的作为犯模式，增加了不作为型的贿赂犯罪[④]，公职人员的公职

---

① 钱小平：《积极治理主义与匈牙利贿赂犯罪刑法立法转型》，载《首都师范大学学报》（社会科学版）2014年第6期；刘艳红等：《中国反腐败立法研究》，中国法制出版社2017年版，第133—135页。

② 魏昌东：《腐败治理模式与中国反腐立法选择》，载《社会科学战线》2016年第3期。

③ 钱小平：《我国惩治贿赂犯罪立法检讨——以积极治理主义为视角》，载《法商研究》2018年第1期。

④ 匈牙利刑法典在此方面进行了初步尝试。2001年匈牙利CXXI法案第255条b款新增规定，“任何公务员通过可靠的来源知悉某一尚未被发现的贿赂行为（第250条至第255条），但未及时向有权机关报告的，构成轻罪，处2年以下监禁、公益劳动或者罚金”。参见2001. évi CXXI. Törvény。为有效限制刑法的不当适用，匈牙利刑法在同一条第2款规定，“对贿赂犯罪行为的近亲属，不应根据第1款的规定追究刑事责任”。

廉洁性保证责任，成了立法的基本根据。[1]（2）传统贿赂犯罪以交易性为立法评价的基本模式，我国刑法更以强调贿赂行为的交易性而著称，立法在构成要件内容中明确设定了谋取利益要素，从腐败深化治理的要求来看，只有破除作为交易前置条件的权力滥用可能，方能将对贿赂犯罪的治理引向更加深入的层次，为此，西方国家普遍设立了防范利益冲突的规定，美英等国更是将利益冲突型贿赂设定为独立的犯罪，以此消除贿赂犯罪的作用前场，起到了环境性治理的作用。[2]

三、刑罚体系设计及其原理更新

科学的刑罚体系设计，是实现刑法腐败治理目标的基本保证。不断完善贪污贿赂犯罪的刑罚体系，是新中国成立70年来立法发展的重要方面，立法发展经历了从刑罚轻缓（1979年刑法典较之《惩治贪污条例》，刑罚明显趋缓）向刑罚趋重的演变，1982年以来，基本维持在相对重刑度的标准之上，1997年刑法典基本维持了前期的刑罚幅度，保留了贪污罪、受贿罪的死刑，在其后的历次刑法修正中，又两次涉及了刑罚修正的内容，即对巨额财产来源不明罪提高法定刑幅度，以及对贪污罪受贿罪作出“严缓并行”的修正，一定程度上增加了刑罚威慑功能。值得关注的问题在于：

（一）以数额为中心的刑罚体系设定

“以赃计罪”是我国对贪污贿赂犯罪的传统评价方式。将行为人从实施腐

---

① 2012年匈牙利新刑法典第297条（知贿不报罪）（misprision of bribery）规定：“公务人员应当知晓未被发觉的贿赂行为，却没有立刻向权力机关报告的，构成重罪，判处3年以下有期徒刑。”匈牙利刑法典明确将公职人员举报贿赂犯罪设定为其法定义务，确立了公职人员对环境系统内公职廉洁性的保证责任，创新了传统贿赂犯罪的行为理论，体现出明显的刑法预防性治理之理念。

② 尤广宇、魏昌东：《从交易禁止到利益冲突：美国贿赂犯罪立法体系的建设路径》，载《国家检察官学院学报》2019年第1期；尤广宇、魏昌东：《从“加德纳案”看美国利益冲突罪的发展》，载《中国检察官》2019年第2期。

败犯罪中所谋取的利益多寡作为对其行为社会危害性程度的评价基准，进而设定出不同的法定刑幅度。[①]新中国成立之后，《惩治贪污条例》首次确立了这一刑罚配置基本原则，除在1979年《刑法》中曾有所调整外，1988年《补充规定》再次确认了数额在腐败犯罪刑法评价中的中心地位[②]，现行刑法贪污贿赂犯罪的刑罚设定中，全部保留了以数额为中心的刑罚基准与法定刑幅度的配置原则，这一配置原则，在法治取得更大进步的当下，有深入研讨的必要，表现为：（1）腐败犯罪在行为模式上涉及占有挪用型、权钱交易型、私分隐瞒型等多种类型，将对腐败犯罪社会危害性的评价基准，等同于行为人在腐败犯罪中的所得与收益，对于占有挪用型职务犯罪而言，具有一定的合理性，然而，将之作为权钱交易型职务犯罪的评价基准，则存在刑罚准确评价行为性质的障碍，更为重要的是，导致了刑法在评价权权交易、权色交易上的功能缺失，不利于刑法对新型贿赂犯罪的调整。（2）以数额为中心，在实质上是以职务犯罪造成的结果作为刑法评价的中心，这种结果评价的模式，造成刑法对腐败犯罪的评价基点滞后，不利于建构预防型腐败犯罪立法评价系统。（3）无论是公共机构还是私营部门的贪污贿赂犯罪，均以滥用一定的委托授权为行为实施的前提，以数额为中心，则无法将滥用委托授权的权力属性、滥权程度（即背离职权职责的程度）等要素在刑罚设定中作出评价，进而设定出具有差异化的刑罚体系，在实现刑罚与滥权关联要素相关联的同时，产生具有不同效度的刑罚威慑效应。（4）以数额为中心，对贪污罪和贿赂罪做出相同的法定刑配置，导致异罪同罚的结果。“贪污罪侵犯的直接客体是公共财产的所有权和国家工作人员职务行为的廉洁性，而受贿罪侵犯的直

① 由于在贪污贿赂犯罪中“以赃计罪”“以赃论罚”的立法观念较深，犯罪数额的多寡在很大程度上也与犯罪危害程度的大小存在对应关系，因此，在贪污贿赂犯罪刑量配置中历来都将数额因素作为重要依据直接在刑法条文设置中加以规定。参见卢勤忠、周立波《贪污贿赂犯罪的刑罚配置问题与立法完善的思考》，载《净月学刊》2016年第2期。

② 我国刑法在贪污贿赂犯罪的罪刑规范中对于罪刑关系的规定涉及两种模式，即定量模式、定性模式，前者以数额为中心设定罪刑关系，后者在立法规定中并未设定明确的数额与刑罚配置关系，然而，在司法适用中却以司法解释的形式规定了数额与刑罚的对应关系。

接客体是国家工作人员职务行为的廉洁性，其体现的社会危害性也不相对等，因此在刑量的配置上出现了异罪同配的问题，将受贿罪完全按照贪污罪的要求配置刑量并不科学。”①对此，《刑法修正案（九）》引入“数额+情节”的评价模式，是对数额为中心模式的纠偏。然而，在现实的法律适用中，犯罪情节的独立评价功能尚未得到全面的激活，最新司法解释仅具有对数额进行调节的“半评价”功能，情节在腐败犯罪刑法评价中的功能与作用需要得到更多的重视。

（二）财产刑的体系设计与功能定位

以自由刑为中心设定贪污贿赂犯罪的法定刑体系，是我国刑法就该类犯罪的法定刑的基本配置原则。在1997年刑法典中，财产刑并未能作为基本刑种得到普遍适用，为了加大对贪贿犯罪的财产刑处罚力度，《刑法修正案（九）》增设了13处罚金刑②，罪名涉及公营机构工作人员的贪贿犯罪、单位贿赂犯罪和私营机构工作人员的贿赂犯罪，这一立法修正使法定刑配置符合了职务型经济犯罪的治理需要。“贪污贿赂犯罪属贪利型犯罪，对其进行防治的重点不应是强化刑罚的厉度，而是在严密刑事法网的同时，提高犯罪的经济成本和社会成本。”③在财产刑配置中，值得关注的问题在于：（1）罚金刑的设定模式。我国刑法设定了三种罚金刑规定模式，即没有规定具体数额的罚金刑、规定具体数额的罚金刑以及以违法所得或犯罪涉及的数额为基准，处以一定比例或者倍数的罚金（浮动刑）。④我国刑法就贪污贿赂犯罪所规定的罚金刑均为没有规定具体数额的罚金刑，尽管《刑法》第52条就罚金

---

① 卢勤忠、周立波：《贪污贿赂犯罪的刑罚配置问题与立法完善的思考》，载《净月学刊》2016年第2期。

② 通过《刑法修正案（九）》增设罚金刑的罪名包括：行贿罪（第390条）、对单位行贿罪（第391条）、介绍贿赂罪（第392条）、单位行贿罪（第393条）。通过此次刑法修正，使得刑法分则第八章中除挪用公款罪外的所有罪名的法定刑中均配置了罚金刑。

③ 魏昌东：《中国惩治贪污贿赂犯罪罪刑规范立法运行效果考察》，载赵秉志主编《刑法论丛》2009年第4辑。

④ 张明楷：《刑法学》（上），法律出版社2016年版，第536页。

的判处作出了明确规定，即“判处罚金，应当根据犯罪情节决定罚金数额”，但是，基于浮动式法定刑在“实际涉案数额——罚金额”之间所建立的明确罪刑关系，其刑罚适用所产生的威慑效应应当优越于其他罚金配置模式。较之其他的普通财产犯罪，贪污贿赂犯罪是以职权为基础而实施的贪利行为，犯罪人的“成本——收益”意识高于普通犯罪人，若采用浮动式罚金刑配置模式，将有助于提升刑罚对犯罪人的威慑效应。（2）加大罚金刑犯罪治理成效的价值。以自由刑为中心对贪污贿赂犯罪做出法律的否定评价正处于困境之中，突出表现为在犯罪数额屡创新高而自由刑的刑度区间有限的情况下，产生了刑法评价的困境，国家在推进腐败治理中所提出的“零容忍”政策必然会对刑法的介入提出更高的要求，一方面，刑法要不断降低对腐败容忍的限度，这意味着入罪标准应当得以不断降低；另一方面，实际犯罪数额的不断升高，使有限的自由刑刑期难以匹配严重犯罪，由此出现“自由刑罚饱和”的问题，即自由刑已经无力作出罪刑相适应的评价。面对这一自由刑适用的障碍，有必要通过加大罚金等财产刑的作用来实现刑罚的威慑功能。据此，对贪污贿赂犯罪的罚金刑作出浮动罚金刑的改造，实为破解刑罚困局的策略之一。[①]

（三）死刑配置与作为死刑替代措施的终身监禁

在贪污罪、受贿罪的法定刑中配置死刑，是中国特色贪污贿赂犯罪刑罚体系建设的特色，其立法价值在于，通过对实施极其严重的贪污贿赂犯罪的行为人适用死刑，彰显国家对严重贪污贿赂犯罪无法容忍的态度，强化公权者必须恪守清廉准则的意识。然而，在一国刑法所确立的刑罚体系中，毕竟死刑有其独立的配置原则，根据罪刑均衡原则的要求，死刑只有在适用于与其所剥夺的权益相似的犯罪时，才具有相当性和合理性。伴随中国人权观念的觉醒和死刑观念的全面更新，死刑必须受到严格限制已在现实的腐败犯罪刑罚适

① 在西方代表性国家的刑法立法中，通常是根据贪贿犯罪的涉案金额处以2倍及以上的罚金，以此对犯罪人给予经济惩戒。

用中得到了积极的体现，腐败犯罪案件死刑的实际适用率已明显下降[①]，已经呈现出成为备而不用刑罚机制的趋势。在此背景下，要保持刑罚的高威慑效应，化解刑罚适用中的现实矛盾，就需要在进一步严格贪污贿赂犯罪死刑适用条件的同时，在刑罚机制中探寻有效的替代措施。

《刑法修正案（九）》对1997年《刑法》第383条第4款、第386条关于死刑的规定作出了重要修正，包括：

1.严格死刑适用的条件。《刑法修正案（九）》第44条第1款第（3）项规定，贪污"数额特别巨大或者有其他特别严重情节的，处十年以上有期徒刑或者无期徒刑，并处罚金或者没收财产；数额特别巨大，并使国家和人民利益遭受特别重大损失的，处无期徒刑或者死刑，并处没收财产"。这一修正，在坚持对贪污罪保留死刑的前提下，进一步严格了死刑适用的标准。表现为，只有同时符合数额特别巨大、使国家和人民利益遭受特别重大损失的，方能选择判处无期徒刑或者死刑，从而在单纯具备数额特别巨大或者仅仅具备其他严重情节的场合，并不能考虑死刑适用的可能性。而在数额特别巨大的同时使国家和人民利益遭受特别重大损失的，才具备死刑适用的可能。即使在这样的场合，在量刑时也应当优先考虑无期徒刑的运用，只有在无期徒刑不能充分反映行为的严重程度，无法实现罪刑均衡时，才应当考虑适用死刑。并且，数额特别巨大而又具有特别严重情节的贪污受贿罪，死刑并非绝对适用的刑罚，而是与无期徒刑相并列的选择刑种。2016年4月18日，《最高人民法院、最高人民检察院关于办理贪污贿赂刑事案件适用法律若干问题的解释》（以下简称《解释》），对《刑法修正案（九）》的死刑规定作出了更加限制适用，但又对贪污贿赂罪更具有威慑作用的死刑司法政策。依据《解释》第3条规定，贪污或者受贿数额在300万元以上，应当认定为《刑

---

① 根据我国学者孙超然的观察："从1991年至2015年8月，在我国法院对省部级以上高管因受贿罪判处死刑的28起案件中，仅有4起被判处死刑立即执行，其余24起均被判处死缓。"参见孙超然《论贪污罪、受贿罪中的"情节"》，载《政治与法律》2015年第10期。而根据我国学者孙国祥教授的观察："在2010年，我国共有12名省部级官员因受贿被判刑，其中8人被判处死缓。"参见孙国祥《受贿罪量刑中的宽严失据问题》，载《法学》2011年第8期。

法》第383条第1款规定的“数额特别巨大”；为了对无期徒刑和死刑的适用加以明确区分，《解释》第4条第1款则更加限制性地规定：贪污、受贿数额特别巨大，犯罪情节特别严重、社会影响特别恶劣、给国家和人民利益造成特别重大损失的，可以判处死刑。这一规定意味着，如果贪污受贿数额特别巨大，使国家和人民利益遭受特别重大损失，但并不同时属于犯罪情节特别严重、社会影响特别恶劣的，仍应优先适用无期徒刑而非死刑。只有在上述数额、犯罪情节、社会影响以及损失四个方面均符合的情形中，才可能适用死刑。

2. 引入终身监禁措施。即对于贪污、受贿数额特别巨大，并使国家和人民利益遭受特别重大损失，被判处死刑缓期执行的，人民法院根据犯罪情节等情况可以同时决定在其死刑缓期执行二年期满依法减为无期徒刑后，终身监禁，不得减刑、假释。由此确立了以重、特大贪污受贿犯罪的犯罪分子为专门适用对象的终身监禁制度。“终身监禁”首次入刑后，在学界形成了两大理论阵营的对立，支持说认为，“《刑法修正案（九）》增设的贪污受贿犯罪死缓犯终身监禁制度是宽严相济刑事政策下对贪污受贿犯罪慎用死刑与严惩腐败的有机结合，尤其对于严格限制死刑适用具有重要意义”。[①]“终身监禁制度的确立有利于实现罪刑均衡、强化一般预防，但并不带有在个案中加重罪犯刑事责任的色彩；该制度对死刑的替代作用有限，但在废除死刑的国际趋势和从严惩贪的社会民意之间达成了某种平衡和默契，具有开创性意义。”[②]反对说认为，“终身监禁不具备刑罚的正当理由即报应的正义性与预防犯罪的合目的性。对被判处死缓的特重大贪污、受贿犯增设不得减刑、假释的终身监禁，不符合报应刑所追求的罪刑均衡，也不符合我国1997年《刑法》第5

① 赵秉志、商浩文：《论死刑改革视野下的终身监禁制度》，载《华东政法大学学报》2017年第1期。

② 赵赤：《〈刑法修正案（九）〉中的终身监禁制度探析》，载《净月学刊》2016年第3期。

条规定的罪责刑相适应原则。”[1]就终身监禁的性质，有学者认为，应当对终身监禁作从宽的理解，即适用于原本应当判处死刑立即执行者。[2]有学者认为，在保留贪污、受贿罪死刑立即执行的同时规定终身监禁，属于在“死刑过重”的基础上增加了“生刑过重”，因而终身监禁是一种从严的规定。[3]另有学者则认为，终身监禁是对严重贪污受贿罪之处罚融宽严于一体的新举措，既适用于原本应当判处死刑立即执行者，也适用于原本应当判处死刑缓期执行者。[4]但是，不可否认的是，从加大对腐败犯罪的惩治力度、威慑力度的视角来看，终身监禁无疑具有积极的功能。尽管存在观点争议，但不可否认的是，在严格控制死刑适用的背景下，基于加大对腐败犯罪惩治力度的需要，终身监禁确实产生了提高威慑力度的积极功能，其适用应当具有重要的犯罪规制意义。

---

① 将终身监禁制度作为死刑替代措施是不妥当的。不得减刑、假释的终身监禁不应适用于被判处死缓的特重大贪污、受贿犯。对被判处死缓的特重大贪污、受贿犯增设不得减刑、假释的终身监禁，会导致死刑执行方式间的衔接不合理。立法者应坚持立法的科学化，客观、理性地对待民众对贪污、受贿犯罪的报应情感，在听取民意的同时，以立法引导民意。对宽严相济刑事政策和慎用死刑刑事政策的落实，应以刑法的基本原则为限度。参见王志祥《贪污、受贿犯罪终身监禁制度的立法商榷》，载《社会科学辑刊》2016年第3期。

② 赵秉志：《论中国贪污受贿犯罪死刑的立法控制及其废止——以〈刑法修正案（九）〉为视角》，载《现代法学》2016年第1期；陈兴良：《贪污贿赂犯罪司法解释：刑法教义学的阐释》，载《法学》2016年第5期。

③ 车浩：《刑事立法的教义学反思——基于〈刑法修正案（九）〉的分析》，载《法学》2015年第10期。

④ 黄京平：《终身监禁的法律定位与司法适用》，载《北京联合大学学报》（人文社会科学版）2015年第4期。

第三节
贪污贿赂犯罪立法体系发展的方向选择

人类与现代腐败斗争的历史证明，将腐败治理纳入社会公共治理系统，构建完备而科学的反腐立法体系，是根治腐败的关键。[①] 新中国成立 70 年来，我国已经构建起相对完备的由党内法规、国家立法组成的腐败惩治法体系，后者包括政务处分条例和刑事惩治法体系。基于刑法所具有的特殊的社会治理功能，必将在腐败治理中发挥积极作用。反腐立法体系的发展，不仅需要国家治理者与全社会的共同关注与积极推进，先进的立法理念、准确的立法定位、建构在对现代腐败衍生机理科学分析与准确把握基础上的体系与机制设计，也是反腐立法现代化的关键。

一、倡导并确立积极治理主义的立法理念

刑法的实施，特别是严刑的适用，尽管能吓阻犯罪，但其预防作用间接，原因在于，刑法根本无法消除腐败形成的社会条件，减少腐败形成与发展的机会，因而就减少甚至消除腐败发生的概率与条件而言，刑法是无能为力的，单纯依靠刑法打击，不过是腐败消极治理主义的表现。腐败的积极治理主义，要求以腐败所赖以生存的本原性要素、内生性环境改造为治理重点，降低社

① 魏昌东：《中国反腐立法体系的发展方向》，载《上海法治报》2015 年 11 月 4 日第 5 版。

会对腐败的容忍限度，增加权力滥用障碍[①]，意在构建提高腐败追究可能与预防机会的机制，以多元化法律体系构建为制度框架，针对腐败犯罪形成更具主动性、进攻性、策略性的治理理念与机制。核心主旨在于，着眼于权力的生成与运行，强化腐败预防，实现由“惩治型”向“预惩协同型”立法的转型。

积极治理主义理念并不仅仅是一面随风飘扬的旗帜，而是对立法的功能选择具有直接导向功能的行动指南，积极治理主义首先要求调整反腐立法体系建构的基点，而这一调整必将成为全面更新腐败犯罪立法体系建设系统的推进力量。立法理念的调整必然影响立法体系建构基点的选择，我国现行腐败治理刑法立法体系总体在法益定位上是合理的，以之为基础构建的立法是科学的，但是，在贿赂犯罪的法益定位选择上，仍存在完善的必要，当下以“公职不可收买性”为基础构建的反腐立法体系与规范模式，缺乏事前预防功能，更无法保护公共利益避免侵害，因而，应将防止利益冲突引入中国反腐立法体系构建的基础。对“利益冲突”设定禁止性规范，最早出现在19世纪后半期的美国，利益冲突是指公职人员的个人利益与其职务所代表的公共利益之间的冲突。最初仅具程序意义，主要为了防止政府雇员和前雇员在对美国政府的赔偿起诉中代表私人公民。后历经文官改革运动、进步主义运动以及美国行政体制结构变化的变迁，被赋予了实质意义上的腐败预防功能。[②]利益冲突罪的最大特点在于预防腐败，该罪被吸纳到美国贿赂犯罪体系后，促使治理体系发生了由“结果本位”向“诱因本位”的转型，治理模式由“外部打击”

---

① 魏昌东:《积极治理主义提升立法规制腐败的能力》，载《社会科学报》2014年10月31日A6版。

② 1948年美国法典专设第18编第11章“贿赂与以权谋私”，对部分散落于各法案中的贿赂犯罪规定进行了一定的整合，如“贿赂公职人员与证人罪”“贿赂金融机构审查员罪”“农业事务贿赂罪”等都归于一章之中，使得贿赂犯罪治理体系由原有的分散立法模式发展为集中立法模式，提升了贿赂犯罪立法的威慑效能。与此同时，行政伦理规范中具有预防腐败意义的罪名也在这一年的法典中悄然生根，1948年美国法典分别将五类典型的预防性反腐罪名通过立法整编到第18编“犯罪和刑事诉讼”之下，并分列于第11章“贿赂和以权谋私罪”、第15章“涉及政府事务的起诉和服务”、第23章“合同类犯罪”和第93章“政府官员与雇员”之中。1962年，美国第87届国会通过的第849号公法（Public Law 87–849）对1948年构建的五类预防罪名进行了彻底的结构性调整，将之整合至第11章“贿赂、以权谋私和利益冲突罪”（Bribery，Graft，and Conflict of Interest）中，利益冲突罪得到了正式确认。

向“内部控制”的转型。从交易禁止到利益冲突，是美国贿赂犯罪立法体系发展的基本方向。[①]党的十八大报告的一个重要精神，就是强调“防止利益冲突，更加科学有效地防治腐败”，因而，有必要构建中国的利益冲突理论体系，并将其作为反腐立法体系构建的理论基石。

二、实现反腐惩治法的层级化与效能化

（一）进一步严密刑事法网，增设新罪

腐败治理立法体系是一个由预防法与惩治法组成的系统，预防法中的行为规范在具有积极的预防功能的同时，也需要作为后置法的腐败惩治法保障，在构建与完善我国《反腐败法》或《财产申报法》，对国家工作人员的财产申报作出前置性规定的前提下，在刑法中增设具有腐败预防功能的犯罪：一是国家工作人员拒不申报、不如实申报财产罪。将“国家工作人员在不能提供合理理由的情况下拒绝或者错误地申报其财产，情节严重的”的行为予以犯罪化，没收财产并处或单处剥夺公职资格。二是怠于报告腐败犯罪活动罪。将“具有监管职责的国家工作人员，在职责履行过程中，明知属于自己监管的人有腐败犯罪的行为，仍不举报的”行为予以犯罪化。[②]三是企业预防行贿失职罪。经济主体的寻租行为是激发公职者设租的内在动因，基于此，英国2010年《贿赂法》首创“商业组织预防行贿失职罪”，创新了反腐刑法的责任类型。[③]我国有必要借鉴该罪的立法要旨，将“商业组织基于预防行贿

① 尤广宇、魏昌东：《从交易禁止到利益冲突：美国贿赂犯罪立法体系的建设路径》，载《国家检察官学院学报》2019年第1期。

② 魏昌东：《贿赂犯罪“预防型”刑法规制策略构建研究》，载《政治与法律》2012年第12期；钱小平：《“积极治理主义”与匈牙利贿赂犯罪刑法立法转型——兼论中国贿赂犯罪刑法立法改革之方向抉择》，载《首都师范大学学报》（社会科学版）2014年第6期。

③ 魏昌东：《中国反腐立法体系的发展方向》，载《上海法治报》2015年11月4日第5版；魏昌东：《英国贿赂犯罪刑法治理：立法发展与制度创新》，载《学习与探索》2013年第2期。

的内部控制不足而导致企业管理人员、雇员等成员为企业利益向他人行贿”行为予以犯罪化，以强化刑法的腐败预防功能。

（二）提高评价科学性，构建梯级化规范

以利益冲突原理为基础修正贿赂犯罪构成，构建贿赂犯罪的“微罪—轻罪—重罪”罪名体系，规定：一是国家公职人员或者向公职人员提出、同意收受或实际收受财产利益，以作为履行或不履行其职责条件的，即构成贿赂罪（微罪）；二是国家公职人员“利用职务上的便利”“为他人谋取利益”的，则属于贿赂犯罪的轻罪；三是“利用职务上的便利”，索取他人利益，或者为他人谋取不法利益的，则属于贿赂犯罪的重罪。

（三）提高评价能力，修正既有罪刑规范

对既有罪刑规范进行以提高犯罪评价能力为中心的“内涵式”完善，包括：一是删除冗余的贿赂犯罪构成要素，扩大公职刑法的规制范围。贿赂犯罪中“为他人谋取利益”“利用职务上便利”等构成要素并不直接反映贿赂犯罪的社会危害性特征，却导致立法防线的后移，缩小了刑法的规制范围，应在基本犯的成立要件中删除。二是加大对行贿犯罪的刑法治理。删除受贿犯罪“为他人谋取利益”要素，删除行贿罪、对单位行贿罪“谋取不正当利益”要素。三是建立综合性的刑事处罚机制。对受贿人设置剥夺公职并禁止恢复的资格刑、对行贿人设置禁止市场准入的资格刑、规定基于贿赂而订立的合同无效以及腐败资产追回制度。四是加大财产刑在腐败中的治理功能，对所有经济利益型职务犯罪，在判处罚金的同时，根据其涉案犯罪金额判处不少于2倍的没收财产，彻底破解贿赂犯罪人的“成本—收益”权衡标准，并在犯罪人无力清偿时建立个人破产制度，以强化财产刑的腐败预防功能。

第八章
毒品犯罪立法 70 年

第一节
我国毒品犯罪立法与加入的国际公约概览

一、新中国成立后改革开放前的毒品犯罪立法

自19世纪中叶开始，西方殖民主义者强行向中国输入鸦片，给中华民族带来深重灾难。中国共产党领导中国人民进行推翻三座大山的伟大革命斗争，历来将禁毒斗争作为反帝反封建斗争的重要组成部分。

根据新中国成立前和新中国成立初期的毒品犯罪情况调查，当时我国全国的罂粟种植面积约100万公顷，制造、贩卖鸦片和海洛因等毒品的人员达30万[①]，仅上海就有30多个制毒加工厂，全国有2000多万吸毒者。[②]中华人民共和国成立之后，中国共产党和人民政府即采取坚决措施，在全国范围内开展了声势浩大的禁毒运动，收缴毒品，禁种罂粟，封闭烟馆，严厉惩办制贩毒品活动，在短短的三年时间里，将8万多名毒品犯罪人绳之以法，使2000万吸毒者戒除了毒瘾，并结合农村土地改革根除了罂粟种植。[③]这一时期我国高度重视禁烟立法，以法律形式明确了根除鸦片烟毒的具体办法、惩罚范围和量刑幅度。这一阶段的禁毒立法体系主要包括五个部分：第一，中

---

① 苏智良:《中国毒品史》，上海人民出版社1997年版，第124页。
② 凌青、邵秦:《从虎门销烟到当代中国禁毒》，四川人民出版社1997年版，第98页。
③ 严励、卫磊:《毒品犯罪刑事政策探析》，载《学术交流》2010年第7期。

国共产党的政策、指示。例如，中共中央于1952年4月发布的《关于肃清毒品流行的指示》，明确了禁毒运动中“惩办与改造相结合”“严惩少数罪大恶极者、教育改造大多数”的刑事政策。第二，政务院及其所属部门的通令、通知。如政务院1950年2月发布了《关于严禁鸦片烟毒的通令》，正式开展了一场史无前例的剿灭烟毒的战役。该通令第6条规定：“吸食烟毒的人民限期登记（城市向公安局，乡村向人民政府登记），并定期戒除。隐不登记者、逾期而犹未戒除者，查出后予以处罚。”同时，该通令还规定了各级政府卫生机关应研制戒毒药品、设立戒烟所、对贫苦烟民予以免费或减价医治等。同年12月，政务院又发布《关于推行戒烟、禁种鸦片和收缴农村存毒工作的指示》再次阐明了对吸毒者“教育改造、治病救人”的方针，并且强调在进行戒烟工作时，“不要采取过急的步骤和过多的强迫的办法”。1953年10月，政务院又通过了《中华人民共和国惩治毒贩条例》，进一步详细规定了打击毒贩的处理标准。第三，大行政区的条例、指示、命令、通知、办法。例如，《西南军政委员会关于禁绝鸦片烟毒的实施办法》《西北区禁烟禁毒暂行办法》等。第四，省、自治区、直辖市政府的公告、决定、办法。例如，《内蒙古自治区禁绝鸦片烟毒实施办法》《上海市禁烟禁毒暂行办法》等。第五，最高人民法院的部分司法文件。例如，1950年11月发布的《处理烟毒犯应坚决废止专科与易科罚金办法》。就以上五个层次的立法体系而言，在立法形式、主体、条文、内容等方面呈现如下特点：第一，从立法形式上看，新中国成立初期由于缺乏立法经验，禁毒立法多以党和各级政府的政策文件为主要规范，所立之法名称多为“禁毒通令”“暂行条例”等。这既是民主革命时期法制传统的延续，也是新中国法律体系尚不健全的客观现实的要求。第二，从立法主体上看，新中国成立初期禁毒立法的主体在地方而非中央，虽然立法权的下放有损法制统一，但能够充分调动各地方政府应对当地毒情的积极性和主动性。第三，从条款设置上看，新中国成立初期的禁毒条文简洁扼要，如1950年《关于严禁鸦片烟毒的通令》共8条，大多是原则性要求，没有明确具体的权利义务关系，体现出以灵活性为主，紧密结合禁毒斗争形势的需要的显著特点。第四，从定罪量刑上看，这个时期的禁毒立法缺乏全国统一的定罪量刑标准，“禁毒法律的一个特点是仅规定了对某些行为予以治罪，但没有规定对具体的犯罪处以何种刑罚”。① 新中国禁毒立法体系多以政策性文件为主，大多数显得比较粗糙和单薄，尚未建立完整的全国层面的立法体系。但是由于结合了当时禁毒斗争形势的需要，并制定了与之相适应的较为完整的毒品治罪体系，从而为顺利开展禁毒斗争提供了有力的法律保障。作为具有总纲性的禁毒法令，《关于严禁鸦片毒品的通令》首先摆明了限期禁绝毒品与广泛禁烟毒的立场，并要求各级政府设立禁毒委员会予以贯彻。② 该通令要求对制造、贩运、销售烟毒的行为严厉制裁，自通令发布之日起，凡继续贩运、制造和销售毒品者，要“从严治罪”，以切断烟毒流通渠道。要求各级政府严厉查禁种植罂粟，发现有种植鸦片烟的农民，一般只要接受铲除，给予训诫或者少量罚金即可，但“在某些少数民族地区，如有种烟者，应当酌当地实际情况，采取慎重措施，有步骤地进行禁种”。而对于私存烟土与吸食烟毒者区别对待相对宽容：对“散存于民间之烟土毒品”，限期交出，“为照顾其生活，得分别酌予补偿”，但如逾期不交，则按其情节轻重，“分别治罪”。③ 要求吸毒烟民，限期向有关部门登记，并定期戒除，如隐不登记，或逾期犹未戒除者，则“予以处罚”。为帮助烟民戒除烟毒，各级卫生机关要配制和推广戒烟药方，并设立戒烟所。《关于肃清毒品流行的指示》明确指出，应采取惩办与改造教育相结合的方针，打击惩办少数，改造教育多数。一方面，为了根除制造、贩卖毒品或包庇掩护毒犯的现象，“在全国范围内有重点地大张旗鼓地发动一次群众性的运动，来一次集中彻底的扫除”，严厉打击集体大量的制毒、贩毒犯和严重违法的工作人员、主犯、惯犯与拒不坦白者。另一方面，对少量贩卖者、从犯、偶犯、彻底坦白者进行从宽教育改造，并将众多吸毒者排除在此次运动的对象之外。通过20世纪50年代初期的大规模禁烟禁毒运动，仅在三年之内中华大地的烟毒基本上被一举廓清，中华人民共和国获得禁毒

① 靳澜涛:《从革命法制到现代法治——建国初期禁毒法制的历史审视与现实观照》，载《河北科技大学学报》（社会科学版）2016年第5期。

② 张洪成:《毒品犯罪刑事政策之反思与修正》，中国政法大学出版社2017年版，第77页。

③ 牛何兰主编:《中外禁毒史》，云南人民出版社2012年版，第56页。

运动的伟大胜利，成就了中国禁毒史上的一个里程碑、世界反毒斗争史的一个奇迹。1953年，中国政府向世界庄严宣告：中华人民共和国为无毒国。

20世纪60年代初期以后，私种罂粟和贩毒在部分地区出现稍许反复。为了有效解决毒品死灰复燃的问题，1963年5月26日，中共中央发布了《关于严禁鸦片、吗啡毒害的通知》，规定吸食毒品为犯罪行为，并严惩私藏毒品、吸食毒品、种植罂粟、私设地下烟馆、贩卖毒品等犯罪行为；对吸毒犯应强制戒毒，对毒品成瘾者，由指定专门机构严加管制，在群众监督下，限期强制戒除；规定凡自己吸食毒品者，只要自动交出毒品并坦白交代其犯罪行为，可从宽处理。1973年1月13日国务院发布了《关于严禁私种罂粟和贩卖、吸食鸦片等毒品的通知》，重申1950年《关于严禁鸦片烟毒的通令》的内容，要求发动群众与私种罂粟和贩卖、吸食鸦片等毒品违法犯罪行为作斗争，规定严惩偷运、贩运毒品犯罪行为，对吸毒者实行强制戒毒。1978年9月13日，国务院发布《麻醉药品管理条例》，对麻醉药品的概念、范围、生产、供应、使用、管理进行了全面规定，但由于条文比较笼统和粗糙，对麻醉药品管理的诸多具体内容并未涉及，可操作性不强。

自1953年到20世纪70年代末的近30年时间里，中国的种、制、吸、贩毒品现象并没有成为严重的社会问题。鉴于当时毒品犯罪比较少且危害不大，1979年发布的《刑法》只有第171条对毒品犯罪明确进行了规定："制造、贩卖、运输鸦片、海洛英、吗啡或者其他毒品的，处五年以下有期徒刑或者拘役，可以并处罚金。一贯或者大量制造、贩卖、运输前款毒品的，处五年以上有期徒刑，可以并处没收财产。"而对于走私毒品则是依据走私罪的规定定罪处罚，其体现在1979年《刑法》第116条："违反海关法规，进行走私，情节严重的，除按照海关法规没收走私物品并且可以罚款外，处三年以下有期徒刑或者拘役，可以并处没收财产。"第118条又对走私罪的惯犯进行了从重处罚："以走私、投机倒把为常业的，走私、投机倒把数额巨大的或者走私、投机倒把集团的首要分子，处三年以上十年以下有期徒刑，可以并处没收财产。"从以上规定可以看出1979年刑法典规定的毒品犯罪的种类较少，只规定了制造、贩卖、运输毒品罪和走私毒品罪，并且对毒品犯罪处罚宽松，如制造、贩卖、运输毒品罪的最高法定刑为15年有期徒刑；而走私毒品的，最重也仅为10年有期徒刑。而且当时刑法对毒品犯罪的规定较为分散，仅有的两个毒品犯罪的条文还分列于不同的章节，制造、贩卖、运输毒品罪规定在《刑法》分则第六章“妨害社会管理秩序罪”中；而走私毒品的行为则规定在第三章“破坏社会主义经济秩序罪”的第116条和第118条。这一方面体现了毒品犯罪立法的松散，另一方面也体现了刑事立法技术的不成熟。

二、改革开放以来中国的毒品犯罪立法

20世纪70年代末期，随着“金三角”地区毒品的入境泛滥，我国西南边境地区的毒品犯罪死灰复燃，主要表现为：“金三角”地区毒品取道我国的云南、广西、广东流入东亚、美洲；80年代，国际毒潮过境我国的同时向内陆地区渗透和蔓延，在四川、广东等局部地区形成了毒品消费和毒品泛滥的现象。与此同时，我国进入改革开放和社会主义建设的新时期，伴随着国内外形势的重大变化，毒品逐步演变为严重的社会问题。1981年，中共中央、国务院发布了《关于重申严禁鸦片烟毒的通知》，坚持依法禁毒。针对不断蔓延的毒品问题，我国不断加快禁毒立法的步伐，制定颁布了一系列法律、法规，禁毒法制建设取得重大进展。1982年，中共中央、国务院发布《关于禁绝鸦片烟毒问题的紧急通知》，并把打击毒品犯罪作为1983年全国严打斗争的重要内容。毒品又一次卷土重来并愈加泛滥的现实在我国催生出了与以往不一样的刑事政策——“严刑禁毒”。1982年，全国人大常委会在《关于严惩严重破坏经济的罪犯的决定》中将情节特别严重的贩卖毒品罪的法定最高刑提到了无期徒刑和死刑。1987年1月22日，第六届全国人大常委会第十九次会议通过《中华人民共和国海关法》(以下简称《海关法》)，根据该法第47条的规定，运输、携带、邮寄国家禁止进出口的毒品、武器、伪造货币进出境是走私罪。同时1987年《海关法》规定：“企业事业单位、国家机关、社会团体犯走私罪的，由司法机关对其主管人员和直接责任人员依法追究刑事责任；对该单位判处罚金，判处没收走私货物、物品、走私运输工具和违法所

得。”这在立法上第一次突破了犯罪主体只能是自然人的成规，为依法惩治以单位名义走私毒品的犯罪提供了有力的法律武器。鉴于走私毒品犯罪的猖獗，1988年，全国人大常委会发布的《关于惩治走私罪的补充规定》又进一步规定了走私毒品罪，并为其设置了死刑条款。

进入20世纪90年代以后，毒品的滥用和犯罪在我国绝大多数的省、自治区、直辖市蔓延开来，吸毒人员已经遍及1972个县市，占全国县市总数的90.34%，在全国范围内形成了制毒、过境贩毒和毒品消费并存的局面。1990年，为配合我国当时的禁毒政策，全国人大常委会发布了《关于禁毒的决定》(以下简称《决定》)，对毒品犯罪进行了更为具体细致的规定。《决定》根据当时的情况将毒品定义为“鸦片、海洛因、吗啡、大麻、可卡因以及国务院规定管制的其他能够使人形成瘾癖的麻醉药品和精神药品”，而且扩充完善了毒品犯罪的罪名。《决定》除了原有的走私、贩卖、运输、制造毒品罪（第2条），还增加规定了非法持有毒品罪（第3条），包庇毒品犯罪分子罪（第4条第1款），窝藏毒品、毒赃罪（第4条第1款），掩饰、隐瞒毒赃性质、来源罪（第4条第1款），非法运输、携带制毒物品进出境罪（第5条第1款），非法种植毒品原植物罪（第6条），引诱、教唆、欺骗他人吸毒罪（第7条第1款），强迫他人吸毒罪（第7条第2款），容留他人吸毒并出售毒品罪（第9条），非法提供麻醉药品、精神药品罪（第10条第2款），明显体现了对毒品犯罪从严处罚的倾向。同年，国务院成立了国家禁毒委员会，出台了《强制戒毒办法》，发表了《中国的禁毒》白皮书。自1990年《决定》发布以来，两高相继发布了很多关于毒品犯罪的刑事司法解释及相关规范性文件。主要包括：1990年最高人民法院研究室《关于如何处理没收毒品问题的电话答复》、1991年最高人民检察院《关于贩卖假毒品案件如何定性问题的批复》、1991年最高人民法院《关于十二省、自治区法院审理毒品犯罪案件工作会议纪要》、1992年最高人民法院《关于已满十四岁不满十六岁的人犯走私、贩卖、运输、制造毒品罪应当如何适用法律问题的批复》、1994年最高人民法院《关于执行〈全国人民代表大会常务委员会关于禁毒的决定〉的若干问题的解释》、1995年最高人民法院《关于办理毒品刑事案件适用法律几个问题的答复》、1996年最高人民检察院《关于盐酸二氢埃托啡是否属毒品及适用法律问题的批复》。

1997 年 3 月，第八届全国人民代表大会第五次会议修订了刑法。1997 年新修订的《刑法》将《决定》的主要内容全部吸收入律，同时在总结当时禁毒斗争实践经验的基础上，又增加了一系列新的规定，增设了惩处走私、贩卖、运输、制造毒品罪的专门章节，即该法分则第六章第七节“走私、贩卖、运输、制造毒品罪”，该节用 11 个条文对毒品犯罪作了规定，共包含 12 个罪名，内容涉及毒品的生产、经营、运输、消费等各个环节，是对毒品犯罪立法的全面修订与完善。2005 年实施的《易制毒化学品管理条例》对易制毒化学品生产、经营、购买、运输和进口、出口行为的行政法规进行了全面规范。2005 年实施的《麻醉药品和精神药品管理条例》对麻醉药品药用原植物的种植，麻醉药品和精神药品的实验研究、生产、经营、使用、储存、运输等活动以及监督管理做了规定。

自 1997 年《刑法》发布以来，关于毒品犯罪的刑事司法解释及相关规范性文件就非常多。包括：2009 年最高人民法院、最高人民检察院、公安部《关于办理制毒物品犯罪案件适用法律若干问题的意见》，2007 年最高人民法院、最高人民检察院、公安部印发的《办理毒品犯罪案件适用法律若干问题的意见》，2006 年最高人民法院刑一庭《关于审理若干新型毒品案件定罪量刑的指导意见》，2000 年最高人民法院《关于审理毒品案件定罪量刑标准有关问题的解释》，2000 年最高人民法院下发的《全国法院审理毒品犯罪案件工作座谈会纪要》，2005 年最高人民检察院公诉厅《毒品犯罪案件公诉证据标准指导意见（试行）》，2008 年最高人民法院发布的《全国部分法院审理毒品犯罪案件工作座谈会纪要》，2015 年最高人民法院印发的《全国法院毒品犯罪审判工作座谈会纪要》，2016 年最高人民法院《关于审理毒品犯罪案件适用法律若干问题的解释》。这些规范性文件，内容涉及毒品犯罪罪名认定、法律适用、证据规则等方方面面的问题，反映了两高在毒品犯罪司法实践中的做法，体现出对毒品犯罪案件从严惩处的立场。虽然中央 2005 年提出了宽严相济的刑事司法政策，但是从严治毒的基本立场却一以贯之。

随着我国禁毒工作不断深入，制定一部综合性的统领禁毒工作全局的禁毒基本法律越来越必要和迫切。2007年12月29日，第十届全国人大常委会第三十一次会议审议通过了《中华人民共和国禁毒法》(以下简称《禁毒法》)。《禁毒法》是总结多年来禁毒工作实践经验制定的一部全面综合规范禁毒工作的法律，规定了“禁毒是全社会的共同责任”，明确了“预防为主，综合治理，禁种、禁制、禁贩、禁吸并举”的禁毒工作方针。《禁毒法》共7章71条，除总则和附则外，还涉及禁毒宣传教育、毒品管制、戒毒措施、禁毒国际合作和法律责任等内容。该法第六章用12个条文较为详备地规定了各类毒品违法犯罪行为的法律责任，其中有9个条文明确规定了“构成犯罪的，依法追究刑事责任”。但这些关于犯罪及刑事责任的规定并未突破1997年《刑法》所确立的毒品犯罪惩罚范围，《禁毒法》关于毒品犯罪的规定只是对既有毒品犯罪立法的进一步确认。①2015年《刑法修正案（九）》对毒品犯罪进行了稍许修正，将原来的非法运输、携带制毒物品进出境罪改为非法生产、买卖、运输、携带制毒物品罪，严密了针对制毒物品犯罪的刑事法网。

禁毒工作事关国家安危、民族兴衰、人民福祉，厉行禁毒是党和政府的一贯立场和坚决主张。党的十八大以来，以习近平同志为核心的党中央高度重视禁毒工作，中央政治局常委会专门听取禁毒工作汇报、研究禁毒工作，中共中央、国务院印发了《关于加强禁毒工作的意见》，从全局和战略高度对禁毒工作作出整体部署。习近平总书记多次发表重要讲话、作出重要指示，提出了新形势下做好禁毒工作的一系列新理念、新思想、新战略，为禁毒工作指明了前进方向、提供了基本遵循。

三、改革开放以来我国加入的禁毒国际公约

众所周知，毒品犯罪具有跨国性，它严重损害着整个人类的生存和发展，因此，国际社会对禁毒工作一直都给予高度重视，制订了一系列制止、惩治毒品犯罪的国际公约、协议，致力于在国际范围内在打击毒品犯罪方面取

① 胡江:《三十年来我国毒品犯罪立法之演进》，载《云南大学学报》(法学版)2009年第5期。

得认识上的一致和行动上的统一。据不完全统计，目前国际禁毒条约多达17个[①]，而我国加入的主要有三个：1985年6月加入的《1961年麻醉品单一公约》（以下简称“61公约”）和《1971年精神药物公约》（以下简称“71公约”）以及1989年9月加入的《1988年联合国禁止非法贩运麻醉药品和精神药品公约》（以下简称“88公约”）。这三个公约基本上是对毒品犯罪及其打击程序规定得最为全面的国际禁毒条约。

（一）“61公约”。该条约的内容系统全面，将各种毒品犯罪行为的形式、毒品犯罪的惩治措施以及国际司法协助的系列实体规范和程序规范集于一体，是国际刑法中相对独立的禁毒法律体系。其规定的制裁措施的全面性值得我国参考。此外，这个公约强调替代、补充措施的适用，体现了惩罚与挽救相结合的政策，也值得我们借鉴，对我国宽严相济 刑事政策的落实具有指导意义。它一方面减缓刑罚执行压力，解决刑罚执行经费不足问题，建议各国将更多的人力、物力投入到反毒品犯罪的宣传、预防、缉查等活动中；另一方面重视毒品罪犯的教育、治疗、善后护理、康复，着重从思想上和身体上消除再犯的可能，使其能够尽量在社会环境中进行改造，这可以避免监内执行的交叉感染，获得更好的防治效果。

（二）“71公约”。该公约主要内容包括缔约国政府必须严格管制麻醉药品和精神药物的合法生产、制造、销售和使用，采取措施禁止非法制造、贩卖活动；联合国设置国际麻醉品管制局，各缔约国应采取立法和行政措施并设立法定管理机构，以便执行公约各条规定。对以往公约中没有规定的精神药物，包括32种迷幻剂加以严格管制。针对当前国际上精神药物大量滥用的新情况，这项法规显然在规制相关违法犯罪行为方面起到了不可磨灭的作用，值得我国刑事立法予以借鉴。

（三）“88公约”。主要内容包括对毒品犯罪制裁、管辖权、引渡、国际合作等进行具体规定；对毒品犯罪的非法收益应制定必要可行的措施予以没收；在缉毒执法中采用“控制下交付”技术；对于经常用于麻醉药品和精神药物的

① 李娟：《国际禁毒公约对我国禁毒刑事政策的启示》，载《政法学刊》2011年第4期。

物质（易制毒化学品）加强管制等。把非法制造、变造、提制、调制、持有、供给、兜售、分配、购买麻醉品等行为规定为国际犯罪，对于完善细化我国对毒品生产、制造、贩运等有关的犯罪行为具有一定的指导意义，可以增强打击一系列毒品犯罪的力度，减少这些行为带来的巨大社会危害。

在我国加入的这三个禁毒国际公约中，“61公约”和“71公约”的宗旨是关怀人类的健康和福利，防止滥用麻醉药品和精神药物危害人类，“88公约”的宗旨是促进缔约国之间的合作，以有效打击国际毒品犯罪。其中，“88公约”是我国打击毒品犯罪、进行国际合作最重要的法律依据之一。按照国际惯例，我国加入国际公约意味着这些公约对我国具有约束力，只是这些公约在司法实践中要真正达到与国内法律同等的约束力，还存在一定的难度。但这些公约的规定对我国刑法打击毒品犯罪的法律完善具有重要意义。

第二节
改革开放以来中国毒品犯罪立法的特征

特定时期的毒品犯罪基本状况是决定一个国家毒品犯罪立法的现实基础，中国改革开放以来的禁毒立法，是根据毒品犯罪的发展态势和禁毒斗争的实际需要不断完善的。在1979年《刑法》中，关于毒品犯罪的规定只有一条，其现实原因就在于当时毒品犯罪并不十分严重。但是，改革开放以来，随着毒品犯罪在我国的逐步蔓延，它已经成为一个严重的社会问题，因此毒品犯罪立法也必须根据毒品犯罪态势而变化。回顾改革开放以来我国毒品犯罪刑事立法的演进历程，可以发现，我国现阶段的禁毒刑事立法体现了对毒品违法犯罪活动严惩不贷的政策精神，从严惩处和打击毒品犯罪是改革开放以来所坚持不变的刑事政策。这主要体现在以下几个方面。

一、注重发挥刑法在毒品犯罪惩治和预防中的作用

针对毒品犯罪的严峻态势，我国十分注重发挥刑法在毒品犯罪惩治和预防中的作用，国家刑事政策对毒品犯罪的反应体系以刑法为主。改革开放以来，我国始终坚持严厉打击毒品犯罪的方针，先后制定和颁布了一系列有关惩治和预防毒品犯罪的法律、法规及其他规范性文件，在1979年《刑法》和1997年《刑法》中，均规定了毒品犯罪。1990年，我国还专门制定了毒品犯罪立法方面的特别法，即《决定》，逐步形成了“以《刑法》为主线，同时辅之以行政法规和地方性法规，形成了互相配套的法律、法规体系”。

二、界定、扩充了毒品犯罪的对象范围

1997年《刑法》第357条第1款规定:“本法所称的毒品,是指鸦片、海洛因、甲基苯丙胺(冰毒)、吗啡、大麻、可卡因以及国家规定管制的其他能够使人形成瘾癖的麻醉药品和精神药品。”相较于1990年《决定》,1997年《刑法》将冰毒明确列为毒品,而且在概括列举的方式上,将“国务院规定管制的其他能够使人形成瘾癖的麻醉药品和精神药品”修改为“国家规定管制的其他能够使人形成瘾癖的麻醉药品和精神药品”,扩张了毒品认定的主体范围,使得毒品的认定更加灵活、方便。此后,在具体的毒品认定中,国家的相关部门根据社会发展的需要,定期更新毒品的目录,形成了更加科学的认定标准。新形势下冰毒等新型毒品的制造和获取更加快速便捷,滥用程度甚至已经超过了鸦片、海洛因等传统毒品,对公众尤其是未成年人的危害更大。因此,扩充毒品犯罪的对象范围更加契合毒品及毒品犯罪的发展趋势。

三、严密了惩治毒品犯罪的法网

改革开放以来,我国规定的毒品犯罪种类较多,惩治毒品犯罪的法网严密。虽然1979年《刑法》这部新中国发布的第一部刑法对毒品犯罪的规定只有一条,但随着毒品犯罪形势的发展,《决定》规定了走私、贩卖、运输、制造毒品罪等11个罪名,1997年《刑法》基本上吸收了《决定》的主要内容,在第347条至第355条规定了一系列毒品犯罪的种类,共包括12个罪名。这些犯罪涉及毒品的制造、流通、管理等各个环节,可以说十分详备。同时,《刑法》第347条第1款规定:“走私、贩卖、运输、制造毒品,无论数量多少,都应当追究刑事责任,予以刑事处罚。”这个刑法条文表明了我国对毒品犯罪予以严厉打击的态度,意味着我国构筑起了一道惩治毒品犯罪的严密法网。

四、对毒品犯罪设置了严厉的刑罚

以 1997 年《刑法》为例，该法规定的毒品犯罪的主刑有死刑、无期徒刑、有期徒刑、拘役、管制；附加刑包括没收财产和罚金。为了严厉惩处毒品犯罪，1997 年《刑法》对走私、贩卖、运输、制造毒品罪规定了死刑，对非法持有毒品罪规定了无期徒刑。同时，《刑法》第 356 条规定："因走私、贩卖、运输、制造、非法持有毒品罪被判过刑，又犯本节规定之罪的，从重处罚。"对于同时构成累犯和毒品再犯的被告人，根据 2000 年《全国法院审理毒品犯罪案件工作座谈会纪要》的规定，只适用《刑法》第 356 条规定的再犯条款从重处罚，不再援引《刑法》关于累犯的条款。而 2008 年发布的《全国部分法院审理毒品犯罪案件工作座谈会纪要》则规定，应当同时引用《刑法》关于累犯和毒品再犯的条款从重处罚，这样规定体现了从严惩治毒品犯罪的立法精神和刑事政策，有利于羁押部门掌握罪犯的情况，从而避免对同时构成累犯和毒品再犯的罪犯适用缓刑、假释的情况发生。

五、对毒品犯罪分子注重经济上的惩罚

1997 年《刑法》除了包庇毒品犯罪分子罪，窝藏、转移、隐瞒毒品、毒赃罪以外，对其他毒品犯罪均设置了罚金或者没收财产刑。涉及没收财产的罪名有走私、贩卖、运输、制造毒品罪（法定刑最重情形），非法生产、买卖、运输制毒物品罪（情节特别严重的情形），走私制毒物品罪（情节特别严重的情形），非法种植毒品原植物罪（非法种植罂粟 3000 株以上或者其他毒品原植物数量大的情形），后三个罪名是没收财产与并处罚金的选择适用。罚金刑的适用范围较为广泛，除非法买卖、运输、携带、持有毒品原植物种子、幼苗罪规定的是"并处或者单处罚金"外，走私、贩卖、运输、制造毒品罪（法定刑较低的情形），非法持有毒品罪，非法生产、买卖、运输制毒物品罪（情节较重与情节严重的情形），走私制毒物品罪（情节较重与情节严重的情形），

非法种植毒品原植物罪（法定刑较轻的情形），引诱、教唆、欺骗他人吸毒罪，强迫他人吸毒罪，容留他人吸毒罪，以及非法提供麻醉药品、精神药品罪，均在规定主刑的同时附加“并处罚金”。财产刑的普遍设置有力地遏制了犯罪分子的犯罪动机，有效地剥夺了犯罪分子的再犯能力。

第三节
当前国内毒品犯罪情势

在毒品问题全球化的大背景下，境外毒品渗透和国内制毒蔓延相互影响，传统毒品和新型毒品相互叠加，毒品网上传播和网下蔓延相互交织，呈现出毒品问题蔓延期、毒品犯罪高发期和毒品治理攻坚期的阶段性特征，表现在毒品滥用发生变化、境外毒品渗透加剧、国内制毒犯罪情况更趋复杂、制毒物品流失形势依然严峻、毒品贩运活动高发多发等多个方面。根据《人民法院禁毒工作白皮书》(2012—2017)[①]及2018年最高人民法院发布的相关数据，[②]近年来毒品犯罪呈现以下几个主要特点。

一、毒品犯罪案件数量仍处于高位，毒品犯罪高发省份相对集中。近年来全国法院一审审结毒品犯罪案件数量总体呈上升趋势，2015年达到历史最高点（13.9万件），2016年和2017年连续回落，但仍在11万件以上。2018年一审结案数为10万余件[③]，虽然同比继续下降，但毒品犯罪案件在全部刑事案件中所占比例仍然很高，案件数量在各类刑事案件中居于前列。从地域分布看，我国毒品犯罪已突破以往主要分布于边境、沿海地区的地域性特征，遍及全国所有省份，但案件高发地主要集中在华南、西南、华东和华中地区。广东的毒品犯罪案件数量近年来一直居全国首位，云南是缅北毒品向我国渗

① 《人民法院禁毒工作白皮书》(2012—2017)，载《人民法院报》2018年6月21日第1版。

② 《坚持依法严惩毒品犯罪 大力提升案件办理质量》，载《人民法院报》2019年6月27日第3版。

③ 何强:《去年以来全国近四万毒品犯罪分子获重刑》，载《法制日报》2019年6月25日第1版。

透的主要通道，近年来案件数量增速减缓，但大宗毒品犯罪案件多发，海洛因和甲基苯丙胺片剂的缴获量居于高位。广西中越边境地区已成为“金三角”毒品走私入境的第二大通道。江苏、浙江、湖南、湖北等地受其他省份毒品渗透影响和本地毒品消费刺激，毒品犯罪数量居高不下。四川、重庆、福建、辽宁、海南、甘肃等省的毒品犯罪也呈多发态势，各自的地域性特征较为明显。

二、走私、制造毒品等源头性犯罪呈加剧之势。2018年法院审理的毒品犯罪案件中走私、贩卖、运输、制造毒品案件占主导，比例高达66.5%。[①]受国际毒潮泛滥和国内涉毒因素双重影响，境外毒品对我国的走私渗透不断加剧。同时，国内制造甲基苯丙胺、氯胺酮等合成毒品犯罪较为突出，由以往高发于广东、四川等省份开始向其他省份蔓延，目前全国绝大多数省份发现了制毒活动。受制造毒品犯罪增长影响，麻黄碱、羟亚胺、邻氯苯基环戊酮等制毒物品流入非法渠道的形势严峻，且新的制毒原料、制毒方法不断出现。在犯罪方式上，贩毒活动科技化、智能化手段增多，利用QQ、微信等信息网络进行交易，利用物流寄递渠道进行运输的毒品犯罪案件时有发生。

三、零包贩卖毒品等末端毒品犯罪增长迅速。受毒品消费市场持续膨胀影响，零包贩卖毒品（一般指涉案毒品10克以下的贩毒案件）等犯罪增长迅速。零包贩毒是毒品犯罪的末端环节，此类案件通常占贩卖毒品案件的一半以上，在全部毒品犯罪案件中也占有较高比例，社会危害不容忽视。相当数量的零包贩毒人员本身吸食毒品，系为获得吸毒所需资金而实施毒品犯罪，由此形成以贩养吸的恶性循环。同时，近年来容留他人吸毒案件数量增长显著，2018年法院审理的毒品犯罪案件中容留他人吸毒犯罪案件占比高达24.8%。[②]在犯罪方式上，利用网络和物流运输毒品成为新常态。大量毒贩不再随身携带毒品，而是利用网络购买、销售或者利用虚假的身份信息邮寄毒品，还利用第三方支付平台匿名转账支付毒资，打击难度加大。

四、涉案毒品种类呈现多样化。新型合成毒品增长迅速。毒品花样不断

① 何强:《去年以来全国近四万毒品犯罪分子获重刑》，载《法制日报》2019年6月25日第1版。

② 同上。

翻新，并在一定地域内呈现滥用趋势。在涉案毒品种类方面，甲基苯丙胺（包括冰毒和片剂）、海洛因仍居于主导地位，其中传统毒品海洛因所占比例逐年下降，合成毒品甲基苯丙胺所占比例不断增长，在大部分地区已超过海洛因成为最主要的涉案毒品。同时，新类型毒品犯罪总体呈上升趋势，其中涉氯胺酮犯罪所占比例最大，涉甲卡西酮、曲马多、芬太尼、恰特草等新类型毒品犯罪时有发生。此外，涉案毒品种类呈复杂化，一案涉及两种以上毒品的案件增多，涉及"神仙水"等成分复杂的混合型毒品的案件数量亦呈上升趋势[①]，具有极强的伪装性、迷惑性和时尚性。据国家毒品实验室检测，全年新发现新精神活性物质 31 种。新精神活性物质快速发展蔓延也是目前全球面临的突出问题。

五、毒品滥用人数增速减缓但规模依然较大，新增吸毒人员减少。截至 2018 年年底，全国有吸毒人员 240.5 万名（不含戒断三年未发现复吸人数、死亡人数和离境人数），同比下降 5.8%。其中，35 岁以上 114.5 万名，占 47.6%；18 岁到 35 岁 125 万名，占 52%；18 岁以下 1 万名，占 0.4%。2018 年新发现吸毒人员同比减少 26.6%，其中 35 岁以下人员同比下降 31%，有 30 个省（区、市）涉毒违法犯罪人员中未成年人所占比例下降，青少年毒品预防教育成效继续得到巩固。[②]

此外，毒品问题仍与"黄、赌、盗、抢"等问题相互交织并诱发大量违法犯罪活动。不少吸毒人员沾染毒品后，很快走上制贩毒道路，或者实施盗抢犯罪获取吸毒资金。吸食合成毒品极易诱发自杀自残、暴力行凶等极端事件，近年来各地已发生多起吸毒后杀人、驾车冲撞行人等恶性案件，严重危害人民群众的生命财产安全和社会和谐稳定。毒品问题还容易与暴力恐怖犯罪、黑恶势力犯罪发生关联，严重影响国家安全和社会公共安全。

---

① 《人民法院禁毒工作白皮书》（2012—2017），载《人民法院报》2018 年 6 月 21 日第 1 版。

② 蔡长春、赵婕：《国家禁毒委员会办公室发布〈2018 年中国毒品形势报告〉》，载《法制日报》2019 年 6 月 18 日第 1 版。

第四节 对现行毒品犯罪刑事立法的检讨与反思

从前面的论述中可以看出，历史与现实的二重维度构建着中国对毒品犯罪总体从重从严打击的禁毒刑事政策架构。改革开放以来，在禁毒立法上形成了以《刑法》为主线，同时辅以配套的行政法规和地方性法规的法律体系。我国的禁毒立法为禁毒斗争提供了强有力的保障，取得了巨大的成就，为世界禁毒作出了巨大的贡献。但是由于毒情在不断变化和发展，毒品产销已走向多元化、合成化、集团化、军事化和国际化，毒犯的手段在不断更新和发展，但反思和检讨我们的毒品犯罪刑事立法，仍然存在一定的不足和缺陷，已经成为制约禁毒工作发展的因素，主要有如下几个方面的表现。

一、罪刑设置的失衡

法定刑的设置需要遵循一个最基本的原则，即罪刑均衡。但在毒品犯罪的法定刑设置问题上，由于严刑禁毒刑事政策的影响，我国毒品犯罪刑罚的设置在罪刑均衡上有所欠缺。

1. 我国刑法对毒品的数量和含量没有规定下限。在我国刑法立法既定性又定量以便减少犯罪数、降低犯罪率的立法模式之下，此种罕见的去定量因素的立法模式无疑表达了严厉惩治走私、贩卖、运输、制造毒品犯罪行为的刑法立法政策。同时我国现行《刑法》第357条第2款明文规定毒品以查获的数量计算，不以纯度折抵，这无疑也是从严惩治毒品犯罪刑事立法政策的明确表达。

2. 法定刑畸重。根据《刑法》的规定，只要走私、贩卖、运输、制造鸦片数量达到1000克以上、海洛因或者甲基苯丙胺数量50克以上或者其他毒品数量大的，都可被判处15年有期徒刑、无期徒刑或者死刑。从这一情形的规定中可以看出，对于毒品犯罪，我国刑法为其设定法定刑时，对仅以犯罪数量为标准的犯罪情形设置了无期徒刑、死刑的法定刑，而不需要同时具备其他相应严重情节，举例来说，一个犯罪人以犯罪集团首要分子的身份组织、策划、实施了破坏国家统一的犯罪，其主刑最高可被判处无期徒刑，而一个毒品犯罪的初犯，运输海洛因50克以上则可被判处死刑。对可能产生严重社会危害性的犯罪行为规定较重的刑罚处罚可能符合罪刑均衡的原则，但是在同一部刑法中对于危害程度相当的罪行设置轻重悬殊的刑罚就构成了立法上的缺陷。

3. 未明确区分走私、贩卖、运输、制造毒品行为的刑罚差异。从我国当前毒品犯罪的严峻形势上看，走私、贩卖、运输、制造毒品的行为都不能称为“社会危害性小”，这是与刑法中其他社会危害性较小的犯罪行为相比较而言的。但是就这几个行为本身互相比较来看，把四种行为的社会危害性放在完全一样的水平线上也是欠妥的。例如，制造、走私毒品的行为，无论是从侵犯的客体还是从其可能引发的后续牵连犯罪来看，其社会危害性都应被评价为大于单纯的运输毒品行为，是毒品犯罪中应予重点防范的环节，其社会危害性也不能说与单纯的运输毒品行为处于同一水平线。针对不同行为可能产生的不同社会危害性，刑罚设置理应轻重有别、均衡适当，否则法的公平正义价值就会遭受质疑。

4. 容留他人吸毒罪的范围没有得到限制。容留他人吸毒罪属于典型的无被害人犯罪。在我国，吸毒行为并非犯罪行为，正犯行为不成立犯罪，作为从属性的帮助行为如何构罪？在现实中，容留他人吸毒一般都发生在较为隐秘的环境中，如很多嫌疑人是在自己的居所容留亲朋好友吸毒，其对社会管理秩序的危害并不明显。而具有一定的社会危害性，应当作为犯罪处理的，应该是以营利为目的在特定场所进行的容留他人吸毒的行为，在我国长达100多年的禁毒过程中，国家所严厉惩处的容留他人吸毒行为，主要是针对私开烟馆的营利行为；而对于单纯提供场所的行为，则根据不同时期的禁毒政策作出了不同的处置：在吸毒行为作为犯罪的时期，认定为吸毒罪的帮助犯；在吸毒行为非犯罪化时期，则是以违法抑或相关的包庇类犯罪来处置。[①]虽然1997年《刑法》中未明确规定“营利目的”是容留他人吸毒罪的构成要件，但在司法实践中处罚的绝大多数是营利性的容留行为，因为只有行为人在主观上具有营利目的，才会驱动其不择手段地去大肆进行容留他人吸毒的犯罪活动。考察本罪的由来，可以发现，本罪的设置主要还是针对以营利为目的提供场所的容留行为，因为容留他人吸毒罪原是《决定》第9条规定罪名，但第9条规定的是容留他人吸食、注射毒品并出售毒品，该条规定了两个并列的、必须同时具备的构成要件即容留他人吸食、注射毒品并出售毒品，表明单独“容留”行为是不为罪的，而“出售毒品”这一要件的存在暗示着《决定》仍然考虑了本罪成立的营利性，即出售毒品行为本身就是容留他人吸毒的营利方式之一，否则，单纯出售毒品的行为亦可直接适用贩卖毒品罪进行惩处，而无需考虑一个法定刑更轻的容留他人吸毒罪。立法之所以如此设计，主要是考虑容留过程中单纯出售用于本次吸食的毒品，其危害性相较于一般的贩卖毒品行为更轻，故将容留中的出售行为作为判断营利的手段之一，而不再单独对贩卖毒品行为进行评价。1997年《刑法》修订时才规定容留他人吸食、注射毒品的就构成犯罪，不再要求必须具有“容留”和“出售毒品”两种行为。而世界其他国家和地区的立法中对容留他人吸毒罪一般也要求主观上必须以“营利为目的”。[②③]

二、死刑设置的泛化

我国现行刑法为毒品犯罪设置了死刑。在国际社会将毒品犯罪明文排除在最严重罪行之外的情况下，我国现行刑法仍为部分毒品犯罪配置死刑，这

① 张洪成：《毒品犯罪刑事政策之反思与修正》，中国政法大学出版社2017年版，第153页。

② [日]大塚仁：《刑法概说（各论）》，冯军译，中国人民大学出版社2003年版，第481页。

③ 林山田：《刑法各罪论》（下册），北京大学出版社2012年版，第373页。

不得不说是我国刑法立法对毒品犯罪采取了从严的刑法立法政策。[①] 在我国当前毒品犯罪的严峻形势和“严打”形成的刑罚观念的影响下，对毒品犯罪设置死刑可说带有一定的必然性。目前，我国刑法中对毒品犯罪的死刑设置分布于走私、贩卖、运输、制造等毒品犯罪的各环节，且并未区分这几个环节在适用死刑时在具体情节上的差异。仅从规定死刑的条文数量上看，我国毒品犯罪死刑的设置范围似乎不大，但由于《刑法》第 347 条规定的几项罪名属于选择性罪名，而且这几项行为属于现实中毒品犯罪的多发情形，是毒品犯罪中数量最大的几种犯罪，对这几种犯罪设置死刑，实际上已将死刑设置渗透到毒品犯罪的各项主要环节，这样的规定实属严密，但是在实践中的适用效果并不尽如人意。因为毒品犯罪很大程度上属于贪利型犯罪，犯罪人的犯罪动机并不在于对他人生命健康的剥夺和对社会秩序的破坏，而是受利益驱使铤而走险，对这类犯罪单纯依赖死刑的震慑作用是不够的，还应把规制重点放在经济利益的剥夺上。此外，前面说过毒品犯罪过程中的各行为（如走私毒品和单纯的运输毒品行为）性质不同，社会危害性大小也不一致，对不同社会危害性的行为规定一样的刑罚是不合理的，也未体现出刑法总则对于死刑必须适用于罪行极其严重的犯罪的要求。

三、非刑罚措施设置的欠缺

毒品犯罪是各国公认的严重犯罪，尤其在我国毒品犯罪更被视为对法律高压线的触碰，因此，在对毒品犯罪进行刑法规制时所采取的刑罚手段都是较为严厉的，这一点符合打击严重犯罪的需求。然而，再严重的犯罪都有情节轻微、社会危害性不大的情形。在毒品犯罪的刑罚设置中完善非刑罚措施的设置，并不是对毒品犯罪社会危害性的整体否认，也并非排斥重刑在毒品犯罪中的适用，而是尝试在刑罚手段多样化理念的倡导下，对毒品犯罪中那些犯罪情节轻微、社会危害性不大的行为运用非刑罚方式进行治理，以更好

① 曾粤兴、孙本雄:《当代中国毒品犯罪刑事政策的检讨与修正》，载《法治研究》2019 年第 3 期。

地实现预防再犯的效果。而我国刑法缺乏对毒品犯罪非刑罚措施的规定，没有体现出对不同危害程度犯罪行为灵活的刑罚回应机制。在我国刑法中，虽然未将吸毒行为纳入刑法规制的范围，但毒品犯罪中仍然有一些情节轻微，可以运用非刑罚措施进行治理的行为。比如，《刑法》第351条中规定的非法种植罂粟、大麻等毒品原植物，经公安机关处理后又种植，从而需判处五年以下有期徒刑、拘役或者管制，并处罚金的行为，对于这类行为，在犯罪数量没有达到第351条第1款第（1）项规定的前提下，考虑到犯罪人造成的社会危害性不大，人身危险性较小，就可以对其施以非刑罚措施，如西方国家规定的替代种植、社会服务等。

四、相关实体和程序立法上的粗疏

首先，立法粗疏导致司法实践中一些惩治毒品犯罪的会议纪要、通知等也在指导法律适用，造成各地方、各部门在毒品犯罪法律适用的问题上各自为政，缺乏统一性和协调性。其次，严刑治毒的刑事政策容易导致忽视犯罪嫌疑人的诉讼主体地位，限制其诉讼权利，封堵其获得司法救济的渠道，造成诉讼程序的非正义性，最突出的是对通过技侦手段获得的证据的使用和诱惑侦查缺少程序的规范。从我国的司法实践看，利用诱惑侦查手段破获犯罪案件早已在毒品等犯罪中普遍使用，但对于诱惑侦查并未采取规范化的立法模式，仅在司法解释中做出了相关规定，2008年《全国部分法院审理毒品犯罪案件工作座谈会纪要》明确指出，运用特情侦破毒品犯罪案件，是依法打击毒品犯罪的有效手段，并且对于“犯意引诱”“数量引诱”，甚至“双套引诱”型的毒品犯罪案件也主张对该毒品犯罪行为人定罪判刑，只是在量刑时有所区别。这显然与现行《刑事诉讼法》第153条明确禁止特情诱使他人犯罪的规定存在冲突。毒品犯罪隐蔽性高，侦破中依靠“耳目”或“特情”介入，本无可非议。但是，诱惑侦查是一把“双刃剑”，取得成效的同时，也会带来负面影响。“诱惑侦查”实际上赋予了警察随意考验公民抵制犯罪诱惑能力的权力，特别是犯意诱发型诱惑侦查无疑是对公民个人自律权的考验和侵犯。

第五节
我国毒品犯罪刑事立法的未来展望

综合上文所指出的现行毒品犯罪刑事立法的诸多不足，我们对毒品犯罪刑事立法的完善提出如下看法。

一、毒品犯罪刑事立法应当贯彻宽严相济刑事政策

宽严相济作为我国的基本刑事政策，对我国的刑事立法和刑事司法均具有重要的指导作用，毒品犯罪概莫能外。我国的毒品犯罪形势虽仍然严峻，毒品犯罪持续高发的态势尚未得到根本遏制，但是这与在毒品犯罪案件审判中贯彻宽严相济刑事政策并不矛盾。宽严相济的刑事政策作为我国的基本刑事政策，贯穿于我国刑事立法、刑事司法和刑罚执行的整个过程，是对惩办与宽大相结合的政策在新时期的继承、发展和完善。但不同的犯罪类型，在贯彻宽严相济刑事政策时应当结合各类刑事案件的不同特点，有所侧重。就毒品犯罪的刑事立法贯彻宽严相济刑事政策而言，“严”有严密法网、严厉惩治、严肃执法等蕴含；“宽”有坚持区别对待，对具有法定或酌定从宽处罚情节的应当从宽处罚的内涵。在现行毒品犯罪刑事立法中贯彻宽严相济刑事政策，有理、有据、有节地设置刑罚量，从严为主，严以济宽，使刑罚均衡，罚当其罪，是完全必要的、可能的、可行的，也是惩罚犯罪、预防犯罪和保障人权的需要。

二、均衡毒品犯罪的罪刑设置

（一）设立以数量为主、以纯度为辅的立法例

我国对毒品犯罪不采用以纯度计算的立法，虽然可以对毒品犯罪予以严厉打击，但同时却违背了罪刑相适应原则，毒品纯度是体现社会危害性程度的重要标准。对毒品作准确的纯度定量分析，能准确地打击毒品犯罪，做到罚当其罪；在其他因素相同的情况下，毒品纯度的高低反映了毒品危害程度的大小，也决定了应配置刑罚的轻重。因此，毒品犯罪案件要破除“唯数额论”，适当淡化数额在毒品犯罪量刑中所起到的作用。在长期的司法实践中，域外有的国家已经形成了比较成熟的做法。比如，美国和澳大利亚就形成了以毒品数量为基准，适当考虑纯度定罪量刑的司法实践。1987年，《美国量刑指南》列出了《毒品数量表》，划分了38个基本罪等级，对海洛因等常见毒品的量刑幅度与数量作了详细的规定，同时列出了《毒品换算表》，主要以大麻为标准，将70多种其他毒品的数量换算成大麻的数量。[①] 因此，我们可以学习借鉴上述西方国家的做法，修改我国刑法的相关规定，删除“不以纯度算”的规定，综合考虑数量与纯度，设置“以数量为主，以纯度为辅”的立法例，规定所有的毒品案件都应当作出含量鉴定，并进行折算，只有这样才能实现精准量刑，同时将罪责刑相适应这个刑法基本原则落到实处。

（二）确立自由刑在毒品犯罪刑罚中的主体地位

以往的毒品犯罪刑事立法研究更侧重于关注危害性处于轻重两极的重罪、轻罪的刑罚设置问题，强调“轻轻重重”的刑事政策，即一方面强调对重罪的从严治理，注重死刑的适用；另一方面又强调对毒品犯罪中危害性较小行为的刑罚轻缓化。研究重点的两极化实际上忽略了毒品犯罪中比重最大、分

① 邓金凤:《域外法院毒品数量纯度确认制度》，载《人民法院报》2018年6月22日第4版。

布最广的中间状态的犯罪行为的刑罚设置分析。只有完善危害性处于中间状态的毒品犯罪行为的自由刑设置，才能使毒品犯罪刑罚设置整体结构更为合理，轻重适宜。可以从以下两个方面确立自由刑在毒品犯罪刑罚结构中的主体地位：第一，突出无期徒刑在毒品犯罪重罪治理中的重要作用。在刑罚设置上先将刑罚幅度设置为15年以上有期徒刑到无期徒刑，以无期徒刑作为一个节点，在此基础上再对特别严重的情形作出死刑规定，这样就能在司法实践中让司法人员破除遇到罪行严重的犯罪时纠结于是否适用死刑而忽略了适用无期徒刑的习惯，很好地突出无期徒刑在重罪治理中的作用，不但在刑罚力度上对犯罪人进行惩戒，同时也为其留下教育改造的空间。第二，让有期徒刑成为最主要的毒品犯罪刑罚手段。有期徒刑具有适用面宽、机动性强的特点，便于在司法实践中灵活地加以运用，以体现罪责刑相适应原则。基于有期徒刑的这一特点，对毒品犯罪的刑罚设置可充分考虑有期徒刑中的长期徒刑（10年以上）、中期徒刑（10年以下3年以上）和短期徒刑（3年以下）在治理社会危害性程度不同的毒品犯罪时各自作用的发挥。

（三）细化和完善财产刑的设置

财产刑对毒品犯罪具有独特的威慑力，实证研究表明，牟利性是毒品犯罪最重要的动因之一。我国目前的毒品犯罪刑事立法中，虽然普遍设置了财产刑即罚金刑和没收财产刑，但是对罚金刑、没收财产刑的规定不够细致、科学，这样一方面导致在司法实践中对犯罪人经济打击的威慑力不足，使毒品犯罪的治理效果难以实现预期目标；另一方面也不利于发挥财产刑在较为轻微的毒品犯罪中作为主要刑罚手段的作用。[①] 因此，首先应参照《联合国禁止非法贩运麻醉药品和精神药物公约》，加大对毒品犯罪财产刑的适用，对通过犯罪所得的收益、以犯罪所得为本金所生的利润、基于对犯罪所得的处

① 王洪青：《附加刑研究——经济刑法视角下的刑罚适用与改革路径》，上海社会科学院出版社2009年版，第126页。

分而产生的收益等予以追缴。[①]其次是充分发挥罚金刑在刑罚体系中的作用。考虑到我国地广人多，情况复杂，在考虑毒品犯罪中罚金刑数额的规定问题时，可不对具体数额进行规定，但需要对罚金刑的幅度作出设定，这样在司法实践中就能根据各地不同的经济情况作出具体的裁量，增加司法实践的可操作性。最后是在毒品犯罪罚金刑的设置中，对于部分犯罪情节轻微、犯罪人人身危险性小、主刑为三年以下有期徒刑、拘役或管制的犯罪可采取单科罚金的刑罚方式，以充分发挥罚金刑在毒品犯罪治理中的重要作用。因为在我国目前的毒品犯罪罚金刑的使用方式中，绝大部分是并科制，这样的设置不利于发挥罚金刑在治理轻罪时的重要作用，无法体现在治理贪利型犯罪时罚金刑对短期自由刑的替代作用。

（四）完善非刑罚处罚措施的设置

我国《刑法》第37条对免予刑事处罚的案件情节和免予刑事处罚后的几种责任的承担方式（如训诫、责令具结悔过、赔礼道歉、赔偿损失、行政处分等）作了规定。但是刑法中对毒品犯罪非刑罚处罚方式的规定很少，仅体现为第351条第3款中非法种植毒品原植物并在收获前自动铲除的可免除处罚。事实上，再严重的犯罪类型也存在犯罪情节轻微的情形，对毒品犯罪亦是如此。甚至许多专家都赞成应对毒品和吸毒者采取“减害政策”，将毒品罪犯尤其是吸毒者视为病人而非敌人，寻找治疗和康复方案，并使其顺利回归社会，从而在根源上减少对毒品的需求。[②③]联合国也认识到，要真正解决毒品犯罪问题，必须在毒品医疗计划上投入更多。[④]因此，在全球范围内推广结合心理社会学与药理学的“循证毒品依赖治疗”——医生、精神病学家、心理学家以及咨询师在内的多学科专业人士为毒品依赖性人员进行个性化、

① 从长远来看，我国现有的没收财产刑可以通过改造罚金刑而并入其相关内容，再把现行《刑法》第64条的“犯罪所得之物、所用之物的处理”上升为正式的刑种“没收财产刑”。

② 张胜杰:《“减害理念”理论与实践探微》，载《河南司法职业警官学院》2015年第6期。

③ 罗钢:《毒品犯罪刑事治理去敌人刑法化》，载《政法论丛》2018年第2期。

④ 张巍:《反思严惩毒品犯罪的传统刑事政策》，载《犯罪研究》2011年第2期。

差异化的治疗。[①] 我国也越来越关注毒品治疗模式，在刑事司法上通过运用暂缓起诉、社区矫正等一系列措施来更加理性地应对毒品问题。对此，在刑事立法中应留有一定施以非刑罚处罚的空间，借鉴外国先进经验，通过社区矫正、替代种植、保安处分等多种替代刑措施实现对犯罪人的有效教育改造，帮助其重新回归社会，更好地预防再次犯罪。

（五）限缩容留他人吸毒罪的入罪范围

前面说过对容留他人吸毒行为进行主观目的上的限缩是充分考虑行为的社会危害性达到刑法处罚范围适当性的必然要求，将无任何营利性的容留他人吸毒行为犯罪化，是刑法泛道德主义的遗留。各国刑法的进化过程表明，妨害风化类的犯罪一直都属于紧缩犯罪圈的范畴，当前容留他人吸毒罪的成立范围过于庞大，这既不利于刑法谦抑性的贯彻，也会给司法实践带来一定的困惑。同时，过分扩张的定罪标准、过于庞大的犯罪群体同目前对容留吸毒罪较低的处罚数据之间的矛盾，也在一定程度上损害着司法的公信力。故修改刑法对容留他人吸毒罪进行“以营利为目的”的主观限缩，这既是从历史经验中得出的妥当结论，也是世界范围内的立法举措。唯此，才能真正实现刑罚的处罚与公民个体权利的平衡。

三、限制毒品犯罪死刑的设置

毒品犯罪是典型的非暴力犯罪，未达“罪行极其严重”之死刑适用标准。而且从生成机理上讲，毒品犯罪发生的原因是多方面的，既有个体原因、被害人原因，也有社会原因、制度原因，而且很大程度上是管理的混乱、政策的漏洞、法律法规的不健全等制度原因所导致的。所以对毒品犯罪的遏制，应重在加强管理、堵塞漏洞和完善法制，而不应寄望于适用极刑。否则，其刑罚配置便会“过量”，从而违反了合理配置死刑之必要性原则，也有悖于中

① 罗钢：《毒品犯罪刑事治理去敌人刑法化》，载《政法论丛》2018年2月号。

国当前“少杀、慎杀”之死刑政策。当然也要顾及我国的毒品犯罪仍在整体上呈增长趋势，客观上影响着毒品犯罪死刑废止之进程，同时毒品犯罪死刑的配置与适用既有浓郁的历史情结，更有现实的国情民意基础，因此，现阶段我国对毒品犯罪死刑的设置只能是限制而不是废止。①限制毒品犯罪的死刑进路首先要从立法上废止运输毒品罪的死刑。贩卖、制造毒品的社会危害性显然大于走私、运输毒品的社会危害性，因为制造为源头，贩卖为目的，走私、运输为渠道，在整个毒品犯罪中通常处于从属、辅助的地位，考虑到其相对较轻的社会危害性，故应本着宽严相济刑事政策之基本精神，从立法上先行废止其死刑。其次要提高立法规定的毒品犯罪适用死刑的数量标准，同时设置“数量+情节”的量刑标准。由于我国《刑法》第347条对于毒品犯罪适用死刑的数量标准设置过低，加之中国幅员辽阔、地域广袤，不同地区毒品犯罪形势存在很大差别，故而地方司法机关都各自大幅度地提高了毒品犯罪适用死刑的数量标准，且一直没有形成统一的标准。从维护法治统一性与司法公正公平之大局考量和减少死刑之政策精神出发，有必要提高《刑法》第347条规定的毒品犯罪适用死刑的数量标准，同时设置数量加纯度和情节的量刑标准，避免唯数量论。规定毒品数量达到法定标准的，在具体裁量刑罚时亦应综合考虑毒品纯度、犯罪情节、危害后果、被告人的主观恶性、人身危险性等各种因素，以最大限度地体现同罪同罚，实现罪、责、刑之间的均衡。

四、从实体角度对诱惑侦查问题作出从宽处理规定

与传统的侦查方式相比，在收集隐蔽性极强的毒品犯罪证据方面，诱惑侦查具有更为快捷高效的特点，具有一定的合理性，但是有侵犯人权的危险。因此，对有特情引诱因素的毒品犯罪案件被告人进行公正合理的定罪量刑关系到被告人合法权益的维护，更关系到审判的公正性。对有特情引诱因素的毒品犯罪案件被告人如何判处刑罚，刑法、刑事诉讼法等都只有零星规定，

① 赵秉志、阴建峰:《论中国毒品犯罪死刑的逐步废止》，载《法学杂志》2013年第5期。

系统性地对该类情形下毒品犯罪被告人的定罪量刑进行规范确有必要。在毒品犯罪中，诱惑圈套实施之前，犯罪嫌疑人已存在实施毒品犯罪的意图，侦查机关此时安排眼线、耳目等特情介入并将涉案人抓获，应认定为提供机会型诱惑侦查，涉案人则构成相应的毒品犯罪。但考虑到毒品犯罪是在侦查机关的监控下进行，立法应明确规定将其作未遂处理，并且在未遂的处罚基础上再从轻处罚，涉及的毒品数量达到或超过判处死刑标准的，一般也不判处死刑立即执行，这个规定也适用于毒品犯罪中的数量引诱问题，因为二者的本质是一样的。

对于提供机会型诱惑侦查，中外刑法都主张在严格的程序控制下承认其合法性，但是对犯意诱发型诱惑侦查则大都持反对态度。我国出于严厉打击毒品犯罪的目的，在2008年《全国部分法院审理毒品犯罪案件工作座谈会纪要》中规定了对犯意引诱型毒品犯罪的处罚，这间接地承认了犯意引诱型诱惑侦查的合法性，但是本着罪刑相适应原则，笔者认为不应一概定罪。以贩卖毒品罪为例，首先，查明行为人之前并无毒品犯罪行为且未持有毒品，因特情人员的圈套引诱，嫌疑人出于获利的动机，临时从别处购得毒品然后与特情人员交易时被公安机关抓获。此种情况从本质上来看是一场在公安机关遥控指挥下的犯罪，不可能造成实际的法益侵害后果，因此，嫌疑人不应被定罪。其次，如果嫌疑人已持有毒品，在圈套引诱下而卖之，如经审查嫌疑人曾有多次贩卖毒品的前科，且持有毒品数量较大，明显非系嫌疑人自己吸食等情况，则可认定其为贩卖毒品罪。如经审查嫌疑人并无贩卖毒品的前科劣迹，对其持有数量较大毒品的行为可以考虑认定为非法持有毒品罪。

五、完善毒品犯罪公正诉讼程序机制

前面说过严刑治毒的刑事政策容易导致对犯罪嫌疑人诉讼主体地位和诉讼权利的漠视，引起刑事诉讼结构的失衡，造成诉讼程序的非正义性，这主要体现在大量的预防性侦查措施上。这些预防性侦查措施的法定标准看似严格，但启动的随意性、批准主体的利益同一性、审查的事后性，使得正当程序机制形同虚设。比如，技术侦查措施，完全受控于侦查机关内部的自我决定，缺乏外部审查的有效制约。而司法机关在证据的采纳上亦持默认态度，欠缺法庭质证的审判效果，很难保证毒品犯罪嫌疑人的正当权利。尽管毒品犯罪案件的特点，决定了侦查人员在证据收集中经常会面临困局，在程序设置上适当克减犯罪嫌疑人的权利有其必要性，但这并不是过分限制其正当权利的公权力行为合法化的理由。以程序公正切入对毒品犯罪刑事治理的整体改造，符合依法治国下司法改革的方向，也易被国民接受。因此，在诉讼程序中，尤其在侦查制度上，要严格遵循比例原则、程序正当原则等法治标准，避免追求定罪绩效而大幅适用推定从而破坏控辩均势的做法。同时，全面检视相关司法解释、会议纪要中关于毒品犯罪的证据制度，对冲突条款进行立法说明或者司法解释，严格执行非法证据排除规则，并重申无罪推定原则在毒品犯罪诉讼中的适用。

结　语

回顾70年来我国毒品犯罪立法的演进历程，可以发现，毒品犯罪刑事立法在我国毒品犯罪的惩治中发挥了不可替代的基础性作用。70年来，我国始终坚持严厉打击毒品犯罪的方针，先后制定和颁布了一系列有关惩治和预防毒品犯罪的法律、法规及其他规范性文件。特别是改革开放以来，在禁毒立法上形成了以《刑法》为主线，同时辅之以配套的行政法规和地方性法规的完善的法律体系。70年立法的宝贵经验对于我们在新形势下深入开展禁毒人民战争和促进我国禁毒立法的进一步完善，从而有效惩治和预防毒品犯罪具有重要意义。展望未来，我们既要总结毒品犯罪立法的有益经验，同时也要正视70年来毒品犯罪立法的不足和缺陷，在此基础上不断完善我国的毒品犯罪立法体系，在全面推进依法治国的征程上更好地实现对毒品犯罪的打击和防范。

第九章

涉黑犯罪演变 70 年

第一节 涉黑犯罪概念演变70年

涉黑犯罪的概念包括“黑社会组织”“黑社会性质的组织”“恶势力”“恶势力犯罪集团”“黑恶势力”等多个相近的概念，其中前两者是法定概念，后三者属于政策性概念。[①] 本节将一一梳理不同概念的内涵和外延及其演变规律。

一、黑社会犯罪概念演变

自新中国成立至1979年的30年间，刑法虽未规定与黑社会有关的犯罪，但这一时期因为旧社会的“青红帮”“一贯道”等组织依然活动在中国大地的每个角落，当时我们把封建行帮、会党、会道门、土匪、强盗甚至地主恶霸等组织均视作黑社会。

20世纪80年代初，“黑社会”一词重现在新闻媒体中，当时仅仅被用来称呼我国境内活动的境外犯罪组织。1981年，深圳发现了香港的“14K”“新义安”黑社会组织成员的活动，为此，深圳市于1982年9月发布了《关于取缔黑社会组织的通告》。这是自20世纪50年代初打击和取缔反动会道门之后，“黑社会”一词首次出现在我国政府机构文件中，但其使用并不普遍，而仅限于深圳市及广东省的其他个别地方。其实，当时的学术界、公安实务部门、新闻媒体等对于“黑社会”一词的使用都有些惶恐，因为有人认为中国作为

① 魏东:《“涉黑犯罪”重要争议问题研讨》，载《政法论坛》2019年第3期。

社会主义国家不应该有黑社会，如果使用黑社会来定性中国大地上的犯罪组织，那就是给社会主义抹黑。因而大家在用词上都非常谨慎。

随着黑社会活动地域的扩张及对社会影响的加深，“黑社会”一词逐渐被接受，不仅学术界、公安部门、新闻媒体接受了这个词，普通百姓也不再谈“黑”色变。这时候的政府文件和新闻报道在使用“黑社会”一词时都更大胆一些。当时《人民日报》上出现“黑社会”一词的文章从1981年—1983年的18篇急速增加到1984年—1986年的37篇。

然而，好景不长，我国政府及有关部门领导人在不久之后谈及黑社会犯罪问题时，便不再直截了当地使用“黑社会”一词，这也直接导致了学术界对“中国是否存在黑社会”这个问题展开了旷日持久的争论。

1989年8月，深圳市政府发布了《关于取缔黑社会和带黑社会性质帮派组织的通告》，明确表示在深圳市存在黑社会，但该通告并没有明确界定什么是黑社会。

1990年，广东省发布了《关于处理黑社会性质组织或带黑社会性质的违法犯罪团伙的若干意见》，其中指出：“黑社会组织是指境外黑社会在境内组建的分支组织，或者境外黑社会控制，按其旨意发展，进行犯罪活动的重大犯罪团伙。”尽管这个定义带有一定的局限性，但该意见是我国政府部门在发布的法规中首次明确黑社会组织为何物的文件。只不过该意见把黑社会仅仅定性为境外黑社会在中国的分支机构或犯罪团伙。

1991年1月，时任公安部部长陶驷驹在全国第十八次公安会议上指出，“一些地方团伙、黑社会、流氓势力相当猖獗”，公安机关“要特别注意打击犯罪团伙和黑社会组织，绝不能让他们形成气候”。[①]这番讲话肯定了在我国大陆地区存在着黑社会，而且黑社会是与地方团伙、流氓势力并存的组织。

1996年10月10日，《刑法（修订草案）》（征求意见稿）在第261条规定了有组织犯罪，有专家提出有组织犯罪的规定并不能涵盖黑社会犯罪，建议

① 邱格屏：《黑社会与黑社会性质组织概念之比较分析》，载《福建公安高等专科学校学报》2003年第5期。

增加组织、领导、参加黑社会组织的规定，表述为“组织、领导黑社会组织的，处五年以上十年以下有期徒刑；其他积极参加的，处五年以下有期徒刑。”[①] 这个立法提议印证了黑社会犯罪及黑社会组织是一度存在的，并且社会危害性较大，因此才会被考虑增设一个新的罪名。

2000年年末及2001年年初，两位研究黑社会问题的专家——南京大学的蔡少卿教授及中国人民公安大学的宋浩波教授—相继接受媒体采访，发表对当代中国黑社会性质组织的看法。蔡教授认为“中国目前不仅存在黑社会，而且黑社会犯罪比较严重”，宋教授则认为“中国目前不存在黑社会”。两位专家对当时中国的黑社会组织的特点并无分歧，关键是双方使用了不同的概念。宋教授指出，尽管中国的黑社会性质组织已经具有黑社会组织的某些特征，但还不存在西方黑手党式的黑社会组织，不是典型的黑社会。这与蔡教授所说的中国的黑社会还处在初级阶段并无分歧。[②]

我国大陆地区到底是否存在黑社会呢？这要看对黑社会的概念如何界定。根据《辞海》的解释，黑社会指的是“进行犯罪活动及其他非法活动的秘密社会集团。内部组织严密，作案手段残忍，行为与活动具有强烈的掠夺性、寄生性和反社会性。有些黑社会组织还从事大规模、有组织的恐怖活动、跨国犯罪，具有很大的社会危害性，成为各国政府打击的重点对象”。[③]

我国刑法学者对于“黑社会”的解释主要针对《刑法》第294条第2款入境发展黑社会组织罪中的“境外的黑社会组织”。“境外的黑社会组织”是指被境外国家或地区有关权威机关确定为黑社会的组织，包括外国的黑社会组织，还有我国香港、澳门、台湾地区的黑社会组织。[④] 然而这个解释仅仅针对“境外的”这一修饰语展开，对于“黑社会组织”这一核心概念却没有展开。有论者对“黑社会组织”的概念和特征作了如下归纳，黑社会组织指的是“以

---

① 高铭暄：《中华人民共和国刑法的孕育诞生和发展完善》，北京大学出版社2012年版，第139页。

② 郑玮：《我国当前黑社会性质组织的研究动态》，载《青少年犯罪问题》2002年第6期。

③ 《辞海》（第六版），上海辞书出版社2016年版，第733页。

④ 张明楷：《刑法学》（第五版），法律出版社2016年版，第1072页；黎宏：《刑法学各论》（第二版），法律出版社2016年版，第384—385页。

从事违法犯罪活动为基本手段、非法控制一定区域或行业并与主流社会相对抗，从而具有自己独特的文化传统和管理制度的较为稳定成熟的犯罪组织”，黑社会组织的基本特征包括“非法控制社会性；稳定成熟的犯罪组织性；地域性及地缘感；不择手段获取经济利益或政治利益；严苛‘黑色法制’、科层制和鲜明的犯罪亚文化”。①

无论是我国《刑法》对黑社会组织特征的归纳，还是我国刑法学者对黑社会的总结，似乎都完全没有借鉴外国关于黑社会的概念。境内也有不少成熟的黑社会概念可以为我们认识黑社会提供一些借鉴。前者如《意大利刑法典》规定，黑手党类型的非法结社，是指参与者意图使自己或者他人获得非法利润或利益，利用该结社的胁迫力量，以实施犯罪行为，致使他人屈从或保持缄默，以直接地或间接地控制所有权让与、授权、公共契约与服务等经济活动，或意图在选举期间，妨害或限制他人投票自由，以为他人或自己争取选票者。后者如澳门的《黑社会管制法》规定，非法组织的组成具有稳定性，以犯罪为目的的经济由协议或其他任何事实，即如从事下列所指的一项或多项（贩毒、非法禁锢、诱良为娼及经营娼妓活动，对人或财物借口保护或以暴力或恐怖而取得财物利益，非法贷出财物，教唆或协助非法出入境，经营非法幸运博彩或互相博彩和使用、佩戴及保有违禁武器等活动）而显示其存在者，即为黑社会。

综观各国、各地区对黑社会的定义可知，黑社会并没有一个固定的概念，其含义会根据本国或地区黑社会的实际情况以及打击黑社会的目标而有所区别，因而，“对‘什么是黑社会’的问题，没有必要规定一个全世界统一使用的标准，而应当由各国根据自身的国情给予不同的理解”。②

当前，国际犯罪研究专家们对现代黑社会的特点形成了五点共识：一是有稳定的、长期存在的、庞大的犯罪组织与经费来源；二是集团内部有独特

① 魏东：《“涉黑犯罪”重要争议问题研讨》，载《政法论坛》2019年第3期。

② 邱格屏：《黑社会与黑社会性质组织概念之比较分析》，载《福建公安高等专科学校学报》2003年第5期。

的行为、生活方式与准则，整个黑社会可视为一个亚文化群；三是集团的活动一般处于秘密状态之中，但在一定条件下有时能公开；四是集团之间犯罪活动有行业与地域的区别；五是集团行为与活动具有强烈的掠夺性、寄生性和反社会性。这应该也是我们认识中国大地上的黑社会组织的基础。

二、黑社会性质组织概念演变

黑社会性质组织似乎从其存在开始就是一个比较尴尬的概念，因为从来没有人说清楚过“黑社会组织性质”的内涵与外延究竟是什么，也没有人弄明白它与黑社会、黑恶势力（恶势力）之间有哪些差别，并且司法实践中，这个词的指代也一直在变化。

“黑社会性质组织”首次出现不是在政府的规范性文件中，而是在领导人日常讲话的讲稿里，而且当时与之共同被使用的词还包括“带黑社会性质的犯罪团伙”等。

笔者首次在政府文献中发现“黑社会性质组织”这个词是1989年8月，深圳市政府发布了《关于取缔黑社会和带黑社会性质帮派组织的通告》，第一次明确表示在深圳市存在带黑社会性质帮派组织 。但该通告并没有明确界定什么是带黑社会性质帮派组织。

1990年，广东省发布了《关于处理黑社会性质组织或带黑社会性质的违法犯罪团伙的若干意见》，其中指出，凡有帮名、帮主、入伙履行一定的手段或仪式，活动有相对固定的场所、区域和行业，施行一种或多种违法犯罪活动，为带黑社会性质违法团伙。尽管这个词不是“黑社会性质组织”，但是因为“带黑社会性质违法团伙”与“黑社会性质组织”都有“黑社会性质”这个核心词汇，所以姑且认为二者是同一个意思。

1996年3月5日，李鹏总理在第八届全国人民代表大会第四次会议上作的《关于国民经济和社会发展“九五”计划和2010年远景目标纲要的报告》指出，要采取有力措施，严厉打击暴力犯罪、毒品犯罪、流氓恶势力和带黑社会性质的犯罪团伙，以及其他刑事犯罪活动。这是“黑社会性质的犯罪团伙”首次被国家文献正式使用，称得上是对以往新闻、媒体及地方文件中的“黑社会”“黑社会性质团伙”“带黑社会性质帮派”等概念的规范。从此，“带黑社会性质的犯罪团伙”在学术界、司法实践部门得到通用。

1997年《刑法》通过后，“带黑社会性质的犯罪团伙”进一步被规范为“黑社会性质的组织”，并首次在法律上肯定了我国存在黑社会性质的组织。根据《刑法》第294条规定，以暴力、威胁或者其他手段，有组织地进行违法犯罪活动，称霸一方，为非作恶，欺压、残害群众，严重破坏经济、社会生活秩序的组织为“黑社会性质的组织”。

1997年出版的刑法学习参考资料——《中华人民共和国刑法学习纲要》（以下简称《学习纲要》）[①]指出了黑社会性质组织的特征：1. 组织的严密性。这种具有黑社会性质的组织，一般是人数众多、成员固定、内部成员之间具有严格的身份等级与隶属关系，并且有严密的帮规或者会约，在其首领的领导下形成一个较为严密的组织系统；2. 有组织地进行犯罪活动。这种具有黑社会性质的犯罪组织成立后，便在其组织者的统一领导和指挥下，有预谋、有计划、有分工地进行犯罪活动；3. 必须以暴力、威胁等其他手段为后盾。

2000年12月4日最高人民法院审判委员会第1148次会议通过了《关于审理黑社会性质组织犯罪的案件具体应用法律若干问题的解释》（法释〔2000〕42号）（以下简称《解释》），并于2000年12月10日起实施，该解释的出台为的是配合2000年12月11日全国公安机关开展的“打黑除恶”专项斗争。根据《解释》，《刑法》第294条规定的“黑社会性质的组织”，一般应具备以下特征：1. 组织结构比较紧密，人数较多，有比较明确的组织者、领导者，骨干成员基本固定，有较为严格的组织纪律；2. 通过违法犯罪活动或者其他手段获取经济利益，具有一定的经济实力；3. 通过贿赂、威胁等手段，引诱、逼迫国家工作人员参加黑社会性质组织活动，或者为其提供非法保护；4. 在一定区域或者行业范围内，以暴力、威胁、滋扰等手段，大肆进行敲诈

① 徐霞等编著：《中华人民共和国刑法学习纲要》，人民出版社1997年版。

勒索、欺行霸市、聚众斗殴、寻衅滋事、故意伤害等违法犯罪活动，严重破坏经济、社会生活秩序。《解释》不仅在第1条第2项中对被忽略的、对判定一个犯罪组织是否为黑社会的重要条件——经济目的和经济实力作了补充，而且在第3项、第4项中对“黑社会性质组织”的反社会性、垄断性作了更为详尽的规定。

结合前述国际犯罪研究专家们对现代黑社会的特点形成的五点共识，笔者认为，“‘黑社会性质的组织’是我国有组织犯罪中最具备‘黑社会（组织）’性质的较完备形态的犯罪组织，最接近于国外的黑社会（组织），可以说它既是黑社会又不是典型的黑社会”。①

三、恶势力概念演变

多年来，中国司法实践部门只要提到“黑”就不会忘记“恶”，长期的司法实践都将“打黑除恶”作为公安工作的重心之一，如2018年开始的为期三年的“扫黑除恶”，可以说，“恶”与“黑”相生相伴、如影随形。众所周知，这里的“黑”指的是“黑社会性质组织”，“恶”就是“恶势力”。但什么是恶势力？为什么它会与“黑”一起成为上至中央下至百姓的心头大患？“恶势力”是今天才存在的概念吗？笔者将一一解答这些疑问。

总体上说，恶势力的演变经历了四个阶段。

第一个阶段是新中国成立后至改革开放前。在这个阶段，“恶势力”具有浓厚的政治意蕴，一开始指的是与人民及人民政府为敌的封建势力、国民党、土匪、反动地主和富农等，即所有“压迫人、剥削人，不让人民解放，不让人民翻身的”，都是恶势力。② 这一时期“恶势力”在《人民日报》上的使用频率非常高，最高值出现在解放战争期间，即1946年—1950年，共有60篇。第二个最高值出现在1954年—1956年，与当时开展的“三反”“五反”运动

① 魏东：《“涉黑犯罪”重要争议问题研讨》，载《政法论坛》2019年第3期。

② 邱格屏：《媒体视角下的黑社会组织六十年》，载《南京大学法律评论》2010年秋季卷。

正好契合，因为当年是把“五反”对象“地富反坏右”作为恶势力对待的。不过，这一时期里，“恶势力”出现频率最低的1969年—1971年也有13篇，可见当时恶势力对社会的影响有多大。（见下图）

1946年—1977年《人民日报》出现的“恶势力”的文章数

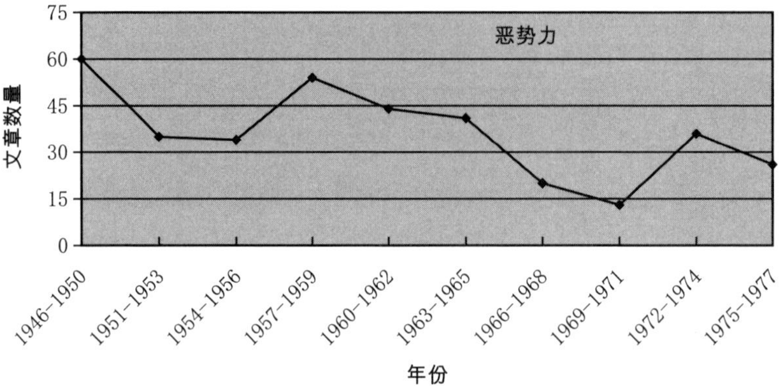

然而，当时的“恶势力”与今天那些以黑社会性质组织的初级形态出现的“恶势力”完全不一样。1949年8月30日习仲勋同志在关中新区地委书记联席会上的总结报告中关于“恶势力”的解读非常有代表性，他说：“与特务、团队、土匪相结合的恶霸分子，即地主阶级的当权派，仍然是农村中的统治势力。而布置特务活动、繁殖土匪武装、进行反革命骚动，又是国民党反动派垂死挣扎的重要阴谋。这样互相结合的恶霸、特务、土匪，就组成了农村中最主要的反革命残余势力，亦即农村人民的主要敌人。只有打倒这一恶势力，才能建立农村人民的优势力量。”① 后来，随着政治形势的不断变化，恶势力的指代范围逐步扩大到所有与社会主义国家为敌的人及组织，即包括“帝国主义侵略者、新的世界战争的挑拨者和一切反人民的势力”。② 总之，在这一历史时期，“恶势力”往往是一切反动势力的统称，至于具体

① 新华社：《关中新区工作的检讨和当前任务——习仲勋同志在关中新区地委书记联席会上的总结报告》，载《人民日报》1949年8月30日第2版。

② 《祝贺亚洲妇代会议开幕 国际记者协会代表杨刚祝词》，载《人民日报》1949年12月11日第4版。转引自邱格屏《媒体视角下的黑社会组织六十年》，载《南京大学法律评论》2010年秋季卷。

反动的事项，要依社会环境和政治形势而定，包括但不限于封建势力、帝国主义、反人民。

第二个阶段是改革开放之后至1997年《刑法》发布前。这个阶段的“恶势力”虽未进入规范性法律文件，但频频出现在政府工作报告中。1995年，时任国务院总理李鹏在第八届全国人民代表大会第三次会议上所作的《政府工作报告》中提到“坚决铲除黑社会性质的犯罪团伙和流氓恶势力，扫除卖淫嫖娼、赌博等社会丑恶现象”。1996年3月5日，李鹏总理在第八届全国人民代表大会第四次会议上作的《关于国民经济和社会发展“九五”计划和2010年远景目标纲要的报告》指出“要采取有力措施，严厉打击暴力犯罪、毒品犯罪、流氓恶势力和带黑社会性质的犯罪团伙，以及其他刑事犯罪活动”。[①] 同年，时任最高人民法院院长任建新在《最高人民法院工作报告》[②] 中总结严打斗争时指出，“人民法院还积极参加了整治农村社会治安的斗争，严厉打击农村中突出的流氓恶势力犯罪，依法严惩了一批犯罪分子”。1997年，李鹏总理在当年的《政府工作报告》中提到，一年的“严打”斗争虽取得较好效果，但治安形势不容乐观，“要继续采取有力措施，集中打击严重暴力犯罪、涉毒犯罪、带黑社会性质的犯罪团伙和流氓恶势力，提高大案要案侦破能力，把‘严打’斗争深入持久地开展下去”。[③] 这一年，国务院新闻办公室发布的《一九九六年中国人权事业的进展》中指出，“1996年，公安、司法机关在全国范围内……对涉枪犯罪、带黑社会性质的集团犯罪以及流氓恶势力犯罪，依法进行了严厉打击”。同年，任建新院长在《最高人民法院工作报

① 李鹏：《关于国民经济和社会发展“九五”计划和2010年远景目标纲要的报告——1996年3月5日在第八届全国人民代表大会第四次会议上》，载“中华人民共和国中央人民政府网”（http://www.gov.dn//test/2018-4121/content_950407.htm）2018年4月21日，最后访问时间：2019年10月25日。

② 任建新：《最高人民法院工作报告——1996年3月12日在第八届全国人民代表大会第四次会议上》，载“中华人民共和国中央人民政府网”（http://www.gov.cn/test/2008-03/27/content_929938.htm）2008年3月27日，最后访问时间：2019年10月25日。

③ 李鹏：《1997年政府工作报告——1997年3月1日在第八届全国人民代表大会第五次会议上》，载“中华人民共和国中央人民政府网”（http://www.gov.cn/test/2006-02/16/content_201124.htm）2006年2月16日，最后访问时间：2019年8月8日。

告》中指出“狠狠打击暴力犯罪、涉枪犯罪和集团犯罪。杀人、抢劫、爆炸、绑架勒索、强奸、重大盗窃等犯罪，特别是各种涉枪犯罪和带黑社会性质的集团犯罪以及流氓恶势力犯罪……是‘严打’斗争的重点”。①

综观上述政府文件中对“恶势力”的表述可知，“恶势力”是与“流氓”“黑社会性质组织”刑事犯罪紧密相关的概念。首先，“恶势力”之前总是带着“流氓”的限定语，这与“流氓”二字被明文规定在1979年《刑法》中不无关系。1979年《刑法》第160条规定了流氓罪——“聚众斗殴，寻衅滋事，侮辱妇女或者进行其他流氓活动，破坏公共秩序，情节恶劣的，处七年以下有期徒刑、拘役或者管制。流氓集团的首要分子，处七年以上有期徒刑”。流氓罪有两个本质特征，其一是破坏公共秩序，其二是“厚颜无耻，卑鄙下流，藐视国家法纪和社会公德”。②然而不管是从罪状、犯罪构成还是从本质特征来看，流氓罪都缺乏定型性，事实上本罪因包罗万象、指意不明长期以来被诟病，背上“口袋罪”的恶名，有类推解释、违反罪刑法定的嫌疑，1997年《刑法》取消了这个罪名，并将1979年《刑法》流氓罪中的行为分解为不同的犯罪。既然流氓罪缺乏定型性，“流氓”一词也难免呈现出内涵不清、外延不明的窘境。首先，上述政府文件没有对“恶势力”加以定义或者描述，反而在其前面加上“流氓”的修饰语，一个未经解释的概念加上一个含义不清的概念增加了“流氓恶势力”的理解难度。其次，“恶势力”与“黑社会性质的（集团犯罪）犯罪团伙”相提并论，甚至“恶势力”被视为集团犯罪。1979年《刑法》并未规定黑社会性质的犯罪团伙，1997年《刑法》中才出现了组织、领导、参加黑社会性质组织罪。立法层面未对黑社会或黑社会性质组织予以确认不代表实践中不存在这类组织。20世纪80年代起，黑社会开始在深圳活跃。基于前文的分析，“恶势力”概念与“流氓”密切相关，“流氓恶势力”的表述多见于政府文件，这里又将“流氓团伙”与“黑社会分子”相等同，根据“A=B，

---

① 任建新：《最高人民法院工作报告——1997年3月11日在第八届全国人民代表大会第五次会议上》，载“中华人民共和国中央人民政府网”（http://www.gov.cn/guoqing/2015-06/11/content_2878115.htm）2015年6月11日，最后访问时间：2019年8月8日。

② 高铭暄：《中华人民共和国刑法的孕育诞生和发展完善》，北京大学出版社2012年版，第139页。

B=C，则 A=C”的等式传递原则可知，“恶势力”与“黑社会分子”有密切联系。《关于国民经济和社会发展“九五”计划和2010年远景目标纲要的报告》采用的就是“严厉打击……流氓恶势力和带黑社会性质的犯罪团伙……”“恶势力与流氓团伙和带有黑社会性质的组织这三个概念往往掺杂混用，互相诠释。由此可见，这个时期恶势力概念还没有从其他犯罪形态中独立出来，尤其是恶势力和流氓团伙、黑社会性质组织之间存在严重混同。”① 最后，“恶势力”被作为刑事犯罪，与暴力犯罪、毒品犯罪、涉枪犯罪等严重危及公民人身安全、扰乱社会秩序的犯罪相提并论。由于我国刑法典至今尚未规定恶势力，根据现代刑法“法无明文规定不为罪”的罪刑法定原则，无法直接将恶势力作为犯罪认定和处理，但1979年《刑法》尚未确立罪刑法定原则，1979年《刑法》第79条“本法分则没有明文规定的犯罪，可以比照本法分则最相类似的条文定罪判刑，但是应当报请最高人民法院核准”的规定为类推适用提供了法律依据，为强调恶势力的严重危害以及打击恶势力的紧迫性、必要性，恶势力被作为严重的刑事犯罪来看待。

第三个阶段是1997年《刑法》发布后至“扫黑除恶”专项斗争开启前（2018年3月）。1997年《刑法》首次规定了组织、领导、参加黑社会性质组织罪，废除了流氓罪，删除了允许类推的法律条文，确立了罪刑法定原则，但仍未规定“恶势力”。受“严打”余波影响，在这之后较长时间内新闻报道仍然出现“流氓恶势力”的表述，如北京市政府就对外报道说，“北京市公安局自2004年6月开展打击流氓恶势力专项行动以来”，6年间共打掉涉恶团伙1200余个，破获各类刑事案件4700余起。②“重点铲除流氓恶势力及其他犯罪团伙，坚决打击各种违法犯罪活动”被列为北京市2007年为民办58件实事

---

① 陈兴良：《恶势力犯罪研究》，载《中国刑事法杂志》2019年第4期。

② 北京市人民政府：《北京市：最大化保障打黑除恶专项斗争扎实推进》，载“中华人民共和国中央人民政府网”（http://www.gov.cn/gzdt/2010-06/22/content_1633643.htm）2010年6月22日，最后访问时间：2019年8月8日。

之一。[①] 无独有偶，吉林省政府的对外报道也说："要进一步打造平安稳定的治安环境。一是加大打击犯罪工作力度，对各类侵害投资者利益的犯罪，特别是带有黑社会性质的有组织犯罪和流氓恶势力，坚持露头就打……"[②] 由上观之，北京市和吉林省均将打击"流氓恶势力"作为维护社会治安的重点工作与民生工程，数据也表明打击"流氓恶势力"取得了较好的效果。

2000年12月11日，中央政法委召开电视电话会议，在全国范围内部署打黑除恶专项斗争。为与之配合，最高人民法院于2000年12月5日发布了《关于审理黑社会性质组织犯罪的案件具体应用法律若干问题的解释》，仅对黑社会性质组织进行了解释说明，对恶势力却未提及。2006年2月，中央政法委部署全国开展第二次"打黑除恶"专项斗争。[③] 为总结此次"打黑除恶"专项斗争的经验，2009年12月9日最高人民法院、最高人民检察院、公安部发布了《办理黑社会性质组织犯罪案件座谈会纪要》，开创性地给出了恶势力的概念——"经常纠集在一起，以暴力、威胁或其他手段，在一定区域或者行业内多次实施违法犯罪活动，为非作恶，扰乱经济、社会生活秩序，造成较为恶劣的社会影响，但尚未形成黑社会性质组织的犯罪团伙"。2015年10月13日最高人民法院发布了《全国部分法院审理黑社会性质组织犯罪案件工作座谈会纪要》，将恶势力作为黑社会性质组织的雏形，强调把握好"打早打小"与"打准打实"的关系。

第四个阶段是"扫黑除恶"专项斗争开始后，即2018年至今。2018年1月，中共中央、国务院发布了《关于开展扫黑除恶专项斗争的通知》，算上前两轮"打黑除恶"专项斗争，可视为第三轮专项斗争，随后最高人民法院、最高人

① 北京日报：《北京市2007年将为民拟办58件实事》，载"中华人民共和国中央人民政府网"（http://www.gov.cn/banshi/2007-01/16/content_497213.htm）2007年1月16日，最后访问时间：2019年8月8日。

② 吉林省人民政府：《吉林省公安厅召开座谈会征求三资企业及商会意见》，载"中华人民共和国中央人民政府网"（http://www.gov.cn/2t2l/kdnx/content_1178187.htm）2008年12月15日，最后访问时间：2019年8月8日。

③ 新华网：《还百姓一片安宁的净土——近5年来中国打黑除恶专项斗争纪实》，载"中国法院网"（http://www.chinacourt.org/article/index/id/MzAwNAAhCwMiAAA.shtml），最后访问时间：2019年12月2日。

民检察院、公安部、司法部发布了《关于办理黑恶势力犯罪案件若干问题的指导意见》(法发〔2018〕1号)，将恶势力界定为“经常纠集在一起，以暴力、威胁或者其他手段，在一定区域或者行业内多次实施违法犯罪活动，为非作恶，欺压百姓，扰乱经济、社会生活秩序，造成较为恶劣的社会影响，但尚未形成黑社会性质组织的违法犯罪组织”。根据该指导意见，“恶势力”等表述可以写在相关法律文书中的犯罪事实认定部分，恶势力犯罪案件应当依法从严惩处。这意味着先有“恶势力”，先打击“恶势力”，然后才有“恶势力”的规范，“恶势力”的概念来自“恶势力”的客观表现以及打击“恶势力”的经验总结。“恶势力”概念跻身于规范性法律文件是一项创举，也因此成了与黑社会性质组织相对独立的存在。

2019年4月9日，最高人民法院、最高人民检察院、公安部、司法部联合发布了四个司法解释性质文件——《关于办理恶势力刑事案件若干问题的意见》《关于办理“套路贷”刑事案件若干问题的意见》《关于办理黑恶势力刑事案件中财产处置若干问题的意见》《关于办理实施“软暴力”的刑事案件若干问题的意见》，并对《关于办理黑恶势力犯罪案件若干问题的指导意见》予以细化，这五个规范性文件共同构筑了本轮“扫黑除恶”专项斗争的最新政策法律依据体系，其中，《关于办理恶势力刑事案件若干问题的意见》更是对恶势力的概念及构成作出了详细的规定。

根据前文对新中国成立70年来“恶势力”概念变迁的梳理，可以发现“恶势力”概念在演变过程中有以下四个明显特征。

其一，从政治属性向法律属性过渡。在新中国成立后至1979年《刑法》出台前，“恶势力”一词在官方文件、领导讲话、新闻报道中被广泛使用，指称一切反动势力，具有极强的政治性，只有极个别学者认为“恶势力”与黑社会组织相关。这时候“恶势力”并不是一个法律概念，“恶势力”团伙并没有被当作刑事犯罪来看待。1979年《刑法》颁布之后，国家机关的公文中频频出现“流氓恶势力”的表述，将恶势力作为流氓罪的表现形式，将其作为刑事犯罪来看待。至此，“恶势力”才由一个政治性的术语演变为法律术语。即便是成为法律术语，“流氓恶势力”的表述仍具有口语化的特征，烙上了为扭转社会治安形势而开展“严打”的时代印记，尚不够严谨、规范。

其二，从依附性向独立性过渡。1979年《刑法》规定了流氓罪，“恶势力”概念依附于流氓罪而具备刑事可罚性，随着1997年《刑法》的发布，流氓罪和类推适用原则被废除，“恶势力”概念依附于1997年《刑法》增设的黑社会性质组织犯罪，“黑社会性质犯罪是恶势力犯罪的最高层次，而将其以外的违法犯罪团伙归为较低层次的恶势力犯罪”。[①] 直至两次“打黑除恶”专项斗争结束之后，“两高一部”通过司法解释总结了“打黑除恶”的经验并阐释了“恶势力”的概念。“扫黑除恶”专项斗争中，更多关于“恶势力”的司法解释出台，进一步完善了“恶势力”的概念，并为其赋予从严处罚的独立法律后果。

其三，从非正式法律制度向半正式法律制度过渡。到目前为止，“恶势力”的概念尚未进入刑法典文本，严格意义上来说属于非正式法律制度。刑事司法的正式法律制度既可以通过刑事立法来确立，又可以通过司法解释和规范文件来明确，后者成为正式法律制度必须以上位法律规范有相应规定作为前提。在我国，黑社会性质组织是正式法律制度，“恶势力”无法作为正式法律制度。但恶势力团伙或者恶势力犯罪集团的认定必须以《刑法》总则中共同犯罪、集团犯罪的规定作为依据，在撰写法律文书时，事实认定部分可以使用“恶势力”的表述，而且应当依法从严惩处恶势力刑事案件，因而将“恶势力”作为非正式法律制度是不恰当的。综上，“恶势力”应当作为半正式的法律制度[②]，与之类似的，有论者指出，“恶势力”等概念被规定在作为“准立法”形式的司法解释性文本中，属于非严格法定的政策性概念。[③]

其四，从随意性向确定性过渡。新中国成立以来，“恶势力”概念发生了诸多变化，变动性大，随意性也较大，而自2009年“两高一部”首次提出“恶势力”的概念十年以来，有权解释对恶势力的定义只有两点变化：第一，将

① 黄太云、滕炜主编：《中华人民共和国刑法释义与适用指南》，红旗出版社1997年版，第427页。

② 黄京平：《恶势力及其软暴力犯罪探微》，载《中国刑事法杂志》2018年第3期。

③ 魏东：《“涉黑犯罪”重要争议问题研讨》，载《政法论坛》2019年第3期。

“为非作恶”扩展为“为非作恶，欺压百姓”；第二，将“犯罪团伙”的表述改成了“违法犯罪组织”。十几年间，“打黑除恶”专项斗争开展了两轮，“打黑除恶”变为“扫黑除恶”，在这个过程中打掉的恶势力团伙不计其数，既然“恶势力”概念的首度提出是司法机关对打击“恶势力”团伙的经验总结，那么在经验不断丰富之后，“恶势力”的概念基本维持原状，说明“恶势力”的概念是一个经得起实践检验的概念，是一个较为科学合理的概念。同时也可以看出，“恶势力”概念的两处微调必有其原因，虽然微小，然而见微知著，这恰恰是撬动“恶势力”概念解释的两个支点，值得深入探讨。

第二节
涉黑犯罪立法演变70年

解放后，中国一度成为黑社会的绝缘体，随着改革开放的进行，各种犯罪团伙借国门大开之际兴风作浪，一时间“黑社会组织”“黑社会性质组织”“恶势力”等名词见诸各类媒体。团伙犯罪的泛滥、涉黑犯罪的出现并进一步升级，引起了相关部门的高度重视，伴随着1983年、1996年、2001年三次“严打”的进行，我国的立法、司法部门对涉黑犯罪的认识也不断变化，这一过程反映在“立法”上，则是我国法律对此类犯罪的规定发生了四次转变：一是1997年《刑法》第294条创造性地规定了黑社会性质组织犯罪的三个罪名，我国首次在法律上明确了黑社会性质组织犯罪，这是一个从无到有的创举；二是2000年12月的《最高人民法院关于审理黑社会性质组织犯罪的案件具体应用法律若干问题的解释》（以下简称《司法解释》）对黑社会性质组织的特征在四个方面给予了具体规定，这使得我国的“黑社会性质组织”概念由模糊变得清晰；三是2002年第九届全国人大常委会第二十七次会议表决通过的《关于〈中华人民共和国刑法〉第二百九十四条第一款的解释》，使我国法律对黑社会性质组织犯罪的规定从“典型”走向了“一般”；四是2011年的《刑法修正案（八）》让“组织、参与黑社会性质组织罪”由虚向实。下面，笔者将以“立法”的四个阶段为根据，谈谈自己的看法。

一、从无到有——1997年《刑法》关于黑社会性质组织犯罪规定的出台

20世纪80年代以来，曾一度在中国大地上绝迹的黑社会又悄然出现。深圳市于1982年发布的《关于取缔黑社会组织的通告》表明了黑社会当时在中国部分地区已经有所活动的事实。1983年的“严打”换来了中国社会一段时期的安定，但黑社会犯罪非但未因此而销声匿迹，反而日益凸显。至20世纪90年代中期，各地公安机关在打击刑事犯罪过程中，摧毁了一系列涉黑组织，如辽宁省营口市盖县芦屯镇段氏犯罪集团、黑龙江省哈尔滨市的“乔四”集团等。与此同时，境外黑社会势力也纷纷向中国内地渗透，诸如日本的“山口组”、韩国的“高圣丽洁”、英国的“中国龙”、美国的“福州飞龙帮”和“福清帮”、中国香港地区的“14K”及“和胜和”等。[①] 这些境外黑社会组织结构严密、犯罪手段多样，在一定程度上加快了中国境内犯罪团伙的转型。当时，我国的黑社会性质组织已经表现出以下特征：组织严密，有一定势力范围；犯罪手段多样，暴力程度高；向国家机关渗透以寻求“保护伞”；有一定的经济实力。可是，尽管某些地方已经出台了对黑社会性质组织打击的相应规定[②]，但我国法律在这方面却是空白的，这使得我国公安机关在打击黑社会性质组织时力不从心，而司法机关在处理相关诉讼时也多无可奈何之叹，不少黑社会性质组织因而得不到严厉惩罚。

1997年《刑法》修订研拟过程中，有部门提出，我国有组织犯罪向黑社会犯罪演化趋势明显，带有黑社会性质的犯罪越来越多，虽然我国内地还没有出现像意大利黑手党及我国香港地区三合会那样大规模的黑社会组织，但是一些犯罪组织已经完全具备黑社会组织所具有的典型犯罪特点。改革开

---

① 何秉松：《中国大陆黑社会（性质）犯罪的演变过程、规律及其发展趋势》，载《政法论坛》2001年第1期。

② 1989年8月，深圳市政府发布了《关于取缔、打击黑社会和带黑社会性质的帮派组织的通告》；1990年，广东省制定了《关于处理黑社会性质组织或带黑社会性质的违法犯罪团伙的若干意见》。

放以来，境外黑社会组织对我国内地的渗透性犯罪也在不断增加。我国刑事政策一度将带有黑社会性质的犯罪作为打击重点，党和国家领导人亦多次指示要认真研究、重点打击黑社会势力，并不断宣传这方面的刑事政策。因黑社会犯罪已经成为危害突出、党和政府及人民群众非常关心的犯罪现象，有必要在刑法中作出明确规定。[①] 立法工作机关采纳了上述建议。

针对境外的一些黑社会组织，如黑手党、三合会，向境内渗透，造成严重的社会危害，1996 年 12 月中旬的《刑法（修订草案）》第 266 条第 3 款规定，境外的黑社会组织到中华人民共和国境内发展组织成员或者进行违法活动的，依照第一款的规定处罚。[②]

1997 年 2 月 17 日《刑法（修订草案）》（修改稿）第 290 条第 3 款将上述表述修改为“境外的黑社会组织到中华人民共和国境内发展组织成员的，依照第一款的规定处罚”。相较于 1996 年 12 月中旬的修订草案，1997 年 2 月 17 日修订草案（修改稿）删除了“或者进行违法活动”的表述，因为境外黑社会性质组织到境内进行违法活动的含义较为宽泛，罪与非罪的界限不容易把握。[③]1997 年 3 月 13 日修订草案再次将上述表述修改为“境外的黑社会组织到中华人民共和国境内发展组织成员的，处三年以上十年以下有期徒刑”。至此形成了 1997 年《刑法》第 294 条第 2 款的规定。“依照第一款的规定处罚”的引证规定被修改为“处三年以上十年以下有期徒刑”的相对确定法定刑。

与此同时，1997 年《刑法》还规定了“组织、参与黑社会性质组织罪”，在草拟 1997 年《刑法》时，具体表述为：“组织、领导以暴力、威胁或者其他手段，有组织地进行违法犯罪活动，称霸一方，为非作恶，欺压、残害群众，严重破坏经济、社会生活秩序的黑社会性质的组织的，处三年以上十年

① 高铭暄:《中华人民共和国刑法的孕育诞生和发展完善》，北京大学出版社 2012 年版，第 520 页。
② 高铭暄:《中华人民共和国刑法的孕育诞生和发展完善》，北京大学出版社 2012 年版，第 522 页。
③ 高铭暄:《中华人民共和国刑法的孕育诞生和发展完善》，北京大学出版社 2012 年版，第 522 页。

以下有期徒刑；其他参加进行违法活动的，处三年以下有期徒刑、拘役或者管制。”1997年3月1日的修订草案对上述内容进行了修改，改动后的条文表述为：“组织、领导和积极参加以暴力、威胁或者其他手段，有组织地进行违法犯罪活动，称霸一方，为非作恶，欺压、残害群众，严重破坏经济、社会生活秩序的黑社会性质的组织的，处三年以上十年以下有期徒刑；其他参加的，处三年以下有期徒刑、拘役、管制或者剥夺政治权利。”这就是《刑法》第294条第1款的规定。相比于刑法修订草案首次出现组织、领导、参加黑社会性质组织罪的规定，当前规定有以下几点变化：其一，由“组织、领导”行为增加到“组织、领导、积极参加”行为；其二，由“其他参加进行违法活动”修改为“其他参加”；其三，“其他参加”者的法定刑增加了剥夺政治权利这一附加刑种类。①

除了组织、参与黑社会性质组织罪，1997年2月17日修订草案（修改稿）第290条第4款还规定国家机关工作人员包庇黑社会性质组织罪：“包庇黑社会性质的组织，纵容黑社会性质的组织进行违法犯罪活动的，处三年以下有期徒刑、拘役、管制或者剥夺政治权利；情节严重的，处三年以上十年以下有期徒刑。”1997年3月1日修订草案第292条第4款将上述规定修改为“国家机关工作人员包庇黑社会性质的组织，或者纵容黑社会性质的组织进行违法犯罪活动的，处三年以下有期徒刑、拘役或者剥夺政治权利；情节严重的，处三年以上十年以下有期徒刑”。最终形成了1997年《刑法》第294条第3款的规定。相比于1997年2月17日修订草案（修改稿）第290条第4款的规定，1997年3月1日修订草案第292条第4款在“纵容黑社会性质的组织进行违法犯罪活动的”之前加了“或者”，点明了“包庇”和“纵容”之间的择一关系，此外在法定刑中删除了“管制”刑。②

虽说1997年《刑法》第294条还存在这样或那样的不足，但它毕竟是我国首次在法律上确认黑社会性质组织犯罪的存在。从无到有的意义是不言而

① 高铭暄：《中华人民共和国刑法的孕育诞生和发展完善》，北京大学出版社2012年版，第521页。

② 高铭暄：《中华人民共和国刑法的孕育诞生和发展完善》，北京大学出版社2012年版，第522页。

喻的，更何况法律的威慑力总会对犯罪起到预防作用。最为关键的是，其为我国司法工作人员在审理此类案件时提供了法律依据，从而更有利于打击黑社会性质组织犯罪。

二、从“模糊”到清晰——2000年12月《司法解释》的出台

1997年《刑法》第294条规定的黑社会性质组织概念到底指代什么呢?《中华人民共和国刑法学习纲要》(以下简称《学习纲要》)对此做了比较详细的解释:

1. 组织的严密性。这种具有黑社会性质的组织，一般是人数众多、成员固定、内部成员之间具有严格的身份等级与隶属关系，并且有严密的帮规或者会约，在其首领的领导下形成一个较为严密的组织系统。

2. 有组织地进行犯罪活动。这种具有黑社会性质的犯罪组织成立后，便在其组织者的统一领导和指挥下，有预谋、有计划、有分工地进行犯罪活动。

3. 必须以暴力、威胁等其他手段为后盾。

然而,《学习纲要》的三点规定虽然对黑社会性质组织予以具体说明，使司法实践部门在操作过程中的依据更加“明确”，但实际上仅根据《学习纲要》还很难让司法机关工作人员区别哪些是黑社会性质组织，哪些是一般犯罪集团，哪些是犯罪团伙，结果造成黑社会性质组织犯罪在司法实践中难以认定。因此，尽管有了新罪名，在1997年《刑法》颁布以后的两三年内“实际办案很少”。[①]

黑社会性质组织到底有何特征？被公安部列为“1998年第一号黑社会案件”的梁旭东集团案给立法、司法部门上了生动的一课。梁旭东团伙在1994年到1998年的4年中，通过各种合法与非法手段聚敛了2000多万元资产，同时疯狂作案50多起。表面上看，梁旭东集团的成员对外绝大多数都是由梁任

① 张捷:《“黑保护伞”引发的法律问题》，载《南方周末》2002年5月9日。

董事长的吉林省吉利亚饮食娱乐有限责任公司的成员，遵守的是公司的章程，实际上，梁旭东在暗地里给他们制定了严格的“家法”：下级有事必须请示报告，对“组织”要绝对忠诚，不许中途退出；如违“家法”，轻则剁掉手指，重则打折腿。梁旭东犯罪团伙逍遥法外，为所欲为，除以企业作幌子掩人耳目外，更重要的是梁旭东本人作为一名公安干警，在长春编织了广泛的“关系网”，这使得其集团的违法犯罪行为不仅无人管辖，反而处处有人为其大开方便之门。梁旭东犯罪集团案件使得立法工作者及各界人士对我国近年黑社会性质犯罪组织的发展有了全新认识：中国黑社会性质组织从经济能力、组织结构到行为方式、社会关系都上升到了新高度，《学习纲要》对黑社会性质组织特征的说明已经远不能满足打击我国新一代黑社会性质组织犯罪的需要。

正当专家、学者及立法司法人员还在考虑如何正确定位黑社会性质组织时，我国的其他黑社会性质组织又迫不及待地发出了声音，似乎是在向立法、司法部门“示威”。这其中辽宁本溪的“二刘”犯罪集团、辽阳李长虹犯罪集团的规模如果说还算小的话，浙江温岭的张畏犯罪集团则让人触目惊心。张畏被捕以前是冠有“湖北省宜都市政协副主席”“某法制报社名誉社长”“浙江省台州市青年联合会委员”“浙江省台州市青年企业家协会副会长”等诸多头衔的“大人物”，是拥有温岭东海集团有限公司、温岭市明珠珠宝金行、台州新世纪装饰工程有限公司等13家企业，号称有几亿元资产的企业家和商界大亨。而且，张畏的“本事”还远不止于此，在他身后站着183名“难兄难弟”，其中包括党政机关干部42人、司法机关干部15人、金融机构干部10人。为了实施有效管理，张畏集团制定了严密的制度和纪律，并采用了“轴心——管理层——操作人员”的管理模式。整个集团以张畏为轴心，实行层层负责制。在张畏“铁”的纪律约束下，该集团称霸一方，为非作歹，欺压、残害群众，严重破坏社会生活秩序，作案多达50余起。当宁波市中级人民法院宣判时，张畏本人涉嫌的罪名包括：组织、领导黑社会性质组织罪，故意伤害罪，贷款诈骗罪，虚开增值税专用发票罪，非法经营罪，故意毁坏财物罪，非法拘禁罪7项，而整个组织涉及罪名达11项之多。张畏集团案表明我国的黑社会性质组织犯罪已经不是个别地方的个别情况，如果不采取严厉措施，其猖獗与危害将给我国的经济发展和社会稳定带来严重后果。

2000年12月11日晚，中央政法委书记罗干主持召开电视电话会议，部署了“打黑除恶”专项斗争。与此同时，最高人民法院根据1997年《刑法》的实施情况，在充分参考了相关领域专家的意见和建议，并结合我国国情对黑社会性质组织的特征作了详尽分析后，及时出台了《司法解释》，其中对黑社会性质组织的特征进行了新的规定。

1. 组织结构比较紧密，人数较多，有比较明确的组织者、领导者，骨干成员基本固定，有较为严格的组织纪律；

2. 通过违法犯罪活动或者其他手段获取经济利益，具有一定的经济实力；

3. 通过贿赂、威胁等手段，引诱、逼迫国家工作人员参加黑社会性质组织活动，或者为其提供非法保护；

4. 在一定区域或者行业范围内，以暴力、威胁、滋扰等手段，大肆进行敲诈勒索、欺行霸市、聚众斗殴、寻衅滋事、故意伤害等违法犯罪活动，严重破坏经济、社会生活秩序。

《司法解释》在《学习纲要》的基础上增加了“经济实力”和“保护伞”这两个重要特征，并对黑社会性质组织的反社会性作了更为详细、具体的阐述。相对于《学习纲要》而言，这是对黑社会性质组织认识的一次质的飞跃，是对黑社会性质组织特征内涵的深刻把握。它不仅使得我国法律关于黑社会性质组织的规定由粗到细，而且使得我们对黑社会性质组织的认识由模糊走向“清晰”，黑社会性质组织与一般犯罪团伙的界线也自此泾渭分明，打击黑社会性质组织的力度因而大大增强。

三、由“典型”到“一般”——2002年全国人大通过的《刑法》第294条第1款的解释

《司法解释》的出台，的确对打击我国黑社会性质组织犯罪起到了非同

一般的作用。全国各地司法实践部门相继审理了一批黑社会性质组织案，并判决了不少组织、参与黑社会性质组织的犯罪分子。从 2001 年 4 月到 12 月，全国各级人民法院处理了黑社会性质组织犯罪案件 300 多起，判处罪犯 12000 多名。在所有案件中，最典型的莫过于沈阳的刘涌犯罪集团。① 当然，《司法解释》并非包治百病的良药，事实上，由于《司法解释》中关于黑社会性质组织的严格规定，“打黑除恶”开始后的几个月里，广东省 9 起以 1997 年《刑法》第 294 条所规定的罪名被起诉的案件中，只有 3 起案件以“组织、参加黑社会性质组织罪”被一审认定判决，而被二审认定判决的只有 1 起②，李成录案件便是其中的典型。

2001 年 8 月，深圳市罗湖区检察院指控李成录、杨旭勇团伙涉嫌“组织、领导、参加黑社会性质组织罪”等多项罪名。但在庭审中，李成录的律师却提出了异议。同年 9 月 13 日，罗湖区法院在一审判决中还是认定了检察院指控的这一罪名，但在 12 月 14 日，深圳市中级人民法院在二审的判决中撤销了李成录“组织、领导、参加黑社会性质组织”的罪名，理由是李成录犯罪集团缺少了《司法解释》所规定的黑社会性质组织四个特征中的“保护伞”一项。缺少了定罪的一个要件③，罪名当然不成立。在“打黑除恶”严峻的“严打”形势下，李成录的案件无疑给司法机关出了一个大“难题”。妥当地解决这个问题似乎成了司法机关最迫切的任务，因为它在“为难”司法机关的同

① 刘涌犯罪集团在 1995 年至 2000 年 7 月初仅 4 年半的时间里，共作案 47 起，致死致伤 42 人，其中 1 人死亡，16 人重伤。刘涌集团构建了以商养黑的组织体系，采用暴力、贿赂等违法犯罪手段获取了巨额的经济利益。1995 年，刘涌创办嘉阳集团，涉足商贸、服装、房地产、餐饮、娱乐等行业，下属公司 26 家，员工 2500 人，资产 7 亿元人民币。刘涌的“成功”离不开他身后那张强大的关系网——沈阳原市委副书记、市长慕绥新，原市委常委、常务副市长马向东等。

② 罗宁妮:《黑社会性质组织犯罪的法律界定》，载《法制日报》2001 年 12 月 16 日。

③ 对于《司法解释》中规定的四个特征，是必须同时具备，缺一不可，还是具有其中一项即可定罪，法院系统内部存在不同的理解，如湖南省高级人民法院院长吴振汉曾于 2001 年 6 月在《人民法院报》上发表文章说，学究式地抠文字是不行的，如果有些黑社会性质组织的“保护伞”正在形成之中，绝不能以“保护伞”尚未形成为由否认其为黑社会性质组织。但吴振汉的意见在法院系统中属于少数派，更多的人则倾向于严格依照四个特征来定罪。

时也给其他的黑社会性质组织树立了“榜样”。

黑社会性质组织的定罪是否需要“保护伞”呢？专家、学者及司法实践部门的工作人员对此展开了广泛的讨论。2002年4月7日，中国犯罪学会2002年年会在广州召开，180多名国内犯罪学领域的专家、学者和实务操作者就“中国入世后的犯罪、恐怖主义和黑社会问题”展开了为期三天的研讨。在这次会议上，黑社会性质组织的“保护伞”成了会议讨论的中心议题之一。与会专家一致认为：“保护伞”成了打击黑社会性质组织的“瓶颈”。[①]

在理论和实践的双重“攻击”下，2001年11月最高人民检察院向全国人民代表大会常务委员会提出对《刑法》第294条第1款作出立法解释的要求。由于黑社会性质组织犯罪是重点打击对象，立法、司法机关中对黑社会性质组织要“打早打小”的意见又占了上风。[②]因此，2002年4月，第九届全国人大常委会第二十七次会议表决通过了《关于〈中华人民共和国刑法〉第二百九十四条第一款的解释》(以下简称《立法解释》)。其中规定黑社会性质组织必须同时具备以下特征：

1. 形成较稳定的犯罪组织，人数较多，有明确的组织者、领导者，骨干成员基本固定。

2. 有组织地通过违法犯罪活动或者其他手段获取经济利益，具有一定的经济实力，以支持该组织的活动。

3. 以暴力、威胁或者其他手段，有组织地进行违法犯罪活动，为非作恶，欺压、残害群众。

4. 通过实施违法犯罪活动，或者利用国家工作人员的包庇或者纵容，称霸一方，在一定的区域或者行业内，形成非法控制或者重大影响，严重破坏

① 在此次会议上，时任中国犯罪学研究会会长、中国政法大学教授王牧先生认为，我国对黑社会的立法尚不成熟；要构成“黑社会性质组织罪”，须找到“保护伞”，而如果找不到“保护伞”，定罪就很困难。而时任国家检察官学院副院长江礼华先生则认为，“黑社会性质组织”的头目被抓获后，极少愿意供出背后的“保护伞”，而法院最后也因此定不了罪。

② 2001年4月，全国社会治安工作会议提出了今后重点打击的三类犯罪：有组织犯罪、带黑社会性质的团伙和流氓恶势力。

经济、社会生活秩序。

相对于《司法解释》而言，《立法解释》唯一的变化就是没有把“保护伞”定位为认定黑社会性质组织的必要条件，即有无“保护伞”都不影响黑社会性质组织罪名的成立。自此，我国对黑社会性质组织定性也由《司法解释》的“典型”变成了《立法解释》的“一般”，中国黑社会性质组织的外延顿时变“广”了很多，类似于李成录案件的问题也迎刃而解。不过，什么样的组织才是黑社会性质组织这个问题却越来越说不清了。[①]

从上面的分析可以发现，有关黑社会性质组织犯罪的三次“立法”都“事”出有因。这其中有黑社会性质组织的犯罪形态发生变化的因素存在，然而更重要的却是为了适应当时政府打击刑事犯罪的需要。法律是维护社会长治久安的一个重要屏障，是维护公民合法权益的一个重要保证，但法律的制定总要以犯罪现象的存在为决定性因素，法律条款的规定总是犯罪特征的法律表述。因此，不论黑社会性质组织犯罪的各种争论存在多大分歧，法律都应该尽可能准确地阐述其特征。同一法律条款在不同时期、不同社会形势下有着不同的理解并最终使法律规定发生变化，这很大程度上能够保证法律的正确实施。但法律以适应国家政策的需要而发生变化则更多地体现了法律的不成熟。法律随着国家政策的变化而变化是否亵渎了法律的尊严有待论证，法律不该成为国家政策的“代言人”却是不争的事实，因为这超出了法律的职能范畴，而且，这样的法律也很难不失公正，很难长久。我们姑且不论立法、司法解释成为“准立法”正确与否，根据国家形势的需要针对一个法律条款不断地进行立法的或司法的解释则不能不被理解为不尊重法律的严肃性；法律概念的内涵频繁发生变化，也不可避免地使公民对法律的权威性产生怀疑。基于此，笔者以为我国的立法者似乎有必要进行深刻的反思。

---

① 笔者认为，缺了“保护伞”，没有了政治庇护，这样的犯罪组织也就失去了和主流社会对抗的可能，这样的犯罪组织不能称为“黑社会性质组织”，而应该称为犯罪集团或黑恶势力。

四、由虚向实——《刑法修正案（八）》增加了1997年《刑法》第294条的可操作性

2011年2月25日全国人大常委会《刑法修正案（八）》第43条吸纳了《关于〈中华人民共和国刑法〉第二百九十四条第一款的解释》对黑社会性质组织特征的规定，由此，《刑法》第294条第5款明文规定了黑社会性质组织特征——组织特征、经济特征、行为特征、危害性特征。[①] 同时，《刑法修正案（八）》将《刑法》第294条第1款修改为“组织、领导黑社会性质的组织的，处七年以上有期徒刑，并处没收财产；积极参加的，处三年以上七年以下有期徒刑，可以并处罚金或者没收财产；其他参加的，处三年以下有期徒刑、拘役、管制或者剥夺政治权利，可以并处罚金。”1997年《刑法》只是将本罪的主体区分为两类，其一为组织者、领导者和积极参加者，其二为其他参加者。经过《刑法修正案（八）》的修正，本罪的主体被细分为三类，其一为组织者、领导者，其二为积极参加者，其三为其他参加者，不同的主体类别对应不同的法定刑。1997年《刑法》对于本罪法定刑的上限是10年有期徒刑，经过《刑法修正案（八）》的修订，法定刑的上限是15年有期徒刑，并且增加了罚金刑，对于带有浓厚的经济性的黑社会性质组织犯罪而言，财产刑对抑制其贪利性有明显作用。[②]

针对国家机关工作人员纵容、包庇黑社会性质组织犯罪却得不到应有惩罚的问题，《刑法修正案（八）》将《刑法》第294条第3款修改为“国家机关工作人员包庇黑社会性质的组织，或者纵容黑社会性质的组织进行违法犯罪活动的，处五年以下有期徒刑；情节严重的，处五年以上有期徒刑。”此次修正对法定刑进行了大幅度修改，删除了拘役、剥夺政治权利这些较轻的刑种，提高了有期徒刑的起点（由3年提高到5年），并且提高了最高法定刑上限（由10年提高到15年）。《刑法修正案（八）》还将该条第3项“犯前两款

① 高铭暄：《中华人民共和国刑法的孕育诞生和发展完善》，北京大学出版社2012年版，第521页。
② 高铭暄：《中华人民共和国刑法的孕育诞生和发展完善》，北京大学出版社2012年版，第523页。

罪又有其他犯罪行为的，依照数罪并罚的规定处罚”移至第4项，即放在包庇、纵容黑社会性质组织罪之后，规定为“犯前三款罪又有其他犯罪行为的，依照数罪并罚的规定处罚”。[①]

2015年最高人民法院印发《全国部分法院审理黑社会性质组织犯罪案件工作座谈会纪要》，进一步明确了黑社会的认定标准、特征、适用的刑罚等内容。

① 高铭暄：《中华人民共和国刑法的孕育诞生和发展完善》，北京大学出版社2012年版，第522页。

第三节
涉黑犯罪司法演变70年

受历史传统影响，我国部分地区帮派意识浓厚，极易产生黑恶势力。[①]新中国成立初期，之前与帮会有密切关系的系统特务利用帮会流氓组织不断煽动暴乱，破坏社会秩序，引起了中共中央的高度重视，中共中央下令摧毁国民党反动统治势力，解散土匪特务利用的会道门。[②]20世纪80年代，随着改革开放的深入和社会经济的发展，国门进一步打开，对外交往愈加密切，境外黑社会也加紧了对我国的渗透，我国刑事犯罪中团伙犯罪、集团犯罪增加，并向黑社会性质的有组织犯罪演变。21世纪伊始，公安部针对黑恶势力犯罪的严峻形势，在全国开展了为期两年多的“打黑除恶”专项斗争，打掉了一大批黑恶势力，有力地遏制了黑恶势力的蔓延趋势。[③]2006年，中央政法委部署了第二轮“打黑除恶”专项斗争，经过三年的努力，摧毁黑恶势力组织数千个。2018年1月，中共中央、国务院发布《关于开展扫黑除恶专项斗争的通知》，在全国范围内开启“扫黑除恶”专项斗争，总结前两轮专项斗争的经验，提出了新的目标和要求，并初见成效。由此可见，新中国成立以来，

---

① 于滨：《决不让黑恶势力在中国坐大——公安部“打黑除恶”专项斗争综述》，载《瞭望》新闻周刊2003年第26期。

② 付志刚：《扫黑除恶：新中国成立初期党对城市黑恶帮会的治理》，载《兰州学刊》2019年第7期。

③ 何挺：《论我国黑恶犯罪形势及“打黑除恶”工作》，载《中国人民公安大学学报》2005年第3期。

扫除黑恶的努力从未停止过，重要的历史事件和历史背景将这 70 年分为四个阶段，分别是 1949 年—1979 年、1980 年—2000 年、2001 年—2017 年、2018 年至今。下文分阶段介绍每一个历史时期惩治涉黑犯罪的司法实践。

一、第一阶段（1949 年—1979 年）

新中国成立后，党和国家非常重视打击封建帮会、会道门等黑社会组织及其犯罪活动，在较短的时间内取得了良好效果。① 解放前夕，之前与帮会有密切关系的上海国民党保密局、内政部调查局等系统特务利用帮会关系潜伏布置，纠集帮会流氓不断地四处破坏。1949 年 8 月，中共中央指示，“新解放地区，起初必须有一个相当长的时期，集中全力进行剿匪反恶霸斗争，摧毁国民党反动统治势力”，其中，“解散土匪特务利用的会道门”被认为是重中之重。在接管建政的过程中，各城市在解放之初就开展了取缔封建帮会的工作。② 此可视为新中国最早的打黑行动。

其时，全国共有会道门 300 余种，道首和骨干分子约 82 万人，道徒 1300 余万人。这些会道门大半被特务利用，成为当时企图与人民政府争斗的最大反动组织。中央人民政府于 1951 年 2 月发布的《惩治反革命条例》开启了取缔会道门的先河，其第 8 条规定：“利用封建会道门，进行反革命活动者，处死刑或无期徒刑；其情节较轻者处三年以上徒刑。”这一规定为打击反动会道门提供了强大的法律武器。通过取缔反动会道门的工作，一大批道首骨干遭到了法律制裁，成千上万个道徒争相退道，会道门在社会上声名狼藉，风光不再，中国会道门开始步入衰亡阶段。

解放初期取缔会道门分两个时段：第一个时段为各城市解放至 1950 年年

---

① 何挺：《论我国黑恶犯罪形势及“打黑除恶”工作》，载《中国人民公安大学学报》2005 年第 3 期。

② 付志刚：《扫黑除恶：新中国成立初期党对城市黑恶帮会的治理》，载《兰州学刊》2019 年第 7 期。

底，在立即取缔封建会道门的同时采取惩办和宽大相结合、以宽大为主的方针，为的是贯彻党中央“不要四面出击”的方针，争取广大帮会道门群众，孤立、打击会道门首脑。第二个时段从1951年年初发布实行《惩治反革命条例》开始至1956年“镇反运动”结束，以严厉打击作恶多端的会道门首脑，彻底铲除会道门黑恶势力为目标。1951年2月20日，中央人民政府发布《惩治反革命条例》，标志着“镇反运动”全面铺开，反革命分子的范畴从国民党残余分子和土匪扩大到包括反动会道门头子及“地主阶级中的恶霸分子和城市中恶贯满盈的封建帮会恶霸头子”。在取缔会道门的第二个时段，上海市于1951年4月27日组织了“四·二七”大逮捕，共逮捕以帮会分子为主的各类反革命分子8359人，经过审判，对其中罪行极其严重的帮会恶霸执行枪决。除上海外，1951年年底全国至少有14.2万名帮会成员被处以极刑，袍哥、青帮、一贯道等帮会组织分崩离析。[①]

1955年8月，为了打击从城市转到农村活动的会道门，以彻底清除会道门的影响，全国公安机关再次统一行动，坚决取缔了进行复辟活动的反动会道门。之后，反动会道门虽然暂时没有被彻底根除，但从总体上看，其数量逐步减少，活动规模及社会危害程度也渐渐缩小，直至最后销声匿迹。

此后至1979年的20多年间，由于我国长期实行计划经济，国家对社会实行高度集中的统一管理，经济关系简单，社会结构单一，黑社会难以找到生存的土壤，“黑社会”一词也渐渐从人们的记忆中消失。

二、第二阶段（1980年—2000年）

20世纪80年代以来，我国的改革开放不断推进，对外交往进一步加强，经济飞速发展。与此同时，境外黑社会向我国渗透，境内滋生、诱发涉黑犯

① 付志刚：《扫黑除恶：新中国成立初期党对城市黑恶帮会的治理》，载《兰州学刊》2019年第7期。

罪的因素不断增加，我国刑事犯罪中团伙犯罪、集团犯罪的数量增多[①]，黑社会性质的犯罪组织和犯罪活动又重新滋生。这一时期最早出现黑社会苗头的是深圳，1981年，深圳就发现有香港的“14K”“新义安”等黑社会组织成员在该市活动。为了打击这股新型零星的犯罪势力，1982年9月深圳市发布了《关于取缔黑社会组织的通告》，这是自20世纪50年代初打击和取缔反动会道门之后，“黑社会”第二次成为被新中国打击的目标。1989年8月，深圳市政府发布了《关于取缔、打击黑社会和带黑社会性质的帮派组织的通告》，明确表示黑社会和带黑社会性质的帮派组织都是政府打击的目标。

在1980年—2000年的20年时间里，打击涉黑涉恶犯罪一直是“严打”的主要内容和重点。1983年，中央部署严打斗争的重要任务之一就是狠狠打击流氓团伙。1992年，公安部召开部分省、市、县打击团伙犯罪研讨会，推动同团伙犯罪特别是同带黑社会性质的团伙犯罪斗争的深入开展。1997年《刑法》增设了组织、领导、参加黑社会性质组织罪，标志着打击黑社会性质组织犯罪进入了新的历史时期。[②]

三、第三阶段（2001年—2017年）

2000年12月11日，中央政法委书记罗干召开电视电话会议，部署全国范围内的“打黑除恶”专项斗争，掀开了我国首次“打黑除恶”专项斗争的序幕。

“截至2003年4月第一次‘打黑除恶’专项斗争结束时，全国公安机关共打掉黑社会性质组织631个，打掉恶势力团伙14000多个，抓获涉案成员10万多人，破获刑事案件15万多起。”[③]公安机关以《刑法》第294条将涉嫌组织、领导、参加黑社会性质组织罪移送起诉500多起、8000多人。其中辽宁省打掉了以沈阳市人大代表、“沈阳嘉阳集团”董事长刘涌为首，成员30余

① 何挺:《论我国黑恶犯罪形势及“打黑除恶”工作》，载《中国人民公安大学学报》2005年第3期。

② 何挺:《论我国黑恶犯罪形势及“打黑除恶”工作》，载《中国人民公安大学学报》2005年第3期。

③ 邱格屏:《中国黑社会性质组织犯罪之60年回顾》，载《犯罪研究》2010年第1期。

名，杀人、伤害、持枪械斗、敲诈勒索等作案40多起，杀死1人，致伤致残32人的黑社会性质组织。河南省查获了以登封市政协委员王松为首，在当地称霸作恶达6年之久，杀人、伤害、绑架、敲诈勒索等作案88起，杀死7人，疯狂敛财3000多万元，涉案成员43名的黑社会性质组织。安徽省打掉了以怀远县政协委员唐宗虎为首，进行伤害、绑架、抢劫、敲诈、聚众斗殴等违法犯罪活动，作案69起，打伤40余人，非法敛财100多万元，涉案成员70余人的黑社会性质组织。像这样在各省兴风作浪的黑恶势力成员涉案的大案要案在首次“打黑除恶”专项斗争中不胜枚举，上述列举的三个典型案例都是由当地人大代表或者政协委员为首的恶性案件，这些黑社会组织的首领利用自己履行人大代表或政协委员职责，参与当地政治活动的机会，为自己罗织强大的“保护伞”。刘涌案中，为其充当“保护伞”的有沈阳原市委副书记、市长慕绥新，原常务副市长马向东等腐败分子。王松案中，河南省登封市7名执法人员因充当“保护伞”被判刑。唐宗虎案中，安徽省怀远县检察院原检察长、监察局原副局长、公安局原副局长等15人因包庇犯罪被查处。除了打击黑恶势力及其“保护伞”，此次专项斗争的一项重要成果是“打财断血”，即铲除黑恶势力的经济基础。在这次专项斗争中被打掉的黑社会性质组织中，有370个组织开办了800多个企业，以企业形式经营黑社会性质组织的占58.6%。公安机关共收缴涉黑资产5.3亿元人民币，查封了黑社会性质组织开办的经济实体646个。[①]

2006年2月，中央政法委部署全国开展第二次“打黑除恶”专项斗争。[②]“2006年全国打黑除恶专项斗争开展至2009年9月1日的三年间，全国公安机关共侦办涉黑案件1267起，打掉恶势力13000多个，抓获犯罪嫌疑人8.9万多名，扣押涉黑资产数十亿元，端掉拥有亿万身家的黑社会性质组织数百起；检察机关提起公诉涉黑案件1053起15135人；法院一审以黑社会性质组织罪名审结案件1171件12796人；各地检察机关立案侦查充当黑恶势力‘保

① 于滨：《决不让黑恶势力在中国坐大——公安部“打黑除恶”专项斗争综述》，载《瞭望》新闻周刊2003年6月30日第26期。

② 大风号：《中国扫黑除恶历史回顾》，载“凤凰网”（http://wemedia.ifeng.com/47947047/wemedia.shtml），最后访问时间：2019年5月9日。

护伞’职务犯罪案件136件163人。”①

在“打黑除恶”专项斗争时间范围外，并不意味着对黑恶势力不管不问，从下表2005年至2016年“打黑除恶”的统计数据来看，“打黑除恶”专项斗争是针对社会上黑恶势力嚣张横行的现象，在较短时期内依法从严打击黑恶势力，但不以打黑除恶作为专项斗争的年份里，打黑除恶依然是公安工作的重点内容之一，取得的成就并不亚于打黑除恶攻坚年，这表明已经形成惩治黑恶势力的长效工作机制，以便在专项斗争结束之后依然能保持高压态势。

2005年—2016年“打黑除恶”统计表

统计类别 年份（年）	打掉黑社会组织（个）	打掉恶势力团伙（个）	侦办涉黑案件（件）	移送起诉黑社会组织案件（件）	抓获犯罪嫌疑人（人次）	破获各类刑事案件（件）
2005	55	2581	—	—	17249	—
2006	—	1347	346	296	7146	—
2007	—	—	510	476	6640	—
2008	—	2961	263	228	—	—
2009	—	3977	453	—	20000+	26000+
2010	440	3900+	—	—	29000+	28000+
2011	28	391	—	—	—	2349
2012	390	4000+	—	—	28000+	29000+
2013	—	3000+	—	180	16000+	18000+
2014	112	—	—	—	11000+	13000+
2015	102	—	—	—	10000+	11900+
2016	—	—	120	—	3058	3129

【备注1：数据来源于2006—2017年《中国法律年鉴》公安综述，表格中“—”代表当年未统计此类数据，“+”代表超过表中所列数值，但来源资料中没有进行具体数值的统计。

备注2：2011年数据较往年数据偏少是由于2011年公安部分别于9月1日至7日、11月7日至10日在全国20个省市区部署了打黑除恶，持续时间较短，范围也未覆盖到全国；2016年数据较往年数据偏少是由于统计截止日

① 邱格屏：《中国黑社会性质组织犯罪之60年回顾》，载《犯罪研究》2010年第1期。

期位于年中，与以往年末统计数据有所不同。①】

2016年公安机关持续开展严厉打击农村黑恶势力违法犯罪专项行动，查处了一批横行乡里的“村霸”和宗族恶势力，如河北省定州市泉邱二村原村主任孟玲芬案中，孟玲芬利用泉邱二村村干部身份，组织其丈夫、儿子、弟弟、外甥等家族成员，并纠集社会人员，采用暴力及恐吓手段，进行寻衅滋事、破坏生产经营、滥伐林木、敲诈勒索、非法占用农用地、诈骗、职务侵占等多种违法犯罪活动，逐步形成了以孟玲芬为首的恶势力犯罪团伙，在当地造成恶劣影响。2016年8月，河北省定州市人民法院依法对泉邱二村原村主任孟玲芬进行了公开宣判，以寻衅滋事、敲诈勒索、故意毁坏财物、职务侵占等七项罪名一审判处其有期徒刑20年，并处罚金人民币15.5万元。再如，安徽无为邢朝刚黑社会性质组织案中，以邢朝刚为首的黑社会团伙，在安徽无为县无城镇及周边乡镇开设赌场敛财，并运用暴力、威吓、“谈判”等非法手段，不断扩张赌场控制区域范围。其间，该组织及其组织成员多次实施开设赌场、聚众斗殴、寻衅滋事、敲诈勒索、非法拘禁、非法持有枪支等违法犯罪活动，共实施组织性犯罪53起，实施违法行为9起。2016年12月29日，邢朝刚等67名被告人犯罪一案一审公开宣判，法院对邢朝刚等67名被告人判处有期徒刑20年至拘役5个月不等的刑期及罚金。②在中国广阔的农村大地，这样的案例不胜枚举。

四、第四阶段（2018年至今）

2018年1月，中共中央、国务院发布《关于开展扫黑除恶专项斗争的通知》，明确了这次“扫黑除恶”专项斗争的总体要求、目标任务，即针对当前

① 王东杰、谢川豫：《“专项治黑”的行动逻辑与渐进调适——基于T县“扫黑除恶”专项斗争的实证考察》，载《天津行政学院学报》2019年第4期。

② 北大法宝：《依法查出“村霸”和宗族恶势力典型案例》，载“北大法宝网”（http://www.pkulaw.cn/case/pal_a3ecfd5d734f711d6ddedd4ead95ee0d4536dbfda807c511bdfb.html?match=Exact），最后访问时间：2019年8月31日。

涉黑涉恶问题新动向，切实把专项治理和系统治理、综合治理、依法治理、源头治理结合起来，把打击黑恶势力犯罪和反腐败、基层“拍蝇”结合起来，把“扫黑除恶”和加强基层组织建设结合起来，既有力打击震慑黑恶势力犯罪，形成压倒性态势，又有效铲除黑恶势力滋生土壤，形成长效机制。2000年和2006年开展的专项斗争的内容均是“打黑除恶”，2018年开展的专项斗争为“扫黑除恶”，从“打”到“扫”的转变，一字之差，意蕴深远——扫除黑社会性质组织和恶势力有如秋风扫落叶一般无情，强调了此次专项斗争由点及面范围广、由浅入深力度强，向纵深发展、向基层延伸，重心不断下沉，通过开展“扫黑除恶”专项斗争同时达到“拍蝇”、反腐的目的，营造风清气正的基层执政氛围。在前两轮的“打黑除恶”专项斗争中，行动的决定主体是公安部，实施主体是各级公安机关。2018年开始的“扫黑除恶”专项斗争由中共中央、国务院发出，实施主体为各级政法机关以及相关政府部门。[①] 中央巡视组在此次“扫黑除恶”专项斗争中更是起到了至关重要的作用，清理了云南孙小果和湖南新晃一中操场埋尸案这样一些关系网严密、社会影响恶劣的陈案、积案。

自“扫黑除恶”专项斗争开展以来，仅2018年上半年，全国检察机关批捕涉黑涉恶犯罪嫌疑人37398人、起诉15548人，打掉了吴学占、李丽娟等一批长期盘踞当地的黑恶势力团伙，取得良好成效。[②]

在此次“扫黑除恶”专项斗争中，一系列大案、要案、黑恶势力线索浮出水面。2019年4月，在中央扫黑除恶第20督导组进驻云南省期间，昆明市打掉了孙小果等一批涉黑涉恶犯罪团伙。中央扫黑除恶督导组在督导中发现孙小果案背后存在较多问题，遂将该案作为重点案件向云南省交办。全国扫黑办有关负责人表示，中央扫黑除恶第20督导组已责成云南省组织专门力量，依法严查孙小果涉黑案及背后存在的严重问题，全国扫黑办将配合中央

① 王东杰、谢川豫:《“专项治黑”的行动逻辑与渐进调适——基于T县“扫黑除恶”专项斗争的实证考察》，载《天津行政学院学报》2019年第4期。

② 王东杰、谢川豫:《“专项治黑”的行动逻辑与渐进调适——基于T县“扫黑除恶”专项斗争的实证考察》，载《天津行政学院学报》2019年第4期。

扫黑除恶督导组对该案同步督办，一盯到底，彻底查清问题，依纪依法严肃处理，回应社会关切。①中央扫黑除恶第16督导组第7小组下沉怀化巡查期间，被埋在湖南怀化新晃一中操场下长达16年之久的邓世平老师的尸骨被挖出，这一起沉寂十多年的命案牵出了当地黑恶势力为非作恶、欺压百姓的多起线索。②

最高人民法院、最高人民检察院、公安部、司法部印发《关于办理黑恶势力犯罪案件若干问题的指导意见》的通知（法发〔2018〕1号），要求："严厉打击'村霸'、宗族恶势力、'保护伞'以及'软暴力'等犯罪"。实际上，在上一阶段的惩治涉黑犯罪过程中，打击"村霸"、宗族恶势力、"保护伞"的工作已经有序展开，此次"扫黑除恶"专项斗争的重点任务之一就是治理"软暴力"犯罪。③黑恶势力的"软暴力"犯罪，在其整个违法犯罪活动中占有相当高的比例。据资料显示，某地10年前，采用"软暴力"手段作案的恶势力团伙占全部恶势力团伙的26.08%；黑社会性质组织以"软暴力"手段实施的违法犯罪案件占全部违法犯罪案件的比重，由0.5%提升到10.34%。④最高人民法院、最高人民检察院、公安部、司法部印发《关于办理实施"软暴力"的刑事案件若干问题的意见》对"软暴力"的概念、表现形式、司法认定作出了详细的规定：行为人通过聚众造势、威胁、滋扰、跟踪贴靠、揭发隐私、诬告陷害等违法方式，辅以寻衅滋事、故意毁坏财物等较轻微的暴力犯罪活动形成影响力，对被害人进行心理威慑，以达到介入经济活动、攫取非法利益的目的，属于利用"软暴力"实施犯罪。同时，该意见认为"'软暴力'手段属于《刑法》第294条第5款第3项'黑社会性质组织行为特征'以及《指导意见》第14条'恶势力'概念中的'其他手段'"。由此，"软暴力"属于

① 刘笑冬：《全国扫黑办挂牌督办云南孙小果涉黑案》，载"新华网"（http://www.xinhuanet.com/legal/2019-05/24/c_1210142902.htm）2019年5月24日，最后访问时间：2019年8月31日。

② 叶竹盛：《操场埋尸案：如何缝补疏漏16年的正义？》，载"新浪网"（https://news.sina.com.cn/s/2019-06-23/doc-ihytcerk8783293.shtml）2019年6月23日，最后访问时间：2019年8月31日。

③ 卢建平：《软暴力犯罪的现象、特征与惩治对策》，载《中国刑事法杂志》2018年第3期。

④ 黄京平：《恶势力及其软暴力犯罪探微》，载《中国刑事法杂志》2018年第3期，第77页。

涉黑犯罪的手段，这为认定采取“软暴力”手段进行违法犯罪活动的犯罪组织成立黑恶势力组织提供了法律依据。[①]

在浙江省首例使用“软暴力”讨债被判刑的案件中，王某某带领由六人组成的无业游民团伙（其中四人具有犯罪前科），借助其团伙大多属于被判刑人的特点，插手经济纠纷，采取经常分批上门守候、长期霸占公司客房、强行拖车、拉横幅、穿广告衫等方式强行讨债或者解决纠纷，致使被害人退租公司客房、被迫谈判、不敢回家居住而租住宾馆多日、无法正常营业。[②] 再如，吉林省长春市宋某黑社会性质组织案中，宋某以“经理”“大哥”自居，亲自指挥或指使组织成员通过殴打他人等暴力手段以及砸被害人玻璃、侮辱他人、拆被害人家门板、入户吃住等“软暴力”手段寻衅滋事，肆意滋扰当地百姓，以达到强行拆迁的目的。[③]

结　语

新中国成立 70 年来，涉黑犯罪的概念、立法和司法进程有巨大变化。从涉黑犯罪的概念来说，立法工作机关曾在 1996 年 10 月 10 日的《刑法（修订草案）》（征求意见稿）第 261 条规定了组织、领导、参加黑社会组织罪，这意味着“黑社会组织”的表述曾短暂地存在于刑法修正案中，但很快被改为“黑社会性质组织”并形成惯例，法律未承认我国境内存在“黑社会组织”，是因为我国境内尚不存在像境外黑手党、山口组、三合会等典型的、成熟的黑社会组织，而实际上，根据各国法律、学界归纳的关于黑社会的概念和特征，我国的黑社会性质组织与黑社会并无实质区别。黑恶势力犯罪实际上就是黑社会（性质）组织犯罪和恶势力犯罪的合集，前者由刑法明确规定，成

① 靳高风：《“软暴力”及采用“软暴力”手段的涉黑涉恶犯罪认定》，载《人民法院报》2019 年 4 月 15 日第 2 版。

② 卢建平：《软暴力犯罪的现象、特征与惩治对策》，载《中国刑事法杂志》2018 年第 3 期。

③ 靳高风：《“软暴力”及采用“软暴力”手段的涉黑涉恶犯罪认定》，载《人民法院报》2019 年 4 月 15 日第 2 版。

为法律概念，后者由司法解释明确规定，成为政策性概念和半正式法律制度。从涉黑犯罪的立法进程来说，黑社会性质组织的相关规定被纳入刑法并经历了反复讨论、修改的过程，在1997年《刑法》通过后还以刑法修正案的方式进行修订，才呈现出当前《刑法》第294条的5款规定，即前3款分别规定3个与黑社会（性质）组织相关的犯罪，第4款规定数罪并罚，第5款规定黑社会性质组织的四重特征。恶势力的规定主要见于“打（扫）黑除恶”专项斗争过程中出台的司法解释。从涉黑犯罪的司法进程来说，我国对于涉黑犯罪的治理由新中国成立、改革开放、第一次和第二次“打黑除恶”专项斗争以及2018年启动的“扫黑除恶”专项斗争的时间节点划分为四个阶段，其中各有侧重，分别是会道门、流氓恶势力、“村霸”和宗族势力、利用“软暴力”实施的犯罪行为。总体而言，我国在治理涉黑犯罪中取得了良好效果，依法从严打击涉黑犯罪，肃清了经济社会生活中为非作恶，欺压、残害群众的犯罪现象，并同时震慑、惩处了为黑社会性质组织提供“保护伞”的腐败分子，保障了群众的心理安全感。展望未来，我们要建立起并维护好惩治涉黑犯罪的长效机制，不因为期一年至三年的短期专项斗争的结束而有所松懈。《刑法》和司法解释规定了黑社会性质组织犯罪和恶势力犯罪本身就意味着涉黑犯罪已经成为常见、多发、严重的犯罪，需常抓不懈。与此同时，从严打击涉黑犯罪必须在法治的框架下，依法准确认定集团犯罪、犯罪集团以及犯罪集团中个人的刑事责任，做到不枉不纵。

第十章

民营经济刑法保护 70 年

第一节 民营经济的地位嬗变与刑法保障

一、新中国成立初期至改革开放前（1949—1977）

追溯新中国成立70年来所有制结构的演变，民营经济的命运几经沉浮，呈现出一部波澜壮阔的改革史诗。新中国成立前夕通过的《共同纲领》将“公私兼顾，劳资两利”概括为新民主主义经济时期的基本政策；1949年至1952年，国民经济百废待兴，中央政府因时实施土改运动，建立并重点发展国营经济，同时扶持有助于国家经济发展的资本主义工商业，多种经济形式“各司其职，各得其利”，私营经济蓬勃兴起；1953年起，我国进入社会主义改造的过渡时期，“一化三改”路线应运而生，重工业被置于优先发展地位，而彼时的民营资本显然无力承担这一重任，在苏联模式的影响下，全民所有制和集体所有制空前壮大，公有制成为我国单一的经济结构；及至1956年年底，社会主义改造大体完成，针对单一公有制的弊端，中共八大提出“三个主体，三个补充”方针，个体经济重新焕发生机；然而，随后的“大跃进”、人民公社化等运动过分强调社会主义公有制，民营经济人士被视为“走资派”，进而成为被打击排斥的对象；至1978年，全民所有制企业占比77.6%，集体经济比重22.4%[①]，个体私营经济几乎消失殆尽。在此阶段，由于尚未制定统一的刑法

① 中国统计局：《新中国六十年统计资料汇编》，中国统计出版社2010年版。

典，故民营经济的刑法保护问题几乎无从谈起。

尽管这一时期制定了零散的单行刑法，例如，《惩治反革命条例》《妨害国家货币治罪暂行条例》，然而，这些单行刑法旨在以重典方式治理我国特定时期的经济犯罪问题，故而更加偏重对犯罪的惩罚本位，但人权保障理念鲜有体现。因此，刑法非但无法通过罪刑法定原则的制约成为民营企业家的“护身符”，反而成为悬挂在实力单薄的民营经济头顶的“达摩克利斯之剑”。

二、改革开放后至党的十五大召开之前（1978—1996）

在1978年关于真理标准的大讨论之后，民营经济逐步开始重新萌芽；党的十一届三中全会、六中全会相继强调“个体、私营经济是公有制经济的必要补充”，民营经济在此基础上再次发展壮大；尤其是在“知青上山下乡”运动终止后，约两千万名知识青年亟需返乡就业，中央于1980年发布《进一步做好城镇劳动就业工作》，将非公有制经济作为解决时下就业难题的主要方法；截至1981年年底，我国城乡个体工商户规模达183万户，到1991年，城乡个体工商户在全国范围内的数量逾越千万，而其中的“大户”即逐渐转化为民营企业；1984年，中共中央与国务院将社队企业更名为乡镇企业，并不再局限于国家或集体所有制①；1987年，党的十三大报告强调，“目前全民所有制以外的其他经济成分，不是发展的太多，而是还很不够”。②党的十四届三中全会正式确认“公有制为主体，多种经济成分共同发展”这一重要经济方针。

在此期间，1979年《刑法》的发布结束了我国长期无统一刑法典的局面，但此部刑法典的内容其实是对先前单行刑法的清理、编纂与汇合。历经特定历史时期的巨大动荡，国民经济百废待兴，各个领域的社会问题集中爆发。为解决这些矛盾，中央于1983年开始第一次专项“严打”，为补充1979年《刑

① 中共中央党史研究室第三研究部：《中国改革开放史》，辽宁出版社2002年版。

② 《十三大以来重要文献选编（上）》，中央文献出版社2011年版。

法》的不足，不少以惩罚犯罪为旨趣的单行刑法应运而生。例如，全国人大常委会于1988年发布《关于惩治贪污贿赂犯罪的补充规定》，其中增设了单位行贿罪，“企业事业单位、机关、团体为谋取不正当利益而行贿，或者违反国家规定，给予国家工作人员、集体经济组织工作人员或者其他从事公务的人员以回扣、手续费，情节严重的……”其锋芒即指向非公有制经济组织，针对改革开放后出现的城乡个体、私营等经济成分，在承揽工程、出售、采购、业务联系等环节，以手续费、酬谢金、回扣提成等形式向国家机关工作人员行贿的行为。[①] 此外，与经济犯罪相关的单行刑法还包括：《关于严惩严重破坏经济犯罪的决定》《关于惩治走私犯罪的补充规定》《关于惩治假冒注册商标犯罪的补充规定》《关于惩治违反公司法的犯罪的决定》《关于惩治破坏金融秩序犯罪的决定》《关于惩治虚开、伪造和非法出售增值税专用发票犯罪的决定》。

由此可见，在1979《刑法》实施期间，刑法的任务依然是通过严厉打击犯罪以实现社会治理，非公有制经济组织被视为商业贿赂等社会乱象的根源。从民众观念到顶层设计，皆只能认识到刑法通过惩罚犯罪来维护社会经济秩序的作用，却常常忽略刑法的另一个品性——通过罪刑法定等原则，以“禁止清单”形式为商事组织划分明确的行为边界，进而保障国民预测可能性，便利企业合理安排经营行为，从而维持经济市场的顺利运转。同时，国家公权亦被划定在清晰的权力行使框架内，通过遏制刑罚权之恣意，最终实现财产权的保障。故彼阶段的刑法承载着重要的惩治经济犯罪之目的，因而也无暇顾及保护民营企业的合法产权。

三、1997年《刑法》生效至今（1997—2019）

在1997年召开的党的十五大上，将“公有制为主体，多种经济成分共同发展”确定为我国的基本经济制度。作为非公有制经济的重要组成部分，民

① 张军：《非公有制经济法律地位的变迁及其启示》，载《中国法学》2007年第4期。

营经济的地位从“补充”变更为“与公有制经济共同发展”。2002年，党的十六大报告旗帜鲜明地提出“两个毫不动摇”方针；2007年，党的十七大明确“坚持平等保护物权，形成各种所有制经济平等竞争、相互促进新格局”；2013年，党的十八届三中全会更进一步规定了“公有制经济和非公有制经济都是社会主义市场经济的重要组成部分”。[①]2016年，中央发布《关于完善产权保护制度依法保护产权的意见》（以下简称《产权保护意见》）。据此，最高人民法院于2016年11月发布《关于依法妥善处理历史形成的产权案件工作实施意见》。该意见明确指出，坚持实事求是、平等保护、依法纠错、纠防结合等原则，依法妥善处理历史形成的产权案件。2017年9月，中共中央与国务院又联合发布《关于营造企业家健康成长环境弘扬优秀企业家精神更好发挥企业家作用的意见》。

这一阶段可以概括为1997年刑法典发布至今，其间我国刑法典共经历十次修订。1997年《刑法》第1条开宗明义道，“为了惩罚犯罪、保护人民……制定本法”，这意味着我国《刑法》的立法目的从偏向打击犯罪转为惩治犯罪与保障人权并重。饱受争议的“投机倒把罪”终于被废除，民营经济组织不再是我国市场经济中被排斥的对象。更为重要的是，1997年《刑法》废除了类推制度，这意味着大量经济犯罪（如《刑法》第225条“其他严重扰乱市场秩序的非法经营行为”）中的空白罪状不得成为任意入罪的根据。可以说，在1997年《刑法》发布后，我国民营经济的刑法保护才徐然步入正轨。

为将《关于依法妥善处理历史形成的产权案件工作实施意见》融贯至刑事司法领域，最高人民法院于2017年12月宣布对张文中案、顾雏军案、许荣华案启动再审程序。以三起重大典型案件为代表的涉民营产权刑事案件的发生绝非偶然，从彼时“依法”裁判到如今“依法”改判，同原审相比，再审判决“所依之法”早已发生巨大颠覆式改变。例如，十余年前，张文中案中的核心争点“国债技改贴息”带有浓厚的计划经济色彩，顾雏军案中“虚报注册资本”的某些构成要素早已伴随2013年《公司法》的修正而消解。这凸显出民营经济

① 乔惠波：《所有制结构演变与完善基本经济制度研究》，清华大学2015年博士学位论文。

在我国所有制结构中的地位变迁，同时也折射出刑法对民营企业产权保护的断裂与缺位。倘若刑法在保护国有经济产权与民营经济产权方面不能一视同仁，那么民营企业的合法财产权益将难以得到有效保障。事实上，在“抑商”的传统背景下，我国民营企业的法律地位始终难以与公有制企业平等，无论是在刑事政策、刑事立法抑或刑事司法方面，都有不少值得检讨之处。

第二节
刑法对民营企业产权保护的实然层面

一、刑事政策维度

我国的公司制度被截然划分为公有制与非公有制，这在某种程度上反映出企业因所有制的差异而被区别对待，进而导致我国企业产权的“制度洼地”（system depression）现象。经济学意义上的“制度洼地”，是指金融垄断背景下的制度缺陷致使不同经济主体无法享有平等的法律地位。[①] 毋庸讳言，民营企业在政策处遇上难以与国有企业相提并论。

我国《宪法》第12条规定，社会主义的公共财产神圣不可侵犯，国家保护社会主义的公共财产。改革开放后，我国最高立法机关先后发布《中外合资经营企业法》《外资企业法》《全民所有制工业企业法》，以上法律均是以投资主体的所有制性质来分门别类的。尽管1993年发布的《公司法》明确确立了股东平等原则，但公有制企业与非公有制企业在发起设立、发行债券等方面仍然被区别对待，“重公轻私”的烙印始终存在。虽然《公司法》于2004年和2013年被进一步修正，但在政策偏视下，民营企业陷入的“制度洼地”一直难以被填平。

我国是社会主义国家，由国有资本掌控经济命脉符合基本国情。例如，

① 周建军:《中国民营企业犯罪治理的刑事政策研究》，载《政治与法律》2012年第7期。

在关涉国计民生的交通运输、石油电力、工程建设等领域，过度张扬的自由竞争反而会贬损公共利益与国民福祉。但正如苏力先生所言，“承认一个制度的语境化合理性，并不应承认其永恒的合理性”。[①] 在计划经济时期，国家垄断主义当然符合时代要求，但时过境迁，社会政策的发展必须与时俱进。

诚如马克思所言，“通常情况下违法行为是由不以立法者意志为转移的经济因素造成的”[②]，犯罪的最大诱因之一其实就是不当的社会政策。倘若仍不注重改善目前的制度缺陷，那么将导致“马太效应”进一步加剧，原本不能享受国家红利的民企同国企之间的鸿沟将愈加扩大。以获取贷款的差别对待为例，国有企业本身就享有中央或地方的财政款项支持，又受到国家贷款政策的倾斜性扶持，再加之其本身就与政府部门、银行等同样归属于体制下，故国企在银行信贷方面具备先天的地位优势，其发展趋势自然是越来越强；反之，诸多民营企业本身就是白手起家，他们在贷款方面还需要履行更严苛的程序，接受更严格的资质审查，故而成功贷款的难度较国企而言大不少。在这种局面下，民营企业若谋求进一步融资，只能通过民间融资或者向银行官员行贿，于是，非法吸收公众存款罪、行贿罪等刑事风险岌岌可危。

由此可见，只有将民营经济与公有制经济平等对待，才可以营造出更为公平的市场竞争氛围，使民营企业在获取财富的道路上享有与国有企业同样的机遇，进而在根源上切断“官商勾兑”的链条。鉴于此，刑事立法与司法应当恪守平等保护准则，破除“尊公卑私”的陈旧思维，消弭民营企业跻身市场竞争的制度性壁垒，化解国营经济垄断市场资源的僵硬局面，鼓励民营经济正当合法地参与市场经济。如若继续深陷于“重公轻私”的刑事政策，那无异于在经济发展的大浪潮中自缚手脚。

---

① 苏力：《制度变迁中的行动者——从梁祝的悲剧说起》，载《比较法研究》2003年第2期。

② ［德］卡尔·马克思：《资本论》，上海三联书店2009年版。

二、刑事立法维度

我国《宪法》第12条与第13条旗帜鲜明地分别规定了公共财产与私有财产神圣不可侵犯，由此可以看出国家根本大法对公有制与非公有制财产平等保护的立法理念。[①]除此以外，我国刑法典也将“刑法面前人人平等”作为刑法适用的基本原则。

然而，民营企业及企业家的现实处遇却凸显着其所遭受的不公平待遇，“重公轻私”的痕迹深刻烙印在现行刑法典里。[②]譬如，根据北京师范大学中国企业家犯罪预防研究中心（以下简称“中心”）2019年4月发布的《企业家犯罪报告》，2014—2018年总计五年的统计周期内，民营企业家共触犯非法吸收公众存款罪1494次，虚开增值税专用发票罪955次，单位行贿罪488次，而国有企业家的上述三项数据分别为33次、16次与0次。由此可见，以非法吸收公众存款罪、虚开增值税专用发票罪、单位行贿罪等为代表的诸多犯罪几乎沦为民营企业家的“专属罪名”。[③]当然，这主要是因为我国现阶段的经济政策还没有完全市场化，以国有经济为绝对主导地位的所有制格局难以在短期内转型。也正是由于时刻面临各种各样的桎梏与枷锁，民营企业在国有垄断的局面里为取得稀薄的市场资源，铤而走险去谋求权钱交易，这是当下行贿之风愈演愈烈的制度根因。

以职务侵占罪与贪污罪的对比为例，职务侵占罪的量刑起点数额为六万元，法定最高刑为五年以上有期徒刑；反观贪污罪，其量刑门槛数额是三万

---

① 张远煌、操宏均：《论反腐体系科学化视野下的民营企业家腐败犯罪刑事治理对策》，载《河南警察学院学报》2014年第5期。

② 尹宁、张永强：《论刑法对私营企业财产权的平等保护》，载《西南政法大学学报》2016年第2期。

③ 值得指出的是，中心所统计的所有数据均来源于“中国裁判文书网”，样本框为五年内的所有刑事判决书。在犯罪学的统计意义上，犯罪黑数不可避免且规模庞大，故本书引用的中心数据不等于实际发生的企业家犯罪情况。

元，法定最高刑为死刑。除此以外，非国家工作人员受贿罪与受贿罪、挪用资金罪与挪用公款罪等“类似罪名”在刑罚配置上的差异性均如此明显。上述“类似罪名”的主要差别在于其行为对象不同而带来的法益性质迥异，根据当下刑法学界的通说，譬如，张明楷教授认为，职务侵占罪、贪污罪与盗窃罪其实是“包容或交叉”的法条竞合关系，易言之，职务侵占与贪污在本质上均是一种特殊的盗窃行为，两者的最大区别在于前者侵犯的是非公有制组织内部的财产所有权，而后者侵犯的则是公共财产所有权。[①] 由此可见，前罪所保护的法益是非公有制财产，而后罪保护的财产法益则属于国有。

除此以外，《刑法》中的非法经营同类营业罪，为亲友非法牟利罪，签订、履行合同失职被骗罪，徇私舞弊低价折股、出售国有资产罪等罪名所保护的法益均只涵括国有财产，公司、企业、事业单位人员的渎职犯罪在罪名设置上明确添加“国有”作为前缀主体。透析这一系列区别对待的罪刑设置，不难归纳推理出这样的结论：我国《刑法》对公有制财产与私有制财产在实然层面尚未能实现真正意义上的同等保护。

通过梳理《宪法》《公司法》，以及系列中央文件，可以得出结论：我国《刑法》对民营企业的保护未能与国家根本大法、各部门法以及中央的当下政策相匹配。

如上所述，我国《宪法》第12条与第13条旗帜鲜明地分别规定了公共财产与私有财产神圣不可侵犯，由此可以看出国家根本大法对公有制与非公有制财产平等保护的立法理念。近几年出台的一系列重要文件也凸显出这一理念变迁。2013年《中共中央关于全面深化改革若干重大问题的决定》明确指出，支持非公有制经济健康发展，坚持权利平等、机会平等、规则平等，废除对非公有制经济各种形式的不合理规定，消除各种隐形壁垒。2014年《中共中央关于全面推进依法治国若干重大问题的决定》规定，要使市场在资源配置中起决定性作用，健全以公平为核心原则的产权保护制度，清理有违公平的法律法规条款。2016年《产权保护意见》六次重申“平等保护”，明确指

---

① 张明楷：《刑法学》（第五版），法律出版社2016年版。

出“完善平等保护产权的法律制度”“清理有违公平的法律法规条款”。最高人民法院的《关于充分发挥审判职能作用切实加强产权司法保护的意见》则为审判机关对待涉民营企业产权案件的处理提供了具体指导。

在计划经济时期，国家垄断主义当然符合时代要求，故彼时的法律与政策均倾向于对国有企业的保护。但时过境迁，《刑法》理应顺应时代潮流，作为维护社会正义的最后屏障，其应在保护民营企业产权方面与宪法、经济部门法以及中央政策精神相协调契合。

三、刑事司法维度

《产权保护意见》指出，充分考虑非公有制经济特点，严格区分经济纠纷与经济犯罪的界限，准确把握经济违法行为入刑标准，防范刑事执法介入经济纠纷，防止选择性司法。进一步细化涉嫌违法的企业和人员财产处置规则，依法慎重决定是否采取相关强制措施。确需采取查封、扣押、冻结等措施的，要严格按照法定程序进行。但在司法实践中，相关乱象时有发生。这主要体现在两个方面。

一方面，当民营企业与国有企业发生利益冲突时，常常混淆经济纠纷与刑事犯罪的界限，以刑事手段制裁民营企业。在张文中案中，原审认定其为诈骗罪即与国有资产有着千丝万缕的联系。根据衡水中院与河北高院的判决，被告人在明知民营企业不属于国债技改贴息资金支持范围的情况下，通过申报虚假项目将物美集团以下属企业名义，骗取国债技改贴息3190万元。但事实上，国家经贸委于1999年发布的《国家重点技术改造项目招标管理办法》虽然主要针对国有企业进行国家重点技术改造项目，但民营企业并没有被明确禁入此列。不久之后，我国对民营企业的经济政策以及国债技改贴息政策进行调整，物美集团在2002年申报的信息化项目与物流项目符合国债技改贴息资金支持的项目范围。物美集团尽管由于截止时间紧迫而以下属企业名义申报，但这仅是程序方面的瑕疵，没有令审批机关对其企业性质产生错误认识，故不构成诈骗罪。

此案背后凸显出司法机关对民营企业的歧视性对待，“法无禁止即可为”是公法领域众所周知的准则，但审判机关对之置若罔闻，忽视国家对民营企业的政策变迁，出于“公尊私卑”的惯性思维将技改贴息的主体擅自限定在国有企业领域。

此外，顾雏军案的导火索是知名经济学家郎咸平关于“在并购中瓜分国有资产”的控诉。原审法院认为，被告人为收购科龙电器法人股，以注册资本12亿元成立格林柯尔企业发展有限公司，其中的无形资产占注册资本总额的75%，超过彼时《公司法》20%的比例限制，构成虚报注册资本罪。之后企业运营亏损，被告人为避免退市而以压货销售、延后入账等方式虚增利润，并且杜撰虚假的财务报告，进而造成股民经济损失，成立违规披露、不披露重要信息罪。但根据辩护词，早在2003年广东省已经发文规定高新技术企业的无形资产出资比例不受20%限制，格林柯尔公司也具备官方颁布的《高新技术企业认定书》。此外，用回账方式增加公司实体资本的做法来源于顺德市工商部门的建议，顺德市政府还为此两次出具担保函。①

吊诡的是，被告人申请政府有关官员出庭作证并接受质证，遭到法院拒绝。除此之外，格林柯尔集团主营冰箱、空调等季节性产品，压货销售并不罕见，企业4.9%的压货比例几乎是全行业最低，更不存在主观恶意，侦查机关委托某会计师事务所出具的虚增利润司法会计报告是认定被告人有罪的核心证据，但该事务所并不具备司法鉴定资质。本案值得反思之处在于：格林柯尔公司本是通过平等谈判的交易方式实施并购，但其间不可避免地使国有企业在市场竞争中处于下风，据顾雏军的申诉意见以及其他相关证据，由于该企业的迅速扩张侵犯到部分既得利益者的利益，广东省证监会捏造事实并将其移送司法机关处理，公安与司法机关更是以不具备合法性的证据进行定案。

另一方面，公安、检察与审判机关选择性司法，诸多罪名几乎成为民营企业家的“专属罪名”。国有企业人员属于《刑法》第93条规定的国家工作

---

① 陈有西：《顾雏军再审案辩护词》，载“搜狐网”（https://www.sohu.com/a/236034401_618578）2018年6月15日，最后访问时间：2019年9月8日。

人员，其触犯最多的贪污罪与受贿罪等腐败罪名是反腐高压常态化的司法结果，但其他经济犯罪罪名鲜有涉及。中心数据显示，2017年度企业家共涉及84个罪名，触犯频次较高的共有19个，其中，非法吸收公众存款罪、单位行贿罪、虚开增值税专用发票罪、拒不支付劳动报酬罪、骗取贷款罪等罪名主要适用于民营企业家（见下表）。透析这一现象，其背后有着深刻的制度成因。其一，民营企业（特别是小微企业）有着切实的资金需求，其二，国有垄断格局造成民间融资难问题，根据《中国人民银行2016年报》，我国小微企业贷款余额为20.8万亿元，在总贷款余额中占比仅19.5%，超过75%的贷款需求未能得到满足，这种紧张结构"迫使"民营企业选择以不合法的方式吸纳资本，故而容易触犯非法吸收公众存款罪和骗取贷款罪。

国有与民营企业触犯高频罪名频次对比

	非法吸收公众存款罪	单位行贿罪	虚开增值税专用发票罪	拒不支付劳动报酬罪	骗取贷款罪
国有企业	1	7	3	0	0
民营企业	414	181	334	93	69

也正是由于在市场竞争中无法获得平等的法律地位，民营企业更趋向于攀附政治关系，以期得到权力的荫庇，因此，以单位行贿罪为代表的商业贿赂行为屡禁不止。再以拒不支付劳动报酬罪为例，据"中心"统计，该罪名高发于建设工程领域，这属于资金密集型、劳动力密集型行业，故对相关企业的财务管理有着较高要求，然而，处于谈判优势地位的发包人往往对承包方提出先行垫付资金、缴纳保证金等要求，这容易使承包方的资金状况恶化。笔者所在的课题组在收集相关案例时发现，大多数承包人并非恶意欠薪，而是因客观状况而欠缺支付能力。但司法实践中为平息工人上访而经常对承包人科处刑责，这不仅有违本罪的主观构成要件，承包方企业还会因承担刑事责任而进一步恶化资金状况，最终工人关于薪酬的诉求更是无法实现。

除此以外，非法查封、扣押民营企业财产，对合法财产与违法所得、个人财产与法人财产等不加以甄别。在当年狂飙突进的重庆运动式打黑风暴中，仅因牵涉征地合同纠纷，当地企业家李俊的个人全部资产两亿余元被划至“打黑专用账户”，俊峰集团的资产账户被冻结，这些措施均发生在案件宣判之前，并直接导致企业短时间内从盈利到严重亏损。这样的情况在实践中并不是孤例。我国《刑法》《刑事诉讼法》以及司法解释对查封、扣押、冻结财产、账户等强制措施均有明确规定（下文将详述），如果无法予以贯彻执行而任意处置民营企业财产，那么将会导致企业垮台、无辜人员受牵累等不可逆的损失。

由此可见，司法机关在处理个案时常常混淆罪与非罪的界限，使用刑事手段打击民营企业，“一大批富有才干的民营企业家在积累财富的道路上没有失败于商业风险的打击，而是倒在了刑事风险的爆发之中”。[①]

① 张远煌:《企业家何以行稳致远》，载《检察日报》2017年1月25日。

第三节
刑法对民营企业产权不平等保护的弊端

一、难以契合刑法之基本原则

其一，我国《刑法》第4条规定，对任何人犯罪，在适用法律上一律平等。不允许任何人有超越法律的特权。同理，从另一个侧面来讲，任何组织或个人受到不法侵害，刑法都应当提供一视同仁的保护。平等是人类社会千百年来的普世价值，更是检验现代文明国家法治程度的重要标尺。因此，平等原则必须贯穿于依法治国进程中的方方面面，在对民营企业的保护方面更应如此。但是，如上所述，刑法在职务侵占罪与贪污罪的追诉标准、法定刑配置等方面大相径庭，不少罪名专门针对保护国有财产而设立，皆在一定程度上凸显了国家对于民营经济的“傲慢与偏见”。尽管有论者坚持认为“贪污罪与职务侵占罪的行为主体身份不同，其相应的不法内涵也有差异，故应对公有制经济与非公有制经济的保护采取区分制”[①]，但笔者认为，这种观点的逻辑确证是：一旦发生了侵吞、窃取公司资产的行为，因企业所有制的差别而在量刑上有所殊异。或许持区分制论者主张“关键不在于所有制的区别，而在于行为人身份属性”。

由于国家工作人员的判断标准在于实质上是否依法从事公务，故民营企

① 姜涛、柏雪淳：《论非公有制经济的刑法平等保护》，载《人民检察》2017年第23期。

业中往往都是非国家工作人员的身份属性，只有极少情形下有国家工作人员。显而易见，职务侵占罪置于我国《刑法》分则“第五章侵犯财产罪”之中，而贪污罪则属于分则“第八章贪污贿赂罪”，根据刑法的体系解释原理，判断本罪与贪污罪的关键不在于行为人主体身份，而在于两罪所保护法益的区别。同样的侵吞、窃取公司财产的行为发生在民营企业内部，为何由非国家工作人员实施时的“应受刑法保护性”就低于国家工作人员？换言之，当民营企业人员利用职务之便侵吞公司财产时，其所承载的法益侵害程度不因行为人的主体身份是否是国家工作人员而有异。更为重要的是，《刑法》第271条职务侵占罪根据“数额较大”“数额巨大”作为量刑标准，第383条贪污罪的罪状设置则将量刑幅度分为四个档次，“数额较大或者有其他较重情节”“数额巨大或者有其他严重情节”“数额特别巨大或者有其他特别严重情节”“数额特别巨大，并使国家和人民利益遭受重大损失”。由此可见，在刑法教义学的框架内，贪污罪的量刑幅度凸显的主要是对财产的侵犯程度[①]，职务侵占罪则完全体现侵财之本质。这背后并不能反映行为人的身份所承载的“不法内涵”。

“不法”与“有责”组成犯罪的实体结构，以“不法”来区分犯罪的法定刑尚未触及问题的本质，犯罪的本质是侵犯法益[②]，以“不法内涵”代替“法益”，其实是一种概念偷换。归根结底，这种观点背后折射出“国有财产优先于私有财产”的权力优越主义，缺乏较为深刻的法理依据，根本原因仍在于“公尊私卑”陈旧理念的束缚。

其二，《刑法》第5条规定，刑罚的轻重，应当与犯罪分子所犯罪行和承担的刑事责任相适应。例如，《公司法》中针对任何所有制的企业，无差别地规定了竞业禁止制度，并进一步阐明构成犯罪的，依法承担刑事责任。依照

① 学界还有不少有力的论据可以支撑笔者的观点，譬如，张明楷教授从应然的向度，认为贪污罪与受贿罪的罪质不同，后者侵犯的是国家工作人员职务行为的不可交换性，而贪污罪在刑事司法中应更注重数额。因此，立足于立法论，贪污罪与职务侵占罪应归并为一个“业务侵占罪”，因为两者所保护的法益具有同构性。参见张明楷《贪污贿赂罪的司法与立法发展方向》，载《政法论坛》2017年第1期。

② 张明楷：《刑法学》，法律出版社2016年版。

刑法的“二次违法”理论，非法经营同类营业罪是在违反《公司法》相应规定的基础上，违法的“量”达到值得科处刑罚的程度。显而易见，不论对民营企业还是国有企业，从事同类营业均可能对原单位造成重大经济损失，进言之，罪行的法益侵害程度不会因原单位是否为国有公司而殊异。但在刑法典里，非法经营同类营业罪的立罪逻辑前提是“只有侵害国有企业产权才应受刑罚”，这不仅有违上文论及的“适用刑法平等原则”，显然亦与罪刑相适应原则悖逆。

同理，为亲友非法牟利罪所保护的法益是国有财产，当民营企业中的工作人员利用职务便利，实施将本单位的盈利业务交由亲友经营，或者以明显高于／低于市场的价格向自己的亲友经营管理的单位采购／出售商品，或者向自己的亲友经营管理的单位采购不合格商品等行为时，竟然不被我国《刑法》所规制。笔者并不主张重刑主义及泛刑主义，但刑法的重要功能之一在于对犯罪及时有效惩处，进而达到预防犯罪之目的。当民营企业工作人员通过职务之便实施了严重损害公共利益的行为时，这对企业的营收而言同样形成重创，加之缺乏国家公权力的背书，民营企业的抵御侵蚀能力远远低于国有企业，这种行为的法益侵害程度不容小觑，所创设的社会危害性甚至高于发生在国企的为亲友非法牟利行为。倘若对此不予以刑事处罚，那么就意味着更严重的危害行为反而不值得发动刑罚权，这显然与罪刑适应原则相矛盾。

二、不利于弘扬民营企业的创新精神

刑法的不平等保护阻碍了深化市场化改革的进程，容易打消民营企业家的积极性，导致创业型人才的流失。在举世瞩目的十九大报告中，“深化供给侧结构性改革”成为未来中国经济走向的启明星。除以上量化显示的数据外，民营企业在实现创新驱动以及推动供给侧改革等方面亦有着不可磨灭的卓越贡献。

由于民营企业完全依靠市场竞争来谋求生存与发展，在收益最大化目标的驱使下，若想不被残酷的市场竞争所淘汰，必须具备超强的技术革新意识。供给侧改革的本质在于充分发挥市场在资源配置中的决定性角色，这有赖于通过激发市场主体活力来扩充有效供给。而民营企业家恰恰具备与生俱来的高效配置资源的“基因”优势，民营企业的经营领域可以延伸至社会生活的各个方面乃至角落，供给侧的市场主体由此得以圆满填充，这对于实现“大众创业，万众创新”大有裨益，国有企业在此方面却难以望其项背。

同时，民营企业在掌握市场需求的信息后，会及时将资本投入边际生产率较高的产业领域，从而为国家创造源源不断的财富。纵观世界经济发展史，汇丰、微软、西门子、本田等巨头企业几乎成为其所属国的专属代名词，英美德日等国的成功经验无一不在启发着我们：民企强，则国运昌。正是在这种意义上，民营企业家是我国社会的特殊人才和宝贵资源，理应倍加珍惜和保护。

另外，刑法区别对待公有制经济和非公有制经济，也不利于激发国有企业的积极性。例如，签订、履行合同失职罪只适用于国有企业，这种过度保护使得国企管理人员在商业往来中过于保守，企业家最宝贵的创新、试错精神无法得到发挥，[①]进而难以促进国有企业焕发活力、提高效率。

三、不利于发挥刑法对民营企业的保驾护航功能

我国的经济发展业已进入新常态，并且正处于前期政策消化期、结构调整阵痛期与经济增速换挡期的关键阶段，我们必须对民营企业的积极影响予以公正看待。根据改革开放 40 年来的统计数据，民营企业数量已经占据我国企业数量的 60% 以上，民营企业对我国 GDP（国内生产总值）贡献率高达 60% 以上，提供了 80% 的城镇就业岗位，吸纳了 70% 以上的农村转移劳动力，新增就业 90% 在民营企业，来自民营企业的税收占比超过 50%[②]。

我国现阶段仍然是以经济建设为中心，法律的重要功能之一即为经济发

① 刘仁文：《刑法应平等保护公有和非公有经济》，载《中国改革》2014 年第 3 期。

② 国务院发展研究中心：《中国民营企业发展报告》，社会科学文献出版社 2014 年版。

展保驾护航。[①] 如前所述，民营企业是促进经济发展的重要助推剂，然而，有学者引用国家发改委的调研数据，近三年民间投资逐步下滑的态势严峻，64.1% 的民营企业家表示主要原因在于政策落实与产权保护不到位[②]。实际上，就落实民营企业相关政策与产权保护而言，刑事司法是重要途径：一方面，要对严重损害民营企业产权的行为依法追究刑事责任，即有所为；另一方面，不可随意介入民营企业的“家事”，即有所不为。

最高人民检察院于 2016 年发布《关于充分发挥检察职能依法保障和促进科技创新的意见》，其中第 7 条规定，坚持罪刑法定原则和刑法谦抑性原则，禁止以刑事手段插手民事经济纠纷。对于法律和司法解释规定不明确、法律政策界限不明、罪与非罪界限不清的，不作为犯罪处理。作为“善良人的大宪章”，刑法在处理经济纠纷时可以通过发挥出罪机制来实现对民营企业合法产权的保护。事实上，许多处于普通违法与刑事犯罪之间边缘地带的行为，可以被认定为“情节显著轻微、危害不大，不认为是犯罪”，例如，某私企员工挪用本单位资金虽已超过三个月，但如果挪用的动机情有可原，超过期限不长时，完全可以考虑不予入罪。[③] 然而，有学者研究显示，截至 2015 年，中国裁判文书网共可查阅到一审法院、二审法院、再审法院以及辩护人提出应当适用但书出罪的判决书共计 120 份。[④] 这对于目前裁判文书网的刑事判决书总量而言，无异于沧海一粟。

同时，笔者通过在裁判文书网中设置“第十三条但书”“公司”等关键词进行检索，未发现任何一例相关刑事判决。由此观之，司法实践中，《刑法》第 13 条但书往往被搁置，在企业（家）犯罪领域[⑤] 更是沦为“僵尸条款”。事

① 张文显：《新思想引领法治新征程——习近平新时代中国特色社会主义思想对依法治国和法治建设的指导意义》，载《法学研究》2017 年第 6 期。

② 李红娟：《平等保护各类产权是产权保护法治化的根本》，载《宏观经济管理》2017 年第 5 期。

③ 乐志怡：《刑法介入非公企业财产权保护的逻辑反思》，载《山东社会科学》2017 年第 11 期。

④ 王华伟：《中国刑法第 13 条但书实证研究——基于 120 份判决书的理论反思》，载《法学家》2015 年第 6 期。

⑤ 此处所指称的“企业（家）犯罪”，仅涵括以企业（家）为主体的经济犯罪，其本质是公司人员利用职务之便实施某项危害行为，而不包括企业家实施的与职务无关的犯罪。

实上，与侵犯公民个人法益、触及民众普世价值观的传统自然犯罪（尤其是暴力犯罪）相比，企业（家）犯罪的实害往往在于侵犯财产，其社会危害性主要通过直观的经济数额来体现，法益侵害性质一般远不及触痛公众最敏感神经的故意伤害等传统犯罪。加之经济纠纷中介于“黑”（罪）与“白”（非罪）之间的灰色地带本来就较难取证与认定，根据疑罪从无原则，故企业（家）犯罪的出罪路径应当比传统犯罪更广阔。此外，我国有学者提出“法益可恢复性”的主张，“虽然行为人先前实施的犯罪行为仍然值得刑法否定评价，但既遂之后行为人主导的危险消除与法益恢复的良善行为显然更契合恢复性制裁的法理精髓”[①]，这在污染环境、发票税务等犯罪领域具备出罪的充分理论依据。

因此，只有有效激活《刑法》第13条但书，并将认罪认罚从宽、恢复性司法等时下炽盛的刑事理念融贯至企业（家）犯罪场域，才能实现刑法对民营企业（家）保驾护航之价值。

① 庄绪龙：《“法益可恢复性犯罪”概念之提倡》，载《中外法学》2017年第4期。

第四节
刑法对民营企业产权保护的应然路径

一、以平等保护的刑事政策为指引

我们必须对民营企业的积极影响予以公正看待，除前文涉及的50%、60%、70%、80%、90%等量化数据外，民营企业在实现创新驱动以及推动供给侧结构性改革等方面亦有着不可磨灭的卓越贡献。由于民营企业完全依靠市场竞争来谋求生存与发展，在收益最大化目标的驱使下，若想不被残酷的市场竞争所淘汰，必须具备超强的技术革新意识。同时，民营企业在掌握市场需求的信息后，会及时将资本投入边际生产率较高的产业领域。

在过去，我国在经济犯罪领域一贯奉行国家本位主义，凡是与“国字号”发生利益纠葛的民营企业，都常常被刑法纳入打击范围，“非公有制”似乎成为民营企业的“原罪”。事实上，对国有企业与民营企业的平等保护具有国家根本大法的依据，我国《宪法》第11条明确了非公有制是社会主义市场经济的重要组成部分。中共中央于1993年颁布的《关于建立社会主义市场经济体制若干问题的决定》指出，国家要为各种所有制经济平等参与市场竞争创造条件，对各类企业一视同仁。2003年，中共中央进一步在《关于完善社会主义市场经济体制若干问题的决定》中明确提出，保障所有市场主体的平等法律地位和发展权利。国务院于2005年颁行的《关于鼓励支持和引导个体私营等非公有制经济发展的若干意见》规定，消除影响非公有制经济发展的体制性障碍，确立平等的市场主体地位，实现公平竞争。

由上述规范性政策文件不难看出，国家对于非公有制企业呈持续包容与开放的态度，这其中无不体现了相关经济政策从国家垄断主义立场到市场权利本位立场的悄然转变。但是，我们必须清晰地意识到，由于立法不可避免的滞后性，相应法律特别是刑法中仍然不乏针对民营企业设置的贸易壁垒，譬如，除非法经营罪外，非法吸收公众存款罪、集资诈骗罪等罪名依然像“紧箍咒”一般牢牢束缚着民营企业的蓬勃发展。唯有将主体平等的政策原则浸润至法律的每个角落，才能实现从“国富”到“国民共富”的共享发展局面。

二、以入罪后置的立法原则为轨道

诚然，刑法有必要规制危害市场秩序的行为，非法吸收公众存款罪、非法经营罪在一定时期内仍有存续的合理性，但在具体的立法技术上须有所注意。

针对我国经济刑法领域中的一些乱象，储槐植教授指出：“立法上存在无序、失范的问题，在没有取得规律性认识，没有动用民商法、经济法和行政法手段予以有效调整的情况下，就匆忙予以犯罪化，纳入刑罚圈，使刑法的触须不适当地延伸到经济活动领域”①。由于动辄牵涉国民的自由乃至生命，最后手段性与二次规范性是刑事法的一大重要品性。在此意义上，刑法必须充分尊重市场经济的自由竞争，不得随意干预。唯有在兼容并蓄的经济政策下才能最大限度激发企业家的创新活力。正如陈兴良教授所言：“刑法是一种不得已的恶——只能不得已而用之，此乃用刑之道也”②。社会的本质是一个具备自主性的系统，它能够自发趋向最有序的格局。因此，面对千姿百态的经济问题，采用经济手段进行调节是第一选择。

在热播电影《我不是药神》中，其事件原型陆勇为降低治疗成本，从印

① 储槐植：《罪刑矛盾与刑法改革》，载《中国法学》1994年第5期。

② 陈兴良：《刑法的价值构造》，中国人民大学出版社1998年版，第17页。

度帮病友代购抗癌药物“格列卫”，按照公诉机关的指控，陆勇帮忙代购的属于《药品管理法》所禁止的“未经批准的境外药品”。其实，公诉机关的定罪过程隐含着一个逻辑——前置行政法规与刑法的违法性具有同一性。本案中，尽管陆勇代购未经批准的境外药品属于行政违法，但这些药品均是经过临床验证具有良好疗效的救命药，并不具有刑事违法性。

以非法经营罪为例，犯罪的本质是侵害法益，非法经营罪背后的规范保护目的是专营专许制度。但是，对国家专营专许制度的保护并不能仅仅依靠刑法，这种法益的保护更需要行政法等其他法律部门的共同支撑，此时刑法仅仅是一种“不得已而用之”的后盾。与英美法系国家不同，我国采取单一刑法典的立法体系，将经济犯罪囊括在现行刑法典中。经济犯罪往往都有前置行政法规，这依赖于结合其他法典进行违法性判断。正是基于这种立法理念，《刑法》第225条规定的非法经营罪之罪状才有了“违反国家规定”的首要前提。然而，如前文所述，不少司法解释屡屡突破这一前提，在相应“国家规定”暂付阙如的情形下仍然径行“创造”某些非法经营的行为类型。因此，应破除刑法万能主义之盲目，理性看待刑罚的双面性，在立法以及司法解释的制定上坚守行政违法与刑事犯罪的二元标准，始终对刑法介入经济领域保持高度克制的态度，尽可能为司法机关提供明确科学的法律依据。

三、以审慎谦抑的司法态度为内核

一方面，明晰财产归属权，慎用强制措施。第一，须区分清楚企业的单位财产与个人财产（《刑法》第31条）、合法财产与违法所得财产（《刑事诉讼法》第139条），以及涉案人财产与其家庭成员财产[①]（《刑法》第59条）；第二，对查封、扣押的财物，按照法定要求开列清单，不得擅自使用、调换或损毁（《刑事诉讼法》第141条），经查明与案件无关的，应在3日内解除

① 阴建峰、刘雪丹：《民营企业平等刑法保护的多维透视》，载《贵州民族大学学报》2018年第1期。

查扣押、冻结措施，及时退还（《刑事诉讼法》第145条）；第三，由于经济犯罪中的犯罪嫌疑人人身危险性较小，往往缺乏羁押必要性，因此应当慎用拘留、逮捕等强制措施，符合取保候审、监视居住条件的，应依法适用，最大限度减少刑事强制措施对民营企业的负面效应。

另一方面，追求社会效果与法律效果的统一。法律效果的内涵不言自明，而所谓社会效果，是指通过法律适用，使法的本质特征得以体现，实现法的秩序、自由、正义、效益等基本价值的效果，进而使法律适用的结果为社会公众所认同。[①]上文数据已经揭示，民营企业是纾解社会就业压力的最重要途径，民企一旦出现停业甚至破产，巨大的失业率将会引发社会的秩序失衡。例如，在孙大午案中，其所领导的大午集团为进一步实现盈利，向周边村民吸收存款，由于大午集团的利率远高于国有金融机构，乡亲们纷纷将收入存入大午集团，该集团在按期支付本息的同时，将企业的一部分收入用于改善当地的交通、教育、医疗等条件，企业效益越来越好，村民的福利待遇也水涨船高，这本是一种互利双赢的企业发展模式。然而，当地信用社却向公安机关告发大午集团，最终孙大午被以非法吸收公众存款罪定罪处罚。案件进入刑事司法程序后，大午集团的经营每况愈下，当地不少民众无法按期取回本息，切身利益遭受损失。诚然，未经法定许可而吸收公众存款涉嫌违法，但因不具有严重的实质社会危害性而不构成刑事犯罪。因此，司法机关在处理案件时必须划分清楚行政违法与犯罪的界限，谨防刑事司法带给民企的负面影响。

四、通过刑事合规强化刑法的预防性保护

正所谓“他山之石，可以攻玉”，借鉴异域关于合规计划法律制度，并实现本土化移植，这对民营企业的产权保护也大有裨益。

首先应当明确，合规绝不是单单在企业内部建立一种自律性质的规章制

---

① 阴建峰:《论法律效果与社会效果的统一》，载《河南社会科学》2011年第2期。

度，而是一项动态的立体化工程。所谓合规计划（compliance program），指在法定框架下，企业组织结合自身文化、性质以及规模等特殊因素，设立一套违法甚或犯罪行为的预防、发现及检举机制，从而达到减轻或豁免责任的正当化目的的机制。[①] 并且，此种机制不能仅局限于制度层面，而应当形成一种蔚然成风的企业日常性守法文化。在此种理念的指引下，企业犯罪的治理更多依赖于"软法"而非具有国家强制力做后盾的法律法规。合规计划的贯彻，则需要镶嵌于刑事立法中，并依靠量刑优待来实现犯罪预防。

刑事合规是通过怎样的机制来保护民营企业产权呢？其实，这主要体现在腐败犯罪领域。据中心统计显示，职务侵占罪、挪用资金罪、单位行贿罪等已然成为民营企业高频罪名，而这类犯罪是对企业资源的极度内耗。在过去一年，华为大中华区执行副总裁腾鸿飞因腐败犯罪被司法调查，京东、百度、腾讯、阿里巴巴等行业巨擘也相继发生高管职务侵占等丑闻，这种现象必须予以高度关注。落实刑事合规计划，就是通过预防民营企业内耗型腐败犯罪，进而防范民企的产权流失。大力推进企业刑事合规，是当代世界性趋势。推进国家治理体系与治理能力现代化，要求在企业犯罪治理上，必须从单纯的事后惩罚向事前预防升级转型，这也是民营企业的内生型需求。

企业刑事合规充分体现了"政府—企业"合作治理理念，也是"预防为本、打击为辅"治理理念的具体落实，值得广泛推进。企业刑事合规的实质，就是通过刑事制度的改革，将企业积极参与犯罪的社会责任，由一般社会责任升级为刑事义务，倒逼企业通过完善内部治理，主动预防犯罪，在犯罪治理格局上从"国家要企业预防犯罪"变为"企业主动预防犯罪"。

英国于2010年颁行的《反贿赂法》因将严格责任原则纳入而被称为"史上最严厉反腐败法"，其中设立的"商业组织预防贿赂失职罪"规定，如若商业组织无法证明其已经设计充分制度来预防贿赂犯罪，一旦查获其组织内部

① 李本灿:《企业犯罪预防中合规计划制度的借鉴》，载《中国法学》2015年第5期。

人员为其利益实施关联贿赂行为，该商业组织也成立此罪。[①]无独有偶，法国于2016年颁行的“萨班二号”（SAPIN II）法案规定了要在超过500人的企业中设立预防高管贪腐计划，并由国家反贪监察局专门执行并实时监督，企业需要定期向该机构展示自己在腐败犯罪刑事风险防控方面的努力。

显而易见，这种举证责任倒置的模式可以“倒逼”企业组织在日常经营活动中加强内部刑事风险控制，进而提前建构起缜密完备的腐败犯罪发现与预防机制，这对我国的刑事立法颇有启迪意义。究其根本，企业犯罪需要通过建构“轻轻重重”的两元化刑事政策来实现科学有效治理。具体而言，一方面，对于忽视合规建构的企业严厉惩处，这一点尤其体现在经济惩罚上，使得其他企业因违法成本过高而受到威慑，进而达到一般预防之功效；另一方面，对于积极主动履行合规义务的企业，通过缓起诉等制度减免刑事责任，克服刑罚对企业招致的负面效应[②]。最为关键的是，缓起诉协议中的合规要求能够使企业在日常经营中重视风险内控，这能以较少的治理成本换取最大的治理效果。事实上，《刑法修正案（九）》中增设的拒不履行信息网络安全管理义务罪即为这种理念开始本土内化的示范例证。在此之前，《全国人民代表大会常务委员会关于加强网络信息保护的决定》《即时通信工具公众信息服务发展管理暂行规定》《计算机信息网络国际联网安全保护管理办法》《网络安全法》均对网络服务提供者加赋了保障安全管理的义务[③]，但一直未能得到理想的治理状态。而后，刑法将信息网络安全管理上升为互联网企业的强制义务，当以刑事手段作为保障时，经济理性的企业在面临违法成本计算时惧惮于巨额的罚金，不得不在日常的管理中就重视合规体系的科学系统建设。

总而言之，我国现行惩治腐败犯罪的重任主要是由行政机关与司法机构承担，这种依赖于事后惩处的治理模式无法实现标本兼治，因此，有必要通

---

① 邓若迅：《英国贿赂罪改革研究》，载《中国刑事法杂志》2012年第2期。

② 李本灿：《企业犯罪惩治中两元化刑事政策的构建——基于企业犯罪惩治负外部效应克服的思考》，载《安徽大学学报》（社会科学版）2014年第5期。

③ 李本灿：《刑事合规理念的国内法表达——以“中兴通讯事件”为切入点》，载《法律科学》2018年第6期。

过对英、法等国先进经验的本土化改造与参照，建立我国的法人内部预防腐败机制，激发企业组织与企业家在反腐败工作上的事前防控机能，最终形成“国家—社会（企业）”的二元治理模式。

五、弘扬企业家优秀精神

在我国民营企业建立合规制度的必要性与本土化基础前文已经论述，关键在于如何构建。笔者认为，合规计划的开展应遵循由内到外的向度。民营企业的最大价值在于能充分激发市场蕴藏的活力，竞争活力来自企业家，且其根源就是企业家精神，培育民营企业家遵纪守法的精神才是建立合规文化的核心所在。犯罪学上的“标签理论”启示着我们，只有改变社会公众对民营企业（家）的既有认知和标签印象，才能充分发挥犯罪控制功效，而民营企业家精神的弘扬是此种路径的核心所在。

2017年9月，中共中央与国务院发布《关于营造企业家健康成长环境弘扬企业家精神更好发挥企业家作用的意见》（以下简称《意见》）。《意见》开宗明义指出，弘扬企业家爱国敬业、遵纪守法、艰苦奋斗的精神。这是中央首次以专门文件的形式明确企业家精神的地位和价值，旨在营造企业家健康成长环境，弘扬优秀企业家精神，更好发挥企业家作用。这需要做到以下几点：

第一，明确政府在市场经济中的定位与角色，减少政府对经济活动的干预，只有充分发挥市场的自我调节功能，才能充分调动民营企业生产、销售和经营的积极性，促使其通过创新来实现资源的最优化配置。企业家是勇敢的革故鼎新者，他们能够在市场风险中敏锐地把握稍纵即逝的商机。第二，通过改革落实职业经理人制度，我国中小企业众多，相当一部分民营企业依然停留在传统的家庭式或作坊式经营方式，这种落后的模式使得众多民营企业难以匹配日新月异的经济发展态势。而职业经理人往往具备较高的职业操守与娴熟的职业技能，这项制度能够保证管理人员具备现代管理技能，促进管理人才的专业化与精英化。只有当科学的管理模式被浸润至企业生产经营的每一个环节，才能建构起以企业形象、企业精神和企业规范等为内容的现代企业文化[①]。第三，在企业的入职、考核等场合落实遵守法纪的职业操守培训，在笔者所参加的课题调查中，浙江横店集团在刑事风控方面特别注重防微杜渐，员工入职之初便需熟练掌握《集团员工廉洁自律手册》，在晋升考核等环节也格外关注员工对相应守则的遵守情况，该手册将所有准则以清单的形式列举下来，如员工之间的人情礼往往超过2000元就要备案至集团纪检部，这种经验模式值得推广和效仿。

结　语

古人云，“有恒产者有恒心”，在市场经济的语境下，民营企业理应受到同国有企业同等的刑法保护。中国的经济发展同民营经济的法律地位休戚与共，尤其是近几年出台的一系列重要文件也凸显出这一理念变迁。关于法律对维系财产权属关系的重要意义，马克思有着富有洞见的论述，“法律可以使一种生产资料，如土地，永远属于一定家庭”[②]，倘若法律缺乏对繁杂经济社会中权利与义务的调整，缺乏对权力“法无授权不可为”的理性克制，缺乏对经济活动中人们依据规则合理安排商事行为的保障，那么私有产权将可能沦为“利维坦”侵蚀下的无辜受害者。本章不限于对我国刑法典中存在的立法缺陷进行条分缕析，同时立足于教义学维度，对现行《刑法》中部分经济犯罪的罪状之解释误区进行澄清，旨在以立法论和司法论并驾齐驱，共同组成“民营经济的刑法保护”这一论题的分析工具。

总而言之，作为民营企业产权刑法保护的重要掌舵者，立法机关与司法机关应当准确把握当下的刑事政策，科学立法，审慎司法，并注重合规计划的制定和实施，弘扬优秀企业家精神，五位一体，共同保障民营企业行稳致远。

---

① 张远煌、龚红卫：《论企业家精神在民营企业职务犯罪预防中的功能、作用及限制》，载《净月学刊》2017年第5期。

② ［德］马克思：《政治经济学批判》，载《马克思恩格斯选集》（第2卷），人民出版社1972年版，第101页。

第十一章
刑法立法模式 70 年

第一节
70 年来刑法立法模式的历史变迁

考察新中国成立 70 年来刑法立法模式的演变，1979 年与 1997 年是两个重要的时间节点，它们将我国的刑法立法划分为三个阶段，即“新中国成立至 1979 年刑法颁布”“1979 年刑法颁布至 1997 年刑法全面修订”以及“1997 年刑法全面修订至今”。

一、我国刑法立法模式的演进过程

就新中国成立 70 年来刑法立法模式的变迁过程而言，有学者指出：“建国后我国的刑事立法，经历了一个从分散到统一的历程”。[①] 也有学者总结道：“自新中国成立以来，我国刑法立法模式经历了复杂的变迁过程。从中国刑法立法的发展历史来看，刑法立法模式经历了三个阶段，即单一单行刑法阶段、以刑法典为主体单行刑法为补充阶段、以刑法典为主体刑法修正案为补充阶段”。[②] 事实上，基于不同的考察视角，我们可以对刑法立法模式变迁过程作出不同解读。在本书看来，若是以“刑法典的有无及其地位”为坐标，我们可以简要地将新中国成立后刑法立法模式的变迁过程划分为“无刑法典阶段”“刑法典与单行刑法并立阶段”以及“刑法典大一统阶段”。

① 刘之雄：《单一法典化的刑法立法模式反思》，载《中南民族大学学报》(人文社会科学版)2009 年第 1 期。

② 柳忠卫：《刑法立法模式的刑事政策考察》，载《现代法学》2010 年第 3 期。

首先，在新中国成立至1979年刑法颁布之前，由于系统化刑事立法的条件尚不成熟，国家颁布了一些单行刑法，加上一些附属刑法规范和政务院、最高人民法院有关刑事制裁的批示、通令以及当时的刑事政策，上述法律文件共同构成了一个有欠系统的刑法体系。[①] 新中国成立初期，百废待兴，那时还没有条件制定刑法典，但国家也没有忽视刑法典的起草工作；[②] 至1963年10月9日，全国人大常委会办公厅法律室组织法律专家围绕“刑法典草案”拟出33稿。只是由于“四清”运动以及为期十年的“文化大革命”，刑法典草案不得不束之高阁了。[③] 在这一阶段，国家立法机关没有制定和颁布刑法典，所采用的主要立法模式是单行刑法。例如，1951年的《惩治反革命条例》、《妨害国家货币治罪暂行条例》、1952年的《惩治贪污条例》等，这些单行刑事法律在同危害国家安全、贪污、伪造国家货币等方面的犯罪作斗争中发挥了重大的作用。[④] 此外，值得注意的是，在这一阶段，一些非刑事法律也规定了罪刑规范，也即实质意义上的附属刑法。对此，有学者曾指出：“在附属刑法规范中直接规定罪名与法定刑，于我国也是有先例的。例如，1957年颁布的《国境卫生检疫条例》第7条规定：‘……如果因违反本条例和本条例实施规则而引起检疫传染病的传播，或者有引起检疫传染病传播的严重危险，人民法院可以根据情节轻重依法判处二年以下有期徒刑或者拘役，并处或者单处一千元以上五千元以下罚金。’类似这样的立法方式还有不少。虽然那时是由于没有刑法典才采取这种立法方式，但是，即使再完备的刑法典，相对于不断变化的社会形势、不断产生的新犯罪类型而言，总是不完备的。只有在附属刑法中直接规定罪名与法定刑，才能使刑法不断完善”。[⑤]

---

① 刘之雄：《单一法典化的刑法立法模式反思》，载《中南民族大学学报》(人文社会科学版)2009年第1期。

② 高铭暄：《中华人民共和国刑法的孕育诞生和发展完善》，北京大学出版社2012年版，前言部分，第1页。

③ 高铭暄：《中华人民共和国刑法的孕育诞生和发展完善》，北京大学出版社2012年版，前言部分，第2页。

④ 高铭暄、赵秉志：《中国刑法立法之演》，法律出版社2007年版，第37页。

⑤ 张明楷：《市场经济与刑事立法方式》，载《学习与实践》1995年第1期。

其次，党的十一届三中全会之后，国家法制建设重新启动。1979 年 7 月 1 日，新中国第一部刑法典诞生，标志着刑法在规范形式上的统一和刑事法制正规化建设的初步实现。① 从整体来说，1979 年刑法对维护社会秩序、惩罚犯罪、保障改革开放起了重要作用。但由于历史条件的限制以及立法经验的不足，1979 年刑法遵循“宜粗不宜细”的指导思想，在体系结构、规范内容和立法技术上都存在一定的缺陷。因此，对这部刑法在当时社会经济生活中的作用，我们应当理性看待。在该法典颁行之后不久，《惩治军人违反职责罪暂行条例》（1981 年）这一单行刑法便颁布实施，单一刑法典的格局被打破。此后，为快速适应经济转型与社会发展的现实需要，立法机关又制定了大量单行刑法。自 1981 年至 1997 年刑法典全面修订前，近 17 年的时间内先后通过了 24 部单行刑法 ② 对刑法典进行修改和补充。应当看到，随着改革开放基本国策的推行，我国社会的各个领域发生了极其深刻的变化，出现了许多新情况和新问题，而通过单行刑法对刑法典作出零散修补，实属“头痛医头、脚痛医脚”。这种刑法完善方式不仅未能从根本上解决刑法典在回应经济发展与社会生活的滞后性问题，还造成了刑法规范体系的混乱。同时，考虑到 1979 年刑法本身存在着一些不尽完善、不科学之处，全面修订我国刑法典就显得十分必要。鉴于此，1988 年七届全国人大常委会二次会议作出了修改我国刑法典的重大决策，并将之纳入立法规划。

最后，我国于 1997 年全面系统地修订刑法典，将单行刑法中的各种刑事实体规范全部纳入刑法典，这标志着新中国刑法法典化的最终完成。③ 通过此

① 赵秉志：《当代中国刑法法典化研究》，载《法学研究》2014 年第 6 期。

② 在 1997 年刑法之前，我国究竟存在多少部单行刑法，学界观点不一。具体包括：“22 部说”，参见陈兴良《刑法修正案的立法方式考察》，载《法商研究》2016 年第 3 期；“23 部说”，参见刘之雄《单一法典化的刑法立法模式反思》，载《中南民族大学学报（人文社会科学版）》2009 年第 1 期；“24 部说”，参见储槐植《1997 年刑法二十年的前思后想》，载《中国法律评论》2017 年第 6 期；“25 部说”，参见高铭暄、赵秉志《中国刑法立法之演进》，法律出版社 2007 年版，第 44 页。

③ 刘之雄：《单一法典化的刑法立法模式反思》，载《中南民族大学学报》（人文社会科学版）2009 年第 1 期。

次修订，刑法学界与立法机关均希望这部刑法典能够全面覆盖社会生活的方方面面，并顺利进入21世纪。但现实并非如此，1998年，为了应对亚洲金融危机，我国便颁布了《关于惩治骗购外汇、逃汇和非法买卖外汇犯罪的决定》这部唯一现行有效的单行刑法；而自1999年起，立法机关陆续颁布了10个“刑法修正案”。此后，为了维持这种单一法典化的格局，对刑法的补充、修改均是以修正案形式进行的。应当看到，修正案在立法技术上是通过修改法典的某一条款或者以增删条款的方式对刑法典予以修订的，属于刑法典的组成部分。① 考虑到一部统一的刑法典不仅便于学习、掌握，而且便于司法机关执行和适用，立法机关采取了刑法修正案的方式。今后修改、补充《刑法》，如果增加条文，就列在内容相近的《刑法》条文之后，作为某条之一、二。如果修改某条，就直接修改条文。这样，不改变《刑法》的总条文数，有利于维护刑法典的完整性和稳定性，确保刑法典在形式上的协调统一。② 可以说，1997年刑法的全面修订是我国刑法立法史上的转折点，其不仅接受了现代化的立法理念，而且在立法形式上进一步表明了全面法典化趋势。与此同时，我们也应当看到，刑法修正案似乎成为当代立法机关修改刑法时采用的唯一形式，这种立法方式强化了我国刑法立法法典化的色彩。

总体而言，新中国刑法立法经历了数十年的沧桑变幻，颇具特色。1979年刑法标志着我国刑事法治建设取得的实质性进展，1997年刑法标志着我国刑法立法的现代化转型，1999年通过第一部《刑法修正案》对1997年刑法进行修改完善标志着我国进一步深化了法典化的道路。可以看到，新中国成立70年来刑法立法实践已经证明了我国刑法立法的法典化进路，更标志着我国“以刑法典为单一形式的大一统刑法格局”的形成。③

① 刘之雄：《单一法典化的刑法立法模式反思》，载《中南民族大学学报》(人文社会科学版)2009年第1期。

② 黄太云、高翔：《中华人民共和国刑法修正案简介》，载《中国司法》2000年第3期。

③ 童德华：《当代中国刑法法典化批判》，载《法学评论》2017年第4期。

二、我国刑法立法模式变迁的基本特征

通过对新中国成立 70 年来刑法立法模式变迁过程的简要回顾，我们可以发现，我国刑法立法呈现出特别刑法规范“由多到少”，刑法典“从无到有、由小到大”的发展脉络。具体而言，其基本特征表现在以下三个方面。

第一，刑法典从无到有、由小到大，最终形成了刑法典一统天下的基本格局。从理论上讲，一国刑法典所保护的是国家安全、公民人身安全、财产安全以及公共安全等最为基本的法益，所规定的是最为基本的犯罪类型。但就我国而言，刑法典所规定的内容更为全面，涵盖了经济领域与社会管理领域等方方面面。新中国成立后，我国刑法典“从无到有”，表征了我国法治事业的发展与完善；1979 年刑法到 1997 年刑法，经过全面修订的刑法典“由小到大”，进一步巩固了其在刑法规范体系中的主导地位。值得注意的是，与域外刑法典修正过程中次数频繁的“小修小补”有所不同，在 1997 年刑法之后，我国出台了 10 部刑法修正案，对刑法典进行了较大幅度的修改和补充，仅 2011 年的《刑法修正案（八）》（以下简称《修八》）和 2015 年的《刑法修正案（九）》（以下简称《修九》）所修改和增补的条文就已超过 100 条。正是由于立法机关以刑法修正案的形式不断扩充刑法典的内容，我国才最终形成了刑法典“大一统”的基本格局。

第二，单行刑法数量“由多到少”、作用“由强到弱”，在 1997 年被刑法典全面吸收后，地位边缘化。在我国，与刑法典“从无到有、由小到大”的发展脉络有所不同，单行刑法表现出“由盛转衰”的变迁过程。不可否认，新中国成立初期，单行刑法在稳定局势方面起到了积极作用；在短时间内无法制定刑法典的情况下，单行刑法为司法机关依法制裁犯罪行为提供了依据和参考。党的十一届三中全会后，面对改革开放初期我国社会的各个领域所发生的极其深刻的变化，1979 年刑法的滞后性与局限性暴露无遗。此时，单行刑法再一次被委以重任——补充、修改刑法典，以之应对改革开放进程中出现的许多新情况、新问题。然而，无论是刑法学界，还是立法机关与司法

实务部门，均已经意识到，单行刑法的补充、修改实属无奈之举，绝非刑事法治的理想选择。因此，在1997年全面修法时，修订刑法典的指导思想之一是："要制定一部统一的、比较完备的刑法典；将刑法实施17年来由全国人大常委会作出的有关刑法的修改补充规定和决定研究修改编入刑法；将拟制定的反贪污贿赂法和军委提请常委会审议的惩治军人违反职责犯罪条例编入刑法，在刑法中规定为贪污贿赂罪和军人违反职责罪两章。"[①] 从此开始，我国单行刑法中的刑事条款全部被刑法典所吸收，这也成为单行刑法命运的转折点。

第三，除了新中国成立初期曾在非刑事法律中设置罪刑规范之外，我国再未出现过真正意义上的附属刑法。在我国刑法规范体系的历史变迁中，单行刑法曾经一度占据重要地位，而刑法典则在目前占据着统治地位。与之相对，附属刑法在我国却一直没有获得重视；1979年刑法颁行之后，"实质意义上的附属刑法"就已经彻底消亡！比较而言，在域外刑法规范体系中，附属刑法占据着极大的比例，数量之多甚至难以全面统计。[②] 以日本为例，日本的很多部门法都涉及"罚则"部分，其中规定了违反部门法（前文）所设定法律义务的刑罚后果。可以说，在域外立法中，由非刑事部门法规定义务规范以及违反后的刑罚措施，是一种常态。但我国自1979年刑法颁行之后，真正意义上的附属刑法就不曾出现过。虽然一些部门法中出现了"类推立法"现象，如1984年《专利法》第63条规定："假冒他人专利的，依照本法第六十条的规定处理；情节严重的，对直接责任人员比照刑法第一百二十七条的规定追究刑事责任"。也即比照1979年刑法中的假冒注册商标罪定罪处罚。[③] 但这种将某一行为类推适用刑法典中的某一罪名的规定——也有学者将之称为"比照性的刑法条款"，显然不是真正的附属刑法。[④] 应当看到，域外的附属

① 张明楷：《刑事立法的发展方向》，载《中国法学》2006年第4期。

② 储槐植：《1997年刑法二十年的前思后想》，载《中国法律评论》2017年第6期。

③ 张引、周继东：《类推立法初探》，载《法学杂志》1984年第5期。

④ 高铭暄、赵秉志：《中国刑法立法之演进》，法律出版社2007年版，第45页；赵国强：《刑事立法导论》，中国政法大学出版社1993年版，第245页。

刑法就是行政刑法，我国的附属刑法是附而不属的“影子刑法”：在行政类法律的“法律责任”章节中所称“构成犯罪的，依法追究刑事责任”，但该类法律中没有明确的罪刑条款，与实质意义上的附属刑法相距甚远。[①]

对于新中国成立70年来刑法立法模式的发展演变过程，有学者总结指出：“在政治运动压倒一切的时期，法律本身都形同虚设，就更谈不上刑法的法典化。而在改革开放快速发展时期，社会形势急剧变化，各种犯罪不断涌现，这就要求立法快速、及时地应对，此时单行刑法和附属刑法规范是现实的选择。到了社会形势稳定、犯罪态势相对平稳的时期，统一的刑法典更能发挥功效，刑法的法典化程度也会有所提高。可见，社会形势变化越快，刑法的法典化程度通常越低；社会形势越稳定，刑法的法典化程度通常越高”。[②]总而言之，新中国成立70年来，我国刑法规范载体形式此消彼长，刑法立法模式一直处于变化之中，但刑法典、单行刑法与附属刑法三足鼎立的格局始终未能出现。

---

① 储槐植:《1997年刑法二十年的前思后想》，载《中国法律评论》2017年第6期。

② 赵秉志:《当代中国刑法法典化研究》，载《法学研究》2014年第6期。

第二节 70年来刑法立法模式的学理纷争

虽然新中国成立后不久，我国即出台了一些单行刑法，刑法典的草创工作也在断断续续地推进中，但由于当时的刑法学研究成果不多，也可能是由于笔者掌握的文献资料不足，我们很难寻觅到这一历史时期关于刑法立法模式问题的研究成果。我国学界对刑法立法模式问题真正产生关注，始于1979年刑法的颁行，并延续至今。

一、1979年刑法颁行后至1997年刑法修订前的立法模式问题研究

在1979年刑法颁行之后，由于刑法典在回应社会发展过程中暴露出一些局限与不足，学界便开始聚焦于如何优化单行刑法与附属刑法（当时多被称为“非刑事法律中的刑法规范”）等立法技术。如有学者肯定刑法立法中的类推立法技术，其指出：“由于社会生活的复杂性，有些严重违反经济法、行政法的行为，应对其追究刑事责任的，在刑法分则中却没有相应条款；为了解决这一矛盾，我国近两年开始采用类推立法”。[①] 一些学者提出“制定特别刑法（刑法特别法规）所应遵循的基本原则”[②] 以及“重视立法中刑法典和单行

① 张引、周继东:《类推立法初探》，载《法学杂志》1984年第5期。
② 高铭暄、姜伟:《刑法特别法规的立法原则初探》，载《法学评论》1986年第6期。

刑事法律关系的协调性”。[①] 此外，有学者指出，“制定单行刑法在目前具有现实必要性，但最终应纳入刑法典”。[②] 可以看到，上述研究均肯定了特别刑法在补充、完善刑法典上的重要作用，并希望在理论上理顺特别刑法规范与刑法典之间的关系。但与此同时，也应当注意，由于这一时期的立法实践主要表现为特别刑法规范的增设及刑法规制范围的扩张，对于刑法规范载体形式与立法技术方面的研究是以建设性研究成果居多，反思性研究与理论争鸣尚不多见。

此后，由于 1988 年第七届全国人大常委会把刑法典的修订列入立法规划，学界由此开始转入对刑法立法问题的反思性研究；由于刑法立法模式问题直接关系到刑法典修订时规范载体形式的科学选择，因而成为反思中的重要内容。有学者指出，“由于在立法上拘泥于不能在非刑事法律中规定刑罚，对于一些犯罪行为只好规定依照或比照刑法的某一条款处罚，以维护修改或补充的刑事条文与刑法在形式上的统一。但这恰恰却在更大程度上打破了刑法在内容上的统一性和完整性，造成了刑法规范间的不协调”。[③] 也有学者指出，“我国刑法典与刑法关系法规（‘各种特别刑法规范’）之间存在矛盾冲突、重叠多余；在系统修订刑法典之际，应考虑吸收成熟、可行的刑法关系法规，并对一些不合时宜的规定予以废除”。[④] 同时，在这一阶段，学界对一些传统论断或曾经的主流观点提出不同看法。例如，对“单行刑法是对刑法典修改补充的方式”这一传统观点，有学者提出商榷意见，主张“可尝试通过修正案模式对刑法典进行修改”。[⑤] 又如，对我国“非刑事法律不能够详细规定具体犯罪与法定刑”的传统观点，有学者提出质疑，认为“应在经济刑法、行政刑法中引入具有独立罪刑规范的创制

---

① 王勇：《论刑事法律内部关系的协调》，载《法学杂志》1987 年第 3 期。

② 赵秉志：《论单行刑事法律与刑法的发展完善》，载《现代法学》1987 年第 4 期。

③ 黄太云：《试论完善我国刑事立法的形式问题》，载《法学家》1989 年第 4 期。

④ 陈兴良、青锋：《修改刑法与关系法规的处理》，载《法学》1989 年第 3 期。

⑤ 赵国强：《刑事立法导论》，中国政法大学出版社 1993 年版，第 225 页。

性附属刑法”。[①] 至系统探讨1997年刑法修订方案之际，学界已经形成较为统一的声音，即“1981年以来，最高立法机关通过出台单行刑事法律以及在非刑事法律中设置附属刑法规范，对刑法典作了一系列的补充和修改。这些补充和修改解决了当前急需解决的不少问题，弥补了刑法典中的某些缺陷，发挥了重大作用。但通过零散修补的方式并不能从根本上解决问题。因此，全面修改刑法具有必要性，应制定出一部系统、全面和现代化的刑法典”。[②]

二、1997年刑法后一元论与多元论之间的学理纷争

在1997年刑法颁行后的数年内，关于刑法立法模式与修改方式等问题的研究暂时告一段落。但随着刑法修正案的持续颁行、单行刑法受到冷落以及附属刑法的长期缺位，学界对我国刑法立法模式展开了新一轮的反思。问题开始逐步聚焦，不同观点纷纷亮剑。一部分学者主张应坚守刑法典大一统并维持修正案模式，即一元论模式；另一部分学者则是倡导刑法典、单行刑法与附属刑法并立的分散型刑法立法模式，即多元论模式。

就一元论而言，学者们充分肯定1997年刑法修订中对分散型立法模式的调整，并认为应保持刑法典大一统的现状，并维持刑法修正案作为刑法典修改完善的唯一模式。[③] 其中，有学者主张，“应将目前唯一一部单行刑法（即《全国人民代表大会常务委员会关于惩治骗购外汇、逃汇和非法买卖外汇犯罪

---

① 张明楷:《市场经济与刑事立法方式》，载《学习与实践》1995年第1期。

② 高铭暄:《我国十五年来刑事立法的回顾与前瞻》，载《法学》1995年第1期。

③ 魏东:《刑法修正案观察与检讨》，载《法治研究》2013年第2期；时延安:《刑法立法模式的选择及对犯罪圈扩张的控制》，载《法学杂志》2013年第4期；赵秉志:《当代中国刑法法典化研究》，载《法学研究》2014年第6期；高铭暄、郭玮:《我国刑法修正模式辨正》，载《法学杂志》2018年第12期。

的决定》）纳入刑法典，全面实现刑法的大一统”，[①] 也即“绝对的法典化”论。有学者认为：“统一法典化未必是《刑法》立法模式的最优选择，但就目前法制现状而言，应该是问题最少的选择。”[②] 此外，也有学者充分认同“刑法典统一性以及修正案取代单行刑法的重要意义，避免了曾经由单行刑法架空刑法典的局势”，[③] 但该学者没有对附属刑法直接表明态度。另有学者认为：“虽然刑法典、单行刑法、附属刑法的‘三足鼎立’是域外的普遍选择，但在未来中国未必非得采用这种做法；要缓解刑法典的压力，又要保持刑法的统一性，在刑法典之外，制定统一的轻犯罪法典，但不再制定单行刑法和附属刑法的思路，对于未来中国而言似乎更为可取。”[④]

就多元论立场而言，21世纪以来，我国一些学者纷纷倡导建构刑法典、单行刑法与附属刑法并存的分散型、多元化的立法模式；多元论者并不否认刑法法典化以及维持其稳定性和完整性的意义，只是主张避免绝对化，要发

---

① 该学者强调，“中国刑法要实现法典化目标，首先应从外部入手，实现刑法典在形式上的统一。这方面突出的问题，是需要将目前中国唯一的单行刑法（即《全国人民代表大会常务委员会关于惩治骗购外汇、逃汇和非法买卖外汇犯罪的决定》，以下简称《决定》）尽早纳入刑法典。一方面，它的存在破坏了中国刑法典体系的完整性。法典作为法的体系化存在，具有高度的普遍性、确定性和完整性；其有利于公民学法、知法、守法和司法机关适用法律，以更好地实现刑法的规范、指引和评价功能。但《决定》却存在于刑法典之外，是刑法典完整体系之外的刑法法律规范；这是对刑法典完整体系的破坏。另一方面，它的存在导致了中国刑法典体系的不统一”。参见赵秉志《当代中国刑法法典化研究》，载《法学研究》2014年第6期。

② 时延安:《刑法立法模式的选择及对犯罪圈扩张的控制》，载《法学杂志》2013年第4期。

③ 陈兴良:《刑法修正案的立法方式考察》，载《法商研究》2016年第3期。

④ 周光权:《转型时期刑法立法的思路与方法》，载《中国社会科学》2016年第3期。

挥不同立法模式的功能。[①] 在上述学者中，有学者始终强调："分散型立法模式下的附属刑法，应当是规定独立罪刑规范的创制性附属刑法，不同于我国在 1997 年刑法之前所存在的'非刑事法律中的刑法规范'"，[②] 而这种实质意义上的附属刑法在我国一直缺位。此外，在多元论立场内部，还存在着"相对多元化立场"，如有学者认为："刑法立法以刑法典为基础，并承认单行刑法在一定条件下存在，但因附属刑法规定的扩张性过强而应排斥"；[③] 另有观点主张，刑法立法以刑法典为基础，并认同附属刑法在经济社会管理领域的存在价值，但排斥或慎重对待单行刑法。[④] 此外，在有学者所主张的分散型立法模式中，除了典型的刑法典、单行刑法、附属刑法之外，还包括"轻犯罪法"。[⑤]

在一元论与多元论的立场纷争背后，各位学者提出种种理由。就一元论

---

① 黄京平、彭辅顺：《刑法修正案的若干思考》，载《政法论丛》2004 年第 3 期；张明楷：《刑事立法的发展方向》，载《中国法学》2006 年第 4 期；刘仁文：《关于调整我国刑法结构的思考》，载《法商研究》2007 年第 5 期；刘之雄：《单一法典化的刑法立法模式反思》，载《中南民族大学学报（人文社会科学版）》2009 年第 1 期；柳忠卫：《刑法立法模式的刑事政策考察》，载《现代法学》2010 年第 3 期；黄明儒：《论刑法的修改形式》，载《法学论坛》2011 年第 3 期；郭泽强：《从立法技术层面看刑法修正案》，载《法学》2011 年第 4 期；利子平：《我国附属刑法与刑法典衔接模式的反思与重构》，载《法治研究》2014 年第 1 期；梁根林：《刑法修正：维度、策略、评价与反思》，载《法学研究》2017 年第 1 期；李立丰：《特别刑法及其存在之合理性》，载《暨南学报（哲学社会科学版）》2017 年第 1 期；童德华：《当代中国刑法法典化批判》，载《法学评论》2017 年第 4 期；储槐植：《1997 年刑法二十年的前思后想》，载《中国法律评论》2017 年第 6 期；卢建平：《刑法法源与刑事立法模式》，载《环球法律评论》2018 年第 6 期；姚建龙、林需需：《多样化刑法渊源之再提倡——对以修正案为修改刑法唯一方式的反思》，载《河南警察学院学报》2018 年第 6 期；李晓明、徐翕明：《刑法"三元立法机制"之提倡》，载刘仁文主编《刑法修正评估与立法科学化》，社会科学文献出版社 2018 年版，第 288 页。

② 张明楷：《刑事立法的发展方向》，载《中国法学》2006 年第 4 期；储槐植：《1997 年刑法二十年的前思后想》，载《中国法律评论》2017 年第 6 期。

③ 莫洪宪、杨诏斌：《改革开放以来刑法立法模式的反思与前瞻》，载赵秉志、陈泽宪、陈忠林主编《改革开放新时代刑事法治热点聚焦》，中国人民公安大学出版社 2018 年版，第 15—16 页。

④ 孙力、付强：《对我国刑事立法模式的反思与重构》，载戴玉忠、刘明祥主编《和谐社会语境下刑法机制的协调》，中国检察出版社 2008 年版，第 34 页；王玉珏：《对刑法修正案模式之再思考》，载《社会科学家》2011 年第 3 期；汪斌、姚龙兵：《论我国刑法渊源》，载《安徽大学学报（哲学社会科学版）》2014 年第 2 期。

⑤ 张明楷：《刑事立法的发展方向》，载《中国法学》2006 年第 4 期。

者而言，其理由主要包括：第一，避免刑法体系混乱。特别刑法规范在条文数量上远远超过了刑法典，各种刑法规范相互交织，罪刑关系很不协调、刑事立法缺乏总体规划等矛盾十分突出。[①] 第二，限制刑罚权扩张。单行刑法、附属刑法的存在容易造成刑罚权所及范围的极度扩张，导致罪名过滥、具文横生。[②] 第三，刑法规范的可认知性与查找难度。刑法规范体系的分散影响公民知法守法，造成司法适用上的偏差与混乱；[③] 考虑到司法人员素质有待提高，社会转型使得行政和经济立法“海量增加”——以单行刑法、附属刑法形式存在，增加司法中的查明负担。[④] 第四，确保刑法典的核心地位。刑法典大一统纠正了单行刑法肢解或架空刑法典的局面，避免了刑法典被空心化、边缘化。[⑤] 诚如有学者所总结的，通过单行刑法与附属刑法的形式修订刑法问题多、效果不好，我们应当予以否定而不能再走回头路。[⑥] 可以看到，持一元论立场的学者表达出一种对 1997 年刑法修订前刑法规范体系复杂混乱局面的“恐慌感”。

主张多元论立场的主要理由包括：第一，维持刑法规范稳定性。大一统模式下的刑法修正系对刑法典多频次、大范围的修改，冲击到刑法典的完整性、稳定性和连续性；单行刑法能针对特殊、急迫事件进行规制，减少法典不稳定情况；[⑦] 继续采取大一统模式，将大量行政犯纳入刑法典予以统一规制，会导致刑法典臃肿肥大、功能失调；[⑧] 我国刑法分则中的经济犯罪与社会管理

---

① 高铭暄、吕华红：《论刑法修正案对刑法典的修订》，载《河南省政法管理干部学院学报》2009 年第 1 期；赵秉志：《当代中国刑法法典化研究》，载《法学研究》2014 年第 6 期；高铭暄、郭玮：《我国刑法修正模式辨正》，载《法学杂志》2018 年第 12 期。

② 时延安：《刑法立法模式的选择及对犯罪圈扩张的控制》，载《法学杂志》2013 年第 4 期。

③ 赵秉志：《当代中国刑法法典化研究》，载《法学研究》2014 年第 6 期。

④ 周光权：《转型时期刑法立法的思路与方法》，载《中国社会科学》2016 年第 3 期。

⑤ 赵秉志：《当代中国刑法法典化研究》，载《法学研究》2014 年第 6 期；陈兴良：《刑法修正案的立法方式考察》，载《法商研究》2016 年第 3 期；周光权：《转型时期刑法立法的思路与方法》，载《中国社会科学》2016 年第 3 期。

⑥ 魏东：《刑法修正案观察与检讨》，载《法治研究》2013 年第 2 期。

⑦ 童德华：《当代中国刑法法典化批判》，载《法学评论》2017 年第 4 期。

⑧ 梁根林：《刑法修正：维度、策略、评价与反思》，载《法学研究》2017 年第 1 期。

犯罪条文多且细，可谓世界之最，历次刑法修正都集中在这些领域，将这些规定转变为附属刑法才能保证刑法典的稳定性。[①]第二，回应社会问题的及时性。随着社会生活的复杂化，犯罪类型会越来越多，一部刑法典事实上不可能囊括所有犯罪；[②]如果某种新的危害行为需要犯罪化，而该行为所侵犯的客体已经超出现有刑法典犯罪分类的客体体系范围，就不应通过刑法修正案勉强修改刑法；[③]采用单行刑法的方式能够快速应对新问题，并保证稳定性，更为妥当；[④]当今社会刑法承担诸多功能，因此，如今的刑法法源或规范体系必定是复杂的，刑法的体系结构不是纯粹的技术问题，而是赋予其实质功能的问题；[⑤]随着新型犯罪的不断出现，刑法典与刑事诉讼法典在指引功能发挥和犯罪处理方面越来越显得力不从心，各种犯罪事实难以认定的案件层出不穷，这与单一法典化的缺陷和弊端不无关系。为此，必须依据各类新型复杂犯罪，通过单行综合刑事立法方法，细化刑事实体规范，把刑事实体规范和程序规范很好地结合起来，实现对个罪或类罪的认定。[⑥]第三，法律规范之间的协调性与衔接性。将大量行政犯罪、经济犯罪规定在刑法典中，有损法律之间的协调统一性。这便导致立法负担过重，稍有不慎，就会导致法律之间的矛盾与冲突；[⑦]刑法分则大量采用空白罪状，或者概约性地叙明罪状，司法人员为了明确罪状所规定的内容，需要进一步“找法”，甚至出现大量“找不到法”的情形，看似方便，实则不便。[⑧]第四，刑法整体的功能性。作为刑法典的

① 储槐植:《1997年刑法二十年的前思后想》，载《中国法律评论》2017年第6期。

② 张明楷:《刑事立法的发展方向》，载《中国法学》2006年第4期。

③ 黄京平、彭辅顺:《刑法修正案的若干思考》，载《政法论丛》2004年第3期。

④ 郭泽强:《从立法技术层面看刑法修正案》，载《法学》2011年第4期。

⑤ 卢建平:《刑法法源与刑事立法模式》，载《环球法律评论》2018年第6期。

⑥ 阮堂辉:《单行综合性刑事立法研究论纲——以寻求刑法与刑事诉讼法最佳结合点为视角》，载《中南民族大学学报》(人文社会科学版)2008年第5期。

⑦ 张明楷:《刑事立法的发展方向》，载《中国法学》2006年第4期。

⑧ 储槐植、薛美琴:《对网络时代刑事立法的思考》，载《人民检察》2018年第9期。

有益补充，单行刑法和附属刑法具有其不可替代的独特功能和作用；[①] 法典化的立法模式难以反映对某些复杂的犯罪领域进行综合治理的刑事政策诉求。社会治安的综合治理是我们遏制违法犯罪的最基本政策，对某些危害特别严重的犯罪类型，综合治理的有关措施也有必要上升为国家的法律。[②] 可以看到，多元论者更加强调刑法规范的稳定性、与社会发展的适应性、规范之间的协调性以及在整体上的功能性。

还有学者立足于具体领域或部门法视野对刑法立法模式进行反思。事实上，在 1979 年刑法出台后，早期研究多是从经济刑法的整体视角对刑法立法模式展开思考。如有学者强调，刑法立法方式与体系的调整应当考虑如何适应经济发展及治理经济犯罪的需求。[③] 也有学者指出，“缺乏独立性的附属刑法规范完全依赖于刑法典，失去了自身的存在价值。如此下去，刑法就不能适应发展变化的经济形势，不利于打击破坏市场经济的犯罪”。[④] 近年来，也有学者就经济刑法立法问题提出看法，主张“采取单独制定经济犯罪法和分散附随式并行的立法模式；对于非典型的经济犯罪可以制订一部独立的《经济犯罪法》，对于典型的经济犯罪应当采取附随式的刑事立法模式”。[⑤] 除了经济犯罪这一相对中观的视角之外，学界立足于部门法视角对刑法立法模式的具体反思还包括金融犯罪[⑥]、商业贿赂犯罪[⑦]、军事犯罪[⑧]、恐怖主义犯罪[⑨]、

---

① 利子平：《我国附属刑法与刑法典衔接模式的反思与重构》，载《法治研究》2014 年第 1 期。

② 刘之雄：《单一法典化的刑法立法模式反思》，载《中南民族大学学报》(人文社会科学版)2009 年第 1 期；柳忠卫：《刑法立法模式的刑事政策考察》，载《现代法学》2010 年第 3 期。

③ 赵国强：《预防经济犯罪 完善刑事立法》，载《兰州大学学报》1990 年第 1 期。

④ 张明楷：《市场经济与刑事立法方式》，载《学习与实践》1995 年第 1 期。

⑤ 杨兴培：《论经济犯罪刑事责任的立法模式》，载《环球法律评论》2018 年第 6 期。

⑥ 刘远：《关于我国金融刑法立法模式的思考》，载《法商研究》2006 年第 2 期。

⑦ 王志祥、何恒攀：《我国商业贿赂犯罪的立法模式探究》，载《中南民族大学学报》(人文社会科学版)2010 年第 6 期。

⑧ 冉巨火：《我国军事刑法立法模式之定位》，载《公民与法》2010 年第 8 期。

⑨ 吴亚可：《我国恐怖主义犯罪的立法规整方式检讨——反恐特别刑法之提倡》，载赵秉志主编《刑法论丛》(第 4 卷)，法律出版社 2016 年版，第 54—76 页。

海事犯罪[①]、道路交通犯罪[②]、铁路犯罪[③]、环境犯罪[④]、毒品犯罪[⑤]以及网络犯罪。[⑥]这些部门法视角下的反思性研究，多是呼吁在各种部门法中引入具有独立罪刑规范的附属刑法模式，也即推动刑法立法模式的多元化。

三、刑法修正案的定位及修法模式的纷争

刑法立法模式是各种刑法渊源或规范载体形式的组合方式，由此表现出特定功能，其与刑法修改方式存在密切联系，但又不完全是同一层面的问题。因此，笔者在这里将刑法修改方式的研究状况作为一个独立部分加以考察，并在区分的基础上与刑法立法模式问题展开关联性梳理。

第一，关于刑法修正案与单行刑法的关系。在1997年《刑法》颁行后，我国于1999年通过了第一部《刑法修正案》。对以修正案模式对刑法典进行修改，学界多持肯定看法，强调修正案模式可以维持刑法典的统一性，这是单行刑法所不具备的优势。[⑦]但对于单行刑法与刑法修正案的关系，学界存在不同理解。一元论者通常强调二者之间的排斥关系，主张通过修正

---

① 曹兴国：《海事刑事案件管辖改革与涉海刑事立法完善——基于海事法院刑事司法第一案展开》，载《中国海商法研究》2017年第4期。

② 邓红梅：《我国交通刑法立法模式的选择：独立还是依附》，载《河北法学》2017年第4期。

③ 何恒攀：《〈铁路法〉刑事罚则修改问题探析》，载《铁道警察学院学报》2017年第2期。

④ 王吉春：《海洋生态环境犯罪的刑事法规制——以渤海为中心的考察》，载《东方论坛》2018年第5期。

⑤ 张理恒：《"分散型"立法模式应是我国毒品犯罪立法的方向》，载《人民法治》2018年第12期。

⑥ 于志刚：《网络犯罪的代际演变与刑事立法、理论之回应》，载《青海社会科学》2014年第2期；陈兴良：《网络犯罪立法问题思考》，载《公安学刊》2016年第6期；童德华、李赣：《网络安全刑事立法的体系性设计》，载《广西社会主义学院学报》2017年第4期；王燕玲：《中国网络犯罪立法检讨与发展前瞻》，载《华南师范大学学报》(社会科学版)2018年第2期；储槐植、薛美琴：《对网络时代刑事立法的思考》，载《人民检察》2018年第9期。

⑦ 黄太云：《刑法修正案涉及的主要问题》，载《中国人大》2000年第2期；赵秉志、蒋熙辉：《试论〈刑法〉修正案》，载张艾清、李理主编《首届贵州法学论坛文集》，贵州人民出版社2000年版，第29—30页。

案模式修改刑法而排斥单行刑法对刑法典的修改补充，这样才能避免 1997 年《刑法》修订之前曾经出现的混乱局面，维持刑法典的稳定性。[①] 而在多元论者看来，单行刑法与刑法修正案并不是完全对立的关系，二者并不处于同一维度，只是强调不能以刑法修正案否定其他刑法立法模式的存在。[②] 易言之，刑法修正案在刑事法体系中，固然有其独特的作用和优势，但并不能取代特别刑事立法。[③] 第二，关于刑法修正权限。一些学者对全国人大常委会以修正案形式来修改刑法的权限提出质疑，并认为存在违宪嫌疑。[④] 但也有学者认为："原先采用单行刑法的立法方式对刑法典进行修改，包括增设新罪和扩充旧罪以及对法定刑与刑罚制度进行修改，现在刑法修正案的立法方式仍然采用这些修改方式；全国人大常委会可以以单行刑法运用上述修改方式修改刑法典，而改为采用刑法修正案的立法方式以后并没有超越其立法权限。"[⑤] 第三，关于刑法修正频次。有学者指出，"从第一部刑法修正案到第九部刑法修正案，刑法修正案共修改法典条文上百条次，新增法条将近 40 条，接近 1997 年《刑法》的 10%。这组数据是惊人的。如果说刑法条文修改多达上百条次，何来刑法典稳定之说，刑法典新增条文将近 40 条，可见，当前的刑法修正已经造成对刑法典多频次、大范围修改的

① 赵秉志：《当代中国刑法法典化研究》，载《法学研究》2014 年第 6 期；高铭暄、郭玮：《我国刑法修正模式辨正》，载《法学杂志》2018 年第 12 期。

② 张明楷：《刑事立法的发展方向》，载《中国法学》2006 年第 4 期；刘之雄：《单一法典化的刑法立法模式反思》，载《中南民族大学学报》(人文社会科学版)2009 年第 1 期；储槐植：《1997 年刑法二十年的前思后想》，载《中国法律评论》2017 年第 6 期。

③ 黄京平、彭辅顺：《刑法修正案的若干思考》，载《政法论丛》2004 年第 3 期。

④ 张波：《论刑法修正案——兼谈刑事立法权之划分》，载《中国刑事法杂志》2002 年第 4 期；黄京平、彭辅顺：《刑法修正案的若干思考》，载《政法论丛》2004 年第 3 期；黄华平、梁源《试论刑法修正案的立法模式》，载《中国人民公安大学学报》2005 年第 3 期；涂龙科、程兰兰：《刑法修正案立法权违宪之思考》，载《昆明理工大学学报》(社会科学版)2009 年第 1 期；于志刚：《刑法修正何时休》，载《法学》2011 年第 4 期；姜涛：《谁之修正——对我国刑法修正案制定权的反思与重构》，载《中国刑事法杂志》2011 年第 5 期；邓毅丞：《刑法修正模式的合宪性反思》，载《杭州师范大学学报》(社会科学版)2015 年第 3 期；秦前红、刘怡达：《全国人大常委会基本法律修改权之实证研究——以刑法修正案为样本的统计学分析》，载《华东政法大学学报》2016 年第 4 期。

⑤ 陈兴良：《刑法修正案的立法方式考察》，载《法商研究》2016 年第 3 期。

事实，我们很难说刑法典现在就有完整性、稳定性和连续性。”① 也有学者认为：“太过频繁的修法，会有损刑法的稳定性、严肃性与融贯性。刑法如此频繁地被修正与刑事立法和犯罪学研究相脱节有关系。犯罪学研究成果不能及时反映到刑事立法中，从而导致政策性立法的繁荣，这种急功近利的政策性立法显然会导致刑事立法的落后，要真正做到刑法的超前必须坚持刑事一体化，在大刑事法学的背景下，进行事实的研究、规范的研究和整个价值层面的研究。”② 第四，关于是否要全面修订刑法。有学者强调：“当前，没有任何证据充分地显示，1997 年刑法典已经陈旧到了不堪重用的地步，或严重脱离刑法理论体系，因而也就不存在全面修订的现实必要性。但客观地看，随着社会形势的发展和刑事政策的调整，全面修订刑法典也可能是未来某个时期必要的选择。不过，不宜推进得过快，要结合中国经济社会发展的现实情况，在条件成熟之际理性启动。”③ 但也有学者认为：“如果继续采取刑法典单轨模式，将大量的法定犯、行政犯纳入刑法典予以统一规制，不仅可能导致刑法典臃肿肥大、功能失调，而且必然会因为法定犯、行政犯不法与罪责内涵、程度的易变性，而破坏刑法典的稳定性与权威性。”④ 因此，笔者以为，我们不仅需要斟酌适时启动对 1997 年刑法的全面修订，而且应当反思刑法典单轨模式本身的利弊，总结 1979 年刑法时期刑法典、特别刑法与附属刑法三者并立立法模式的经验教训，借鉴其他法治国家的立法模式，构建适应我国当下犯罪控制与社会治理需要的刑法立法模式。

---

① 童德华：《当代中国刑法法典化批判》，载《法学评论》2017 年第 4 期。

② 这一观点系张旭教授参加“历次刑法修正评估与刑法立法科学化理论研讨会”所发表。参见张志钢《转型期中国刑法立法的回顾与展望——“历次刑法修正评估与刑法立法科学化理论研讨会”观点综述》，载《人民检察》2017 年第 21 期。

③ 高铭暄、孙道萃：《97 刑法典颁行 20 年的基本回顾与完善展望》，载《华南师范大学学报》（社会科学版）2018 年第 1 期。

④ 梁根林：《刑法修正：维度、策略、评价与反思》，载《法学研究》2017 年第 1 期。

四、简要归纳

可以看到，一元论与多元论均列出诸多理由来证明其观点的正当性。但在一些问题上，双方似乎存在误解，有待进一步澄清。

第一，一元论者在支撑其论点时往往重点强调多元化刑法立法模式曾引发刑法规范体系上的混乱局面，而 1997 年《刑法》全面修订正是为了克服这一困境，对此，多元论者也表示认同。然而，究竟是多元化立法模式本身引发了规范体系的混乱，还是我国未能有效运用特别刑法模式而引发了混乱？显然，二者是不同的问题。对此，学界并未展开充分研讨。易言之，各类刑法规范载体之间的关系协调性，可能更主要地涉及我们对单行刑法与附属刑法等立法技术本身的正确理解与科学运用。

第二，大一统立法模式与分散型立法模式，究竟哪一种模式增加了法律规范查找难度？一元论者认为如果以单行刑法与附属刑法形式增设刑法规范会增加司法中的查明负担；而多元论者则认为我国当前刑法分则中存在大量的空白罪状甚至出现“找不到法”的情形，这才是造成法律查找困难的真正原因。事实上，在如今的信息化社会中，我国甚至已经开始推动人工智能的司法应用，查找法律规范本身的困难性在当下是否还是一个真问题，值得商榷。

第三，如何理解刑法修正案与单行刑法之间是什么关系，二者是否非此即彼？毫无疑问，刑法修正案有助于维持刑法典的稳定性，这也成为一元论者维持刑法典大一统模式的重要论据之一。然而，多元论者并不否认以修正案形式对刑法典进行修改，也即认同刑法修正案在立法技术上的优势及科学性。只是持多元化立场的学者强调，刑法修正案在刑事法体系中固然有其独特的作用和优势，但并不能取代特别刑事立法。事实上，一元论者与多元论者在“以刑法修正案方式来修改刑法典”的问题上是否真的存在分歧，也是存在疑问的。

第四，回应我国是否要再次全面修订刑法典的争论，我们需要明确刑法典“大修”的判断标准。目前，主张全面大修的观点是从法定犯时代刑法典膨胀的角度加以思考的，并主张引入多元化立法模式。事实上，如果主张多元化立法模式，那么，现有刑法典是否将必然面临着“大修”的结局呢？对此，多元论者并没有展开深入的探讨。

第五，如何评价刑法典或者说刑法规范整体上的稳定性？无论是一元论者还是多元论者，都认为自身所主张的观点有助于维护刑法典或刑法规范的稳定性。然而，评价稳定性的标准究竟如何，我们所追求的稳定性究竟是一种什么样的状态，对此，两方论者都没有给出充分的说明。

第三节
我国刑法立法模式的问题反思

刑法立法模式问题愈发引起学界的关注，一元论与多元论等不同立场之间展开了激烈的论争。从现有研究的整体情况来看，虽然各派学者之间的交锋激烈、观点鲜明，但对于一些与刑法立法模式相关的背景资料及基础概念，研究者似乎并没有充分关注，一些问题仍有待进一步澄清。

一、观念性层面

刑法立法模式的选择及其变迁过程是否可以溯源至我国传统的刑罚观念？在笔者看来，对于刑法立法模式的思考不应忽视我国传统的刑罚观念以及改革开放之初的立法格局。党的十一届三中全会曾明确指出，“为了保障人民民主，必须加强社会主义法制”。但由于时间、人员以及立法条件等诸多方面因素，当时设立的法制委员会[①]确定了一个方案，就是先抓条件比较成熟的、急需的七部法律，其中包括《选举法》《地方组织法》《法院组织法》《检察院组织法》《刑法》《刑事诉讼法》以及《中外合资经营企业法》；也即《刑法》与《刑事诉讼法》被认为是急需的法律。此后，随着改革开放的逐步深入，

① 依据中共中央的意见，第五届全国人大常委会第六次会议（1979年2月17日至23日）采取了一项重大的组织措施，即设立法制委员会。该委员会由80人组成，彭真为主任，是一个具有代表性和权威性的立法工作机构，主要负责协助全国人大常委会加强法制工作。

尤其是1984年10月召开了党的十二届三中全会并通过《中共中央关于经济体制改革的决定》之后，相关民商、经济及行政管理类部门法才逐步提上立法议程。

因此，从立法观念以及刑法与其他部门法的逻辑顺位相比，我国在改革开放之初大体上采取了“先刑事、后其他”的立法进路。正是由于这一原因，1979年刑法无法适应改革开放所带来的社会变革，也无法通过附属刑法的方式回应经济活动中的违法现象——由于其他部门法严重缺位，而只能将这一重任交给单行刑法，如1982年3月8日第五届全国人民代表大会常务委员会第二十二次会议通过《关于严惩严重破坏经济的罪犯的决定》。应当看到，在改革开放之初立法资源相对紧张的情况下，刑法依赖思想严重，通过刑事法律来“维持社会稳定、为改革开放保驾护航”成为当时的首选。在出现新情况、新问题时，会选择快速制定单行刑法，而不是针对某一领域制定基础性法律。事实上，这种立法思路源于传统观念；刑法立法模式所反映的并不仅仅是简单的形式问题，其与我国传统上“重刑轻民”的法制观念直接相关。

二、结构性层面

此外，应正确理解刑法典的主导地位及其与单行刑法之间的关系。众所周知，大陆法系最显著的特征之一便是以成文法作为主要或唯一的法律渊源，而成文法最具权威性的形式便是法典。[①] 大陆法系近代以来的法典编纂运动以及试图制定内容完备、形式统一、逻辑自足的完美法典的追求，是其在社会领域追求科学精神与形式理性的体现，也正是这种追求确立了法典在法律规范体系中的主导地位。1979年所实现的刑法法典化使我国形成了一个内容较为完整、形式统一的刑法规范体系，克服了刑法因立法上的过度分散导致的混乱、重叠和冲突，这是值得肯定的。[②] 然而，树立刑法典的主导地位，是

① 赵国强:《澳门特别刑法之评析与完善》，载《华东政法学院学报》2004年第5期。

② 刘之雄:《单一法典化的刑法立法模式反思》，载《中南民族大学学报》(人文社会科学版)2009年第1期。

否意味着要完全否定刑法规范的其他载体形式？[①]事实上，“主导”意味着“主要的并且引领事物基本的发展方向”。言外之意，主导是一个相对性范畴，需要在与同类对象的对比与互动中呈现出来。因此，刑法法典化以及刑法典的主导地位并不等同于“追求将所有刑法规范的全面法典化”，单行刑法与附属刑法在立法技术与犯罪治理中所具有的特定优势以及由此表现出的存在必要性与刑法典的主导性并不矛盾。

事实上，我国对于刑法典与单行刑法之间的关系可能存在一定的误区，这主要表现为单行刑法对刑法典进行修改的妥当性以及单行刑法与刑法修正案之间的关系。在我国，学理通说与立法实践中均认为，单行刑法不仅是刑法典的有力补充，还可以直接对刑法典进行修改，也即将之视为“立法者经常采纳的一种修改刑法典的立法途径”。[②]虽然1982年《宪法》以来，宪法的历次修改均是以修正案形式进行修改，但这种修改形式在1997年刑法全面修订之后才首次投入使用。在1997年刑法之后，我国仅颁布过一部单行刑法，立法者对单行刑法的“冷落”显而易见。值得注意的是，单行刑法“失宠”的原因在于立法机关对单行刑法所造成的规范体系的混乱有所顾忌，而并非立法机关认识到“以单行刑法修改刑法典”之修法方式缺乏正当性。此外，还需要说明的是，刑法立法模式是各种刑法渊源或规范载体形式的组合方式，而刑法修改方式则是针对不同刑法规范载体进行修改的方式，二者在本质上是不同的，也不应当相互冲突。因此，刑法立法模式的选择与刑法修改方式的选择并不是同一层面的问题。事实上，从域外立法情况来看，单行刑法所规定的是刑法典没有规定的某一种犯罪或某一类犯罪行为，其作用在于补充，而不是对刑法典内容的修改。长期以来，学界以及立法实践部门将单行刑法的作用之一看成对刑法典的修改，实际上混淆了单行刑法与刑法修正案的区别。[③]

① 卢建平、姜瀛：《犯罪“网络异化”与刑法应对模式》，载《人民检察》2014年第3期。

② 赵国强：《刑事立法导论》，中国政法大学出版社1993年版，第225页。

③ 邹易材：《单行刑法概念研究》，载《广西警察学院学报》2017年第3期。

三、稳定性层面

如何评价刑法典的稳定性？从刑法修正的频度来看，近20年来，我国先后出台了十部刑法修正案，平均间隔时间为两年。对此，学界一直存在着一种声音，刑法典修改太过频繁，必然会有损刑法的稳定性。有学者在反思过程中进一步指出："一般而言，除非有重大的政治事件，如政权变化，法治发达的大陆法系国家轻易不会修改刑法典。现代国家，刑法的发展主要是经由对附属刑法或者单行刑法的发展来实现的。"[①]但也有学者指出，"比如在日本，好像是一年刑法典修几次，但是每次修的幅度没我们大。而且每次修订之前都是准备了好几年，不是像我们时间太短，时间一短有时候想不出这个条文制定出来或者是修改出来会出现什么问题"。[②]另有学者强调，"德国刑法典从2007年至今（2017年）修改60次，每年10次。修订次数频繁是不是意味着刑法稳定性变了？这会不会影响人们对刑法的了解与学习？德国刑事法的修改比中国更为频繁，在急剧变化的时代应该对刑法的稳定性做另一种思考与认知"。[③]

客观而言，刑法典稳定性或者说刑法规范的稳定性涉及两方面问题，一是如何衡量稳定性，二是追求稳定性的意义是什么。第一，刑法典修改的频率与刑法典的稳定性之间存在关联，因为修改意味着法典内容上的变化。但值得注意的是，修改频次只是一种形式表征，而实质内容上的变化直接影响着法典的稳定性。在笔者看来，我们不能简单地以刑法典修改的频次来衡量

① 童德华:《当代中国刑法法典化批判》，载《法学评论》2017年第4期。

② 此处是张明楷教授参加回顾1997年刑法颁行20年的学术访谈时所提出的观点。参见张明楷、陈兴良、车浩《立法、司法与学术——中国刑法二十年回顾与展望》，载《中国法律评论》2017年第5期。

③ 这一观点系樊文副研究员在参加"历次刑法修正评估与刑法立法科学化理论研讨会"所发表的观点。参见张志钢《转型期中国刑法立法的回顾与展望——"历次刑法修正评估与刑法立法科学化理论研讨会"观点综述》，载《人民检察》2017年第21期。

我国刑法的稳定性，考虑到我国1997年刑法之后的十部刑法修正案中（尤其是《刑法修正案（八）》和《刑法修正案（九）》）确实存在着对刑法典进行大面积修补的情况，因此，即使我国刑法典的修改频次明显低于德国，但我们并不能认为我国刑法典的稳定性更高。第二，追求刑法典的稳定性是不是必需的呢？应当看到，我国在社会治理中仍然表现出明显的刑法依赖的情况下（刑法负担着过多的社会治理职能），在一个急剧变化的时代，稳定性可能要让渡给回应性。同时，我国刑法典稳定性的减弱还可能是为其他部门法（如“个人信息保护法”）缺位“买单”的结果。因此，对于我国刑法典较为频繁的修改，我们应当客观理性地看待。

四、协调性层面

如何解读“刑法规范体系混乱”。1997年刑法全面修订之前，学界与司法实务部门普遍认为，单行刑法过多导致刑法变动频繁，引发刑法规范体系混乱，增加了法律查找与适用的难度与协调性，给司法实践带来了诸多不便。而在1997年刑法全面修订之后，单一刑法典与刑法修正案模式是否使得“治乱”诉求得以实现呢？不可否认，在1997年刑法系统修订之前，我国是通过单行刑法的方式对刑法典予以修改、补充的，形成了刑法典与单行刑法并立且相互交错的基本格局，刑法规范过度分散导致条文内容上的矛盾，法律适用上的不协调在所难免。因此，1997年刑法系统修订确实起到了优化刑法规范体系的效果，通过刑法修正案来修改刑法典也能在形式上维持刑法典的稳定性，减少不同刑法规范之间的摩擦。对此，我们应当给予充分肯定。但在此基础上，我们还需要进一步反思。

就目前而言，由于十部刑法修正案使得刑法典中补充了大量的经济犯罪与社会管理犯罪，而这种补充过程与相应的其他部门法的修改之间并不是同步的，因此，现有的“齐整”的刑法规范体系却面临着刑法与其他部门法之间的“衔接”困境。那么，究竟是多元化的刑法立法模式本身引发了规范体系的混乱，还是我国未能有效运用各种刑法立法模式而引发了混乱？事实上，在现有的刑法立法模式之下，行政犯中大量“空白罪状”的法律适用需要查找相关部门法，法律适用的难度没有丝毫减弱，而刑法与其他部门法之间的不协调或者说混乱局面并没有在根本上得到改善。应当看到，一方面，由于我们没有充分理解并合理运用特别刑法立法模式，进而引发了刑法规范的混乱，单行刑法这一立法技术本身并未带来刑法规范体系的混乱。另一方面，正是由于附属刑法规范的缺位，才进一步加剧了刑法与其他部门法之间的不协调，增加了法律适用的“衔接”负担。

五、功能性层面

刑法立法模式的局限还制约着刑法在犯罪治理中的功能发挥，削弱了刑事政策的制度化程度。有学者曾指出：“中国刑事政策的载体（渊源）与外国不同，中国的刑事政策多体现为领导讲话，然后是最高司法机关的司法解释或者指导意见，真正体现为法律的不多；而外国因为法制化程度较高，所以刑事政策基本体现为立法，通过法制化的形式加以贯彻落实。”① 应当看到，政策文件或领导讲话等政策载体形式能够将政策的基本目标或原则较为快速地自上而下地传递，这是我国刑事政策普遍的载体形式。与我国有所不同，域外国家或地区的刑事政策基本内容与目标必须转化为可供执行的具体方案，而这种方案通常表现为特定刑事法案，在形式上属于单行刑法。② 以政策文件或领导讲话为形式的刑事政策表达不仅在形式上缺乏正当性——不符合法制化的要求，其在实质内容上也缺乏对犯罪作出具有科学性、系统性和前瞻

---

① 转引自卢建平《中国刑事政策研究综述》，中国检察出版社 2009 年版，第 12 页。

② 美国学者在对刑事政策进行过程分析时所选择分析样本与政策实例都是美国最受关注的刑事法案或者是法案中的执行方案。例如，二次机会法案（The Second Chance Act）、三振出局法（Three-Strikes Law）等法案和布雷迪法（Brady Act）以及特殊功能法庭（如 Conmunity Courts、Drug Courts、Domestic Violence Courts）、军营模式（Boot Camps）和中途之家（Halfway Houses）等执行方案，当然，这些执行方案仍然是以特定规范性法律文本为基础来设计的。See Wayne N. Welsh，Philip W. Harris. Criminal Justice Policy and Planning(4th Edition). Waltham:anderson publishing，2013. pp.1-4。

性的判断，具有较大的局限性，往往是头痛医头、脚痛医脚，难以在整体上以刑事立法的形式反映出犯罪治理的刑事政策，犯罪治理的长期效果也会不理想。目前以刑法典为主体，以刑法修正案为补充的模式其实与单一刑法典模式没有较大的区别，无法充分发挥单行刑法和附属刑法立法模式的刑事政策功能，刑法立法模式单一，缺乏活力。①

事实上，面对主体、时间、空间等方面非常特殊的犯罪问题，如未成年人犯罪问题、技术性强的网络犯罪问题以及涉黑涉恐的有组织犯罪问题，制定专门的单行刑法具有明显的技术优势，更容易创设出具有针对性的犯罪治理制度体系，体现出刑事一体化价值。此外，有关经济活动和行政管理的犯罪被置于相关的民商法、经济法与行政法之中，罪状描述更为详尽具体，不同法律机制与法律责任的体系构造将更加紧密，②避免了刑法典中空白罪状、概约性叙明罪状所引发的刑法与其他法律部门之间的冲突，增强了司法的可操作性，更有利于刑法适用。综观现代世界各国的刑事立法现状，刑法立法模式主要有单一法典型立法模式、特别刑法立法模式和修正型刑法立法模式。每种刑法立法模式都有其各自的刑事政策功能。从中国刑法立法的现状看，我们的刑法立法模式单一、呆板、缺乏活力，以刑法修正案所维系的大一统模式不能适应刑法立法的全部需要，附属刑法与单行刑法的优势没有在犯罪治理行动中体现出应有的作用。为了适应国家控制犯罪的需要，我国应建立刑法典、单行刑法和附属刑法相结合的刑法立法模式，并根据刑事政策的需要选择不同的刑法立法模式，推动刑事政策载体模式的多元化。

六、象征性层面

如前所述，在近代中国寻求建构理想化法律图景的过程中，法典在展现其体系化与功能性特征的同时，也被赋予法治的象征意义，具有符号化色彩。

---

① 柳忠卫：《刑法立法模式的刑事政策考察》，载《现代法学》2010年第3期。

② 储槐植等：《刑法机制》，法律出版社2004年版，第24—25页。

有学者曾指出："在西方国家，法典被赋予了反封建的符号意义。为了抵制封建社会法官的司法擅断，立法、行政、司法分权的思想渐入人心，创设完美的法典不仅成为当时的一种政治理想，也成为践行反封建的一个手段，人类社会亦由此迎来了现代意义上的法典化时代。"① 在新中国的法治建设过程中，要借鉴域外特别是与中国法律传统相近的大陆法系国家立法的成功经验并结合中国自身的文化传统和法律需求，走好法典化道路。应当看到，法典化既有利于发挥刑法的权威力量，也有利于促进刑法的科学性。统一的刑法典能解决刑法分散所带来的不严密，填补刑法规范空白，使刑法"疏而不漏"，充分发挥刑法的威力。而这也是树立刑法在社会生活中的权威的重要途径。② 新中国成立 70 年来我国刑事法治的发展完善进程，实际上也是一部刑法法典化的历史。

法典是大陆法系国家法治建设的重要标志，由此可能派生出刑法立法形式的路径依赖问题，即在法典与其他刑法表达形式之间如何取舍。③ 在充分肯定刑法法典化对我国法治建设的重要意义的同时，也不能过分地夸大其象征性，法典并非越大越好，"一统天下"似乎更不可取。在始终处于变动中的社会生活面前，法典不可能是一个完备而封闭的体系。刑事立法同样不能不回应社会关系和犯罪情势的变化对刑法提出的新要求。在法学领域，19 世纪末逐步兴起的自由法运动在高扬法律的实践理性的同时，也破除了法典万能的神话。受当代哲学思潮的影响，法学领域开展的法学方法论反思则更加突出了法律的实践智慧。立法模式的选择应当因应解决社会问题的实际需要，而不能过分强调其象征性意义。④ 事实上，由于人类社会秩序的多层次性，人类社会的秩序包括许多不是平行并列的而是相互包容的领域，这便决定了法典与法典化不可能从根本上改变法规范的多元状态。社会千变万化，虽颁布

① 童德华:《当代中国刑法法典化批判》，载《法学评论》2017 年第 4 期。

② 李玉臻:《刑法法典化的重大意义》，载《政法论坛》1997 年第 3 期。

③ 童德华:《当代中国刑法法典化批判》，载《法学评论》2017 年第 4 期。

④ 刘之雄:《单一法典化的刑法立法模式反思》，载《中南民族大学学报》(人文社会科学版)2009 年第 1 期。

法典，然新生事物层出不穷，自然要颁布新法典。但众所周知，如今拥有法典的诸国，在颁布法典之后，依然颁布无数的单行法。综观国外刑事立法，即使是有着法典化传统的大陆法系国家，也没有哪个国家的刑法典囊括了全部犯罪，总有部分刑法规范以特别法的形式出现。

七、小结

应当看到，新中国成立 70 年来，学界与实务部门对我国刑法立法模式问题所展开的反思从未停止。1979 年刑法出台之后，对于单行刑法模式的大量运用，无论是学界还是立法机关、司法实践部门都已经注意到其固有的缺陷，即对刑法典的统一性、完整性乃至于权威性具有破坏作用，并且不利于公民知法守法，实现刑法规范的引导功能，以及不利于司法机关适用刑法。上述反思的结果便是，1997 年刑法全面吸收各类刑法规范，结束刑法立法的松散局面。此后，随着 1997 年刑法的出台，修正案基础成为唯一的刑法修改模式，我国又呈现出刑法立法一元化模式（单轨体制），即罪刑条款统统规定在刑法中，大一统刑法典模式已经成为现实。对此，储槐植先生曾指出：“这在世纪之交，我国尚未形成高水平的法律职业共同体，加之市场经济起步，犯罪多发，形势复杂，为保障统一执法，公正司法，刑法单轨制是较优选择。手有小书（刑法）一本，办案心平不慌！与此相随，更有‘刑法优位’观念支持，‘其他法律无权设置罪刑条款’。”[①] 可以肯定，理顺刑法机制、践行刑事法治，确保刑事政策的制度化，需要推动刑法立法模式的理性化与科学化。直观来看，这种理性化与科学化应避免刑法立法模式选择上的极端化；如何合理运用刑法典、单行刑法与附属刑法等不同立法模式，将成为我国刑法立法问题研究中的现实课题。

---

① 储槐植：《1997 年刑法 20 年简要回顾》，载《东南法学》2017 年第 2 期。

第四节
我国刑法立法模式的未来展望

通过对新中国成立70年来刑法立法模式变迁过程以及学术纷争的梳理与反思，可以认识到我国刑事法治建设所取得的成就，也能够发现某些有待完善的空间。在新型犯罪问题不断出现以及刑法功能发生变革之际，如何寻求立法模式上的最优选择？对于上述问题，仍有必要从以下五个方面进一步展开研究。

第一，将刑法立法模式问题纳入改革开放以来的整体立法进程中加以思考。从现有的研究来看，我国学界并没有立足于大历史观，从改革开放之初的立法进程入手对刑法立法模式问题进行分析。此后，1997年刑法修订实现了规范统一，解决了一些问题，但也可能因此掩盖了一些问题，并产生新的问题。将刑法立法模式问题置于改革开放初期的整体立法格局之下，可以认知我国刑法立法模式存在的“先天不足”——其他部门法严重缺位所导致的附属刑法无所“依附”。回顾改革开放初期的立法思路，就会发现，这种“先天不足”并不仅仅是一个立法技术问题或立法结构上的形式问题，其与我国几千年延续下来的“重刑轻民”的观念密切相关。因此，有必要回顾并梳理1979年刑法制定之时整体的立法状况与立法进程，并对20世纪80年代整体的立法变革重新审视和评价。一是从“先刑法后他法”的立法逻辑来思考我国刑法立法模式的先天局限。二是分析这一阶段刑法在整体法律体系中的定位。

第二，应充分考察域外对于不同刑法立法模式的理解与实践运用。多元论者通常强调域外刑法立法的多元化格局，并以之佐证其观点的正当性。但对于域外立法修法过程中所面临的模式选择问题，也即如何在立法实践中发挥不同立法模式的功能及其背后的理论依据，国内学者却鲜有研究。例如，日本在交通犯罪立法、网络犯罪立法方面所进行的立法模式选择过程，我们虽然不能完全依照，但其背后的理论依据与研讨过程却具有借鉴意义。可以说，域外对于刑法典、单行刑法及附属刑法规范的特征与功能的理解是在立法实践应用过程中体现出来的，发现立法实践背后的理论依据与理论纷争，应当成为比较研究中的主要内容。

第三，在历史分析与比较研究的基础上，需要对各种刑法规范载体形式的特征与功能进行多视角诠释，进而发现我国在理解“刑法典与单行刑法、附属刑法之间”，“单行刑法与修正案之间”及“刑法与其他部门法之间”关系时所存在的误区，最终提炼出“刑法规范载体的关系结构”之理论体系。以“刑法规范载体的关系结构”作为理论依托，可以更为科学地对不同刑法立法模式进行对比分析。

第四，应将刑法立法模式这一形式问题与当前刑法变革趋势的实质问题充分关联。从根本上讲，在立法实践中选择不同立法模式源于我们希望发挥刑法最优功能的现实诉求。在当前的风险社会理论、处罚的早期化、预防性刑法或象征性立法等命题下，刑法立法模式是否影响着刑法内容实质发展？立法模式制约下犯罪圈扩大是否面临着刑法典重刑化结构的限制？对于这些问题，现有的研究缺乏探讨。同时，这些理论问题又直接关系到刑事法治中的具体问题，如行刑衔接、司法解释的权限、口袋罪、罪名模式以及犯罪标签效应等问题。可以肯定，在刑法回应社会变迁的过程中，需要从刑法立法模式层面来深入探讨刑法的规范形式对刑法的实质内容及其功能的影响。

第五，无论是一元论立场还是多元论立场，都应当对自身的优化方案或改革策略存在的风险及其应对路径进行评估。一元论立场者没有充分回应多元论的质疑，也没有提出在维系现有立法模式下如何改进优化的方案。多元论立场者多是强调分散立法的正当性与必要性，但没有拿出一个具体的变革方案，如附属刑法如何出现，是等待新法制定时完全新设，还是可以在部门法修改时将刑法典中的条款移入？也没有系统论证展开分散型立法变革可能面临的风险。若是维系现有立法模式并寻求改进优化方案是否足以回应并解决多元论提出的种种质疑，如司法解释、案例指导等制度是否可以解决立法模式的问题。若是依据多元论者之立场，应如何拿出一个具体可行的模式变革方案，并评估分散型立法模式变革可能面临的风险？总之，针对学界的争论以及实践中所反馈出的问题，是维持现状并寻求优化，还是推动根本性变革，我国刑法立法模式的再抉择涉及多个方面，需要谨慎论证，评估利弊。

下编

附　则　编

第十二章

刑法教科书 70 年

第一节
刑法教科书 70 年概况

新中国 70 年刑法教科书的发展，与我国的法制建设、法学研究一样，经历了曲折的过程。结合我国的社会历史、法制发展进程，我国刑法教科书 70 年的历程大体可以分为 3 个时期：1949 年—1965 年是初建时期，1966 年—1976 年为停滞时期，1977 年至今即改革开放以后的 30 年是恢复与发展时期。

一、初建时期（1949 年—1965 年）

这一时期是我国社会主义刑法学的初建时期，具体又可以分为两个时期：1949—1956 年是起步、初建时期，1957—1965 年是衰退、萧条时期。

1949 年 3 月 31 日，董必武同志签署了《废除国民党的六法全书及其一切反动法律》的训令，对当时国民党政府以“六法全书”为核心的法律制度予以全面的否定评价，包括刑法在内的旧法被全部废除。这就打破了包括刑法在内的法学的历史传承性或继受性，一切只能从零开始。1950 年 6 月，教育部长马叙伦在全国第一次高等教育会议上强调：“在课程问题得到初步解决之后，我们就必须有计划地着手编写高等学校的教材及参考书。我们应该大量翻译苏联高等学校的教材及参考书，作为我们主要的参考材料，同时，我们也要着手编译一部分教材。”1950 年 7 月，中央人民政府法制委员会主持拟定了《中华人民共和国刑法大纲（草案）》，标志着我国社会主义刑法学的起步。[①]1952年开展的司法改革运动对当时的旧法观点和旧法学理论进行了彻底的批判。因此，刚刚起步的刑法学教学与研究主要是全面学习和移植苏联的刑法理论和刑法制度，苏联刑法学家A.H.特拉伊宁的名著《犯罪构成的一般学说》[②]虽不是教科书，却对我国刑法学的影响最大。外来的刑法教科书也以苏联刑法的译本为主，以英美刑法的译本为辅，[③]偶尔也有其他国家的刑法典译本。[④]特定的历史原因决定了刑法学研究的片面性，只能学习苏联，而不去考察、研究具有丰富底蕴的两大法系的刑法制度与文化，更谈不上借鉴了。

1954年9月，我国第一部社会主义宪法公布实施。同年10月，我国刑法的起草工作正式开始，拟定了《中华人民共和国刑法指导原则草案（初稿）》，到1957年6月已经拟出草案的第22稿，而当时的刑法教科书无论是否公开出版，与这些草案的主要精神都是一致的。如果说在"五四宪法"公布前，我国的法律教育与法学研究是以学习苏联为主的话，那么在此以后，就开始逐步探索以我国社会主义革命和社会主义建设的实践经验为主而进行教学和研究了。作为这个时期刑法学的研究成果，当时出了1本教学大纲和4部教科书：《中华人民共和国刑法教学大纲》是在司法部指导下，由中国人民大学刑法教研室和北京政法学院刑法刑诉教研室于1956年合作制订，法律出版社1957年出版的4部教科书是：中国人民大学法律系刑法教研室1957年编印的《中华人民共和国刑法总则讲义（初稿）》上、下册；张中庸编，东北人民大学1957年出版的《中华人民共和国刑法》；中央政法干部学校刑法教研室编著，法律出版社1957年出版的《中华人民共和国刑法总则讲义》；西南政法学

① 高铭暄主编：《新中国刑法学研究综述（1949–1985）》，河南人民出版社1986年版，第4页。

② 中国人民大学出版社1958年出版中译版。

③ 当时的苏联刑法教科书有：苏维埃司法部全苏法学研究所主编《苏联刑法教科书》（上下册），彭仲文译，大东书局1950年版；［苏］杜尔曼诺夫《苏联刑法概论》，杨旭译，长春东北新华书店1949年版，共61页；［苏］《苏俄刑法》，张君悌译，长春东北新华书店1949年版，第85页；［苏］沙尔果罗特斯基《现代资产阶级的刑事立法和刑法学》，成玉译，法律出版社1965年版，共97页。英美刑法教科书有：聂昌颐编译《英美刑法要则》，上海三民图书公司1950年版。

④ 例如，中国社会科学院研究所译《保加利亚刑法典》，法律出版社1963年版，共96页。

院刑法教研室1957年编印的《中华人民共和国刑法总则讲义（初稿）》。[①]上述大纲和教材试图为中国刑法学特别是刑法总论的体系和内容勾勒出一个大致的轮廓，但是由于特定历史条件的限制，意识形态的痕迹较重，内容比较单薄，形式比较单一。但是，这在我国刑法学研究几乎"从零开始"的当时已经非常难得了，毕竟"万事开头难"。

自1957年以后，我国的刑事立法工作受到削弱，除了几个特赦令以外，没有颁布单行刑法，在颁布的非刑事法律中，包含刑法规范的也很少。相应地，1957年下半年以后，也只有一些油印的内部刑法学教材，且在内容上政策多于法律，大多配合政治运动的需要而强调政治性，并大大压缩专业内容。

二、停滞时期（1966年—1976年）

1966年至1976年十年"文化大革命"期间，"随着法律虚无主义的抬头，我国法制建设进程为之中断，刑法学研究也完全陷入停滞状态，一直到1979年刑法颁布"。20世纪50年代，曾经有过一系列刑事立法，刑法理论研究包括教科书编写工作也有过良好的开端，却由于特定的历史原因，在1966年至1978年这十余年的时间里，我国刑法教科书与国家法制建设的遭遇一样，逃脱不了历史的宿命，随着刑事立法工作停滞、刑法教学研究被迫中断而逐步萧条直至偃旗息鼓、完全停滞。

三、恢复与发展时期（1977年至今）

1976年10月粉碎"四人帮"以后，国家开始拨乱反正，邓小平同志复出之后，强调健全社会主义法制。[②]改革开放以后，法学教育及研究与我国法

① 高铭暄主编：《新中国刑法学研究综述（1949—1985）》，河南人民出版社1986年版，第5页；高铭暄、赵秉志编著：《新中国刑法学研究历程》，中国方正出版社1999年版，第7页。

② 马克昌：《刑法学70年反思》，载赵秉志、陈忠林、齐文远主编《新中国刑法70年巡礼》，中国人民公安大学出版社2009年版，第17页。

制建设同步，迎来了新生，开始复苏并走上稳步发展的轨道。1979 年刑法、1997 年刑法这两部刑法典的出台，直接将刑法教科书的编写推向高潮。刑法教科书的发展在这一时期具体又可以划分为 1977 年—1997 年的恢复、探索时期与 1997 年以后至今的繁荣发展时期。

（一）恢复、探索时期（1977 年—1997 年）

1978 年 12 月召开的中共十一届三中全会，深刻反思了“文化大革命”时期全面破坏社会主义法制的惨痛历史，作出了加强社会主义民主和法制建设的重大决定。以此为开端，我国的立法工作全面展开。1979 年 6 月召开的五届全国人大二次会议通过了《刑法》和《刑事诉讼法》等 7 部重要法律。国家法律从无到有，法制建设尚处于力求做到“有法可依”的时期。以 1979 年 7 月 1 日新中国第一部刑法典的出台为标志，我国刑法学开始复苏，刑法教科书的编写也拉开序幕。1980 年，群众出版社先后出版了中央政法干部学校刑法刑事诉讼法教研室编著的《中华人民共和国刑法总则讲义》和《中华人民共和国刑法分则讲义》，这套讲义吸收了 20 世纪 50 年代我国刑法学的研究成果，并且结合了刑法实施以后的具体情况，具有一定的学术价值。从 1979 年 1 月 1 日刑法典施行至 1997 年 10 月 1 日现行刑法典施行这 17 余年间，我国陆续出版了数十本刑法教科书，其中比较有代表性的包括但不限于[①]：杨春洗等编著的《刑法总论》[②]，在刑法理论研究上有一定的深度和力度；王作富等编著的《刑法各论》[③]，结合司法实践对刑法分则问题进行了较为深入的研究和论述；高铭暄主编，马克昌、高格副主编的我国第一部高等学校统编教材《刑法学》[④]，吸收了刑法学研究的新成果，在体例和内容上有了新的突破，“统编教材《刑法学》……在当时代表了我国刑法学的最高研究水平，其所建立

① 高铭暄、赵秉志主编：《新中国刑法学研究 50 年之回顾与前瞻》，法律出版社 2000 年版，第 11 页、第 18 页。

② 杨春洗、甘余沛、杨敦先、杨殿升编著，北京大学出版社 1981 年版。

③ 中国人民大学出版社 1982 年版。

④ 法律出版社 1982 年版。

的刑法学体系为后来的各种刑法论著和教科书所接受，成为各种同类著作的母本。其影响之大，在近10年内无出其右……”[①]高铭暄主编的《中国刑法学》[②]，侧重阐述刑法学的基本理论，并注意研讨刑法适用中的实务问题；林准主编的全国法院干部业余法律大学教材《中国刑法教程》[③]，密切结合刑事审判实践，研究论述了刑法的理论与实务问题。该书也是我国第一部统编的刑法教科书，在当时具有相当的权威性和影响力，十多年间先后印刷23次，印数达100多万册；赵秉志、吴振兴主编的高等学校法学教材《刑法学通论》[④]，反映了刑法学理论研究的最新成果，并在体系结构方面有创新性探讨。

改革开放后的十余年，亦即1979年刑法典刚出台的一段时期，整个国家百废待兴，法学田地也亟待播种开耕。对一个刚从近乎“无法无天”的法律虚无主义背景下走出来的国家，法学教育的意义实在太大了。在法学资料极其有限的当时，刑法教科书更凸显其重要性，它既是学生学习的营养源泉，也是法学教师、科研人员开展刑法学教学、科研工作的起点和依据。一些学者响应时代的召唤，勇敢地承担起编写刑法教科书这一神圣的使命，开启了新时代法学教育的新纪元。之所以说“勇敢”，是因为在当时，编写者面临着专业技术与政治方面的双重挑战——法学教科书的编写几乎没有“本土资源”可以利用，而大陆法系的刑法学由于新中国解放时就已经被彻底否定，英美刑法又极少有人了解，即便有传入，仍然被看作“资本主义的法律”，是批判和抛弃的对象，因此，除了苏联的刑法教科书，没有多少可供参考的，而且，十年“文化大革命”刚刚结束，意识形态的禁锢很难在短时间内被打破，法律在当时是一个高度机密、需要“提高警惕”的专业，报考法律需要严格“政审”，自然，对作为“刀把子”的刑法进行教科书的编写是政治性很强的工作，一不小心就有可能犯“路线错误”。这导致有才学的人也难以解放思想，进行自由创作，尤其是讲求通用性的教科书。因此，虽然改革开放初期编写的刑

① 陈兴良：《转型与变革：刑法学的一种知识论考察》，载《华东政法大学学报》2006年第3期。

② 指中国人民大学出版社1989年版。

③ 指人民法院出版社1989年版。

④ 指高等教育出版社1993年版。

法教科书在完备性、体系的科学性、合理性等方面都远不及今日，我们却不应过多苛求，毕竟，特定历史时期的局限性谁也无法超越。

（二）繁荣发展时期（1997年至今）

经过十多年的全面建设和发展，我国经济体制、政治、文化等方面的发展以及国际形势已经发生了很大变化，犯罪态势也有了很大变异。1997年10月1日，新刑法典开始施行，激发了教科书的新一轮编写高潮，“它开启了新时期我国刑法学研究的序幕，也基本上确立了30年来我国刑法学发展的主要方向。”新刑法典的出台带来了教科书的“全面升级”，在结构体系、内容、刑法观念等方面都与以往的教科书有很大不同。例如，在1997年以后的教科书中一般都有刑法解释、持有、单位犯罪①、期待可能性等内容，而这些又是以往的刑法教科书未涉及或很少涉及的。此后至今，刑法教科书的编纂呈现出蓬勃发展的景象，在教材市场上蔚为壮观，颇为引人注目。其原因主要在于：从1978年开始改革开放至今，是我国整个社会发生巨变的重要历史时期，也是中国法学，包括刑法学取得重大进步和发展的重要时期。40年的大规模和较高水平的立法活动和实践直接推动了刑法学的发展，10个刑法修正案的每次出台，都会带来教科书的改写、再版；立法解释、司法解释的推出，一般也会导致教科书的充实和修改。同时，对外开放带来了欧美与日本刑法的译著大量引入，也使得刑法学教学与研究的眼界大大开阔；国际国内的新情况、新问题也推动着刑法的进步。这些在刑法教科书的编写中都得到了充分的反映。

据不完全统计，自1997年刑法典颁行至今，我国陆续出版了近百种刑法教科书，然而，对教科书的专业评价与深入研究并不多见。如果从中文社会科学引文数据库自1999年至2017年的CSSCI（中文社会科学引文索引）被引证次数、销量排行、发行量大小（包括再版次数多少）②等因素综合考察，其

---

① 由于何秉松教授较早在《刑法教科书》（中国法制出版社2000年修订版）中肯定了法人犯罪并作深入阐述，因此，他被日本学术界称为“中国法人犯罪肯定论的代表”。

② 然而图书发行量的大小有时会受出版社的“码洋”高低、“地方性垄断”等因素的影响。

中张明楷所著的《刑法学》[①]；高铭暄、马克昌主编，赵秉志执行主编的《刑法学》[②]；陈兴良刑法学丛书套装 14 种 18 卷——刑法哲学、人性基础、价值构造、知识转型、法治论、防卫论、犯罪论、总论、规范、判例、本体、教义、口授等[③]均稳居 CSSCI 被引证次数、几大图书网站的销量排行榜前三位，虽然具体数值会因为不同的统计指数而有所不同。张明楷所著《刑法学》以刑法的法益保护目的为核心，在犯罪论方面以客观主义为立场，采取结果无价值论，对犯罪构成要件进行实质性解释；在刑罚论方面以并合主义为立场，明确相对报应刑的主张，理论精深，风格鲜明，独树一帜，自成一派。高铭暄、马克昌主编，赵秉志任执行主编的《刑法学》注重体系的完整性、内容的科学性、系统性、相对稳定性和时代特色，研究阐述了我国新刑法典颁行以来刑事法治的新进展和刑法理论研究的新成果，具有较高的学术水平和应用价值，已重印数十次，年销量均在 5 万册以上，并于 2002 年荣获教育部全国普通高等学校优秀教科书一等奖。陈兴良所著的教科书系列开辟了从规范、事实、价值等不同视角对刑法进行系统研究的教科书的新境界。当然，还有相当数量的优秀刑法教科书，如果依照上述 CSSCI 被引证次数、销量排行、发行量大小标准，会得出不尽相同的结果，因此无法一一排序列出。其他具有相当影响力的刑法教科书或者类似教科书的著作还有很多，包括但是不限于：杨春洗、杨敦先、郭自力主编的《中国刑法论》；王作富主编的《刑法》；何秉松主编的《刑法教科书（上、下卷）》；赵秉志主编的《当代刑法学》；曲新久等著《刑法学》；阮齐林著《刑法学》；黎宏著《刑法学》；于志刚著《案例刑法学》；刘仁文等著《立体刑法学》；刘宪权主编的《刑法学》；陈兴良、周光权著《刑法学的现代展开》；周光权、车浩主编的《刑法学读本》；王世洲著《现代刑法学》；车浩著《车浩的刑法题》；黄京平主编的《刑法》；冯军、肖中华主编的《刑法总论》；谢望原、赫兴旺主编的《刑法分论》；韩玉胜主编的

① 最新版为法律出版社 2016 年第五版。

② 最新版为北京大学出版社、高等教育出版社 2017 年第八版。

③ 中国人民大学出版社 2017 年版。

《刑法学原理与案例教程》；张小虎著《刑法学》；贾宇著《刑法学》；齐文远主编的《刑法学》；林亚刚著《刑法学教义》；李希慧主编，康均心、黄明儒副主编的《刑法总论》；李文燕、杨忠民主编的《刑法学》；陈忠林主编的《刑法总论／分论》；严励主编的《刑法》；苏惠渔主编的《刑法学》；邱兴隆主编的《刑法学》；刘艳红主编的《刑法学总论／各论》；陈明华主编的《刑法学》；李洁主编的《刑法学（上、下册）》；侯国云主编的《刑法学》；李晓明主编的《中国刑法基本原理》；王仲兴编著的《刑法学》；徐松林主编的《刑法学》；姜涛主编的《刑法总论入门笔记》；牛忠志著《海洋刑法学》等。①

自1997年至今，刑法教科书的百花齐放还可以从其名称窥见一斑，除了上述提及的教科书名，刑法教科书还出现过以下名称：《现代刑法学》《刑法学专论／简论／通论／概论／导论》《刑事实体法学》《实用刑法学》《应用刑法学总论（分论）》《刑法新教程》《刑法教程》《简明刑法教程》《实用刑法读本》《刑法总则要义》等。但是最常见的名称是《刑法学》。还有些教科书是从案例角度出发编写的，限于篇幅在此不一一列举。

刑法教科书的大发展是刑法学教育与研究的发展与繁荣的一个重要表征。相比20世纪80年代以前的法科学生，当今的学生有太多的刑法教科书可以选择。也正是由于太多，他们容易眼花缭乱，无从下手，即使在老师的指点下精挑细选了一两本教科书，又生怕挂一漏万，“捡了芝麻丢了西瓜”，因此，有志从事刑法学教学与研究的人不得不尽可能“博览群书”，对刑法教科书进行深入的比对阅读。有很多教科书可选、可读当然是一种幸运，然而，在读过后如果发现良莠不齐，或近似甚至雷同，这又何尝不是一种“不幸”呢？

① 因版本变更的关系，对上述刑法学著作的出版时间、出版社等信息内容不一一列出。

第二节 刑法教科书 70 年变化的主要特点

70 年来法制建设、法学流变的风雨沧桑，可以从刑法教科书中管窥一二。纵观其 70 年的变化，我们不难发现其中一些比较显著的特点。

从形式上看，撰写方式多样化，编写人员多元化。

在新中国成立以后初建时期的刑法教科书中，一般找不到编写者个人的姓名，而是以单位的集体名义署名，如“中央政法干部学校刑法教研室编著”[①]“中国人民大学刑法教研室编写”“北京政法学院刑法教研室编订”[②]等，虽然内页有时会列出编写者的姓名、工作单位等情况。这既避免了“个人英雄主义”，又减少了个人“犯错误”的概率，也与当时缺乏版权保护的观念与法律制度有关。在恢复与发展时期，即 1979 年刑法典施行以后，我国刑法教科书主要采用主编（有些列出总主编）、独著、合著的形式，其中又以集体编著、权威学者担纲主编、副主编的形式更常见，其优势非常醒目，主编的影响力能够瞬时到达读者。独著式的教科书虽然总体数量不多，却已显示出其多方面的优势与特点。合著式的教科书有些直接列出撰稿人名单而不单列主编，其优点是更加关注撰稿人的著作署名权，也使文责更明确。[③]从编写人员的情况看，教科书的作者从初期以老一辈学者为主，逐步

---

① 即法律出版社 1957 年版的《中华人民共和国刑法总则讲义》。

② 即法律出版社 1957 年版的《中华人民共和国刑法教学大纲》。

③ 例如，曲新久等学者撰写的《刑法学》，北京市高等教育精品教科书立项项目，中国政法大学出版社 2008 年版。

发展为老一辈学者与中青年学者齐上阵的景象，他们大多是高校、科研院所的教研人员，其中有些人兼职于或曾经就职于司法机关，其理论功底深厚、实践经验丰富以及有些人留学欧美的经历直接影响着教科书在刑法知识结构方面的多样性、理论上的丰富、缜密与实践上的深入。刑法教科书的出版社一般是教育部直属高校、司法部所属高校的出版社、法律出版社、中国法制出版社等。

刑法教科书的性质以国家统编教材为主，由教育部或者司法部审订，例如，教育部统编“面向21世纪课程教材”普通高等教育“十一五”国家级规划教材、21世纪高等院校法学系列精品教材等，而“十一五”国家重点图书出版规划项目是由国家新闻出版总署组织出版的国际级重点图书。还有相当一批的省级精品教材，如北京市高等教育精品教材。能够被列入这些教材系列的当然有其相当的统一适用性、权威性，但是并不能因此得出结论，未被列入的就一律不是“精品”。

从内容上看，主要呈现出两大特点。

一、紧随立法，及时修订

在整个初建时期（1949年—1965年），刑法教科书实际上主要是在1957年以前编写的，一般体系比较简单，内容比较单薄，有些虽然在教学过程中发挥着教科书的作用，却未能公开发行。例如，公开发行的政法干部学校刑法教研室编著、法律出版社1957年版的《中华人民共和国刑法总则讲义》，第一讲是“刑法的阶级性”，第二讲是“中华人民共和国刑法的概念和任务”，指出“刑法是保护一定统治阶级利益的工具，是统治阶级进行斗争的武器”，“中华人民共和国刑法是……巩固人民民主专政，保护人民民主权利和保障我国胜利地建成社会主义社会的有力工具”。犯罪概念也主张从单纯实质性的概念转向形式与实质相统一的犯罪概念。这些与当时的立法趋势是一致的——1956年《中华人民共和国刑法草案》第13稿第8条规定，“一切危害人民民主制度、破坏法律秩序、对于社会有危害性的，依照法律应当受刑罚处罚的行为，都是犯罪；行为在形式上虽然符合本法分则条文的规定，但是情节显著轻微并且缺乏社会危害性的，不认为是犯罪”。1951 年 2 月 20 日中央人民政府委员会公布的《惩治反革命条例》是新中国成立后颁布的第一个单行刑法，而其后的教科书都对反革命罪有比较具体的规定。教科书主张刑法有溯及力，而当时的刑法典草案也规定了新法的溯及既往原则。例如，1950 年《刑法大纲草案》第 2 条规定，本大纲对于施行后、1945 年后及 1945 年前的犯罪行为均适用之，但解放前的犯罪，仅以对于国家或人民权益造成严重损害，法院认为有处罚之必要者为限。此后，1956 年刑法草案第 13 稿，1957 年刑法草案第 21 稿，第 22 稿，1962 年第 27 稿，1963 年第 30 稿，第 33 稿，甚至一直到 1979 年刑法草案第 36 稿还采取从新兼从轻原则，承认刑法有溯及既往的效力。此外，1957 年版的《中华人民共和国刑法总则讲义》和其他未公开出版的教科书都有类推、刑罚的目的、犯罪构成四要件的规定，反映出对苏联刑法的继受特征，并且与当时的立法精神相吻合。

20 世纪 80 年代初期，刑法教科书走上发展的轨道。与之前的 30 年相比，改革开放以后 30 年刑法教科书内容的变化进一步紧随刑事立法的变化。这也是自然的、正常的，既然是注释刑法学，当然以诠释刑事立法为主要任务，并且与刑事立法保持同步性；既然“法与时转”，教科书也应当“与法（刑法）俱进”，及时修订。改革开放之初，受时代的局限性和多种因素的影响，我国第一部刑法典即 1979 年刑法典仅有 192 个条文。其颁行后的 17 年间，国家立法机关先后通过了 25 部单行刑法并在百余部非刑事法律中规定刑事条款，进行修改补充。随着我国社会主义市场经济体制的逐步确立，我国的法治建设也不断进步。1997 年刑法典更为统一和完备，罪刑法定、适用刑法人人平等和罪责刑相适应三项基本原则的确立，突出了刑法的人权保障机能，而普遍管辖权、正当防卫、减刑、假释等制度的改变，以及将“反革命罪”修改为“危害国家安全罪”，大量增加破坏社会主义市场经济秩序罪一章的罪名，将贪污贿赂罪独立成章并增加罪名等，这些立法完善的措施使得刑法教科书的内容更加充实、合理和科学。加之一些主持或参与刑法制定的权威学者[①]对立法的来龙去脉、前因后果非常了解，其编写或主持编写的教科书比较贴近刑事立法的主旋律，其诠释也更符合立法精神。

也有些变化与刑事立法的关系并不是很紧密。例如，1979年《刑法》第1条已经明确规定了刑法“以宪法为根据，依照……制定”，但是其后一段时间的教科书没有“刑法的根据”这一章，却有“刑法的阶级本质”“刑法的指导思想”等内容；[②]没有“罪数形态”“刑事责任”等与法律适用关系紧密的章节，却有“犯罪现象及其原因”一章。这与国家政治、经济发展时期、意识形态状况以及刑法学理论发展的成熟程度、对刑法学与犯罪学区别之认识深度等因素密切相关。

二、在体系、内容上不断完善，理论性增强，实用性提高

在新中国成立初期，我国刑法教科书中刑法总论的体系一般是“四分法”，即分为绪论、犯罪论、刑罚论和罪刑分论，也有的采用“三分法”，即绪论、罪刑总论和罪刑分论。今日教科书虽然有的也采用“导论、犯罪论和刑罚论”或者“刑法论、犯罪论和刑事责任论”等三分法，[③]但是更多的是采用“二分

---

① 在1988年—1997年刑法典全面修订期间，全国人大常委会法工委经常邀请专家学者参加刑法修改研讨会、座谈会。1996年8月12日至16日，全国人大常委会法工委在北京专门邀请了高铭暄、王作富、马克昌、曹子丹、单长宗、储槐植6位资深刑法学教授就刑法修改问题进行座谈研讨；1996年11月11日至22日，全国人大常委会在北京召开了长达12天颇具规模的刑法修改座谈会，邀约了全国政法机关和法学界的150余位专家学者与会，集中研讨全国人大常委会法工委1996年10月10日编印的《中华人民共和国刑法（修订草案）》（征求意见稿）。

② 当时司法部直接领导编写的法学教科书的主要特点是：坚持四项基本原则，在政治上同党中央的方针、政策保持一致，充分反映宪法和法律的精神。在学术观点上，贯彻“双百”方针。在内容和体系上，力求稳妥，并有所突破；既要彻底清除旧法观点，又要防止出现“左”倾错误的言论和十年内乱中的陈词滥调。参见常青《关于法学教科书编写和出版情况的介绍》，载《法学杂志》1983年第1期。

③ 前者如周光权《刑法总论》，中国人民大学出版社2007年版，后者如刘艳红主编《刑法学总论》，北京大学出版社2006年版。

法”，即刑法总论与刑法分论，以契合刑法典“总则”“分则”之划分，然后再将总论按照刑法论、犯罪论、刑罚论进行三分。

总论中最重要的是犯罪构成体系，绝大多数教科书采用“四要件说”，也有的采用“三要件说”即大陆法系的三段论的犯罪构成理论体系，还有的如陈兴良所著《规范刑法学》[①]就按罪体、罪责和罪量三个要件建构了犯罪构成体系。它既不同于我国现行的四要件理论，也不同于大陆法系递进式的三要件理论，而是将犯罪构成要件分成罪体和罪责两个基本要件，罪体和罪责是表明犯罪的质的条件的要件，在有了罪体的基础上再来考虑罪责，罪责要件是心理事实和规范评价的统一。罪量要件主要是为了解决犯罪成立的量的问题。何秉松主编的《刑法教科书（上、下卷）》[②]开创了独特、崭新的“犯罪构成系统论”，第一次将系统论的方法运用于犯罪构成，提出“所谓犯罪理论体系是由一系列关于犯罪的条件、形态、种类、刑事责任等的概念、范畴、原理、原则依一定关系组成的有层次、有结构的知识系统，它是关于犯罪的（立法与司法）实践的理论化与系统化，是在理论与实践的互动过程中形成和发展起来的。”“犯罪构成系统论认为犯罪构成不是平面上的几个要件的简单相加，而是动态的立体结构，内部各子系统之间互相联系、互相制约，同时，这个复杂而严密的系统又是开放的，与环境有着密切联系。”“用‘系统中心论’取代西方资产阶级的‘行为中心论’或‘行为人中心论’，并取代我国传统刑法理论的主客观相统一的原则”。[③]该教科书目前已经是第6版，自1999年至2008年的CSSCI被引证次数为180篇次，且全书被译成日文在日本发表，这也是日本第一次翻译出版我国的法学教科书。我国有关犯罪构成理论体系的不同主张体现了教科书的多元性、多样性，也反映了我国刑法学理论研究的逐步开放与成熟。

教科书的分论或各论部分一般先是“概述”，然后对应刑法典分则的10

① 指中国人民大学出版社2008年版。

② 指中国法制出版社2000年版。

③ 储槐植、陈敏：《应用新方法，进行新尝试——评“犯罪构成系统论”》，载《中外法学》1995年第5期。

章按照条文顺序排列。这种注释体系或解释体系已经被长期、广泛地应用。也有的分论部分按照犯罪所侵害法益进行归类排序，例如，陈兴良主编的《刑法学》（复旦大学出版社 2009 年版）以及周光权所著的《刑法各论》（中国人民大学出版社 2007 年版）就都是按照“侵害个人法益的犯罪”（侵犯公民人身权利、民主权利罪、侵犯财产罪），“侵害社会法益的犯罪”（危害公共安全罪、破坏社会主义市场经济秩序罪、妨害社会管理秩序罪），“侵害国家法益的犯罪”（贪污贿赂罪、渎职罪、危害国家安全罪、危害国防利益罪、军人违反职责罪）分为三编。刘艳红主编的《刑法学各论》也是按照法益划分为这三编，不同的是将贪污贿赂罪放在“侵害社会法益的犯罪”而不是“侵害国家法益的犯罪”一编中。

总体来看，今日之刑法教科书在体系上差别不是太大，例如，总论的体系一般包括刑法论（也有的称“绪论”）、犯罪论、刑罚论三大板块，在编排结构上层次分明，内容按照知识体系循序渐进，便于学生逐步、系统地接受和掌握知识。有些章节的名称不尽一致，例如，“故意犯罪的停止形态”在有些教科书中被称为“故意犯罪的结束形态”“未完成罪”；“正当行为”也被称为“排除社会危害性的行为”；“罪数形态”也有冠以“罪数不典型”“一罪与数罪”的名称等。在体例编排上，赵秉志主编的《当代刑法学》[①] 有其独到性，它将每个知识单元或者知识点一般都区分了基本法理和疑难问题两个层次，在全面精当地阐述基本法理的基础上，选取并研究了 300 多个涉及刑法理论和司法实务的重大争议疑难问题，这种体例编排是目前已出版的各级各类刑法教科书所没有的。学者们从不同的角度去解读刑法学的一些基本概念、基本原理，丰富了读者审阅、思考问题的路径。

刑法教科书在技术上日趋完备、严谨、规范。这方面的变化有目共睹。例如，以往的刑法教科书往往鲜有注释。近年来的刑法教科书一般都有必要的注释，既方便读者查询和深入学习，也尊重了他人的智慧结晶和劳动成果。之所以呈现出这些特点，主要有以下几个方面的原因：

---

① 指中国政法大学出版社 2009 年版。

首先，与刑法典体系结构日益完备、刑法内容日趋科学、合理、可操作性不断提高等因素分不开，而刑事立法技术的进步也直接带来了教科书内容的不断充实和成熟。其次，由于一些学者在“文化大革命”之前曾经受过较为系统的法学教育，具有深厚的法学功底，加之参与立法，使得其教科书具有开创性、历史性的意义。例如，高铭暄主编的《刑法学原理》（三卷本）[①]，这套书的写作历经十余年，可以说集新中国刑法学研究精华之大成，对改革开放以来的刑事立法、司法和理论进行了总结，对许多人产生了深远的影响，引领了诸多学子走进了刑法的殿堂，一些从事刑事法律实务的人也如饥似渴地从中汲取学术营养。这些教科书是现今刑法学许多原理的重要渊源。再次，改革开放以后，我国一批学者对德日、英美刑法学进行了深入研究，并引入原版教科书或翻译本，以及一些高校、科研院所对台湾刑法著作的大量影印引入，他们写出的中国刑法教科书已经明显吸收了欧陆[②]和英美刑法[③]的精华，对我国刑法教科书建设以及刑法学研究都有着重要影响，其中一些观点已经被其他教科书所吸收、采纳。最后，改革开放后的刑事法实践（包括刑事审判方式改革）也促进了教科书的充实与完善。有些教科书在论述中充分展示和讨论案例，并能通过对一个简单案件的事实要素的不断调整，讨论不同的法律适用情况，将刑法理论与实践进行最为充分的整合，最大限度地实现了理论与实践相结合的教学目标。

---

① 指中国人民大学出版社1994年版。

② 例如，张明楷、刘明祥、冯军、周光权、黎宏等学者的刑法教科书，较为明显地反映了其所受德、日等欧陆国家刑法学的影响。

③ 例如，储槐植教授提出的关于罪数的理论——主张用吸收犯取代牵连犯，“行为”包括持有等，即吸收了英美刑法的积极因素。

第三节
刑法教科书撰写中需要回应的主要问题

回顾刑法教科书70年的变迁，在第一时期的30年，刑法教科书刚刚起步就因历史原因而完全中断，第二时期的30年则是“起死回生”的30年——教科书从无到有，种类大大增加，总体水平不断提高，取得了令人瞩目的成绩，可谓硕果累累。在各种法学教材中，刑法教科书当数体系完整、脉络清晰、理论与实践兼顾的典范之一。

回顾过去是为了将来更好地发展。刑法教科书的繁荣是不争的事实，然而法学教育的使命迫使我们要精益求精。我们不得不承认，一直以来，由于缺乏专门、系统、深入的研究，刑法教科书在一定程度上存在着表面繁荣、实为低水平复制、精品力作不多、重复建设、资源浪费等问题。要彻底改变现状，使刑法教科书有质的飞跃，需要解决以下几个更深层次的问题。

一、刑法教科书的目的和定位

刑法教科书的编写目的是什么？通常在教科书的序言中都有涉及，又好像并不十分清晰。编写者如果对这一点认识不清，即使写作过程中非常认真用心，也会使教科书脱离社会对法学教育的实际需求。要担当起这样的使命，就必须对刑法教科书进行相对明确的定位。具体包括刑法教科书对象的定位以及定位的主体两方面的含义。

（一）刑法教科书对象的定位

教科书的作用，近而言之，是服务于高校教学的需要；远而言之，是服务于国际、国内人才市场的需要。随着社会对法律人才需求的多元化，法律人才培养模式也不断多元化，今日之法科学生存在着普通高校本科生与研究生之间、专门政法学院与综合性大学与非法律高校的法律院系（所谓培养“复合型人才”之地，例如，外语、经贸、理工大学中的法律院系）学生之间的区别，因此，刑法学教育具有知识结构、法律基础不同的“受众”，不同的高等法律学校也有不尽相同的法律人才培养目标和模式。虽然“人文社会科学教学不可能像外语应试教学容易分成若干等级”，①然而教科书还是应当明确培养目标，在内容深度与广度、篇幅等方面有所差异，在理论与实务之间有不同侧重。例如，赵秉志主编的《当代刑法学》②就明确“本教材主要供本科生适用，也可以供研究生参阅”；《陈兴良教科书之规范刑法学》就是从法条出发，并最终回归法条，对刑法理论进行规范的审视；高铭暄主编《刑法专论》③，陈兴良、周光权所著《刑法学的现代展开》④以及刘宪权、杨兴培所著《刑法学专论》⑤就明确是“研究生教学用书”；浙江大学出版社“应用型本科规划系列教科书”即定位为“本教科书着眼于应用型法律专门人才的培养，注重学生基本知识、基本理论和基本技能的提高，倾向于培养学生实际分析能力和工作能力，为市场经济提供优秀的法律服务人才”。这样有利于在编写时把握好大方向以及各部分内容的比例和整体风格。

除了初学者，刑法教科书是否需要为刑事司法工作者提供学术营养，起到为其答疑解惑的作用？理论上讲应当如此，在两大法系的主要国家，法官

---

① 夏勇：《研究生的教科书问题——〈高级法学教程〉总序》，载“中国法学网”（http://iolaw.cssn.cn/2x2p/200402/t20040216_4588849.shtml）2004 年 2 月 16 日，最后访问时间：2019 年 10 月 9 日。

② 中国政法大学出版社 2009 年版。

③ 高等教育出版社 2002 年版。

④ 中国人民大学出版社 2006 年版。

⑤ 北京大学出版社 2007 年版。

在断案时遇到困难，常常会求助于权威的教科书获得刑法学知识的源泉。[①]但是，在我国，有多少刑法教科书发挥了或者准备发挥这样的作用呢？似乎寥寥无几。这既是学者自身学术积淀、司法实践经验有限的原因，也是教科书编写者在写作之时定位不甚明了所造成的。当前的刑法教科书主要是写给刚入门的高校学生看的，而不是写给法官、检察官、律师们看的。后者在遇到刑法难题时，大多是通过其他渠道求知问路，如求教于专家教授、资深法官，获得刑法学知识，而教科书对他们的帮助似乎并不大。

（二）刑法教科书定位的主体

刑法教科书定位的主体，是指谁来对教科书的服务对象进行定位、谁来规定教科书的评价标准以及谁来评价的问题。由于我国尚无法学教科书的评价标准和办法，导致对法学教科书的要求、意义、价值与作用等都缺乏相对统一的评价标准，这直接影响到刑法教科书的质量。刑法教科书可否是完全的行政主导，还是彻底由市场决定优胜劣汰，抑或二者的折中——由行政主管机关选择专家编写、评审刑法教科书？而专家再权威，也不应当自己编写、自己评审，“自己做自己的法官”，这里就有一个编写者与评审主体如何分离的问题。

处在不同的立场，会给出不同的答案。在其他国家，我们很难看到刑法教科书有“精品教科书”或者“精品教材”的标志，他们似乎也不作这样的评审，或者由教育行政主管机关、司法主管机关指定教材。原因是，市场自己会说话。在激烈然而又是自然的竞争中，读者的选择就是最好的回答。否则，“教科书如果不能走向市场化，只要仍然由教育和学校的权力部门把持，就永远不可能出现精品教科书，因为教科书的选用权是学生和老师的。”刑法

---

① 例如，在英国，虽然英国刑法教科书的论述对司法实践没有约束力，但是它们却一直受到法官们的极力推崇。17世纪爱德华·科克的著作中关于刑事犯罪的论述，18世纪威廉·布莱克斯通的《英国法释义》（第4卷），都被视为法律方面的权威著作。19世纪的一些权威教科书经过重新编订，仍然为当代司法实践所信赖。例如，肯尼的《刑法大纲》，[英]詹姆斯·斯蒂芬的《刑法摘要》等，经常被法官所引用。

教科书也不例外，它应当是或者主要是以市场为主导，否则很难保证质量。[①]应当由教科书的使用者——教师和学生的选择成为指挥棒，行政主管机关本身只应履行服务职能，而不能本末倒置。

二、刑法解释论与立法论的关系

注释法学关注立法、以立法为中心是必然的，我国古已有之，体现在中国古代律学（亦称“刑名之学”“刑学”）中，它以注释法学为主体，主要研究以成文法典为代表的法律的编纂、解释及其相关理论。作为一种以古代法律为研究对象的理论形态，律学关注的视角既包括立法原则的确定、法典的编纂，也包括法理的探讨、法律的解释与适用等。律学著作主要是官方的，也有私家编纂的。而今的教科书更接近于后者，当然内容要丰富、科学得多。教科书结构体系、主要内容都是以我国现行刑法为主线展开的，尽管总论部分有关犯罪构成、罪数理论等内容在刑法典中并无规定。法学研究与其他社会科学研究的不同之处之一就在于它无法脱离立法文本来谈问题，而部门法学的教科书写作更是如此，不关注法律的“立、改、废”，脱离或者无视现行法律法规的教科书显然不足取，但是教科书的体系、内容是否必须完全按照法典的体系、内容进行撰写，是值得探讨的。

从体系角度看，这种以立法为中心的教科书的优缺点都很明显，优点是便于受教育者将教科书与立法相对照学习，使读者在短时间内获得对刑法学的整体、全面的知识体系的印象，缺点是完全被刑事立法牵着鼻子走，只要

① 当然，刑法教科书的质量也与高校、科研机构的成果评价体系有关：在评定职称和申报学位点的诸多因素中，学术成果（论文、著作）是首要的硬指标，而教科书在科研成果中的评分远不如论文、专著高。在有些教学科研单位，教科书甚至不算作科研成果，在职称评审、项目申报、学位点申报中不起任何作用。但是反过来，某些高等院所之所以拒绝将教科书视为学术成果，也是因为不少教科书的质量不尽如人意。参见夏勇《研究生的教科书问题——〈高级法学教程〉总序》，载“中国法学网”（http://iolaw.cssn.cn/2x2p/200402/t20040216_4588849.shtml）2004 年 2 月 16 日，最后访问时间：2019 年 10 月 9 日。

新出修正案、立法解释或司法解释，原来的教科书就必须重新修订，增加立法新调整的内容。而这种完全以刑事立法为主导的刑法教科书也是“中国特色”——在绝大多数采用二元刑事立法式的国家，其教科书不可能覆盖所有刑事立法，因为这些国家只将普通犯罪规定在刑法典中，大量的经济、行政性犯罪被规定在工商行政性法规中。然而，即便有专门的刑法典，这些国家也并不是完全以该国刑法典的体系为教科书的主线，而是以作者所认为的刑法学自身的理论重点建构教科书的体系，在分论部分也只从犯罪的理论分类出发而不是完全根据刑法典篇章的先后进行论述。大陆法系的德国、日本、我国台湾地区以及英美法系的美国[①]、加拿大等国家和地区的刑法教科书都是如此。[②]是否完全根据立法体系来建构教科书的体系，不可一概而论。不过可以肯定的是，根据刑法学自身的特点而不是完全跟随刑法典的体系撰写的教科书，自成一体，重点更加突出，在时空上也更加稳定，不大可能因为刑法典的修订而被认为过时、没有市场，甚至成为一堆废纸。

从内容方面看，刑法教科书其实也不必在覆盖的范围、观点的尺度方面与刑事立法保持绝对的一致。在范围上，刑法教科书既不必对刑事立法的每个罪名都分解详述，也可以讨论立法中尚未出现的罪名。在观点上，教科书当然要尽可能地反映当下立法的全貌，但也可以有适当的前瞻性。完全跟随立法而作是刑法教科书的写法之一，却不应成为唯一的写法。并非所有的理论研究成果——包括教科书的体系与内容——都要与立法相一致。立法与学者的观点有反差，原因除理论本身是否缜密、完备，主要还在于理论在实践中的可操作性问题。换言之，是社会发展尚不具备某一刑法理论适用的条件，

① 美国有联邦刑法典（即《美国法典》第18篇）以及州刑法典之分。

② 例如，[德]汉斯·海因里希·耶赛克、托马斯·魏根特：《德国刑法教科书》，徐久生译，中国法制出版社2001年版；[日]大谷实：《刑法总论》《刑法各论》，黎宏译，中国人民大学出版社2009年版；[日]西田典芝著：《日本刑法总论》《日本刑法各论》，刘明祥、王昭武译，中国人民大学出版社2009年版；[美]Joshua Dressler, *Understanding Criminal Law (3rd ed.)*, 2001 Matthew Bender & Company, Inc. 林山田：《刑法通论》（增订7版），台湾三民书局2000年版；蔡墩铭：《刑法总论》，台湾三民书局1993年修订版；苏俊雄：《刑法总论》，1998年自版。

而这并不能说明该理论的不足或失败。

这当中尚包含着教科书对“实然”与“应然”的关系处理问题。刑法教科书是纯实然，完全是对现行刑事立法的解释说明，还是也可以有应然的内容，可以探讨刑法学在一些问题上的未来走向，表明作者的期望态度？笔者认为，从注释性刑法教科书的本质来看，它应当以实然描述为主，以应然设计为辅，毕竟它不是纯粹的刑法学术性著作，可以允许作者展开想象的翅膀高高飞翔。而且，任何立法都不可能做到十全十美，有些条文在刑事司法中会暴露出立法的瑕疵，或者说是立法的不周密性，但是作为刑法教科书，对立法作过多的评价，甚至过多批判并不合适，因为“刑法的解释就是在心中充满正义的前提下，目光不断地往返于刑法规范与生活事实之间的过程。”[①] 教科书应当扎根于刑事立法的现实，妥当解释立法，以有助于解决刑法适用中的现实问题为己任，从而处理好刑法解释论与立法论的关系。

另外，教科书应当处理好刑事立法与司法之间的“过渡”或“衔接”——刑法有些规定在我国当前尚不具备施行条件，在刑事司法中又作了“填空”，比如，在破坏社会主义市场经济秩序罪中的非法吸收公众存款罪，从法条看是行为犯，并没有数额的要求，但是在司法中则通过相关的司法解释规定了具体的追诉标准，实质上变成了结果犯或情节犯。对此教科书有时很难表述清楚，但是如果回避问题，只讲立法显然不完整，教科书就必须阐明我国刑法的“立法定性，司法定量”的特征，而不能只考虑立法，不关照司法适用。

简言之，刑法教科书与立法的关系不同于专著，后者可以适当远离、超然于立法，而注释性刑法教科书不行，它与刑事立法的距离既不能太远，又不能太近——太远则失去依托，没有根基；太近则完全是律学式的法条注疏，失去教科书的学术独立性与自在价值。

① 张明楷:《刑法学研究中的十关系论》，载《政法论坛》2006 年第 2 期。

三、刑法教科书的学术性与实践性的关系

刑法学兼具很强的理论性和实践性。“就刑法学研究而言，无论是应用刑法学研究还是理论刑法学研究，其实都应当是为实践服务的，所不同的仅仅是直接与间接的区别而已。”[①] 对于本科生而言，刑法学教学应当二者并重，不能因为我国刑法与德日刑法相近就走向理论、思辨、体系建构的极端，也不能因为这些年“英风美雨”的洗礼，只看到英美案例教学法的优点，只强调刑法的应用性、技术性，忽视“三基”（“基本概念、基本知识、基本原理”，又说“基本知识、基本制度、基本理论”）的重要性，忽视教科书的学术水准，“注释法学往往被称为应用法学，但是这种应用性不能成为其理论的浅露性的理由。”“一部著作品位的高低，也并不完全取决于形式上是专著还是教科书，重要的是看其学术含金量的多少。”刑法教科书应当有较高的学术品质和规范标准，否则就沦为中国古代的注释律学了。[②] 应当改变对教科书的偏见——认为它是学生的入门读本，因此不需要学术性；或者走向另一个极端，过于看重体系、概念、原理而轻视其实践性。

在国外，法学教科书往往是学者穷其一生研究的最终结晶和最高荣誉。[③] 在日本，一个有趣的现象是对教科书的重视程度高于专著，如大谷实、大塚仁、西原春夫、西田典芝等名家的刑法思想基本上都集中展现在他们的教科书中，这些教科书兼具专著的特色和作用，有的教科书内容的深入程度丝毫不亚于专著。不同学者的刑法教科书有时在体系、风格、观点、论证方式、

---

① 王作富、田宏杰：《中国刑法学研究应当注意的几个基本问题》，载《法商研究》2003年第3期。

② 中国古代的注释律学就是将法律与实践相结合，以注释国家的制定法为根本特征，注释的内容既包括对构成法典主要基干的律的解释，也包括对从属性的令或例以及律注进行注释。注释的宗旨是在统治者设定的框架内准确注释法律条文的含义，阐明法典的精神实质和立法原意，维护法律在社会生活中的统一适用。

③ 例如，美国国际刑法学家 M. Cherif Bassiouni 教授的 *Introduction to International Criminal Law* 是国际刑法方面的教科书，它也是该作者的封笔之作。其中文版为：[美]M.谢里夫·巴西奥尼：《国际刑法导论》，赵秉志、王文华等译，法律出版社2006年版。

援引案例等方面有相当大的差异，教科书就是其学术品牌，具有比较鲜明的学术个性。日本刑法学者对自己的教科书也时常进行修正，而且这种修正并不完全是因为立法的变化，而是因为学者自己的认识改变所带来的自我修正，“创新不仅要扬弃传统的理论观点，更要勇于自我扬弃，因为任何创新都必须在理性审判和实践考验的炼狱中清洗自己”。

刑法教科书的任务不仅是给学生传授法学知识，而且是培养学生的法律思维能力。现有的刑法教科书比较注重知识的完整性和系统性，相对缺乏对学生的法律思维方式的培养，欠缺有效指导学生进行刑事法律分析的意识。在传授法律知识与培养法律技能之间，前者主要是苏欧的做法，后者主要是英美的特点。教科书要实现刑法学理论性与实践性、学术性与实务性的融合，就不应当成为相互脱节的“两张皮”——理论是理论，案例是案例。事实上，有些精深的理论恰恰蕴藏在看似简单的案例中。从立法的规定看，一些具体罪名，如内幕交易罪，信用证诈骗罪，组织、领导传销罪，利用影响力交易罪等，非常抽象、专业性很强，非常有必要通过举例来揭示、说明立法的用意与内涵。

目前我国刑法教科书中的案例大都比较简单，且很少和实际生活中的真实个案挂钩，从理论到理论，实践性不够。也许有人认为，我国的情况与判例法国家不同，自己编拟案例可以不受案件判决结果的束缚，也不会牵涉到案件的当事人、主审法官、审理的法院，不易犯错。但是，“判例是推动学说、制度发展的主要源泉”。它影响着刑事政策、刑事司法实践、刑事法学研究的各个方面。相比虚拟的案例，真实案件的信息量更大、情境更全面、稳定性更强，[①] 更能反映社会现实的发展变化，因而用具有典型意义的真实案例来支持、佐证或反驳某一观点、原理，学生可以在现代社会的大背景（social context）下讨论刑法的原则、制度问题，既生动形象，又使得“书本上的法”与“生活中的法”得以相互融合，真正实现“启发式教学”的目的，有利于提高教学效果。这也正是英美刑法学、犯罪学教科书大量采用法院判决的原

① 例如，刘涌黑社会犯罪案、许霆盗窃案、亿霖传销案、“三鹿”毒奶粉案等。如果在讲授相关罪名时，不涉及这些案例，说明教师严重脱离了刑事法治的现实。

因。[①] 正如张明楷教授所指出:“刑法理论界应当纠正认识上的偏差,不要以为过多讨论司法实践中的问题,就降低了刑法理论的层次,不要以为案例讨论不能进入正式的刑法理论。其实,不管是在英美法系国家,还是在大陆法系国家,刑法教科书与论著中都充满了各种判例。况且,刑法学不是抽象的学问;即使是最抽象的哲学,也会联系具体问题展开讨论。所以,刑法学者应当密切关注司法实践,使刑法理论适合司法实践的需要”。[②]

在我国,虚拟的和真实的案例在刑法教科书与教学中都需要。具体而言,初次涉及刑法学一些概念时,案例可以是虚构、假设的,在学生有了一定法律基础之后,所选择的案例则应当尽可能是真实的,以保证案例的典型性,信息的完整性、客观性,同时要具有一定的疑难性,有讨论、思考的价值,而不是那种一目了然,一望便知答案的案例。[③] 在这方面,陈兴良所著《判例刑法学》[④] 堪称其中的典范。这应该成为刑法教科书的未来发展方向之一。

问题还在于刑法教科书如何涉及、展开、讨论案例。具体将刑法学理论与案例相融合的方法主要有二:一种是在叙述理论、诠释法条的过程中随时举例,这些案例不必太长,却必须能充分说明问题,对真实案例也可以作几种不同情形的假设,变换案例的基本要素进行讨论;另一种是在主文之前或之后列出案例,进行引导、评析。例如,有些教科书配有“本章引例”“学习目标”“参考案例”“引例评析”“本章小结”“练习题”等,将原理与案例相

① 例如,在美国,每本刑事司法教科书平均要用接近4%的篇幅或者22页来讨论案例,平均63个案例的判决要被较为详细地介绍或讨论。参见 Wright, Richard A., Sheridan, Cindy, Del Carmen, Rolando V., Textbook Adoption and Other Landmark Decisions: *The Coverage of Court Cases in Criminal Justice Textbooks*, 1986 to 1995, 8 J. Crim. Just. Educ. 145 (1997)。

② 张明楷:《刑法学研究中的十关系论》,载《政法论坛》2006年第2期。

③ 事实上,再完美的理论,都会遇到来自实践的严峻考验。例如,在新型、复杂、疑难或兼而有之的案例面前,一些知名刑法学家的观点也不尽一致。本来,个案正是变幻复杂的社会现实的反映,未必有唯一确定的答案。

④ 中国人民大学出版社2009年版。

结合，引导学生自主学习。[①]这样的教科书可以大大增强教学过程中师生之间的互动，活跃学习气氛。

需要注意的是，教科书将司法考试试题用作“学习引例”并无不可，但是需要在学生对刑事法规、基本知识和原理弄懂吃透的基础上去完成。因此，司法考试题可以作为高校刑法教科书的辅助、课外作业，却不宜拿来代替刑法教科书本身或成为教科书的主要内容。[②]这里有必要提及刑法教科书与司法考试的关系，而它的“上游问题”首先是高校法学教育与司法考试之间的关系。高校法学教育应培育学生全面的法律素养，它包括但是绝不应当只限于法律技能的传授。司法考试侧重考核学生分析、解决问题的法律技能，对传统的重理论知识、轻能力培养的高校法学教育有一定的“纠偏”作用，但是不能矫枉过正，走向另一个极端，变成“法律实用主义”，认为凡是与案例无关的知识就是无用的，[③]或者干脆将法学知识与法律能力对立起来。

四、刑法教科书中的“通说”与独创性见解的关系

当前刑法教科书的编写队伍越来越大，可谓强手如云、规模空前。要在众多的教科书中脱颖而出，立于不败之地，就需要有自己的特色。特色有不

① 例如，黄京平主编：《刑法》（第3版），中国人民大学出版社2003年版；桂亚胜编著：《刑法学》，中国商务出版社2007年版，分为课程导读和前沿指引两部分。课程导读部分主要是结合教科书对相关章节的基本概念、基本知识、基本内容等作了必要的总结和概括，前沿指引部分则有针对性地介绍了有关学术前沿问题和热点问题，节选了有关学术著作、论文的部分内容，并且收录了相关法律和司法解释。

② 法律教育和司法考试脱节是一个严重的问题，解决问题的途径应当是改变司法考试，而不是让法律教育去适应司法考试，因为刚刚毕业的法科大学生大多不熟悉司法考试所侧重的那些法律技术层面的内容，与法律应用有关的知识可以在进入研修所之后获得，而不必作为司法考试的重点，正如刚刚毕业的医科学生大多不熟悉临床一样，但是如果因此把他们排除在专门职业之外，将是极大的资源浪费。参见方流芳《中国法学教育观察》，载贺卫方主编《中国法律教育之路》，中国政法大学出版社1997年版，第9页。

③ 关于职业技能与法学素养的关系，参见肖北庚《走出法学核心课程教科书编写中的形式主义》，载《广西政法管理干部学院学报》2007年第6期。

同表现，如形式简约、内容活泼也是一种特色，对于刚入门的学生也有吸引力。下面主要讨论刑法教科书的“通说”与独创性见解的关系。

教科书是采用“通说”还是独创性见解，取决于受教育对象的层次。尽管学术上可以百花齐放，但是对于刚入门的本科生而言，[①] 刑法教科书应当指引大方向，给学生提出定论通说，尽可能直接展示“三基”的内容，在此基础上指引学生、启发学生思考问题、解决问题。即便教师的水平再高，本科刑法教科书与教学都不应当成为其“掉书袋”的场所，把学生讲得云里雾里而后快，那样将使学生陷入混沌。开拓学生视野的阅读材料可以作为作业布置，也可以在课堂上点到为止。当然，如果在某一问题上尚未形成通说或者通说存在着明显缺陷，不符合刑法学理论与实践的现实需要，教师提出自己的独到见解并无不可。

刑法学发展至今，研习者甚众，硕士生、博士生、立法者、警察、检察官、法官、律师、高校教师……他们对刑法学知识的需求侧重点不同，教科书也应当相应地有所侧重，如研究生教科书应当突出对格式化理论的探究、反思与超越，追求学术个性，在体系、理论、方法上具有一定的包容性和开放性，不应满足于知识堆砌。刑法理论问题、案例等本来就未必有唯一的答案，学者们也风格各异，不必苛求一致。因此，适当地将编者的学术观点展现在教科书中，显示其独到的学术风格，使教科书有一定的“学派之争”，未必是坏事。

目前的刑法教科书虽然较70年前、30年前乃至10多年前有了很大的进步，却尚未脱离普及性的特点，总体来看，学术个性特征不明显。从知识传播者的角度看，这样的做法的确是小心谨慎、严肃认真的，教科书为了标新立异而完全偏离“通说”当然不足取。但是，区分不同受教育对象，教科书在介绍了“通说”之后阐明自己的独创性见解未尝不可。学术本来就应该遵循“百家争鸣，百花齐放”的“双百方针”，有时恰恰是那些在当时被视为“异端邪

① 在法学本科教育时期，刑法学课程一般安排在大一、大二。

说”的“另类”观点在不断推动着理论乃至社会的进步。[①] 与其他的科研成果表现形式一样，教科书同样需要在基础理论与方法的基础上提出创新理论与方法，“四平八稳”的教科书固然也好，可是刑法学知识传播更需要特色鲜明、不同凡响的新式力作，“更多地根据自己教书育人的实践经验来定义教材、编写教材，把更多的注意力放在流变的智慧而非固定的知识，放在探寻结论的方法而非结论本身”。[②] 要做到这点，不仅需要教科书作者扎实、深厚的专业功力，更需要非凡的学术勇气。刑法学要发展，就需要展开学派之争，而学派之争不仅体现在学术论著中，也体现在教科书中。例如，关于我国整个犯罪论体系究竟是应当在犯罪构成“四要件说”的基础上进行改造和完善，还是采用大陆法系递进式的“三要件”理论进行重构，教科书虽然不宜直接进行论辩式的学术争鸣，但是只要逻辑严谨、论证合理，就可以通过系统性的阐述实现犯罪论体系的多元化，给读者提供不同的思路和启发，给刑事立法、司法人员提供理论帮助，从而积极推动我国刑法学的不断前行。

五、刑法教科书的主编式与独著式、合著式的抉择

如前所述，我国刑法教科书（包括未公开出版的教学大纲、讲义等）在20世纪50—70年代，一般不署个人的名字。改革开放以后，教科书的撰写形式一般是主编式（也称为“主编制”）或者是独著式、合著式，尤以主编式更常见。在主编式下，有时会列出副主编、执行主编，通常是六七个人以上各自负责撰写不同的章节，其中一些人可能撰写不止一章的内容。独著式

① 例如，在体系上，有些教科书将“定罪”专门列为一章——既然刑法的主要任务是“定罪量刑”，那么为何几乎所有的刑法教科书都只有“量刑”一章而没有“定罪”一章呢？理由我们都知道，因为它渗透在犯罪构成等许多章节之中。然而拿出专门一章来对定罪进行专门论述还是很有意义的，这样更加完整，虽然该章与总论其他各章的逻辑关系如何理顺、内容如何连贯起来尚有研究的余地。参见何秉松主编《刑法教科书（上、下卷）》，中国法制出版社2000年修订版（第6版）第17章“定罪”，罪数问题也被列于本章中与定罪相联系进行探讨。

② 夏勇：《研究生的教科书问题——〈高级法学教程〉总序》，载“中国法学网”（http://iolaw.cssn.cn/2x2p/200402/t20040216_4588849.shtml）2004年2月16日，最后访问时间：2019年10月9日。

自然是由一人负责从头到尾全部内容的撰写，而合著式一般不超过三人。

这几种编著方式各有利弊。主编式教科书有它产生的特定背景，在新中国成立初期、在第一部刑法典通过之际，刑法学的教学、研究力量都十分薄弱，也由于国家对苏联刑法的“一边倒”政策，使得我国刑法学界无法从大陆法系、英美法系的主要国家刑法教科书中汲取营养，而我国古代的“律学”研究虽具有注释性刑法的特征，却不足以为现代刑法教科书的体例、写作方法提供足够的借鉴经验，因此在当时，通过集思广益、发挥“人多力量大”的优势，争取在短时间内拿出一本权威的、对当时刑法学理论研究与实践应用具有切实指导意义的工程浩大的教科书，主编式也许是唯一的选择。但是，独著式、合著式教科书更具优势，整部教科书在体系、理论方面更容易具有前后呼应的一贯性，也更容易凸显教科书的学术个性。虽然在主编式的教科书中，主编多系刑法学界造诣深、影响大的学者，在撰写之初也有主编的统一指导、写毕时的统一审核，然而毕竟参与者较多，不仅写作风格有差异，而且在内容上容易出现前后不一致或者不必要的重复的现象。1949 年以后的 70 年过去了，刑法教科书在质量上已有了很大提升，在数量上也已经达到相当规模，主编式这种带有“拼盘式”特点的教科书不应当再成为主流。那些对刑法学知识有着更高水准追求的研究生、司法工作人员，他们需要的是在理论上博大精深，在实践上经世致用的教科书，而六七人甚至十余人参与写作的教科书较难达到这样的水准。其实，综观中外文学、史学、哲学、法学、经济学等领域的名著，也绝少是“主编式”的产物。

当前，法学界的学者不如以往重视教科书写作，或者质量下滑的现象在其他国家也存在。例如，在美国，1984 年—1993 年出版犯罪学教科书的作者明显不如 1936 年—1965 年犯罪学教科书的作者影响力大，美国学者认为其主要原因是学者们出研究成果的渠道比以往增多、教科书读者群的变化、教科书在谋职和晋升中的作用、图书出版市场格局的变化等。[①] 虽有相似之处，

① 美国犯罪学教科书以往的读者群不仅是学生，也包括学者同行，而今日教科书之读者群主要是学生。参见 Wright，Richard A.，From Luninary to Lesser–Known: *The Declining Influence of Criminology Textbook Authors on Scholarship*，9 J. Crim. Just. Educ. 59 (1998)。

但是我国还有其他一些原因，如一定程度上存在着学术浮躁、学术评价机制不完善的现象，对教科书不如专著、论文那么重视，而出版社、教学单位可以通过出版教科书取得相当可观的物质性收益，这些利益驱动很容易催生出“短、平、快”式的教科书。换言之，扭曲的学术评价机制、市场导向未能给“精品”教科书的产出提供有效保障，要学者们“板凳一坐十年冷”甚至更长时间写一本经典、传世的教科书，问题可能主要不是学者的学术功力，而是不太符合经济分析论的成本—收益关系这一常识。除非作者学术功底很深又能淡泊种种名利诱惑，愿意“十年磨一剑”式地倾注其主要精力专心致志于刑法教科书的写作。因此，要期待更多独著式的刑法教科书面世尚需时日，并且很大程度上取决于现有的学术评价机制的转变。

合著式折中了主编式、独著式的撰写方法，人数不多，却又分担了任务，不致使得一人过于辛苦，风格也容易统一。然而合著式的作者依然应当尽可能具有相似的学术思想、治学方式乃至语言风格，以保持整本教科书的内在统一性和形式上的连贯流畅性。

六、刑法教科书的全面、深入与篇幅的关系

随着刑事立法的逐步发展，修正案、立法解释、司法解释不断增多，刑法学理论也日益深化和拓展，刑事司法实践不断丰富，教科书亦日渐全面、深入，篇幅也越来越大，书越来越厚重，动辄上千页，庞大繁杂，堪比《圣经》，显示出编著者的学术实力和良苦用心。那么，刑法教科书的全面、深入及其与篇幅之间的关系究竟如何？

仔细考量，过往的刑法教科书虽然在编写过程中都贯穿了“全国高等学校法学专业核心课程教学基本要求”，但是大多是根据刑法典的体系对刑法学知识所作的简单编织排列，有些在内容上简单、粗糙，即使不考虑立法修订的因素，这样的教科书也很难经得起时间的检验。诚然，与其他教科书一样，刑法教科书在材料的筛选、概念的解释、不同观点或学派的介绍，以及学科知识的综合归纳、分析论证和结论等方面，都应当具有全面、系统、准确的

特征，尽量做到全面、完整。然而刑法教科书面向的首先是法学本科生，教科书虽然应当严谨缜密，却不必一味追求“大而全”，面面俱到，而是应当突出重点难点，篇幅应当尽可能简洁明了、言简意赅，不应以厚重为追求的目标，千篇一律地展示出此观点、彼观点然后是折中观点，末了还有编者或作者的观点。如果需要对“三基”进行拓展，可辅之以教辅参考书，使学生能够抓住重点，领略要点，不断推进其学习的深度和广度。

其实，在有限的课时以内，我们是否能够如愿以偿地全面讲授刑法学的整个体系内容？如果来不及“全面开花”式地讲授，教科书是否有必要为了让学生自己去感受刑法各项制度、原理之间的逻辑联系，将所有的罪名都全面列出并加以诠释？还是只需要挑选重要的部分列于教科书之中进行剖析，着重培养学生对这门学科的感觉以及分析问题、解决问题的方法？如同习武，虽然十八般兵器都很重要，然而对初学之人，是不可能向其详解各种兵器的使法的，与其大而化之地泛泛介绍，听者也只能学到点儿皮毛，不如选择传授其刀法、枪法并力求使其精通。这既是刑法教学面临的问题，也是教科书编写过程中面临的问题。值得一提的是，王作富主编的《刑法分则实务研究（上中下）》（第3版）[①] 重点突出，不片面苛求全面完整，对分则实务问题的研究讲求深度。

也有人认为，刑法学的教科书应当尽可能地全面，但是在课程讲授中可以有所选择和侧重，不必也不可能覆盖教科书的所有内容。刑法教科书本身是否必须瞄准刑事立法的全面性，各国做法不尽一致。例如，美国、加拿大、日本等国家的刑事立法非常多，有时连刑法学者也搞不清到底有多少刑法条文，其教科书自然不可能面面俱到，涉及具体罪名的分论部分更是如此，只能选择一些具有代表性的犯罪进行讨论研究。我国的情况与之不同，刑法规定集中，没有真正意义上的附属刑法，便于教学研究。但是，考虑到学生

① 指中国方正出版社2007年版。该书以服务于司法实务为目的，重点研究司法实践中存在的实际问题，因此，在编写体例上不苛求体系的完整，对一些司法实践中运用较少的或者存在问题不多的罪名，未予论及；对与司法操作无关或意义不大的方面，如犯罪客体等问题，不予提及，或者一笔带过，集中篇幅对司法实践中存在的重点疑难问题进行深入详尽的分析论证。

的时间和精力，刑法教科书的体系尤其是分论部分可以适当调整，删除对一些不太重要的犯罪的蜻蜓点水式的描述，这些描述有时跟不说没什么区别，看完了并不能使人明白多少，将其删除可节省出篇幅充实对一些重点难点犯罪的讨论，或者增加这些犯罪的真实、典型案例，增强说明力和可读性。

刑法教科书是否倾向于全面或深入或二者兼具还受到教科书使用者的影响。随着我国的法学教育体制呈现出来的多样性，刑法教科书也出现了“众口难调”的问题。例如，单一、专门的法律院校更看重教科书的理论深度，希望学生更深入地研习刑法，而复合型、应用型的法律院校由于课时有限，则希望教科书的知识覆盖面广，尽量全面、完整，但又简明扼要、逻辑严谨、层次分明、简洁明了，使学生易于统领掌握。事实上，从读者群来看，我们既需要系统、深入的刑法教科书，也需要简要的教科书。如果为了厚重而厚重，看似面面俱到，却未能突出重点，也缺乏理论深度，则肯定不是真正意义上的“厚重”的教科书。[①]相反，简约的教科书也许并不简单，例如，曲新久、陈兴良、张明楷、王平等学者撰写的《刑法学》（第2版），就采用了最为简明的体系，如同该书序言所述[②]，属于同类刑法教科书中的“精华本”。而对学术性、实践性有着执着追求的域外刑法教科书同样也有类似的“精华本”，名称一般是《刑法学精要》，其中有些非常热销，常常多次再版。[③]

---

① 精简教科书的方法还是有的，由于刑法研习者除了教科书以外，手上都还会有一本“法规”或“法规大全”，因此，不必在书后“附录”部分列出刑法典及其修正案，在文中也可以将法定刑略去，只列出“参见刑法第x条”足矣，因为法规文本都有很清晰、完整的记载，教科书不必浪费笔墨纸张加以重复。再如阮齐林的《刑法学》（中国政法大学出版社2008年版）采用了国外教科书的做法，将长长的规范性文件名称列出缩略语表，既清晰又大大节省了篇幅。

② “目前，各类刑法学教科书的篇幅越来越大……该书在内容上吸收了刑法学教育、科研的最新成果，重视刑法学的系统性，采用最为简明的体系，对刑法学理论、学说和典型案例、习题做了精当编排，既科学准确地讲述了刑法学基础知识和基本原理，又详略得当地突出了重点难点，提纲挈领，简明扼要，具有较强的可读性与可操作性，可适应和满足刑法学本科教学以及国家司法考试的基本要求”。参见曲新久主编《刑法学》（第2版），中国政法大学出版社2008年版序言。

③ 例如，[US] Arnold H. Loewy, *Criminal Law in a Nutshell*, West Publishing Company 2003；[UK] Cecillia Ni Choileain, *Criminal Law– Nutshell*, Round Hall 2006；[Australia] Wilson, Nutshell: *Criminal Law*（*6th Edition*），Lawbook Co., 2008。

未来的刑法教科书尚有其他问题需要解决，例如：

内容上如何与时俱进。虽然教科书一般都能随着刑法的修正、解释及时修订、再版，但是有些教科书改动的仅仅是法条部分，缺乏对修正后新法的精准分析，内容依然显得滞后、保守、陈旧，解读不够准确。

整体质量的进一步提高。由于一直以来对教科书版权的保护不力，以致出现了不同教科书之间“互相启发”“循环抄袭”，内容相似或雷同的现象，既剥夺了原创者辛勤的智慧劳动，又浪费了社会资源，大量的简单移植不仅造成了教科书的低水平重复，而且浪费读者的时间。

教科书的体系是否需要调整？例如，在同种数罪不并罚的前提下，“连续犯”这一概念有无讨论的意义？正当行为（排除社会危害性的行为）究竟应当在犯罪构成要件以内还是以外讨论？缓刑究竟是一种量刑制度、行刑制度还是兼而有之？[①]刑事责任一章放在哪里合适？刑事责任论是否可以概括所有的刑罚论？分论是按照刑法典的分则顺序先后排列，还是按照犯罪所侵害法益归类排序更合适？有些刑法概念已经不适当、不再具有实际意义，却由于历史的原因，沿用至今，约定俗成，非圈内人则无法理解，[②]是否应当修改？罪与罪之间是否总存在着明确的“此罪与彼罪的界限”？教科书列出的这些界限标准是否确实有助于区分“此罪与彼罪”？如果答案是肯定的，那么为何我们看不到国外刑法教科书讨论此罪与彼罪的界限？这些问题都值得进一步探讨。作为教科书，应当极为审慎、严谨，从内容到形式都不断“打磨”，追求极致、稳妥，只教授给学生有理论意义或实践意义的知识。

刑法教科书的编写方法仍需进一步探索。尽管刑法学研究的方法论问题这些年已经被提出来讨论，但刑法教科书其实也有方法的问题。作为注释性教科书，其编写方法仍然值得探讨，绝非注释即可，而且注释本身也有不同的方法。例如，教科书除了解释以外，也可以适当采用中外、古今的

① 缓刑兼具量刑与行刑之内容，兼跨量刑与行刑两个时期，是一项具有独立价值地位的刑罚具体适用制度。我国法学界对缓刑属于行刑制度还是量刑存在争议。

② 例如，“犯罪客体”“犯罪对象”，二者在语词上本来是很难划分的。再如，“空白罪状”“引证罪状”的区分是否科学不是没有疑问，事实上“空白罪状”也需要大量引证。

比较方法，这些方法其实在我国律学中就已经被采用，如“中国现代法制之父”沈家本就是对传统法制进行批判总结的律学家，其法学方法论的内容包括研究视角的转换、历史的方法、从纵向比较到横向比较、批判的方法和价值分析的方法等诸方面，时至今日，这些方法对我们仍有借鉴意义。阮齐林所著《刑法学》（第 2 版）就融合了中国刑法、外国刑法、国际刑法的多种研究方法与知识，深入浅出地解决中国刑法的问题，理论性与实践性都很丰富。

刑法教科书与其他部门法教材的关系。例如，很少有刑法教科书从宪法制约的角度讨论刑法问题。当然，这也与我国的宪法制度有关。又如，由于我国存在“空白刑法”的立法方式，这就要求教科书编写者不仅要熟谙刑法，还需要熟悉相关经济行政法律法规的内容，因为“空白刑法”绝不只是找到这些法律法规进行“填空”那么简单。犯罪与行政违法、民事侵权的关系比较复杂，但是刑法教科书对此很少有深入的分析。再如，从刑事一体化的角度看，研究刑法不能脱离刑事诉讼法，刑法教科书对一些原理和制度的诠释不可能与刑事诉讼法无涉，在教科书编写时应当适当顾及刑事诉讼制度的要求。

刑法教科书的开放与“国际化”需要进一步推进。这主要有两层含义：

一是与时俱进，突出刑法教科书的专业性、实务性和时代性，观照外国教科书特别是两大法系主要国家教科书的主要内容并作适当比较，真正与国际接轨。虽然刑法教科书以中国刑事立法为研究文本，却非常需要考察、借鉴域外刑法学的主要理论与实践经验。但是借鉴域外刑法学知识应尽可能准确、及时。在评介其他国家和地区刑法学的原理、概念、案例时，应当谨慎、准确并有适当说明地引用，而且应当注意所引用域外刑事立法、学说、案例的全面性、时效性，否则反而会以讹传讹，引起思想上的混乱，不利于读者的理解与掌握。阮齐林主编的《刑法学》[①] 即体现这种特点的范本教科书，它充分观照了两大法系刑法教科书的主要观点、案例，并且集注释

---

① 指中国政法大学出版 2008 年版。

性刑法学、比较刑法学、国际刑法学的重要原理、案例于一体，理论性与实务性都很强。

二是刑法教科书的中外交流。在全球化的背景下，法律制度、观念也存在着趋同现象，法律文化的交流不仅是“输入”，也需要“输出”，本质上是相互的，“把中国介绍给世界”与“把世界介绍给中国”一样重要。意大利学者杜里奥·帕多瓦尼在其《意大利刑法学原理》[①]中文版序中曾经指出：“除国际法外，刑法是法律科学中对各国具体政治和社会文化特征方面的差别最不敏感的法律学科。在刑法不同的历史形式之间，尽管也存在一些往往是非常重要的差别，但是在基本的理论范畴和法律制度方面，却有共通的基础。法律和犯罪的关系；犯罪成立的必要条件；排除社会危险性行为的问题；法律保护的利益的问题；罪过问题；刑罚的目的和可罚性的意义等，这些界定实证刑法存在的范围的问题，在任何刑法制度中都居于核心地位。”近年来，翻译成中文的刑法教科书不少，而译成外文的似乎只有何秉松教授主编的《刑法教科书（上、下卷）》，其被译成日文在日本出版。在刑法学研究历史上，虽然我国远没有两大法系国家的时间长，却独具特色，也日臻成熟，我们应当担负起向世界介绍真实、全面的中国刑法学的重任，而将中国的刑法教科书翻译成外文在其他国家出版是其中最直接有效的方法之一。[②]

从刑法教科书的语言风格看，有些编著者偏好学习西方的特别是德国的那种术语多、逻辑关系复杂的长句子，还有些人由于英语太好而习惯于使用倒装句来表述，令人费解。作为教科书，还是应当简洁明了，兼顾严谨与通俗。对一些关系复杂的概念、原理，可以适当采用插图和表格，更加直观与鲜活，增加学生的感性认识，一目了然，便于读者掌握和应用，在这方面《图解刑

① 陈忠林译，法律出版社1998年版第1页。

② 还应当积极更新、拓展中外交流等教学手段，如开发教学课件（包括多媒体课件）、音像教材、电子教科书、参考书、图书馆、教育数据库等。

法适用大全》做得很全面、彻底。[①]此外，教科书的首要作用是服务于教学，因此那些教学经验丰富的教师的授课材料汇总显然是一种语言清新、活泼、可读性很强的教科书，如陈兴良所著《口授刑法学》。[②]

结　语

当前我国处在一个社会大变革、大转型的时期，国际、国内形势复杂多变，法治建设任重道远，刑法学也处在一个大变革时期，刑法知识的演进与流变必然会在刑法教科书上有所投射。从类型上看，注释性刑法教科书无疑不仅应当在数量上成为主体，更应当在质量上精益求精。“无论采取哪种研究路径，解释刑法都是刑法学的基本任务，因为法律之解释是法律规范学的使命，也是达到探求法之哲学性和法之现象性的目的之手段。”[③]然而，与世界许多国家相比，我国法治建设的时间不长；与我国的其他人文社会科学相比，我国的法学教学与研究底蕴不深，起步也晚，刑法学亦不例外。在这种情况下，刑法教科书从70年前的完全从头开始，到40年前的“轮回”——几乎又是从头再来，走到今天的大发展乃至繁荣景象，是非常不易的，其中不知倾注了多少刑法学人的心血和汗水。有些撰稿人的姓名也许从未出现在教科书中，但是他们的功劳不可磨灭。在回顾刑法教科书70年的沧桑变迁时，梳

① 该书总则部分以刑法条文为序，列明主体法条、相关规定（包括司法解释）和理论阐释。分则部分以刑法罪名为线索，纵排三栏图表式结构，并针对不同罪名做个性化的表格设计，使得刑法典、单行刑法、刑事立法及司法解释中有关罪名的每一罪状和法定刑一一对应，附属刑法、相关依据和理论阐释紧随其后，全景展示了刑法千丝万缕的纵横协调关系。参见图解刑法适用大全编写组编制的《图解刑法适用大全》，中国法制出版社2006年版。

② 该教科书是陈兴良教授于2006年2月至12月为北京大学法学院2005级本科生讲授刑法课程的录音整理稿。在刑法总论部分系统地讲授了犯罪和刑罚的基本原理，在刑法分论部分选择故意杀人罪等14个重点罪名进行了讲授，将刑法理论、法律规定、司法解释和典型案例融为一炉，直接将学生引入刑法的学术前沿，引人入胜。

③ 蔡枢衡：《刑法学》，独立出版社1943年版。转引自陈兴良《转型与变革：刑法学的一种知识论考察》，载《华东政法大学学报》2006年第3期。

理其实际存在的问题，展望其未来景象，我们有理由期待，通过与别国开放式的探讨、交流，立足我国的刑事司法实践，包容吸纳，开拓创新，将会有更多的刑法教科书在知识体系、内容上更加完善，在方法上更加科学，能够从立法论、解释论两方面给司法实践、学术研究、国际交流与合作提供更多的理论支持，从而走向真正的精品化，引领刑法学不断前行，在我国刑事法治的深度与广度上进一步拓展。

第十三章
社会变迁中的刑法发展*

* 本章原为中国社会科学院法学研究所所庆60周年系列文集之刑法文集《社会变迁中的刑法发展》一书的导论。此次收入时删去了第四部分“致敬与致谢”。

第一节 简要回顾

中国社会科学院的刑法学科最初归属于中国科学院哲学社会科学部法学研究所三组（刑法组），刑法组是法学所1958年成立时的三个研究组之一，[①]当时由中央政法干校刑法教研室主任张健兼任组长，[②]郝晋卿任副组长（实际主持工作），欧阳涛任秘书。1959年至1960年，三组成员还有：吴建璠、[③]谢

① 当时设有国家法、民法、刑法三个研究组，1959年又增设国际法研究组。

② 据吴建璠先生回忆，张友渔所长的办所方针是“少而精”，法学所成立后，除继续从大学应届毕业生、研究生中挑选干部和从外单位调进一些学有所成的科研人员外，还聘请一些法学界的知名学者做兼职研究员，担任各研究组的组长或副组长，请他们指导各研究组的工作。[参见吴建璠《我的研究之路》，载“中国法学网”（http://iolaw.cssn.cn/2x2p/200407/t20040714_4591601.shtml）2004年7月14日，最后访问时间：2018年6月30日。] 关于后者，还有旁证，如据此次所庆60周年法制史室的文集导论介绍，二组（即国家法组，含法史、宪法、法理等学科）的组长由老一辈著名法学家、时任法学研究所副所长周新民兼任，副组长由北京大学法律系副主任肖永清兼任。

③ 吴建璠先生在“文化大革命”结束后，转至法制史室，其中一个理由是：由于他从事的是刑事法这样一个应用学科，因而常常被抓差，一会一个临时任务，使其专业研究不能有步骤按计划地进行，转到法制史这样一个基础学科，也许可以更集中时间和精力去搞专业。“后来的事实表明，我的预期完全落空，抓差的情况比以前更多、更严重。”吴先生于1979年被任命为法学所副所长，临时任务也就接踵而至，先是为了完成中央交办的紧急任务，于1979年11月带领刘海年、欧阳涛、张绳祖去参加审判“林彪、江青反革命集团”案的准备工作，后又于1983年开始不定期地参加外交部主持的香港问题座谈会，此后更是参加了香港特别行政区基本法的起草工作（1985年7月—1990年4月）、澳门特别行政区基本法的起草工作（1988年9月—1993年3月）、香港特别行政区筹备委员会的预备工作（1993年7月—1995年12月）、香港特别行政区的筹备工作（1996年1月—1997年8月）、澳门特别行政区的筹备工作（1998年5月—2000年1月）、全国人大常委会香港特别行政区基本法委员会的工作（1997年7月—2003年3月）。先生后被授予法学所终身研究员称号。参见吴建璠：《我的研究之路》，载“中国法学网”（http://iolaw.cssn.cn/2x2p/200407/t20040714_4591601.shtml）2004年7月14日，最后访问时间：2019年10月10日。

国交、王子君、刘执中、张绳祖、常兆儒、唐德华（后任最高人民法院副院长）、曾庆敏等同志，研究领域包括刑法、刑事诉讼法及相关专业。三组是当时法学所最大的研究组，至“文革”前，刑法组先后增加了王舜华、刘国才、肖贤富、傅宽芝、陈朱承、崔庆森等同志。其后三组人员有进有出，几经变换，队伍鼎盛时期曾达21人。至1977年，刑法组共有研究人员15人，高西江任组长（后任全国人大常委会法工委刑法室主任、法工委副主任、全国人大法律委员会顾问），王舜华、曾庆敏、黄明川任副组长。

中国社会科学院成立后，刑法组改为中国社会科学院法学研究所刑法研究室，至今历任主任为：高西江、陈光中（曾任中国政法大学校长、中国法学会刑事诉讼法学研究会会长）、徐益初、崔庆森、陈泽宪、屈学武、刘仁文，历任副主任（不含先任副主任后任主任者）为：张仲麟（后任法学所副所长）、欧阳涛、陈宝树、郭群、胡云腾（曾任最高人民法院副部级专委）、宗建文、邓子滨、樊文。先后在刑法研究室工作过的人员还包括冯锐、袁作喜、张绳祖（曾任国务院法制局政法教科文卫司司长）、李淳（曾任全国人大常委会法工委刑法室副主任）、雷鹰（曾任最高人民检察院法律政策研究室副主任）、全理其、桑红华、程俭、田禾、王晓燕、吉达珠等。1995年4月学科调整后成立诉讼法研究室，刑事诉讼法专业从刑法室分出，并入诉讼法室。

目前，刑法研究室共有在职人员6名：刘仁文（研究员）、张绍彦（研究员）、黄芳（研究员）、樊文（副研究员）、焦旭鹏（副研究员）、张志钢（助理研究员）。刘仁文任研究室主任，樊文任副主任。刑法学科成员还包括陈泽宪研究员（中国社会科学院国际法研究所原所长、中国刑法学研究会常务副会长）、屈学武研究员、邓子滨研究员（法学所图书馆馆长）、王雪梅编审（《环球法律评论》编辑）、李强博士（《法学研究》编辑）等，以及数名博士后研究人员。经过60年的发展和几代人的奋斗，刑法学科现在已经成为中国社会科学院的重点学科和中国社会科学院哲学社会科学创新工程的实施基地，是硕士、博士、博士后等刑法学高级人才的重要培养基地之一。[①]

60年来，中国社会科学院法学所的刑法学科以刑法研究室为依托，联合所内其他从事刑事法学研究的同仁，[②]与国家同呼吸，和时代共命运，为人民做学问，低调、大气，走过了一条不平坦的道路。在这里，几代刑事法学人孜孜矻矻，著书立说，先后出版了一大批刑事法学著作，在《中国社会科学》《中国法学》《法学研究》等发表了一大批论文；他们作为刑事法领域的国家队，或受组织安排，或凭个人的影响力，持续参与国家立法和司法；从这里，走出去一大批人才（包括培养的研究生和调离到其他工作岗位的同事），不少成为国家立法、司法、行政机关和学界、律师界的中坚力量。

这里，仅就60年来的几个重要阶段作一简要回顾。

一、1958年至“文革”前

法学研究所刚成立时，因为人少，往往是任务一来，大家就一起上。刑法组的科研人员也积极投入这种集体创作中，如与其他科研人员合作完成了《宪法基本知识讲话》等著作的写作和参与《辞海》等工具书的编纂。1959年，

① 中国社会科学院法学所的刑法学科是新中国最早的一批法学硕士点，1978年就开始招生。虽然每年招生人数很少（且还不是每年都招生），但培养质量却是可圈可点。如首次招收的两名刑法硕士生罗锋、林文肯后来均成为副部级干部（罗锋为公安部副部长，林文肯先后任中纪委驻中国社会科学院纪检组组长、中纪委驻国务院侨务办公室纪检组组长等），现任全国人大常委会副秘书长的柯良栋也是法学所1989届的刑法硕士。

② 如李光灿先生，早在新中国成立之初就任中央人民政府法制委员会委员，是1950年《中华人民共和国刑法大纲草案》和1954年《中华人民共和国刑法指导原则（初稿）》的重要起草人之一，后来的主要成果也在刑法领域，除独著《评〈寄簃文存〉》《论共犯》、主编《中国刑法通史》（多卷本）外，还合著有《论共同犯罪》《故意杀人罪》等，但编制在法制史研究室。周叶谦先生是《环球法律评论》及其前身《外国法译评》和更前身《法学译丛》的资深编辑，他不仅翻译、审校了一大批刑法学著作（如《肯尼刑法原理》《英国刑法导论》），还与欧阳涛等合著了《英美刑法刑事诉讼法概论》等。廖增昀先生是《法学研究》的资深编辑，不仅独著《刑法学研究概述》，还发表过不少高质量的刑法论文。此外，像法制史室的吴建璠研究员（原刑法室人员）、刘海年研究员等都发表过高质量的刑法史方面的论文，国际法室（国际法所前身）的林欣研究员是国内研究国际刑法的有影响的学者。

全国人大常委会法律室根据毛泽东主席“刑法、民法一定要搞”的指示，从有关单位邀请了一批专家学者，在已有的刑法草案第22稿的基础上展开进一步的讨论。当时刑法组参加刑法典起草工作的有郝晋卿、欧阳涛、曾庆敏、张绳祖等人。到1963年10月，起草班子已经将草案从原有的第22稿修改到第33稿。这个稿子经过审查，曾经一度准备要公布，但遗憾的是，由于“文化大革命”等原因，一部呼之欲出的刑法也就随之被束之高阁。

1960年，刑事诉讼法的起草工作亦开始着手进行，曾庆敏参加了该法的起草工作。在这期间，刑法组的研究人员对各国的刑法和刑事诉讼法进行了大量的比较研究，组织翻译了一批外国刑法典，并完成了外国刑法和刑事诉讼法的分解资料工作。翻译出的外国刑法典，一部分正式出版，另一部分打印成内部资料，共约10本。另外，还编撰了一部《刑法资料》和两部《刑事诉讼法资料》，以及编著了一本《苏联的犯罪问题》。吴建璠先生还主持编印两份内部刊物，主要反映和研究苏联的法律问题和法学动态，大多涉及刑法和刑事诉讼法领域。这些都为当时我国的刑事法制建设提供了国外可供借鉴的研究资料。此外，刑法组研究人员还撰写了一批研究和宣传党和国家刑事政策的文章，并组织人员对罪犯的劳动改造问题作了专题调查研究。

诚如吴建璠先生所言，法学所建所头几年，一切按规划办事，进展很顺利，大家的干劲儿很高。虽说距离“出成果，出人才”的目标还远，但已经开了一个好头，正朝着目标大踏步前进。遗憾的是，正当法学所的年轻人摩拳擦掌，准备在各自的专业领域大干一番的时候，大环境却呈现出对科研工作越来越不利的态势。运动一个接一个，研究人员不得不撂下手里的工作，去参加各式各样的运动，从“大跃进”“大炼钢铁”“四清”“整社”“反右倾”一直到“文化大革命”，科研工作要有连贯性，时断时续、一曝十寒，效率是不高的，最严重的是，在“文化大革命”中机关瘫痪了，领导干部被关进“牛棚”，科研工作无人组织领导，只得陷于停顿。[①]

① 参见前引吴建璠《我的研究之路》。梳理这一段历史，笔者产生的一个感受是：不断的运动使科研生产力几近于零，推而广之到其他领域如经济领域，难怪“文革”10年“从总体上看，整个国民经济已经濒临崩溃的边缘”。（参见席宣、金春明《“文化大革命”简史》，中共党史出版社1996年版，第349—352页。）

二、20世纪70年代末至20世纪80年代初

这个时期在新中国的刑事法制建设史上具有划时代意义。在法学所刑法室研究人员的积极参与下，国家立法机关先后制定颁行了《刑法》《刑事诉讼法》《律师暂行条例》等许多重要的法律。刑法室在这一时期直接参与国家刑事立法工作的有欧阳涛、张绳祖、崔庆森、陈朱承、张仲麟、傅宽芝等，他们为我国刑事法典的孕育和诞生作出了重要贡献。尤其值得一提的是，在1979年刑法草案提交全国人大审议之际，法学所的同志发现，刑法典草案在“总则”中删去了原有的关于“外国人在中华人民共和国领域外对中华人民共和国国家或公民犯罪的处罚”的规定。他们还发现，在“分则”的“侵犯公民人身权利、民主权利罪”一章中，使用了“诬告反坐”的措辞。对此，欧阳涛、张绳祖、崔庆森、陈朱承几位同志连夜写了一份“关于刑法草案修改的两个问题”的紧急报告，提出不能删去有关“外国人在我国领域外对我国国家或公民犯罪处罚”的规定以及不宜使用“诬告反坐”这一封建社会用语的理由。该报告通过时任中央政治局委员兼中国社会科学院院长胡乔木同志反映到中央，其意见最后被中央采纳。1979年7月1日，五届全国人大二次会议通过了《刑法》，其第6条规定：“外国人在中华人民共和国领域外对中华人民共和国国家或者公民犯罪，而按本法规定的最低刑为三年以上有期徒刑的，可以适用本法……”其第138条也采用了“严禁用任何方法、手段诬告陷害干部、群众”的表述，而未使用“诬告反坐”一词。可以说，法学所学者对我国刑法典中这两个制度的最后完善起到了关键性的作用。这份报告后来被评为中国社会科学院研究报告一等奖。

这一阶段还有一件事情具有历史意义：在刑法、刑事诉讼法等七部法律即将通过时，胡耀邦同志要求起草一个文件，认真研究一下党内哪些规定不利于这些法律的贯彻实施，法学所的专家学者受组织委派，参与起草了1979年中共中央《关于坚决保证刑法、刑事诉讼法切实实施的指示》，即著名的“64号文件”，这个文件取消了党委审批案件的制度，还做出了其他不少重要决定，

如文件指出，刑法等七部法律“能否严格执行，是衡量我国是否实行社会主义法治的重要标志”，文件明确宣布，取消“文化大革命”中“公安六条规定”的恶毒攻击罪和反革命罪，明确规定：“摘掉了地、富、反、坏分子帽子的人，则都已经属于人民的范围，应保证他们享有人民的民主权利。”“64号文件”的颁布意义，正如时任最高人民法院院长江华所评价：“这个文件是建国以来甚至是建党以来关于政法工作的第一个最重要的最深刻的最好的文件”，时至今日，仍然受到法学界的高度评价。①

审判“林彪、江青反革命集团”案件（以下简称“两案”），是中国政治和法律史上的一个重大事件。在“两案”起诉书的起草和讨论过程中，发生了关于“两案”是适用新法还是旧法的重大争论。当时，起草小组的大多数成员主张“两案”审判应适用刑法典，不适用《惩治反革命条例》，但该意见未被有关领导同志所接受。后来法学所的几位同志向张友渔所长汇报并说明了该意见的正确性及其理由，张老随即布置写了两份研究报告呈送中央。第一份报告是关于“两案”审判为什么应适用新法，第二份报告是关于各国刑法中时间效力的规定。这两份研究报告以其科学的说服力使上述正确意见最终被采纳。第一份报告后来亦获得中国社会科学院研究报告一等奖。审判结束后，当时负责政法工作的彭真同志要求在《人民日报》上发表一篇特约评论员文章，代表中央总结这次历史性审判的经验，法学所的专家学者又受组织委派，作为核心成员起草了后来名为《社会主义民主和法制的里程碑》这一重要的《人民日报》特约评论员文章。

在1979年刑法、刑事诉讼法（以下简称“两法”）颁布之后，刑法室的研究人员及时撰写和出版了一批相关著作、论文。欧阳涛、张仲麟等在中央政法干校和中央人民广播电台宣讲的“两法”讲义，迅速被出版印行。1980年全室合作出版了《〈中华人民共和国刑法〉注释》和《中华人民共和国刑事诉讼法释义》，成为我国最早问世、发行量最大的“两法”学理解释著作，后被翻译成日文出版。这些著作对于“两法”的正确实施，起到了重要的

① 李步云：《我的治学为人》，社会科学文献出版社2010年版，第19—20页。

指导作用。这一时期，刑法室研究人员还相继撰写出版了《刑法概论》《刑事诉讼法概论》《英美刑法刑事诉讼法概论》《经济领域中的严重犯罪问题研究》《中国刑事诉讼程序研究》等涉及刑事法学基础理论和重大实践问题的学术论著。

出版《中国大百科全书》是改革开放后国家的一项重大文化工程，时任中国社会科学院院长胡乔木担任《中国大百科全书》总编辑委员会的主任，张友渔老所长担任法学编辑委员会的主任，曾庆敏先生任《刑法学》的主编。《中国大百科全书》的法学卷于 1984 年出版了第一版，其后多次印刷。

三、20 世纪 80 年代中期至 1997 年

这是我国刑事法制建设长足进步的重要发展时期，也是我国刑事法学研究繁荣兴盛的时期。刑法室的研究工作重点主要集中在以下几个领域：（1）社会治安的综合治理；（2）刑事法律的改革问题；（3）刑法思想与刑事政策问题；（4）经济犯罪与经济刑法；（5）毒品犯罪及对策；（6）法人（单位）犯罪问题；（7）金融犯罪问题；（8）国际刑法问题。此外，对于未成年人犯罪与防治、刑事法制发展与人权保障、刑事司法改革等，也进行了较为深入的专题研究。

1983 年始，全国人大常委会法工委刑法室邀请法学所刑法室崔庆森、肖贤富参加立法工作，系统汇集、整理各部门、各地方和专家学者对刑法的修改意见；系统收集、编撰外国有关刑法修改的立法资料。在此基础上分析研究，提出了《关于补充和修改刑法的意见》和《刑法修改草案（第一稿）》。

1986 年，刑法室成立“我国政治经济体制改革与完善刑法问题”课题组，通过广泛深入的实地调研，课题组先后发表了 10 多篇专题论文和研究报告；应法工委的要求，提交了《补充修改刑法第一建议方案》及有关说明意见；出版了专著《中国当代刑法改革》，为立法机关修改刑法的重大决策提供理论依据。

1988 年 9 月，全国人大常委会法工委组成了有刑法室欧阳涛、崔庆森、陈宝树参加的专家小组，专门重点研究有关经济犯罪条文的具体修改问题。

同年11月，法工委特邀法学所刑法室和高校的几名专家学者一起对《刑法修改稿》作进一步修改，最后形成了《中华人民共和国刑法修改稿（1988年12月25日）》。

1993年11月，全国人大常委会法工委成立有法学研究所陈宝树、陈泽宪参加的刑法修改工作小组，开始新一轮的刑法修订起草工作。在接下来历经数年的刑法修订过程中，这两位同志先后参加了数十次刑法修订的起草和论证会，并向法工委提交了多份刑法条文修订建议稿，其中许多重要的修改意见为立法机关所采纳。

四、1997年至今

1997年新刑法颁布后，刑法室同仁和全国刑法学界一道，迎来了刑法理论发展的新阶段。这一时期一是在刑法知识转型升级和学派争鸣的大背景下，法学所的刑法学者以理性的姿态参与了这一进程，不仅翻译了一批国外的刑法论著，还出版了《立体刑法学》《刑法学的新发展》《刑法改革的进路》《刑法理论研究新视界》以及中国社会科学院研究生院的教材《刑法总论》《刑法各论》等；二是创办“刑事法前沿”年度论坛，出版年度出版物《刑事法前沿》，至今已经出到第十卷；三是随着中国社会科学院创新工程的启动，打造一年一度的“中国社会科学院刑法学重点学科暨创新工程论坛”，每年选取一个刑法领域的重大话题，召开全国性的学术研讨会，然后在此基础上出版“中国社会科学院刑事法论坛”系列著作，迄今已出版的有《刑事法治视野下的社会稳定与反恐》《废止劳教后的刑法结构完善》《死刑改革与国家治理》《反腐败的刑事法治保障》《网络时代的刑法面孔》《历次刑法修正案评估与刑法立法科学化》等。

这期间，全国人大常委会先后制定和颁行了十个刑法修正案以及《反恐怖主义法》《反间谍法》和新的《国家安全法》等，中国社会科学院作为立法机关征求意见的定向单位，刑法室每次都按照院、所领导的布置，组织本学科人员认真研讨、提出立法研究报告，通过中国社会科学院反馈回立法机关。陈泽宪、胡云腾、刘仁文等多人还先后应邀参与了立法机关的多项立法专家咨询和立法评估会，并多次受邀参加最高人民法院、最高人民检察院的司法解释和疑难案件的专家咨询与论证工作。同时，随着国家对外开放力度的加大和国际影响力的提升，以及中国社会科学院作为国家智库地位的强化，刑法学科的科研人员也多次参与中欧人权对话、中美人权对话、中国与联合国关于刑事司法的合作与对话等，报送的《要报》在数量和质量上也均有显著提升。①

① 近年来，在一年一度的中国社会科学院优秀对策研究报告评奖中，刑法学科每年均有多篇《要报》获一、二、三等奖，其中《刑法应平等保护公有制和非公有制经济》《完善〈刑法修正案（九）（草案）〉和〈反恐法（草案）〉中有关反恐内容的建议》《我国资本刑法存在的问题与对策》等获得一等奖。

第二节
重要成果与研究特色

60年来，中国社会科学院法学所刑法学科先后承担了数十项国家、部委和中国社会科学院的重点科研项目，共出版专著、译著、教科书、工具书等200多部，发表学术论文、译文、研究报告和报纸文章1000余篇。显然，要在这里对这些科研成果作全面介绍是不可能的，只能撷其要者加以概括。

一、刑法史

一个学科不能没有自己的历史，时代的发展、意识形态的差异乃至政权的更替都不影响对传统法律制度和法律文化进行批判的借鉴。[①]中国社会科学院法学所的学者在中国刑法史方面产出过一些有分量的成果，[②]如李光灿先生

① 虽然笔者并不完全赞成"历史法学派"所主张的"法律并不是'理性'的产物，而是世代相传的'民族精神'的体现"，但如果把前述说法改为下面的说法，则笔者认为是有道理的：一方面，法律是"理性"的产物；另一方面，也是世代相传的"民族精神"的体现。

② 根据法学所所庆60年文库编委会的决定，此次各研究室编辑所庆文集在考虑所选论文时，主要以学科为界，如曾经在刑法研究室工作过的刑事诉讼法学者的论文这次一概选入诉讼法研究室的文集，而不收入刑法研究室的文集；相反，有的编制虽然不在刑法研究室，但学科归属刑法的，也可以收入。还有一些是彼此有交叉的，如刑法研究室的文集选入某些法制史学者的刑法史论文，生态法研究室的文集选入刑法研究室的环境犯罪论文等，这些文章的选编无疑也反映了编者对于本学科知识结构和架构的某种意旨。

独著过《评〈寄簃文存〉》[①]，主编过《中国刑法通史》（辽宁大学出版社1986年后陆续出版，共8分册，涵盖了从先秦刑法直至南京国民党政府统治时期的刑法）。又如，吴建璠、刘海年等均发表过不少刑法史方面的力作，如本次论文集中选入的吴建璠先生的《清代的犯罪存留养亲》（《法学研究》2001年第5期）和刘海年先生的《关于中国岁刑的起源》（《法学研究》1985年第5、6期连载），就是这方面的代表。笔者本人近年来也对从中国法制史中寻求刑法智识抱有兴趣，并做过一些尝试，如笔者与谢青松教授合著的《中国古代死刑制度中的人道精神》（《法商研究》2012年第6期）即为一例。

二、刑法基础理论

基础理论研究事关一个学科的发展，对中国社会科学院这种被定位为“科学殿堂”的国家队来说尤其重要。在这方面，法学所有较好的传统。例如，李光灿先生等著的《论共同犯罪》，[②] 是我国刑法学界关于共同犯罪这一重要理论问题较早期的成果。陈宝树先生发表在《中国社会科学》1983年第3期上的《论数罪并罚》也是这一领域重要的早期作品。陈泽宪研究员主编的《犯罪定义与刑事法治》[③] 属于在国内学界首次系统讨论犯罪定义和刑事法治的关系，对犯罪定义这个根源性问题进行了国内法与国际法等多视角的讨论。此外，本学科近年推出的《立体刑法学》[④]《刑法理论研究新视界》[⑤]《中国实质刑法观批判》[⑥]《罪刑法定与社会危害性的冲突》[⑦]《风险刑法的基本立场》[⑧] 等，也都是这方面努力的结果。这些论著，有的可能如陈寅恪先生所说：

---

① 指群众出版社1985年版。

② 李光灿、马克昌、罗平：《论共同犯罪》，中国政法大学出版社1987年版。

③ 指中国社会科学出版社2008年版。

④ 刘仁文等著，中国社会科学出版社2018年版。

⑤ 屈学武主编，中国社会科学出版社2008年版。

⑥ 邓子滨著，法律出版社2009年版。

⑦ 樊文著，《法律科学》1998年第1期。

⑧ 焦旭鹏著，法律出版社2014年版。

"先生之学说，或有时而可商"，却是"独立之精神，自由之思想"的产物，无疑为促进学术观点和研究方法的多元化起到了积极的作用。

三、刑事立法和刑事司法

作为国家在法治建设方面的思想库和智囊团，中国社会科学院法学所刑法学科在这方面投入相当的精力既顺理成章也理所当然。在刑事立法方面，崔庆森主编的《中国当代刑法改革》[①]作为中国社会科学院"七五"重点项目的最终成果，"是建国以来第一部对我国刑法改革问题进行全面、系统研究的理论专著……她既是作者热情参与全面修改刑法创制活动的综合反映，又是作者长期关注、研究我国刑法改革的学术结晶。"（参见该书序言）此外，还有陈宝树、冯锐主编的《市场经济与刑法完善》，屈学武主编的《刑法改革的进路》等，也都值得记上一笔。论文方面，像此次选入文集的高西江先生的《关于修改刑法指导思想方面的几个问题》、欧阳涛研究员的《论改革开放与刑法完善》、陈宝树研究员的《社会主义初级阶段与刑法观的更新》、崔庆森研究员的《刑法规定法人犯罪的构思》、冯锐研究员的《完善渎职罪立法的思考》等，均是这方面可圈可点的成果。当然，没有收录的论文就更多了，像陈泽宪研究员发表于1996年的《法学研究》《刑法修改中的罪刑法定问题》等。在刑事司法方面，本学科科研人员出版和发表了大量有关刑法解释论的著作和论文，这其中特别值得一提的是，1980年刑法室合著的《〈中华人民共和国刑法〉注释》，短时间内多次印刷，总印数达100多万册，成为当时司法工作人员几乎人手一册的有巨大社会影响力的专业书籍，创下了同类书籍的印数之最。这方面有影响的论文还有《如何正确认定奸淫幼女罪》[②]和《试析流氓犯罪类型》[③]等。虽然今天的刑法解释学已经更加发达，甚至像"流氓罪"这

① 指社会科学文献出版社1991年版。

② 欧阳涛、陈泽宪著，载《法学季刊》(《现代法学》前身）1983年第3期。

③ 陈泽宪著，载《法学研究》1984年第3期。

样的罪名也早已成为“消失的罪名”，但以历史的眼光看，这些论著对刑事司法曾经起过的积极作用值得记录。

四、刑法领域重大现实问题

与全国刑法学界一样，法学所的刑法团队也伴随着国家经济社会形势的发展与变化，对社会上涌现出的刑法重大现实问题展开理论研究。例如，经济犯罪曾经是我国刑法学界研究的一个热门话题，法学所这方面也出了不少成果，择其要者有：欧阳涛、崔庆森、雷鹰著的《经济领域严重犯罪问题研究》[①]，欧阳涛等著的《经济犯罪的定罪与量刑》[②]，陈宝树主编的《经济犯罪与防治对策》[③]，陈泽宪主编的《经济刑法新论》[④]。又如，针对毒品犯罪，法学所刑法学科也产出过一系列的成果，如欧阳涛、陈泽宪主编的《毒品犯罪及对策》，桑红华著的《毒品犯罪》[⑤]，崔庆森、陈宝树主编的《中外毒品犯罪透视》[⑥]。针对死刑制度及其改革，除去一系列的论文，法学所亦产出过不少这方面的著作，如胡云腾著的《死刑通论》[⑦]和《存与废——死刑基本理论研究》[⑧]，陈泽宪主编的《死刑案件的辩护》[⑨]和《死刑改革的多重视角与具体路径》[⑩]，刘仁文著的《死刑的全球视野与中国语境》[⑪]《死刑的温度》[⑫]，主编的《死刑改

① 指法律出版社 1984 年版。
② 指广西人民出版社 1988 年版。
③ 指河南人民出版社 1992 年版。
④ 指群众出版社 2001 年版。
⑤ 指警官教育出版社 1992 年版。
⑥ 指社会科学文献出版社 1993 年版。
⑦ 指中国政法大学出版社 1995 年版。
⑧ 指中国检察出版社 2000 年版。
⑨ 指中国社会科学出版社 2006 年版。
⑩ 指中国民主法制出版社 2014 年版。
⑪ 指中国社会科学出版社 2013 年版。
⑫ 指三联书店 2014 年版，2018 年版。

革与国家治理》[①] 及翻译的《死刑的全球考察》[②]。此外，像陈泽宪主编的《劳教制度的前世今生与后续改革》[③]，刘仁文主编的《废止劳教后的刑法结构完善》[④] 等，均是对相关领域重大制度变革的有益探讨。

五、外国刑法和国际刑法

由欧阳涛、周叶谦、肖贤富和陈中天合著的《英美刑法刑事诉讼法概论》于 1984 年由中国社会科学出版社出版，该书系我国改革开放后较早介绍英美刑事法律的专著，在学术史上应留有一席之地。周叶谦审校的《肯尼刑法原理》[⑤] 和《英国刑法导论》[⑥] 为我国早期的刑法学研究打开了重要窗口。改革开放后，对外国刑法和国际刑法的研究成果也显著增多，如林欣主编的《国际刑法问题研究》[⑦] 和独著的《国际刑法新论》[⑧]，黄芳著的《国际犯罪国内立法研究》[⑨] 和翻译的《国际刑事法院导论》[⑩]，均是国内研究国际刑法的重要著作。近年来，樊文、张志钢对德国等大陆法系系列刑法论著的翻译，刘仁文、邓子滨对英美刑法论著的翻译，可以视为中国社会科学院刑法团队保持国际视野的一种整体自觉。

---

① 指社会科学出版社 2016 年版。
② 与周振杰合译，中国人民公安大学出版社 2005 年版。
③ 指中国民主法制出版社 2014 年版。
④ 指社会科学文献出版社 2015 年版。
⑤ 指华夏出版社 1989 年版。
⑥ 指中国人民大学出版社 1991 年版。
⑦ 指中国人民大学出版社 2000 年版。
⑧ 指中国人民公安大学出版社 2005 年版。
⑨ 指中国方正出版社 2001 年版。
⑩ 指中国人民公安大学出版社 2006 年版。

六、犯罪学和刑事执行

无论从“刑事一体化”还是从“立体刑法学”来看，刑法学研究都要前瞻后望（前瞻犯罪学，后望行刑学）。早在 1983 年，曾庆敏先生就指出犯罪学对于刑法学而言有其独立的价值；[①]1989 年，法学所刑法学科推出《社会治安综合治理概论》，对这一有中国特色的刑事政策进行了理论概括和提升；1998 年，欧阳涛研究员作为总主编之一的国家哲学社会科学九五重点科研项目《中国预防犯罪通鉴》出版，成为当年犯罪学界的一件盛事。作为这方面的传承，张绍彦在犯罪学和刑事执行领域亦有不俗表现，先后出版了《刑罚的使命和践行》《刑事执行法学》《刑罚实现与行刑变革》等著作。此外，法学所刑法学科的学者还翻译出版过《犯罪学导论》[②]《理论犯罪学》[③]《牛津犯罪学指南》[④] 等国外犯罪学的名著。

---

① 曾庆敏：《论犯罪学在科学知识体系中的地位》，载《河北法学》1983 年第 1 期。

② 清华大学出版社 2009 年版。

③ 法律出版社 2004 年版。

④ 中国人民公安大学出版社 2012 年版。

第三节 启迪与展望

回顾法学所刑法学科60年来的人事和足迹，感慨和启迪不少，兹列举有三。

一、人人身上都是一个时代

抚今追昔，刑法研究室前辈在法制悬鹑百结的条件下，和高校、其他研究机构的同仁一道，被苫蒙荆，推动了中国1979年刑法典和1997年新刑法典的制定和修订，建构起了中国的刑法学体系。我们应当克服历史虚无主义，牢记前辈学人对新中国法学研究所付出的努力甚至是代价。时代发展了，学术发达了，我们的论文越来越长，书越来越多，但不可否认的是，前辈学人在人品、学品等方面仍然有许多值得我们学习的地方。像吴建璠先生，他公开发表的成果并不多，却被法学所公认为德高望重的学者（是法学所历史上唯一评过一次的四名终身研究员之一），其原因一是他“常常被抓差”，却任劳任怨；二是据说他写东西奉行厚积薄发，不敢轻易下笔，怕对不起读者。[①] 又如周叶谦先生，他是胡适的学生，外文功底深厚，却长期不计名利地做着译著审校之类的工作。法学所的许多成果都带有集体性质，如《中国大百科全书（法学）》《中国人权

---

① 笔者曾有一次跟徐立志教授在国外出差闲聊，他说到吴建璠先生，甚至用了“最后一代绅士”这样的用词。除了对他的学问和人品深表敬佩，徐立志教授还跟我讲到一个细节：在吴建璠先生晚年生病住院之际，本来已经十分痛苦，但当徐立志教授等去看望时，他还是坚持要以西装革履的体面形式出现在同事们的面前。

百科全书》《法律辞典》《法治蓝皮书》等，甚至许多内部研究报告和立法咨询报告，由于是上级有关部门和立法机关交办的，连署名都没有，但老一辈的学者为我们树立了很好的榜样，他们的那种情怀和境界值得发扬光大。虽然如今学术越来越走向个人化和个性化，但在一些大型科研项目特别是实证研究项目上，今后如何发挥集体攻关的效能，仍然是我们需要认真面对的问题。①

二、刑法学研究与整个国家的法治生态息息相关

法律学科具有与法律规范的高度关联性，尤其是像刑法这样的部门法，在一个没有刑法典的时代，刑法学研究也成为一种学术奢侈品。② 在新中国各部门法中，刑法是立法最早的部门之一，这也可以在相当程度上解释为何刑法学在我国成为相对成熟的一个部门法学。正是 1979 年刑法典和 1997 年新刑法典的颁布，以及随之而来的大量的刑法适用问题，大大促进了刑法学的发展。因为有了中国刑法的立法、司法和判例这一依托，由此也促进了刑法理论和比较刑法的发展（为了完善立法、解决司法疑难问题，必须提升理论的应对能力，包括借鉴域外的先进经验和学说）。现在，依法治国已经成为一项写进宪法的治国方略，刑法作为整个国家法治系统工程的一个重要子系统，如何参与依法治国的建设，在社会治理中发挥好其独特的作用，还有许多硬骨头要啃，有许多瓶颈性问题需要突破。在笔者看来，当前至少有四大课题：一是随着劳动教养制度的废除、社区矫正制度的扩大适用、醉驾入刑等大量轻罪行为的入刑，使刑法结构和刑罚结构出现了一个大的变化（如危险驾驶罪这样一种最高刑仅为 6 个月拘役的罪名实践中已成为仅次于盗窃罪的排名第二的高发罪名），由此迎来对刑法典要否进行轻罪、重罪的划分及相应的刑

① 从 2011 年起，中国社会科学院开始实施哲学社会科学创新工程，在各个学科组建有首席研究员、执行研究员、研究助理的科研机制，但在具体实施中，有时就变成了首席研究员、执行研究员和研究助理分别要完成多少科研任务，真正既分工又协作的集体攻关机制还在探索之中。

② 陈兴良：《中国刑法学研究 40 年（1978—2018 年）》，载《武汉大学学报（哲学社会科学版）》2018 年第 2 期。

罚制度设计以及刑罚附随性后果的改革等；二是在风险社会的语境下，针对恐怖主义犯罪、网络犯罪等新型犯罪的立法出现了刑法前置化的现象，刑法理论也相应从报应性刑法转向预防性刑法，对此需要展开研究的是，预防性刑法到底在多大程度上展开，它是传统报应性刑法的例外还是颠覆；三是随着法定犯时代的到来，刑法的研究可能越来越需要借助相关学科的资源，如生态犯罪的研究可能需要加强与生态法的深度沟通，知识产权犯罪的研究可能需要加强与知识产权法的深度沟通，这也是笔者近年来提倡立体刑法学的一个考虑；四是要借鉴强制医疗的立法经验，按照法治国的思路，推动对收容教育、收容教养、强制戒毒等涉及人身自由的保安处分制度的司法化改造，像近年来社会一直热议的要否降低刑事责任年龄的问题，其实比较明智的选择是，不要在刑法上降低刑事责任年龄，而是要把刑法中的收容教养制度在司法化的前提下进一步细化其操作程序，使之能在实践中有效地运行起来。

三、协调好学术与智库的功能

在官方对中国社会科学院的定位中，学术与智库均居其中。两者虽然有相辅相成的一面，却也有一些重要的区别，如学术强调“十年磨一剑”，追求厚积薄发，而智库则强调效率，要求及时、迅速地做出反应；学术相当程度上靠学者个人的志趣，它体现的是一种“养士”机制，而智库则要求临时调动各种资源，体现的是一种“用士”机制。[①]中国社会科学院的这种定位为法学所科研人员服务国家在立法、司法和刑事政策方面的决策提供了很好的平台，当然，这种常态化的被临时抓差甚至要求迅速提交成果的智库工作机制也难免给科研带来一些苦恼。对此，我们应当学习老一辈的成功经验，继续探索把学术与智库功能有机融合的科学之道。[②]

① 李扬：《学术与智库功能如何共居一体》，载《中国社会科学报》2015年8月13日。

② 在一次法学所关于科学殿堂和智库建设的关系的座谈会上，学者们见仁见智，最后，负责联系法学所的中国社会科学院学部委员李培林在总结发言中指出：“如果殿堂地位不保，那智库的牌子又往哪里挂？”

抚今追昔，60 年前法学所建所之初的四个研究组，其中的国际法组已经独立成为与法学所平级的国际法研究所，另外三个组已经扩展为法学所的现有 14 个研究室，商法、经济法、知识产权法、社会法、生态法、网络信息法等新兴学科不断涌现。总的来看，这些新兴学科大都与私法的振兴和市场经济的发展有关，当然也与新兴领域有关（像生态法和网络信息法），这不由得使笔者想起 19 世纪英国法律史学家梅因在其《古代法》中所表达过的一个观点，即一个国家民法和刑法的比例可以用来衡量其文明程度的高低，民法多而刑法少是一个国家文明程度高的标志。以此观之，作为一个刑法学者，笔者乐见刑法在整个法学领域所占地盘的减少，确实，社会的治理应当多些路径，刑法只有到万不得已时才出击。这并不意味着刑法的重要性降低了，相反，恰恰是因为刑法太重要了，所以启动刑法应三思而后行，运用刑法应慎之又慎。

中国的快速发展和在发展中所呈现出的复杂问题，使中国的哲学社会科学正面临一个前所未有的大好机遇期。习近平总书记在致中国社会科学院建院 40 周年的贺信中号召广大科研人员要以研究我国改革发展稳定重大理论和实践问题为主攻方向，立时代潮头，通古今变化，发思想先声，为构建中国特色哲学社会科学学科体系、学术体系、话语体系作出新的、更大的贡献。中国的刑法学科置身于这一时代背景下，理当有所作为，这是从宏观来看。从中观来看，中国社会科学院正在打造哲学社会科学创新工程的升级版，刑法学科已经入选院“登峰计划”的重点建设学科。从微观来看，法学所刑法学科的人才队伍建设不断取得进展，年龄结构渐趋合理，知识结构趋向互补，与此同时，中国社会科学院大学的成立及其本硕博培养机制的探索为改善我们的硕博生源、培养更多年轻的中国社会科学院刑法学子提供了契机。我们有理由相信，中国社会科学院法学所的刑法学科将与全国刑法学界的同仁一道，薪火相传，共同为新时代的中国刑事法治建设和刑法科学的发展再立新功。

图书在版编目（CIP）数据

新中国刑法70年／刘仁文主编．—北京：中国法制出版社，2019.10

（新中国法治发展70年观察丛书／李步云，郭道晖主编）

ISBN 978－7－5216－0643－0

Ⅰ．①新… Ⅱ．①刘… Ⅲ．①刑法－法学史－中国－现代 Ⅳ．①D924.02

中国版本图书馆CIP数据核字（2019）第249864号

策划编辑　陈　兴　　责任编辑　谢　雯　白天园　　封面设计　蒋　怡

新中国刑法70年

XINZHONGGUO XINGFA 70 NIAN

主编／刘仁文

经销／新华书店

印刷／鸿博睿特（天津）印刷科技有限公司

开本／730毫米×1030毫米　16开　　印张／25.5　字数／329千

版次／2019年10月第1版　　2019年10月第1次印刷

中国法制出版社出版

书号 ISBN 978－7－5216－0643－0　　定价：96.00元

北京西单横二条2号

邮政编码：100031　　传真：010－66031119

网址：http：//www.zgfzs.com　　**编辑部电话：010－66071862**

市场营销部电话：010－66033393　　**邮购部电话：010－66033288**

（如有印装质量问题，请与本社印务部联系调换。电话：010－66032926）